《汉文化研究丛书》编辑委员会

主　任　黄荣杰　王利亚
副主任　卢志文　刘明阁
委　员　李文安　邵书峰　谢冰松　曹天杰　阚云超　马良泉
　　　　孟静雅　刘太祥　张保同　苏新留　何　军　徐永斌
　　　　刘剑利
主　编　郑先兴

汉文化研究丛书

HANDAI SHENLING TUXIANG KAOSHU

汉代神灵图像考述

牛天伟　金爱秀　著

河南大学出版社
中国·郑州

图书在版编目(CIP)数据

汉代神灵图像考述 / 牛天伟,金爱秀著. —2版. —郑州:河南大学出版社,2016.12
(汉文化研究丛书)
ISBN 978-7-5649-2642-7

Ⅰ. ①汉… Ⅱ. ①牛… ②金… Ⅲ. ①画像石—美术考古—中国—两汉时代 ②神—文化—研究—中国—两汉时代 Ⅳ. ①K879.424 ②B933

中国版本图书馆 CIP 数据核字(2016)第 320518 号

责任编辑　王　慧
责任校对　阎现章
封面设计　马　龙

出　版	河南大学出版社
	地址:郑州市郑东新区商务外环中华大厦2401号　邮编:450046
	电话:0371—86059701(营销部)　网址:www.hupress.com
排　版	郑州市今日文教印制有限公司
印　刷	开封智圣印务有限公司
版　次	2016年12月第2版　印次　2016年12月第2次印刷
开　本	690mm×960mm　1/16　印张　19.5
字　数	309千字　定价　49.00元

(本书如有印装质量问题,请与河南大学出版社营销部联系调换)

目　录

序　一 ………………………………………………… 朱绍侯（ 1 ）
序　二 ………………………………………………… 郑先兴（ 1 ）
前　言 ………………………………………………………（ 1 ）
第一章　伏羲女娲图像 ……………………………………（ 1 ）
　　第一节　人首蛇（龙）身交尾神像 ……………………（ 2 ）
　　第二节　擎日月神像 ……………………………………（13）
　　第三节　执乐器神像 ……………………………………（22）
　　第四节　执规矩神像 ……………………………………（30）
第二章　西王母图像 ………………………………………（37）
　　第一节　西王母图像中附属物像分析 …………………（38）
　　第二节　西王母的配偶神东王公图像分析 ……………（53）
　　第三节　西王母图像仙化特征分析 ……………………（56）
第三章　气象神灵图像 ……………………………………（61）
　　第一节　雷神图像 ………………………………………（61）
　　第二节　风伯图像 ………………………………………（84）
　　第三节　雨师图像 ………………………………………（95）
　　第四节　虹神图像 ………………………………………（102）
　　第五节　鱼车河伯图像 …………………………………（110）
　　第六节　女魃图像 ………………………………………（123）
第四章　镇宅守墓神灵图像 ………………………………（132）

第一节　神荼郁垒图像 …………………………………（132）
　　第二节　宗布神图像 ……………………………………（139）
　　第三节　獬豸图像 ………………………………………（147）
第五章　桑蚕农事神灵图像 ………………………………（159）
　　第一节　蚕马神图像 ……………………………………（159）
　　第二节　牛神图像 ………………………………………（172）
第六章　兵神蚩尤图像 ……………………………………（189）
第七章　祥禽瑞兽图像 ……………………………………（200）
　　第一节　熊形神兽图像 …………………………………（200）
　　第二节　神虎图像 ………………………………………（221）
　　第三节　凤凰图像 ………………………………………（230）
　　第四节　麒麟图像 ………………………………………（245）
第八章　天体星象神灵图像 ………………………………（253）
　　第一节　日月图像 ………………………………………（253）
　　第二节　牛郎织女图像 …………………………………（267）
　　第三节　天门悬璧图像 …………………………………（278）
参考书目 ……………………………………………………（294）
后　记 ………………………………………………………（297）

序 一

朱绍侯

南阳师范学院汉文化研究中心要推出一套"汉文化研究丛书",郑先兴同志请我作序,我非常高兴。因为,作为专门从事秦汉史研究的学者,最高兴的就是看到新人新著的涌现;而且,这一套丛书的作者,大多是我的学生,或者是多年来一直跟随我学习研究秦汉史的教师;更何况,这套丛书的三审都是由我来进行的。我想谈以下三个问题。

第一,关于汉文化研究的学科性质。

如果把汉文化研究作为学科来看,大概有两个层面的含义。从一个层面来说,汉文化研究属于断代史,即属于汉史的研究范畴。汉代是中国统一集权制国家形成后,出现的第一个文化高峰。汉代人所创造的政治、经济、军事、教育、科学等方面的成就,可谓博大精深,永远是中国历史、中国文化史研究中的重点问题。但汉文化研究也有地域广狭的区分,有南阳汉文化、河南汉文化、中国汉文化,当然也由江苏汉文化、四川汉文化等等。本书的重点是研究南阳汉文化、河南汉文化。从另一个层面说,汉文化又属于专门史的性质,如汉人、汉族、汉语、汉字、汉经济、汉政治等都有极其重要的研究价值。无论是作为断代史、专门史或地域史来研究,汉文化都具有永久定性的特点和永远传承的特点,都是永远不变的定性文化,也是被中国与世界华人、华裔和国际学术界永远关注的问题。

第二，南阳汉文化研究的优势。

南阳学者所进行的汉文化研究，可谓是占尽了天时、地利、人和。所谓天时，有两个重要的含义。一是在"文化大革命"之后，在学术界普遍兴起了历史文化的研究热潮。如中华文化、长江文化、黄河文化、姓氏文化以及各地区的区域文化和各种专题文化等等，不论是什么文化，汉文化都必然是它研究的主要内容之一。二是在进入新世纪之后，党和政府日益重视传统文化在现代化中的作用，提倡人文社科的研究，希望从传统中吸取优秀的文化精神。河南省教育厅为推进这一方针的实施，在全省高校先后建立"河南省人文社会科学重点研究基地"。南阳师范学院汉文化研究中心就是在这样的环境中建立起来的。中心的建立，凝聚了研究方向，整合了全校的研究力量，为全面扎实地研究提供了组织和财力的保证。所谓"地利"，就是南阳是汉代经济、文化最发达的区域，特别是在东汉，南阳是开国皇帝刘秀的故乡，向有"帝乡""南都"之美称，皇亲国戚不可胜数，名人辈出，文物古迹遍布城乡，汉冶铁遗址就有6处，汉画像石、画像砖无论从数量、质量来看，都居全国之最。由此，南阳的汉文化研究资源异常丰富。所谓"人和"，是说这里的文化研究人气很浓。经过长期的积累和传承，南阳师范学院已经拥有着一批在学术界颇具影响的汉文化研究者，而且学校的历届领导班子都把汉文化研究作为学科建设的重点来扶持；通过《南都学坛》"汉代文化研究"专栏，与全国的汉文化研究者经常保持着十分密切的学缘关系，使得全国著名的秦汉史学者都非常关注汉文化研究中心的发展；通过秦汉史和汉画研讨会，增进了学术交流，提升了南阳师范学院的学术地位和影响。

第三，汉文化研究的意义。

汉文化研究所拥有的巨大的学术和文化建设的意义，自是非常繁富。这里我只谈三点。

从历史发展来说。如前所述，汉代是中国统一中央集权制国家形成后所出现的第一个文化高峰。依照德国著名的历史哲学家雅斯贝尔斯的轴心期理论，汉代应属于后轴心时代，即相对于春秋战国的文化经典诞生的轴心时代，汉代则是将之前的文化经典加以实践并予以整理传承，使之得以定型流传。因此，要充分了解中国文化，汉文化可以说是最基本的切入点。最近，年轻的秦汉史研究学者彭卫先生又提出，中国历史研究的"根节"在于"文明的起源、王制向帝制的转变和近代化","而王制向帝制的转变正是挑起历史两头的那根扁担"。可以说,这一说法非常形象地说明了汉文化研究的重要性。在我看来,王制向帝制转变的关键就是秦汉之际所推行的军功爵制,它用功绩的大小重组社会关系,改变了原来的只以血缘纽带建构社会关系的现象,从而推进了社会由王制向帝制的转变。这用唯物史观来表述,就是阶级的变化推进了社会制度的变革。因此,无论是从学术史或者政治制度史的角度,汉文化研究都是了解中国历史的必不可少的环节。

从地域文化观念来说。回顾5000年的中国文明辉煌史,其中近4000年都有河南的主体参与,只是在南宋之后的近1000年以来,河南才逐渐被边缘化。检讨边缘化的原因,查漏补缺,固然是很有必要的。但检讨文明辉煌的因子,将其发扬光大,更是再造辉煌的乐观途径。中原文化作为中国传统文化的主体,其辉煌的因子非常之多。但就其整体性和完整性而言,汉文化则更具有吸收和汲取的价值。因为第一,汉文化是中原文化中比较重要的一个阶段。汉代是继承夏、商、周、秦之后的又一个统一时期,是汉民族形成的最为关键的时期。她所形成的政治体制、思想精神和文化传统,相沿成习,至今不变。第二,汉文化是中原文化中比较重要的一个环节。中原文化对中国文化的贡献主要体现在河南省许多地方,都有自己的特色文化,如周口的伏羲文化、新郑的炎黄故里、洛阳的河洛文化、安阳的殷墟文化、开封的宋都文化等等,而南阳则因汉光武发祥于此,即以"帝乡""帝都"等名义而著称于世;同时又因东汉建都于洛阳,与中原文化的关系更为密切。第三,汉文化在中原文化中占有重要的地位。汉文化的开辟疆土、驰骋沙场的开拓情怀、包容一切的恢弘气势、研习经传的探索精神以及献身国家匹夫有责的爱国思想等等,都构成了中原文化的丰富内涵。由此,全面深入细致地研究汉文化,是实现思想解放、发展跨越和当今中原文化崛起的基本途径。

从大学办学特色来说。大学教育的目的就是传承文明、修性养德和培育科学探索的精神和理念,然而具体到如何办好一所大学,中外教育家的共识就是特色办学。所谓特色办学就是在学科建设上能够有自己独到之处。而我们知道,构成特色学科的因素主要是研究的对象、研究的理念和研究的方法。一般来说,研究理念和方法固然非常重要,但它毕竟要受到研究对象的制约。可以说，只有研究对象是经常主导学科特色从而决定学校的地位的。就此而言，南阳师范学院以其地域文化优势，选择汉文化研究作为自己的特色学科来加以建设，而且屡经几代领导坚持不改，终于形成了涵盖全校诸如历史、中文、美术、音乐、体育、政治、经济等文科教师在内的强大的研究队伍，并在全国秦汉史学界和汉画学界占有重要的席位，成为一支不可忽视的力量。这种以学科优势所造就的办学特色，其他一些高校是难以企及的。

综上所述，可以想见，"汉文化研究丛书"的问世，其学术价值和实际功用以及所展示的南阳师范学院的科研实力和办学特色，将是多么有意义的事情。让我们表示衷心的祝贺吧。

是为序。

2008 年 8 月 26 日

序 二

郑先兴

河南省普通高校人文社会科学重点研究基地南阳师范学院汉文化研究中心于2005年8月得到河南省教育厅的正式下文成立，到今天已经整整十个年头了。十年来，中心同仁坚持学术至上的信念，潜心研究，以"汉文化研究丛书"为标志性的成果，先后推出了十三部专著。为纪念中心的十年庆典，河南大学出版社准备将其修订后整体推出。作为中心的负责人，丛书的策划者，其内心的喜悦和兴奋，可以说是无以言表的。考虑到该套丛书的专业研究性质，其学术价值自有业内学者评判，而其文化建设功用则可通过社会实践予以验证，在这里，我只想从学术管理方面谈几点意见，谨向丛书的出版表示诚挚的祝贺！

丛书的出版问世，可以说是党中央弘扬优秀传统文化、提高国家文化软实力发展战略的贯彻和落实。全面挖掘民族传统文化的精华，总结中华民族的文明发展经验，可以说是中国共产党人一直的追求和努力。毛泽东曾经指出："从孔夫子到孙中山，我们应当给以总结。承继这一份珍贵的遗产。"新近以来，中共中央总书记习近平同志两次谈到总结历史文化遗产的重要性。

在第十八届中央政治局的第12次集体学习会议上，习近平总书记指出：

"提高国家文化软实力,要努力展示中华文化独特魅力。在5000多年文明发展进程中,中华民族创造了博大精深的灿烂文化,要使中华民族最基本的文化基因与当代文化相适应、与现代社会相协调,以人们喜闻乐见、具有广泛参与性的方式推广开来,把跨越时空、超越国度、富有永恒魅力、具有当代价值的文化精神弘扬起来,把继承传统优秀文化又弘扬时代精神、立足本国又面向世界的当代中国文化创新成果传播出去。要系统梳理传统文化资源,让收藏在禁宫里的文物、陈列在广阔大地上的遗产、书写在古籍里的文字都活起来。要以理服人,以文服人,以德服人,提高对外文化交流水平,完善人文交流机制,创新人文交流方式,综合运用大众传播、群体传播、人际传播等多种方式展示中华文化魅力。"

在第十八届中央政治局的第13次集体学习会议上,习近平总书记再次指出:

"要讲清楚中华优秀传统文化的历史渊源、发展脉络、基本走向,讲清楚中华文化的独特创造、价值理念、鲜明特色,增强文化自信和价值观自信。要认真汲取中华优秀传统文化的思想精华和道德精髓,大力弘扬以爱国主义为核心的民族精神和以改革创新为核心的时代精神,深入挖掘和阐发中华优秀传统文化讲仁爱、重民本、守诚信、崇正义、尚和合、求大同的时代价值,使中华优秀传统文化成为涵养社会主义核心价值观的重要源泉。要处理好继承和创造性发展的关系,重点做好创造性转化和创新性发展。"

在这里,"要努力展示中华文化独特魅力","要讲清楚中华优秀传统文化的历史渊源、发展脉络、基本走向,讲清楚中华文化的独特创造、价值理念、鲜明特色",必须深入探究中国历史,尤其是中国历史上的秦汉时期。因为秦汉时期是中华文明的后轴心时期,它不仅承继、凝聚了远古以来中华文明的精华,而且也开启了之后中华文明的发展道路。据此,汉文化研究中心依托南阳区域文化和汉画像的历史资源,广纳贤才,凝神聚力,全面展开汉文化的研究,不断推出研究性的成果,为中华文化魅力的展现和优秀文化传统渊源的揭示,仅露尖尖一角,略展学术之风采。

丛书的出版问世,可以说是打造特色学术平台的必然结果。高校的存在和发展,除了狠抓学科建设、人才培养以及日常的教学、科研管理与机制之外，别无他途。为此，校党委和行政制定了"质量提升，内涵带动"的发展战略，并根据所在地域的文化特点与经济社会建设的需要，设置相应的科研与教学平台。一方面促进科学研究与课堂教学紧密结合，另一方面也促进高校的教学科研与本地社会经济文化建设紧密结合。南阳的地域文化优势在于汉代历史文化，东汉光武帝刘秀生长、起事于南阳，其军功大臣二十八宿也大多出生在南阳；即使此前西汉刘邦政权的建立，也得益于南阳地方豪绅的鼎力支持，才有了可靠的根据地而取得政权；汉代南阳的冶铁、水利、中医药与天文地理等科学技术跻身于世界文化最先进的水平；还有现在依然大量存在的汉画像，作为中国美术史上瑰丽的宝藏，珍藏着汉代民众真实而又平凡的社会生活和精神风貌。为充分挖掘南阳文化的精髓，实验、训练并提升教师的科研能力，打造学术品牌，我们凝聚全校文科的学术研究方向，以汉画像为主题，成立了汉文化研究中心。中心的成立，既为教师的学术研究指明了方向，也得到了省教育厅的大力支持，成为河南省人文社会科学重点研究基地。几年来，中心在项目申报、论文论著的撰写与发表、重点学科建设等等方面，都取得了卓越的成绩；尤其是在学术交流和为社会经济文化建设服务方面，中心成功承办了大型的国际学术会议，如"中国汉画学会第十届年会暨学术研讨会（2006）"、"东汉史研究国际论坛（2009）"、"中国秦汉史研究会第十三届年会暨国际学术研讨会（2011）"等。这些会议的成功举办，不仅加强了我校与学术界的交流，提升了我校的知名度，更重要的是展示了我校教师的研究实力和学术风貌。中心研究人员积极参加了南阳卧龙岗文化产业聚集区建设、南阳相关的企事业文化建设、南阳农运会端午节龙舟竞赛高峰论坛、南阳刘秀研究会以及诸葛亮躬耕地问题讨论，等等，这些活动，既促进了教学与科研的紧密结合，又为教学和研究提供了更广阔的视野。总之，我校的汉文化研究中心已经成为秦汉史学界、汉画学界国内外知名的学术研究重镇，成为南阳社会经济文化建设领域内有关汉代历史文化方面不可忽视的咨询机构。本次出版的十三种汉文化研究专著，就是这个学术研究平台十年研究计划的重要的学术成果之一。当然，我们期望着更高层次的研究成果的继续涌现。

丛书的出版问世和项目的完成，也是汉文化研究中心的研究人员的长期辛勤、扎实治学的结晶。孔子说："人能弘道，非道弘人。"再好的理念和政策，再好的平台和基地，如果没有人们踏踏实实地践行，予以付诸实践，是很难切实收到实效，取得成绩的。令人骄傲的是，我们南阳师范学院的广大教职员工，确实有一批求真务实的人。在这样一个比较浮躁的年代，他们能够沉下气来，专心地教书育人，精心地做学术研究，实属难能可贵，非常令人敬佩。以汉文化研究为例，从上个世纪改革开放以来，就已经形成了一支专业的研究队伍。他们身处教学和科研一线，在完成自己的教学任务的同时，选择南阳的区域文化尤其是秦汉史和汉画像作为自己的研究对象，互相切磋，互相鼓励，在研究课题、撰写论文和申报项目方面，互相支持，在秦汉史学界和汉画像学界已经形成了自己的学科特色和学术优势。汉文化研究中心成立之后，又以中心为平台，制定了编著"汉文化研究丛书"的十年计划，试图打造自己的学术优势，占据汉画像研究和秦汉史尤其是东汉史学研究的制高点。从已经出版的论著的影响看，其原始的意愿已经基本实现了。可以说，前期的成果为后来的研究提供了基础和方向，但自然地也增加了难度。如何超越自己，如何将汉文化研究提升到更高的层次？我想，这是汉文化研究中心的同志们可能要花费很长时间予以思考和践行的问题。至于能否实现超越，就需要学术界的专家同仁予以引领和雅正了。

本丛书的十三种专著中，可以分为两个系列。

一是汉文化研究系列，共八本，主要探究秦汉时期社会历史的发展及其本质特征。郑先兴教授完成了《汉代思想史专题论稿》与《汉代史学思想史》，前者是其阅读汉代元典的心得，以礼治思想、经济思想、王充思想以及其他思想（包括谶纬、汉文化精神、荀悦政治思想）等四个专题，揭示并阐述了汉代的政治思想、经济思想与社会思想；后者则是其长期的历史教学与研究成果的积淀和积累，是对汉代优秀的学术思想文化遗产的发掘和梳理。刘太祥编审完成的《张仲景中医药文化研究》与《汉代政治文明》，前者是其对医圣张仲景在中医药药理、诊治、用方、医德等方面贡献的挖掘和阐释；后者则是其对汉代政治文明的成就比如治国理念、方略、机制的梳理和阐述，寻绎汉代政治文化中的进步和积极因素。冯建志教授等人完成的《汉代音乐文化研究》，主要描述了汉代音乐的内容、类型、发展及其美学思想。曾祥旭教授完成了《西汉后期的文学和儒学》，是其博士论文《论西汉前期的文学和儒学》的延续，阐述了西汉后期文学的发展及其与儒学的关系。杨运秀教授完成了《南阳汉画像与汉代经济研究》，以南阳区域为研究对象，分为两个部分，第一部分是以南阳汉画像为主题，从经济学的角度阐释了汉画像中的经济因素；第二部分是以汉代南阳区域经济为主题，叙述了南阳的农业、水利、手工业、货币、商业等经济状况。高二旺博士完成的《两汉魏晋南北朝人质现象研究》，是以其学位论文修订增补的，以古代人质现象为话题揭示汉代到南北朝时期所普遍存在的人伦和法制真相。

二是汉画像系列，共五种，主要是挖掘和阐释汉画像的内容及其社会意象。其中郑先兴教授完成了《汉画像的社会学研究》和《民间信仰与汉代生肖图像研究》，前者是以远古婚姻进程为线索，透视汉画像中神树、螺女、弓弩、伏羲女娲、西王母、傩等画面的社会历史内涵，后者则是以生肖为线索，阐释汉画像中生肖图像的社会历史意蕴。牛天伟、金爱秀二位完成的《汉代神灵图像考述》，则是从考古学、民俗学的角度，对汉画像中的伏羲女娲、西王母、气象天文、镇宅守墓、祥禽瑞兽以及传说的蚩尤、桑蚕农神等图像予以了阐释。季伟教授完成的《汉代乐舞百戏考述》，是以乐舞百戏为话题揭示汉画像中大量存在的乐舞图像的社会历史内涵，挖掘古代历史中优秀的乐舞文化遗产。徐永斌教授等人完成的《南阳汉画装饰艺术》，描述了南阳汉画像装饰艺术的题材内容、构成风格、技法类型、审美特征，及其在中国传统装饰艺术上的价值等。

毋庸讳言，"汉文化研究丛书"虽然推出了十三种，但与原本的初衷和社会的要求还是有距离的。希望汉文化研究中心的同志们更加努力，拿出更多的成果，拿出更丰富更深刻更具有影响力的汉文化研究论著。

让我们期待着吧！

2015 年 5 月

前　言

　　汉画是指汉代遗留下来的雕绘在石、砖、壁、帛、镜、陶、漆等器物上的画像。在这些琳琅满目的古代艺术珍宝之中，千姿百态而又栩栩如生的神灵图像格外引人瞩目。朴野怪异、人首蛇（龙）身的始祖神伏羲与女娲，高贵端庄、正襟危坐的仙界情侣西王母与东王公，雄武神威、执桴击天鼓的雷公，催云发屋、鼓腹吹气的风伯，泼水布雨、执壶抱罐的雨师，漫游天汉、乘车驾鱼的河伯，喷洒甘霖、双首龙身的虹神，可憎又可怜、葬身虎口的旱鬼女魃，威猛高大、挥钺舞戟的神荼与郁垒，手舞足蹈、驱鬼逐疫的熊形方相氏……既有源于远古的传统神灵造型，又有汉代人根据实际需要而加工改造或发明创造的新神（仙人）形象；既有官方认可而被载入史册的崇拜偶像，又有流传于民间习俗中的口传神话题材。这些绚丽多彩的神灵图像为我们研究古代神话、尤其是汉代神话，提供了弥足珍贵的图像资料。

　　汉画是古代神话的重要载体，属于美术神话范畴的汉画神灵图像，相对于以文字为载体的典籍神话来说，它更加真实而直观，不仅可以与典籍神话相互印证，而且可以弥补甚或修正文字记载的缺失与谬误。鉴于汉画是一种能够被视觉感知的艺术图像，学术界便将汉画中以表现神话传说内容为题材的图像称为"神画"。尽管神画与神话之间存在着互补互证的关系，但神画并不依附于神话，当口传神话被文字记载下来的同时，也会以图像的艺术形式而存在。神画作为一种造型艺术，具有自身的独立特质和创作规则，它所表现的内容有可能超越传统神话而呈现出丰富又复杂的情形。因此,神画的价值不仅在于丰富了传统神话,而且对于加深认识和理解神画创作时代的神学思想、民俗信仰乃至宗教哲学,均具有重要的意义。汉代是我国神画发展史上的高峰期,汉代神画是一座潜藏量巨大的神话图像艺术宝库,自然很早就引起了世人极大的探索兴趣。除了以汉画神灵图像为研究对象的论文陆续不断地见诸各类书刊之外,更有汉代神画专著相继问世,如陈履生的《神画主神研究》(紫禁城出版社1987年版)、李立的《汉墓神画研究》(上海古籍出版社2004年版)等。尽管已有不少专家和学者从不同的学科视角对汉代神画进行了卓有成效的研究,汉画中的某些神灵图像得到了比较合理的诠释与解读,但笔者认为,在对神画的研究中,仍存在不少值得进一步商榷或探究的老问题,同时,更有许多尚未有人涉足的新领域。

笔者在研究汉画的工作中,曾对其中的神灵图像倾注了大量的热情,花费了不少心血与时光,也撰写并发表了一些与神画相关的论文。本书就是在此基础之上,利用前辈和当代学者已有的研究成果,初步将汉画中常见的伏羲与女娲、西王母与东王公、雷公、风伯、雨师、河伯、虹神、门神等神话图像资料进行系统梳理与粗浅论述的结果;同时,本书对某些尚不太明了或尚存在争议的神灵形象,如音乐神、蚕马神、熊形方相氏、"执五兵"蚩尤神、宗布神、独角神兽等,进行个案的考证与辨析。由于资料的局限和学识的浅薄,书中难免会存在不当或失误之处,诚望读者批评指正。

作 者
2007年11月12日于南都

第一章 伏羲女娲图像

伏羲、女娲是汉画中最为常见的一对神祇形象。伏羲、女娲上半身为人形,下半躯为蛇体(或龙体)。男神伏羲戴冠,女神女娲头梳发髻。作为对偶神,伏羲、女娲或相对而立,或并肩交尾。虽然形体在全国各地都具有基本的共性特征——人首蛇身(或龙身),但是,伏羲、女娲手中的附属物却呈现出丰富多样的地域性特征。他们或手捧神性植物灵芝(或三珠树),或手擎日月,或手执规矩,或手举乐器,以及玉璧、华盖、便面等。

在出土伏羲、女娲画像最多的山东、四川、河南(南阳)这三大区域内,山东以持规矩者最有特色,四川以持日月者为主流,南阳则以持灵芝者最典型。因此,陈履生、李陈广将伏羲、女娲的形象系统概括为三大类型:(1)规矩型;(2)日月型;(3)芝草型。[1] 这三大区域的伏羲、女娲图像之所以会出现如此鲜明的地域性特征,笔者认为,究其原因,应与各地文化风俗的差异密切相关。山东是儒家文化的发祥地,伏羲、女娲执规矩画像渗透着儒家文化循规蹈矩的理性思维模式和法天则地的道德标准。四川属古代巴蜀文化区,相对独立的自然环境,崇尚自然的原始宗教,造就了这一地区的文化艺术具有古朴与苍茫的地域特色,伏

---

[1] 陈履生:《神画主神研究》,紫禁城出版社1987年版;李陈广:《汉画伏羲女娲的形象特征及其意义》,《中原文物》1992年第1期。

羲、女娲手擎日月画像正是巴蜀人崇拜日月的远古遗风。河南南阳位居南楚故地,受道家思想与楚文化的影响至为深远,伏羲、女娲手捧灵芝的画像彰显了这一地区人们追求个人享乐、洒脱与浪漫的心态。

伏羲、女娲所持物像的多样性体现出文化内涵的丰富性。持规矩者不仅表明伏羲、女娲具有创世神的身份,同时又是文化英雄神的标志。古人认为,圆出于规,方出于矩,天为圆,地为方,规和矩是测知天地的神秘法器。伏羲、女娲持乐器的画像表明,两人又兼具音乐发明神。伏羲、女娲举日月的画像则表明,两人又兼司阴阳。有一些伏羲、女娲举日月的画像被刻画在墓顶天象图中,显然这里的伏羲、女娲又是日月神的形象。伏羲、女娲手持仙草灵芝的形象,又表示二神具有"长生不死"的神性,这也是神话人物伏羲、女娲在汉代被逐渐仙化的例证。总之,汉画中众多的伏羲、女娲图像蕴含着丰富的文化信息。汉代人对伏羲、女娲的崇拜已达到了无以复加的地步。

本章共分四节,分别对伏羲与女娲交尾、擎日月、举乐器、执规矩这四类画像进行论述,以探究伏羲、女娲作为始祖神、日月神、音乐神、创世神的神性。

第一节　人首蛇(龙)身交尾神像

人首蛇(龙)身像在全国各地的汉代画像石(砖)中都可以看到,这类画像大多可以认定为伏羲或女娲的形象。首先,有文献记载为据。王延寿《鲁灵光殿赋》云:"伏羲鳞身,女娲蛇躯。"《楚辞·天问》云:"女娲有体,孰制匠之?"王逸注曰:"传言女娲人头蛇身,一日七十化。"晋皇甫谧《帝王世纪》云:"伏羲风姓,蛇身人首。"又云:"女娲氏亦风姓也,承庖牺制度。亦蛇身人首,一号女希。"《列子》云:"女娲氏……蛇身人面,牛首虎鼻,此有非人之状,而有大圣之德。"《艺文类聚》引《魏陈王曹植女娲赞》曰:"古之国君,造簧作笙,礼物未就,轩辕纂成,或云二皇,人首蛇形,神化七十,何德之灵。"其次,也是更重要的证据,有带文字榜题的人首蛇身像,如山东省梁山县后银山东汉早期壁画墓,①西壁上层中部的人首蛇身像旁有"伏羲"二字;四川省简阳县鬼头山崖墓②出土的一具画像石棺,后档刻有两位人首蛇身像并列而立,其旁分别刻有"伏希"(伏羲)与"女娃"(女娲)二字;山东嘉祥武梁祠③西壁第二层画像,刻二人首蛇身像作交尾状,其左边刻字一行:"伏羲仓精,初造王业,画卦结绳,以理海内。"

然而,目前仍有少数学者对汉画中的人首蛇身像为伏羲、女娲的观点持否定态度,其中代表人物当属孟庆利。他在对先秦至晚唐的传世文献史料进行详尽的考察后得出如下结论:"伏羲、女娲在先秦及西汉时并没有人首龙(或蛇)身之说,到东汉中后期及魏晋之时,才被学者套上了这种面具";"两汉时期,伏羲、女娲成夫妇之说并没有出现";"直到晚唐,伏羲与女娲才被捏合成夫妇","因此,将两汉墓中人首龙(或蛇)身两尾相缠的画像附会于他们是没有根据的"。他认为,此类画像是"阴阳之人格化形象"。④ 笔者认为,孟庆利仅仅依据传世文献中不见有伏羲、女娲为夫妻的记载,就断然否定汉画中人首蛇身像为伏羲、女娲的观点是站不住脚的。首先,在前文已经列举了三处有榜题文字的画像可以证明确为伏羲、女娲。其次,有证据表明,流传于汉代民间的伏羲、女娲为夫妻的神话至迟在战国时代就已存在了。如1942年从湖南长沙子弹库楚墓中被盗出土的战国中晚期帛书,就明确地记载着伏羲娶女娲为妻的创世神话,或认为它是"中国最为古老的创世神话版本"⑤。帛书的开篇之文为:"曰故(古)大能(龙)䨲戲(戏),出自□(华)霣(胥),居于瞿(雷)□(夏)……乃取(娶)……之子曰女皇(即女娲),是生子四□,是襄天堨(地),是各(格)参絫(化)。"帛书文字还向我们透露出了伏羲形体为龙的潜在信息,如文中的"大能"应为"大龙"。《左传》昭公七年:"昔尧殛鲧于羽山,其神化为黄熊。"《山海经·海内经》郭璞

---

① 关天相、冀刚:《梁山汉墓》,《文物参考资料》1955年第5期。
② 中国画像石全集编辑委员会:《中国画像石全集·四川汉画像石》图100,河南美术出版社2000年版。
③ 朱锡禄:《武氏祠汉画像石》图1,山东美术出版社1986年版。
④ 孟庆利:《汉墓砖画"伏羲、女娲像"考》,《考古》2000年第4期。
⑤ 院文青:《楚帛书与中国创世纪神话》,《楚文化研究论集》(第4集),河南人民出版社1994年版。

注引《归藏·启筮》:"鲧死三岁不腐,剖之以吴刀,化为黄龙。"文中的"华胥"即伏羲之母。"雷夏"即"雷夏泽",又称"雷泽"。司马贞补《史记·三皇本纪》:"庖牺氏风姓,代燧人氏继天而王。母曰华胥,履大人迹于雷泽,而生庖牺于成纪。"《帝王世纪》云:"伏牺母曰华胥,有巨人迹出于雷泽,华胥以足履之,有娠,生伏羲于成纪。"《山海经·海内东经》:"雷泽中有雷神,龙身而人头,鼓其腹。在吴西。"由此则知,伏羲之母华胥履雷神足迹而生伏羲,而伏羲之父即为雷神无疑,那么,伏羲为人首龙身之形的传说显然并非无中生有,而是源于一种古老的神话故事。鉴于此,笔者认为,带榜题文字的伏羲、女娲交尾画像和长沙战国楚墓出土的帛书,比传世文献的史料更可靠,它们的重要价值在于弥补了传世典籍记载的缺失,从而以无可辩驳的事实证明了汉代民间确实流传着伏羲、女娲夫妻为人首蛇(龙)身的神话故事。汉画中的人首蛇(龙)身两尾相交之像就是伏羲、女娲。目前发现最早的伏羲、女娲画像应是西汉中期稍后(昭宣时期)的洛阳卜千秋壁画墓[1]中的伏羲、女娲,尽管二者分列于画面的两端,没有呈交尾形式,但二者居于相对应的位置及分别与日月相配的构图特征,已鲜明地昭示了他们作为男女对偶神的关系。

战国楚帛书、汉画像榜题以及传世典籍文献相互对应,以毋庸置疑的证据表明,汉画中常见的人首蛇(龙)身像,主要是指那类具有对应关系或交尾形式的阴阳两性对偶神,均应为伏羲、女娲的形象,并非有人认为的因汉代阴阳五行思想的流行而导致出现的"阴阳之人格化"形象。实际上,人首蛇(龙)身二尾相交的伏羲、女娲画像是远古的龙蛇图腾崇拜、男女两性生殖崇拜以及祖先崇拜观念相互融合的产物,它的起源甚古,只是在阴阳五行、谶纬迷信思想泛滥的汉代这一特殊的社会背景下,人首蛇(龙)身交尾的伏羲、女娲像走向了它最为辉煌的巅峰,并最终成为内含着阴阳哲学思想的神话图式。由此可以看出,汉代是伏羲、女娲最受崇拜的时代。正如闻一多曾经指出的那样,"大概从西汉末到东汉末,是伏羲、女娲在史乘中最显赫的时期"[2]。

在众多伏羲、女娲画像中,交尾形式的画像是较常见的一种,其文化

---

[1] 洛阳博物馆:《洛阳西汉卜千秋壁画墓发掘简报》,《文物》1977年第6期。
[2] 《闻一多全集》第1册《伏羲考》。

内涵也很丰富。

一、人首蛇(龙)身交尾的形体特征及构图,表明了伏羲、女娲与远古蛇图腾崇拜、生殖崇拜存在着密切的渊源关系

据目前考古资料所知,最早的人首龙身像出现在约七千年前的仰韶文化甘肃武山马家窑类型的彩陶瓶上。毫无疑问,它应是原始人类遗留下来的蛇图腾崇拜符号。1987年在宁夏中卫县发现了春秋时代的铜牌饰件,①其上就阴刻有人面蛇身纹饰。湖北随县战国曾侯乙墓出土的漆箱盖上还绘有相互交缠在一起的人面双头蛇图案。这些人面蛇图像资料的客观存在,表明了远古时代蛇图腾崇拜的真实性。而人首蛇(龙)身的伏羲、女娲像正是龙蛇图腾的遗绪。

伏羲、女娲交尾画像蕴含着古人对"尾"的崇拜。交尾原是鸟兽交合之象,《尚书·尧典》云:"日中星鸟,以殷仲春,厥民析,鸟兽孳尾。"《公羊传》云:"尾有雌雄,常不离散。"交尾只是一种形式,而繁殖后代才是真正的目的。因此,汉代民间流传有祈求子孙繁昌的崇尾习俗。如《白虎通义》释九尾狐时云:"必九尾者何?九妃得其所,子孙繁息也。于尾者何?明后当盛也。"汉代人将伏羲、女娲交尾图刻于墓中,当具有生殖崇拜的意义,即"用生的力量对抗死亡,从而保佑死者亡灵不受打扰,顺利复活"②。

二、伏羲、女娲蛇(龙)尾相交形式的图画与伏羲、女娲兄妹结婚繁衍人类的古老神话传说相契合

《太平御览》卷七八引《风俗通》云:"俗说天地开辟,未有人民,女娲抟黄土作人,剧务,力不暇供,乃引绳于泥中,举以为人。"除了这种由女娲单独用泥土造人的传说外,民间更流传着伏羲、女娲由兄妹结为夫妻而繁衍人类的神话故事。关于伏羲、女娲的夫妻关系,见诸文献记载最早的当属唐中期卢仝的《与马异结交》诗中"女娲本是伏羲妇"的说法,而记述故事最详的应是李冗的《独异志》一书,其书卷下云:"昔宇宙初开之时,只有女娲兄妹二人,在昆仑山,而天下未有人民。议以为夫妻,

---

① 刘军:《中卫出土春秋青铜饰牌》,《考古与文物》2001年第2期。
② 吴天明:《中国神话研究》,中央编译出版社2003年版,第137页。

又自羞耻。兄即与其妹上昆仑山,兄曰:'天若遣我兄妹二人为夫妻,而烟悉合,若不,使烟散。'于是烟即合,其妹即来就兄。"另外,我国西南的苗族等少数民族中也有与中原汉族类似的传说。苗族人认为,他们就是伏羲、女娲的后代,并有祭祀伏羲、女娲的习俗。《山海经·海内经》云:"有人曰苗民。有神焉,人首蛇身,长如辕,左右有首,衣紫衣,冠旃冠,名曰延维,人主得而飨食之,伯天下。"此延维神的生物原型当为两头蛇。自然界确实可见这种怪胎蛇,如刘洵《岭表录异》卷下云:"两头蛇,岭外多此类。"因这种怪形蛇较少见,所以会被古人奉为神物。如《庄子·达生》中说齐桓公于大泽中见委蛇(即两头蛇),后果成霸业。《论衡·福虚》中说孙叔敖儿时杀过两头蛇,后来当上了楚相。而苗民可能将两头蛇奉为祖先图腾神。闻一多在《伏羲考》中认为,汉画中那伏羲、女娲交尾像就是源于苗民所崇拜的蛇神延维。伏羲、女娲原是流传于我国西南少数民族地区的一个洪水遗民再造人类传说中的兄妹。徐旭生认为,伏羲、女娲神话是从南方传到北方的。从文献记载看,伏羲、女娲的名字出现于战国末或西汉初,"像这样的情形,说这种传说出于华夏集团,似乎不近情理。更重要的是此传说中的兄妹结为夫妇与儒家传统的道德观念不合……所以受尽压抑"①。这种观点是可以信从的,因为"古代之中原文化较高,渐次不容神怪传说之存在,而南方文化较低,中土固有之传说,往往由其保存"②。虽然传世文献记载晚至唐代,但我们有充足的证据证明,关于伏羲、女娲兄妹结为夫妻繁衍人类的传说,应该很早就在民间流传了。

　　关于伏羲、女娲的关系,最早将伏羲、女娲联系在一起的应是《淮南子》一书,《览冥》篇云:"昔者黄帝治天下……然犹未及伏戏氏之道也。往古之时,四极废,九州裂,天不兼覆,地不周载……于是女娲炼五色石以补苍天。"由此可知二者为同时代的传说人物,但二者的关系是模糊不清的。《通志·三皇纪》引《春秋世谱》云:"华胥生男子为伏羲,女子为女娲。"东汉应劭的《风俗通义》亦云:"女娲,伏羲之妹,祷神祇,置婚姻,合夫妇也。"可知,在汉代,仍有人认为伏羲、女娲为兄妹关系,而女

---

① 徐旭生:《中国古史的传说时代》,文物出版社1985年版,第238页。
② 杨宽:《中国上古史导论》,《古史辨》第7册上卷,上海古籍出版社1982年版,第169页。

娲又被奉为主婚姻之神。东汉末年高诱注《淮南子》云："女娲，阴帝，佐伏羲治者也。"这一记载尽管是用抽象的阴阳哲学术语来诠释伏羲、女娲之间的关系，但我们可以从"阴帝"与"阳帝"的对应中捕捉到一种极为重要的潜在信息。其实，所谓的"阴帝"与"阳帝"，应是汉代人以含蓄、抽象的哲学语言来表述伏羲、女娲之间的对偶（夫妻）关系罢了。正是因为传世的汉代文献史料并未见有明确直述伏羲、女娲为夫妻的记载，所以有人认为两汉时代，伏羲、女娲充其量也只不过是兄妹，并不存在夫妻关系。其实不然，如前文所举长沙子弹库楚墓出土的战国帛书就已明确记载伏羲娶女娲为妻的创世神话故事。因此，毫无疑问，尽管从传世文献来看，伏羲、女娲为夫妻之说晚至唐代才见诸文献记载，但从出土帛书文献资料来看，有关神话早在汉之前的楚地民间就已流传了。至于唐代神话中为兄妹婚编造的种种不得已而为之的特殊理由，则是后世文明人自觉不自觉地为祖先所作的辩护之辞，其目的无非就是将其中有悖于文明社会伦理道德的不合理成分"合理"化而已。

尽管唐代文献记载的伏羲、女娲兄妹婚配故事明显掺入了封建社会的伦理道德观念，但若剥去神话的外衣，我们便不难发现其中映射出的真实历史，它曲折地记载了人类历史上第一个婚姻形态——血缘家族公社时期产生的血缘婚姻制度，即在血缘家族内，只有同辈男女之间才允许发生婚姻关系。"这种家庭的典型形式，应该是一对配偶的子孙中每一代都互为兄弟姊妹，正因为如此，也互为夫妻。"①从此，人类便告别了原始群居时期那种与动物无异的杂乱性交关系，向人类文明有序的婚姻史迈出了第一步。而伏羲、女娲兄妹通婚神话正是先民对蛮荒时代这种婚姻风俗的朦胧追忆。

在唐代文献记载的伏羲、女娲婚配故事中，原始的具有图腾性质的人首蛇（龙）身的形体特征已经不存在了，仅保留了兄妹通婚这一主要故事情节，但这种源于原始社会的古老婚姻形态因"不文明"而被涂抹上了一层神话色彩，从而使其具有了男女始祖神婚配创生人类的神圣性。我们有足够的理由把伏羲、女娲婚配的神话故事情节同人首蛇（龙）身两尾相交的画像相对应。首先，伏羲、女娲都以相同的蛇（龙）身出现，并呈现"交尾"的形式，这种画像特征表明了伏羲、女娲同属于以

---

① 恩格斯：《家庭、私有制和国家的起源》，中华书局1984年版，第34—35页。

蛇为图腾的氏族成员。与兄妹通婚的传说正相契合。其次,汉画像中不仅伏羲、女娲交尾画像极为常见,而且还可以看到一些"交尾"画像中有小人或小孩的附属人像(图1-1),这种"小人"或"小孩"应是伏羲、女娲生育的后代。如山东嘉祥武氏祠西壁画像第二层所刻画的伏羲、女娲交尾画像,中部刻有一小孩童的形象①;再如,四川长宁"七个洞"崖墓出土的石棺上刻画的伏羲、女娲交尾图中,在女娲的下方也刻绘有一个举手分腿、呈倒置状的小人。②又如,徐州汉画像石中一幅伏羲、女娲交尾画像的下部左右各刻一小人,亦人首蛇躯。③诸如此类的画像,鲜明昭示了伏羲、女娲故事中贯穿的一条中心线索就是原始人类的生育信仰,"祖先信仰和生殖信仰是伏羲、女娲故事中两个互相交织的主旋律"④。汉画中那伏羲、女娲"交尾"且尾部下刻小人的画像,正与文献记载中的伏羲、女娲婚配繁衍人类的传说相吻合。

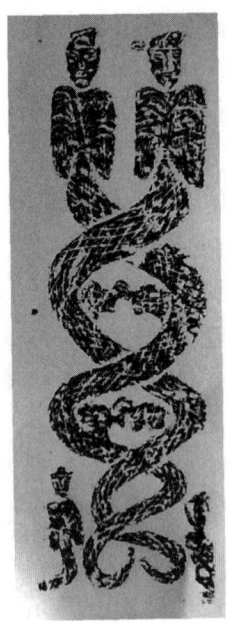

图1-1

三、特殊的伏羲、女娲交尾画像文化意蕴分析

在河南南阳及山东等地的汉代画像石中,还有一类较为特殊的伏羲、女娲交尾画像,即伏羲和女娲同时被一神人搂抱于怀中的画像,如河南唐河针织厂墓(图1-2)、山东沂南北寨村墓出土的画像(图1-3)。这种画像中的伏羲、女娲尽管两蛇尾并未相交,但却有一位

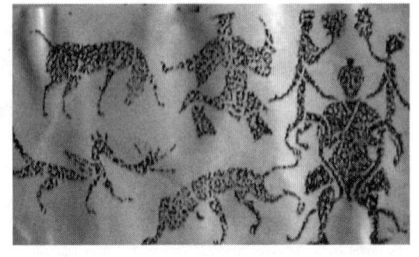

图1-2

---

① 朱锡禄:《武氏祠汉画像石》图1。
② 四川大学考古专业七八级实习队等:《四川长宁"七个洞"东汉纪年画像崖墓》,《考古与文物》1985年第5期。
③ 徐州博物馆:《徐州汉画像石》图233,江苏美术出版社1985年版。
④ 王小盾:《原始信仰和中国古神》,上海古籍出版社1989年版,第112页。

神人作为交合的"媒介",通过一种外力欲使其交尾,因此也应归入"交尾"画像的范畴。关于此画上的神人为何许神祇,目前学术界颇有分歧,并且引发了一系列的争论,主要有盘古说、黄帝说、高禖说、太一说以及豨韦氏说等。周到、王晓认为:"汉画中竟然把伏羲、女娲——人类始祖神置于这位力士的怀抱之中,可见这位力士应是开天辟地的人类最高的神,这个神就是盘古。"①何新认为:"在山东出土汉代砖画中(实际应是沂南画像石),曾有一幅图像,描绘了一组三位一体的伏羲、女娲和黄帝。黄帝居中……这幅罕见的图像,清楚地显示了中国古代以黄帝为中心的三位一体神观念。"②王建中、闪修山认为:"由于高禖是谋合男女、繁育子孙之神,所以很容易和伏羲、女娲的传说结合在一起……因此,伏羲、女娲交尾图可以说是'谋合异类,使和成者'的有力证据。伏羲、女娲的结合离不开高禖之神……于是在汉代画像石刻中就出现了高禖神的形象。"③"沂南汉墓中出土的伏羲、女娲图上方刻勒两只

图 1-3

神鸟。它们当是'天命玄鸟,降而生商'中所说的'玄鸟'(即燕子)……燕子和巨人刻在同一画面上,印证了古文献中记载的有关高禖的传说,使人们更加相信巨人即高禖之神。"陈长山认为:"两汉时期的高禖神形象,应以河南唐河和山东省沂南等地画像石墓所刻划的拥抱伏羲、女娲的力士为是。"④贺福顺认为:"作为万物之祖的上帝即太一神,自然是神的世界里至高无上的统治者。作为天帝的太一神与仅仅创造了人类并补天拯救人类的伏羲、女娲的关系,自然是主宰和服从的关系。河南唐河和沂南北寨村画像石上的两幅画面,正是向人们说明,作为天帝的太一神完全有力气约束和控制伏羲、女娲,伏羲、女娲必须按天帝的旨意

---

① 周到、王晓:《汉画——河南汉代画像研究》,中州古籍出版社1996年版,第78页。

② 何新:《诸神的起源》,三联书店1986年版,第35页。

③ 王建中、闪修山:《南阳汉代画像石三图释证》,《汉代画像石研究》,文物出版社,1987年版。

④ 陈长山:《高禖画像小考》,《考古与文物》1987年第5期。

行事。""所以我们认为,伏羲、女娲图像之间的力士图像不是高禖神,而是主宰包括伏羲、女娲在内的所有天神的天帝即太一神。"①陆思贤认为:"在伏羲与女娲之间夹了一位第三者,两只胳膊紧紧地搂抱着伏羲与女娲,这是一位特殊的神灵,《庄子·大宗师》说,'伏羲氏得之,以袭气母',可称它'气母'。象征伏羲与女娲,紧紧地被搂在'气母'的怀抱里,如还一定给强加一位具体人名的话,则'豨韦氏'可当之,《庄子·大宗师》说,'豨韦氏得之,以挈天地',也即天地开辟之神,搂抱着天神伏羲与地神女娲,构成完整的天地宇宙。"②程健君认为:"《独异志》中则说'天'遣他们(伏羲、女娲)二人成了夫妻,这个天当指'仙界'中的天帝,因汉代崇尚'仙化',亦即民间通常所说的'苍天'或'老天爷',他是一位人世之外的掌管世界的民间神。故而李冗认为人类最初的婚姻也就是有(由)'天'来成就的。其实,南阳汉画中的这位巨人,不可能仅仅是'天'的象征,他可能是民间传说中'乌龟'、'石狮'、'铁牛'、'地母'、'仙翁'等众多'媒介'混合物的艺术反映。"③

  以上所引诸文从不同的视角对此类画像的文化内涵进行了诠释,笔者在此不再评论诸说的是与非,仅就此类画像发表一点自己的看法。笔者基本赞同程健君的观点,即应从汉画像石本身所具有的"民间"特性的角度去思考。

  首先,可以肯定,画像中那搂抱伏羲、女娲的神人是一位比伏羲、女娲地位更高的至尊神或至上神,也就是自然界中"天"的人格化形象——天帝。这个天帝应是一位民间神,即世俗的天帝,也即民间通常所说的"老天爷",并非古籍文献中所谓的"黄帝"或"太一(乙)"等具有确切名称的人神。

  其次,此类画像的具体文化内涵应是:尊奉天帝的旨意,为了繁衍人类,伏羲、女娲别无选择地由兄妹结为夫妻。此类画像完全可以看做是《独异志》中关于伏羲、女娲兄妹婚配故事的最佳图释。画中的天帝显然扮演了一位"媒神"的角色。除了男性神天帝为伏羲、女娲做媒外,汉画中还可见到西王母、半人半兽的怪神以及神龟等都曾充当过伏羲、女

---

① 贺福顺:《〈高禖画像小考〉一文商榷》,《考古与文物》1992年第1期。
② 陆思贤:《神话考古》,文物出版社1995年版,第281—282页。
③ 程健君:《南阳汉画中的"伏羲、女娲图"考》,《南都学坛》1988年第2期。

娲的"神媒"。天为伏羲、女娲做媒人，这在古人看来是最神圣的婚姻，因而始祖神伏羲、女娲的婚姻自古迄今一直颇受人们羡慕，如现在青年男女结婚时书写的婚庆对联上往往要写上"天作之合"的祝愿辞。由此可以看出，伏羲、女娲兄妹婚配的神话故事在民间婚俗史上影响至为深远，它已经成为人类追求最佳婚姻模式的典范。

另外，在河南唐河针织厂汉墓出土的那幅画像上，伏羲、女娲手中各执一束草叶状物遮挡住各自的脸部，这一画像的具体细节又与文献记载中的"羞耻"观念相吻合。唐李冗《独异志》云："议以为夫妻，又自羞耻……乃结草为扇以障其面，今时人取妇执扇象其事也。"在现行的民间口传神话中，仍有伏羲、女娲兄妹结婚时"结草为扇"或用芭蕉叶子遮脸以避羞耻的故事情节。

在四川江安出土的汉代画像石棺①上有一幅伏羲、女娲交尾画像，伏羲右手举一便面（具体图像见第八章之"日月图像"节图1-10）。便面是汉代人常用的一种扇子，《汉书·张敞传》颜师古注"便面"云："便面，所以障面，盖扇之类也。不欲见人。以此自障面则得其便，故曰便面，亦曰屏面。"由此可知，汉代人称扇子为便面，是因为扇子可以用来障面。汉画中伏羲执便面显然是用来障面遮羞的。类似的伏羲、女娲执便面画像还可以在山东见到。例如，山东微山县出土的一块画像石（图1-4）：画中西王母正面端坐，其右有榜题"西王母"三字。西王母左右两侧刻男女两性神人，均为人身蛇尾状，且手中各执一便面，二神人的蛇尾在西王母座下相互交缠在一起。②笔者认为，图中的两位人首蛇尾之神也就是伏羲、女娲二神。其理由如下：从《独异志》中我们已经知道伏羲、女娲成婚的地点就在昆仑山上，而在汉代人心目中，昆仑山是一座仙山，它不仅是男性天帝的"下都"，而且，女仙之长西王母也位居此山中。西王母的地位在神仙思想泛滥的汉代可与天帝平起平坐，甚至一度成为至尊神。我们可以从山东武氏祠画像中看到：在最高的画像部位（第一层）刻画着以西王母为主神的天国仙境，而人类的始祖神伏羲、

---

① 《文物天地》1988年第3期上刊登了高文、高成英《汉画瑰宝——四川新出土的八个画像石棺》一文，作者认为伏羲左手托日，右手执规。但笔者认为，伏羲右手所执之物是便面。详见牛耕：《"伏羲、女娲执规矩"画像质疑》，《文物天地》1989年第3期。

② 山东省博物馆等：《山东汉画像石选集》图3，齐鲁书社1982年版。

女娲则居西王母之下（第二层画像），位列传说中的诸帝王之首。①仅从这幅画像上便可看出，汉代的西王母地位高于伏羲、女娲。因此，从伏羲、女娲成婚的地点以及西王母在汉代的崇高地位来看，除了男性上帝可以作为伏羲、女娲的媒人之外，女性仙神西王母更适宜做伏羲、女娲的"红娘"。《焦氏易林》卷九云："西见王母，拜请百福。赐我喜子，长乐富有。"同书卷十三又云："西逢王母，慈我九子。相对欢喜，王孙万户，家蒙福祉。"由此类文献记载也可证明，西王母在民间

图 1-4

传说中的确是主管婚姻嫁娶、赐人子孙和福寿的高禖大神。再者，该画像中伏羲、女娲手执便面，与传说中"结草为扇，以障其面"的故事情节相吻合。鉴于上述理由，笔者认为，此类西王母与伏羲、女娲相组合的画像，也是伏羲、女娲兄妹成婚故事的生动图画。

伏羲、女娲以扇障面的故事情节在人类婚姻习俗史上同样有着深远的影响，如在我国古代乃至近现代的结婚仪礼中，均有新娘用"红布"（民间俗称"盖头"）遮面的习俗，此俗当源于伏羲、女娲神话之中。

除了以上所述的男性至上神天帝和女仙之长西王母直接担任伏羲、女娲的媒人外，还有另外一种形式，即由具有灵性的某种动物（或人兽合体的神怪）来作为伏羲、女娲兄妹婚配的"媒介物"。在封建社会的伦理道德观念支配下，古人相信伏羲、女娲兄妹结婚完全是出于无奈，当洪水过后，天下仅存伏羲、女娲二人，若没有外力的强迫作用，二人就不可能成为夫妻。因此，在民间传说中，就出现了两种超乎自然之外的神力：一种来自天上的神人；另一种则是被洪水淹不死的神性动物，甚至具有灵性的动物造型。在民间传说中，关于伏羲、女娲兄妹成婚前测问天意的具体方式，多有不同，常见的主要有"滚石磨"、"抛针穿线"和"点

---

① 朱锡禄：《武氏祠汉画像石》图 1。

火合烟"等,但不管采用其中那种形式,故事中都会出现一只神龟帮助或指点伏羲兄妹俩成亲。① 这只神龟是受天的旨意下凡促成伏羲、女娲俩人成婚的,也就是说,龟是天帝的代言人。与此类民间传说相对应,伏羲、女娲画像中亦可见到乌龟的形象,如四川石棺上一幅伏羲、女娲画像的下部刻一乌龟。② 再如南阳画像石中伏羲、女娲交尾画像下刻一龟,③而更典型的是河南新野画像砖中的一幅伏羲、女娲交尾图:伏羲、女娲人首蛇尾相向而立,手执华盖,二神的蛇尾相互交缠在一乌龟的身体上(图1-5)。④ 参照民间传说,毫无疑问,这类伏羲、女娲与神龟相组合的画像理应是伏羲、女娲以龟为媒而成亲故事的"风俗画"。

综上所述,汉画中诸种伏羲、女娲交尾画像都应是伏羲、女娲兄妹婚配故事的生动图示,这些画像的认定,更进一步明确了伏羲、女娲的始祖神地位。始祖神交尾图像所昭示出的文化意义就是生殖信仰,它包含着汉代人祈求祖先保佑子嗣繁昌的美好愿望。

图 1-5

第二节　擎日月神像

据笔者粗略的统计,从全国范围看,河南南阳、四川、山东、陕北及江苏徐州等画像石(砖)的重要出土地区,均发现有数量不等的"伏羲、女娲举日月"画像,数量最多的地区当属南阳及四川,其次为山东,陕北及徐州最少。下面对此类画像的定名与文化内涵进行分析与论述。

关于此类画像的定名,目前尚不统一。不少学者把南阳的人首蛇身举日月画像命名为"羲和主日"、"常羲主月"。其立论的文献依据出自

---

① 王小盾:《原始信仰和中国古神》,第 105 页。
② 中国画像石全集编辑委员会:《中国画像石全集·四川汉画像石》图 100。
③ 王建中、闪修山:《南阳两汉画像石》图 171,文物出版社 1990 年版。
④ 赵成甫主编:《南阳汉代画像砖》图 166,文物出版社 1990 年版。

《山海经》一书,《大荒南经》云:"东南海之外,甘水之间,有羲和之国,有女子名曰羲和,方日浴于甘渊。羲和者,帝俊之妻,生十日。"《大荒西经》又云:"有女子方浴月,帝俊妻常羲,生月十有二,此始浴之。"若以此文献认定汉画中那抱日或捧月的神人为羲和或常羲,似乎勉强讲得通,但应该看到,河南南阳及四川等地的汉画中均出现有捧日者与捧月者两蛇尾相交的构图形式(图1-6)。这一形式明白无误地告诉我们,捧日与捧月者是一对阴阳两性对偶神,而神话传说中的羲和与常羲均为男性神帝俊之妻,同为女性之神,焉能呈"交尾"之貌?仅据此,就足可否定"羲和与常羲"说。陈江风对"羲和与常羲"说进行了剖析和驳斥,并认定此类画像为"伏羲捧日与女娲捧月"①。尽管如此,目前仍有人坚持沿用旧说,如信立祥将四川石棺上的人首蛇身举日月者认定为"日神羲和"与

图 1-6

图 1-7

"月神常羲",并解释说:"图中的日轮和月轮无疑是阴阳的象征,再配以羲和与常羲拥抱交尾的情节,显然意味着阴阳交合、化生万物的造物过程。"②内涵的诠释与名称之间显然存在着矛盾。再如汪小洋认为:"学术界又有一种最简便的鉴别方法,就是凡手举日月的就是羲和、常羲,凡不举日月的就是伏羲、女娲。"③也有人把一些单体的人首蛇身之神与

---

① 陈江风:《"羲和捧日,常羲捧月"画像石质疑》,《中原文物》1988年第2期。
② 信立祥:《汉代画像石综合研究》,文物出版社2000年版,第277—279页。
③ 汪小洋:《汉画像石中的女娲》,《文史知识》2007年第4期。

月相组合的画像考释为"嫦娥奔月"（图1-7），也是很难令人信服的。《淮南子·览冥训》云："羿请不死之药于西王母，姮娥窃以奔月。"高诱注："姮娥，羿妻。羿请不死之药于西王母，未及服之，姮娥盗食之，得仙，奔入月中，为月精也。"《太平御览》卷四引张衡《灵宪》又云："羿请不死药于西王母，羿妻姮娥窃以奔月，托身于月，是为蟾蜍。"首先从文献记载来看，史籍中不曾有关于嫦娥为人首蛇身的说法，而汉画中捧月者均为人首蛇身，二者的形体特征不相一致。据袁珂考证，嫦娥奔月的故事出现较晚，大体产生于春秋战国时代，①而此时，原始图腾崇拜意识早已被历史的尘埃所湮没，人们不可能再塑造出一位半人半蛇状的嫦娥形象。再者，南阳汉画像石中有所谓的"羿射十日"画像（图1-8），画中羿的形象却是完全的人形之神，若羿之妻嫦娥为"人首蛇身"之形的话，那么，二神又如何能婚配交媾呢？另外，汉画所刻月轮中多有蟾蜍的形象，若释捧月者为嫦娥，那么，又与"嫦娥入月后化为月精蟾蜍"的传说相矛盾。陈江风在《"嫦娥奔月"画像考释》一文中对"嫦娥奔月"画像也进行了质疑。②

以上否定了"羲和捧日、常羲捧月"及"嫦娥奔月"二说，那么，汉画中频繁出现的举日月形象又是何许神祇呢？有大量的事实可以证明此类画像仍是伏羲、女娲的形象。

图1-8

首先，从形体特征看，举日月者均为人首蛇身之貌，这一显著的特点正与伏羲、女娲的形象相契合。上一节我们已列举了不少有关伏羲、女娲形体特征的文献记载和有文字榜题的汉画像，于此不再复述。

其次，从画像在墓中的位置及画像构图形式来分析。举日与举月者的画像往往是被刻画在同一夫妻合葬墓中相对应的位置上，如江苏东

---

① 袁珂：《神话论文集》，上海古籍出版社1982年版，第153—168页。
② 陈江风：《"嫦娥奔月"画像考释》，《南阳汉代天文画像石研究》，民族出版社1995年版。

海县昌梨出土一座东汉时期的夫妻合葬画像石墓,①在后室的东间盖顶石上刻绘人首蛇身捧日者,与之相对应,在后室的西间则刻人首蛇身举月者。举日、举月者被同时刻绘在一幅画像中的现象最为常见,如四川南溪三号石棺前挡头画像:画中是一单阙建筑物,阙右为举日者,阙左有举月者相对应。再如四川成都市郊出土的一块画像砖:右部为举日者,左部为举月者,二神相向作舞蹈状。又如四川广汉出土的画像砖:砖的一端为举日者和玄武,另一端是举月者和朱雀,中间以图案纹饰相隔离。总之,这种对应或并列的构图形式表明举日与举月者是密不可分的对偶关系,也就是说,二者是阴阳两性对偶神。

除了对应或并列的构图外,举日与举月者交尾形式的画像亦有不少,最精彩的交尾画像莫过于四川郫县一号石棺后挡头的画像(图1-9):两位人首蛇身者,左右并列,相向对面,双唇接吻,一手相互搂肩搭背,另一手各托举日、月于身后,二神的蛇身后拱下伸,尾部相互盘旋纠缠并相交三次。人物造型生动,形体优美,人间恩爱夫妻之情在二神那亲昵的交媾举止与神情中被表现得淋漓尽致。上一节我们已论述过,汉画中呈"交尾"之貌的人首蛇身画像均可认定为伏羲、女娲。毫无疑问,此幅举日月且呈交尾形式的人首蛇身像,更应是伏羲、女娲夫妻交欢故事的生动写照。此画像可称得上伏羲、女娲交尾画像中的上乘佳作。

图1-9

再次,从举日月者同时手中所执的其他物像来看,也符合伏羲、女娲的身份。如山东临沂县白庄出土的两块画像石(图1-10):其一,人首蛇尾者胸部刻一巨大的日轮(日中有一乌一狐),同时,神人的右手又执一规;其二,人首蛇尾者胸部刻一巨大的月轮(月中有兔和蟾),神人左手还执一矩。又如山东费县潘家疃出土的两块画像石(图1-11):其一人身蛇尾者右手上举一规,胸部有巨大的圆轮;其二人身蛇尾者右手执

---

① 南京博物院:《昌梨水库汉墓群发掘简报》,《文物参考资料》1957年第12期。

矩,胸部同样刻一巨大的圆轮。此二神人胸部圆轮中虽然无物像,但与临沂县白庄出土的两块类似画像相比较,也可断定两圆轮是日和月。再如四川江安出土的石棺,后挡头上刻有人头蛇身相交尾的画像:左边之神右手托月,左手执排箫;右边之神左手托日,右手举一便面。第一节我们已讲过,人首蛇身交尾且持便面画像正与伏羲、女娲兄妹结为夫妻,因羞耻而"结草为扇,以障其面"的故事情节相契合。因此,由"持便面"和"交尾"的姿态也可证此画中人首蛇身举日月者即伏羲与女娲。再者,举日月兼执乐器的人首蛇身像与伏羲、女娲发明乐器的传说亦相吻合(详论见本章第三节"持乐器神像")。

通过大量的事实和论证,我们已经肯定了汉画中那手捧日月的人首蛇身像仍是伏羲、女娲,接下来需要解决的问题是:伏羲、女娲为何要手捧日月?伏羲、女娲与日月之间存在什么关系?

首先,从伏羲、女娲的名号上来考察。"伏羲"在古籍中的写法甚多,如庖羲、宓羲、伏牺、伏戏、虑牺、羲皇等。尽管写法多有不同,但大多离不开"羲"字,而这"羲"字应是"曦"字的简写,其中就蕴含着"日光"之意。何新用训古学的方法考释"伏羲"二字为"伟大的羲俄"。他认为"伏"即"溥"的通假字。《说文》云:"溥,大也。"伏羲又号太昊。古籍中关于"太昊"的写法亦有多种,如大昊、泰昊、太皞、大皞、大皓等,但无论怎样写,都离不开一个"昊(或皞)"字。从字形看,"昊"字从日从天,古时"天"与"大"可通用,而"大"与"人"又是同字,所以,"昊"字实际上就是一位头顶太阳的大人(即神人)。再从字义看,《拾遗记》卷一云:"昊者,明也。"大昊即大明。丁淮汾《俚语证古》卷一云:"太阳,大明也。"有鉴于此,何新认为,"伏羲"和"太昊"之名均是上古时代人们所崇拜的太

图 1-10

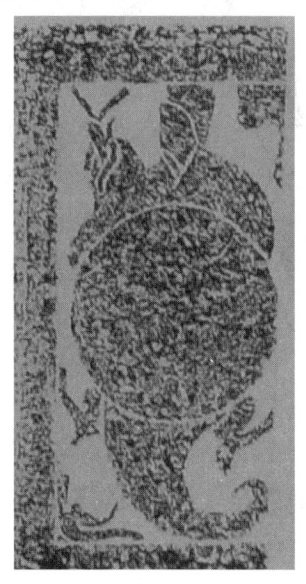

图 1-11

阳神的名号。① 另外，从一些古文献中也透露出太昊、伏羲与太阳神之间的对应关系。如晋皇甫谧《帝王世纪》云："庖牺氏代之，继天而王，首德于木，为百王先。帝出于震（晨），未有所因，故位在东方。主春，象日之明，是称太昊。"因伏羲生于东方，又具有太阳的光明，所以又称做太昊。从伏羲的形貌特征上亦显示出其日神的神性。如《春秋合诚图》："伏羲龙身牛首……山淮日角……"郑玄注："日角，谓庭中骨起，状如日。"宋均注："伏羲木精之人，日角，额有骨表，取象日所出。"

关于女娲之名，何新认为："从文字和语音的角度考察，女娲就是月神女娥亦即常仪（娥），她们都是同一名号的不同写法，这一点可无疑义。"②《淮南子·览冥训》高诱注云："女娲，阴帝，佐宓牺治者也。"女娲为阴帝，又是太阳神伏羲的配偶，而月亮别名太阴星，因此，阴帝女娲自然就是月神了。

尽管可以用训古学的方法证明伏羲、女娲可能是远古日月神"羲和"、"常羲"的异名分化，并且也可从古文献中寻觅到伏羲、女娲与日月之间的蛛丝马迹，但是，伏羲、女娲作为日月神决不能等同于羲和、常羲二神，因为这两对日月神在产生时间上有先后之别。

从历史发展的进程看，人类之初的原始社会被分为母系氏族社会和父系氏族社会两个先后不同的阶段。与此相应，肇始于原始社会的远古神话自然也是由最初的女神崇拜发展到后来的以男神崇拜为主。"中国的神……最早的和人同体的神是女神。"③中国古代不少男性神实际上都是由早期的女性神演变过来的，日月神即是典型之例。殷墟卜辞中有"东母"、"西母"，即日月神之名，由此可见，商代的日月神均为女性神。前文所述及的日神羲和与月神常羲也均为女性神。由此可以推知"东母"与"西母"及"羲和"与"常羲"同为源于母系氏族社会的日月神，它反映的是母系氏族社会的思想观念。伏羲、女娲是男女两性对偶神，他们取得日月神地位的时间应晚于羲和与常羲，它所反映的是父权制确立、阴阳交合的生育观念形成之后的思维意识。陆思贤认为，太阳神伏羲产生于战国以后，伏羲氏是大火心宿二星神，太皞是夏至日的太

---

① 何新：《诸神的起源》，第19—22页。
② 何新：《诸神的起源》，第44页。
③ 王小盾：《原始信仰和中国古神》，第124页。

阳神,本无关系。战国以后,根据五星、五行说归纳神谱的需要,太皞与伏羲合而为一,作为春天的太阳神,象征草木新生,排列于五行之首,称太皞伏羲氏。①

除了伏羲、女娲之名与日月有着千丝万缕的联系之外,还可从日月神与始祖神之间的重叠关系上找到伏羲、女娲与日月神的契合点。据诸多神话资料显示,在古代中外各民族中,始祖神与日月神都占有极其突出的地位。上古时代,日神的重要性并不次于始祖神,而且这两种神祇往往会发生合流的现象。如在古代埃及、日本以及秘鲁(古印加帝国)等地,太阳神与始祖神是合而为一的,他们认为他们的国君就是"太阳神"的化身。②那么,相应地,君主之妻自然就是月神的化身。同样,"让男女祖先化身为日月之神,也是中国神话中的常见现象"③。《礼记》云:"郊之祭也,迎长日之至也,大报天而主日。"郑玄注曰:"天之神,日为尊。"孔颖达注疏云:"天之诸神,莫大于日。祭诸神之时,日居群神之首,故云日为尊也。"可见,太阳曾被奉为至尊神,而且享受统治阶级最盛大的祭礼。古人在祭日的同时,往往要配祭月神。叶舒宪在《神话哲学》一书中认为:"在中国,祭日配月的宗教仪式与阴阳相交相化的神话哲学同时突出的是一种强调对立面的统一的思想,这是中国人的文化心理。"《吕览·精通》篇云,"日者阳精","月者群阴之本也"。代表天地间阴阳之极的日月神与共同创造人类的男女始祖神在古人的心目中同样是至高无上的。正因如此,二神才具备了相互合流的可能性。除了文献记载外,源于天体自然崇拜的日月神与源于动物图腾崇拜的祖先神相互重叠的现象,在伏羲、女娲画像中更得到生动形象的体现,伏羲、女娲那人首蛇身之形体特征显示出鲜明的蛇图腾崇拜的痕迹,伏羲、女娲二神接吻交尾之貌更是男女始祖神媾合生育人类的图示。我们还可以看到,在不少画像中,伏羲、女娲交尾的同时还分别手擎日月。这种男女始祖神手擎日月的画像表明,伏羲、女娲不仅是人类的男女始祖神,而且又兼司日月神之职。安徽宿县曹村出土的画像石上,刻画有伏羲、女娲人首蛇身像:二者的蛇身左右相交缠为两个圆环,靠近伏羲的

---

① 陆思贤:《神话考古》,第206页。
② 谢选骏:《神话与民族精神》,山东文艺出版社1986年版,第101页。
③ 王小盾:《原始信仰和中国古神》,第108页。

左环中刻一鸟一狐,象征日轮;靠近女娲的右环中刻一蟾一兔,象征月轮(图1-12)。① 这种以伏羲、女娲的身躯构成日月轮廓的独特构图形式,更印证了伏羲、女娲的日月神性。何新认为:"在汉墓出土砖画中,女娲常与伏羲连体交尾,两者都是具有人首蛇身的形象。但伏羲的手中常捧着太阳,而女娲手中则常捧着月亮。由此看来,女娲应是月神。"②陆思贤也认为:"伏羲、女娲分别手捧太阳与月亮,意为伏羲是太阳神,是阳精;女娲是月亮神,是阴精;取义阳光雨露滋育着万物生长。"③

图 1-12

从手捧日月的伏羲、女娲画像所在墓中的位置来分析,伏羲、女娲的日月神地位可以得到进一步的确认。画像石不是一种单纯的艺术品类,它首先是汉代坟墓或墓祠上的建筑装饰材料,单块的画像石是作为整座墓葬的一个有机组成部分而存在,因此,我们不能孤立地去考察某一块石头上的画像内容,而应该把每块画像石尽可能地还原到墓葬中的具体位置上,然后再进行综合分析,只有这样,才能较为准确地释读出画像的内涵。有鉴于此,下面我们就把举日月的伏羲、女娲画像还原到原墓中再进行考察。

据不完全统计,南阳出土的伏羲、女娲举日月画像共有16幅,其中从墓葬中经科学发掘出土的共有10幅,约占总数的三分之二。墓中出土的这10幅画像都有确切的位置,除了南阳县新店乡熊营墓中出土的一幅画像刻在主室门中立柱正面外,其他9幅画像均刻在墓室中的最高部位——盖顶石或过梁石下面,约占同类画像总数的90%。南阳发

---

① 高书林:《淮北汉画像石》,天津人民美术出版社2002年版,第171页。
② 何新:《诸神的起源》,第40页。
③ 陆思贤:《神话考古》,第281页。

现的画像石墓,凡墓顶石或过梁石这些部位几乎都刻画有日月星宿以及与天体相关的神话图像。由此表明:在汉代人的心目中,一座墓葬的顶部就是一个浓缩的天空。伏羲、女娲举日月画像或与其他天界神祇并列于墓顶,或有星宿及云气散布在周围。在甘肃河西地区的汉晋墓葬[①]中,伏羲、女娲的图像亦很典型,且数量颇多。这类图像大多出现在木棺盖板的内壁上,伏羲、女娲的怀中分别抱有日轮和月轮,画像空白处饰有密布的祥云。据此不难看出,手举(或怀抱)日月的伏羲、女娲,正是日神和月神的形象。

另外,从汉代的丧葬习俗来看,将日月神伏羲、女娲形象刻于墓葬中,亦符合汉代普遍盛行的阴阳哲学观念。汉画像石墓大多为夫妻合葬墓,将日月或日月神伏羲、女娲刻于墓中,反映了当时流行的一种丧葬习俗。"在男女祖先与日月神之间,我们很容易发现一种对应性。对应所依据的主题是阴阳二分。"[②]如唐河针织厂画像石墓两主室的墓顶分别刻有日与月;江苏东海县昌梨发现的一座东汉时期的夫妻合葬画像石墓,东主室顶部刻绘伏羲举日像,西主室顶部刻绘女娲举月像。《礼记·礼器》云:"大明生于东,月生于西,此阴阳之分,夫妇之位也。"作为日月神,伏羲、女娲分别代表着阴阳两性,日月或日月神与男女墓主人的性别正相对应。又据学者考证,认为中国的原始宗教起源于崇拜太阳的原始一神教,即由对太阳神的一元崇拜发展为对日月的二元崇拜,这也正是中国哲学中极为重要的阴阳二元观念的始源。而这种二元观念又是参照着男女两性的交合模式而产生的,这种两性交合观念转化为神话意象,也就是伏羲、女娲合体(交尾)的形象。[③]汉墓中普遍刻画日月神伏羲、女娲合体交尾的画像,更是中国古代哲学中阴阳和谐思想在汉代丧葬习俗中的具体表现。如南阳县英庄画像石墓中的日月神交尾像刻在前室中部的隔梁上;新店熊营画像石墓中的日月神交尾像刻在两主室中间的立柱上。而这些位置正处在墓葬的中轴线上,是连接男女墓主人冥宅生活空间的重要枢纽,是整座墓室和谐的焦点。

---

① 赵吴成:《河西墓室壁画中"伏羲、女娲"和"牛首人身、鸡首人身"图像浅析》,《考古与文物》2005年第4期。
② 王小盾:《原始信仰和中国古神》,第108页。
③ 何新:《诸神的起源》,第55页。

画像石墓中刻画的日月神伏羲、女娲交尾画像并非单纯地表现古代的日月神话，它具有鲜明的功利性，它是借"日月交合"之像来象征阴阳和谐，男女墓主人夫妇和睦。

概而言之，汉画中的人首蛇身举日月画像均是伏羲、女娲作为日月神的形象，墓中普遍刻画日月神伏羲、女娲的现象表明，汉代民间不仅尊奉伏羲、女娲为人类的始祖神，而且还把伏羲、女娲作为日月神来崇拜。

第三节　执乐器神像

检索全国各地出土的伏羲、女娲类画像，到目前为止，仅见到河南省唐河县针织厂汉画像石墓出土的两幅画像中，伏羲、女娲手中所执之物被认定为乐器类。如《南阳汉代画像石》①一书释读针织厂墓北主室北侧柱画像（图1-13）为："画面上刻一伏羲（实为女娲），人首蛇躯，头梳高髻，上身着襦，有双爪，曲尾下垂，左手执物（实为乐器鼗鼓），右手执排箫。下部刻龟蛇交体的玄武。"再如《南阳汉代画像石墓》②一书，释读唐河针织厂墓南主室南柱画像为："图中刻人首蛇躯的女娲（实为伏羲，因为头戴有冠），一手执排箫而吹。"除此之外，全国其他地区均未见报道有伏羲、女娲执乐器的画像，似乎这类画像极少见。其实不然。据笔者所掌握的极有限的汉画资料来看，伏羲、女娲执乐器的画像决非仅此两幅。在南阳汉画像石中，除了以上所举的两幅外，尚有一块征集于唐河县湖阳镇的散存画像石，其石亦为一立柱，所刻画像为女娲，人首蛇躯，蛇尾下垂，正面而立，左手执一物于口部吹之，细观其形状，亦是乐器排箫；右手上举一物，长柄，柄上端一小圆，《南阳汉代画像

图 1-13

---

① 南阳汉代画像石编辑委员会：《南阳汉代画像石》图24，文物出版社1985年版。

② 韩玉祥主编：《南阳汉代画像石墓》图17，河南美术出版社1998年版，第49页。

石》①一书将其释为"节形物"，不确，观其形应是乐器鼗鼓（图1-14）。

以上认定了南阳汉画像石中的三幅伏羲、女娲执乐器的画像，那么，其他地区是否也有同类的画像呢？笔者的回答是肯定的。在四川出土的汉画像石（砖）中有不少伏羲、女娲执乐器的画像。只是由于各种版本的四川画像石和画像砖图录以及一些介绍四川汉画像的文章多把伏羲、女娲手中所执的乐器错误地释读为"规矩"，因此掩盖了画像的真实内涵。实际上，除四川画像外，山东也有女娲执乐器的画像。为了还画像以本来面目，现将相关画像罗列如下。

（1）重庆沙坪坝出土画像石棺大小两具，其中较大者的前挡头刻伏羲像②（图1-15）：人首蛇身，正面而立，右手擎日轮，日中有阳乌；左手所执之物，笔者认为是乐器排箫。

（2）四川成都市郊出土画像砖③（图1-16）：画像刻伏羲、女娲人首蛇身，左右并列相向而舞，图左为伏羲，右手上擎日轮，日中有鸟；左手持一物，原书编者释读为"规"，而实际上应是乐器鼗鼓。图右为女娲，左手上擎月轮，月中有树与蟾；右手持一物，原书编者释读为"矩"，而笔者认为是乐器排箫。

（3）四川新津县出土画像砖④：画像为伏羲，人首蛇身，右手高举一日轮于头顶之上，日中有一飞鸟；左手持一物，原书编者释为"规"，而笔者认为应是乐器鼗鼓。

（4）四川新津县出土画像砖⑤：画像为女娲，人首蛇身，左手上举一月轮于头顶之上，月中有树，树上系一蟾；右手持一物，原书编者释为

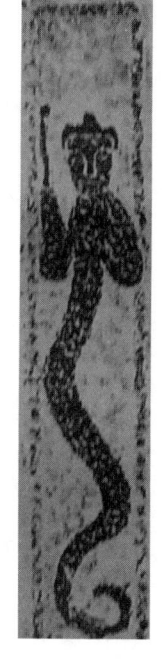

图1-14

图1-15

---

① 南阳汉代画像石编辑委员会：《南阳汉代画像石》图325及释文。

② 《重庆沙坪坝出土之石棺画像研究》插图一，《常任侠艺术考古论文选集》，文物出版社1984年版。

③④⑤ 高文、王锦生：《中国巴蜀汉代画像砖大全》图191、图202、图203，国际港澳出版社2002年版。

24 汉代神灵图像考述

"矩",笔者认为应是乐器排箫。

（5）四川南溪三号石棺前挡画像①：画中为一座双重檐单阙建筑物，阙左为女娲，右手上举一日轮，左手持一物，原书编者释读为"矩"，笔者认为是乐器排箫；阙右为伏羲，左手上举日轮，右手执一物，原书编者释读为"规"，因画像不清晰，尚难确定为何物。

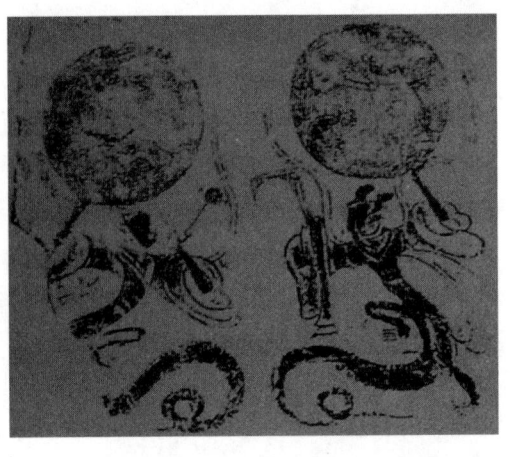

图 1-16

（6）四川合江四号石棺后挡头画像②（图 1-17）：伏羲、女娲人首蛇躯，蛇尾相交，图右为伏羲，左手托日轮，右手持一物，原书编者释读为"规"，笔者认为是乐器鼗鼓；图左为女娲，右手托举月轮，左手持一物，原书编者释读为"矩"，笔者认为是乐器排箫。

（7）四川江安石棺后挡头画像③：伏羲、女娲人头蛇身，两尾相交。图左为女娲，右手托月，左手持一物，原文作者释读为"矩"，笔者认为是乐器排箫；图

图 1-17

右为伏羲，左手托日，右手持一物，原文作者释读为"规"，笔者认为是"便面"。

（8）1973 年 4 月，四川郫县新胜乡（竹瓦铺）发现一座东汉砖室墓（二号墓），④墓中有石棺三具，其中一号棺的后挡头（B 头）刻伏羲、女娲分别手举日月，相向交尾。另外，伏羲另一只手还举一物，原文未加说

---

① 中国画像石全集编辑委员会：《中国画像石全集·四川汉画像石》图 136。
② 中国画像石全集编辑委员会：《中国画像石全集·四川汉画像石》图 180。
③ 高文、高成英：《汉画瑰宝——四川新出土的八个画像石棺》图 11，《文物天地》1988 年第 3 期。
④ 四川省博物馆、郫县文化馆：《四川郫县东汉砖墓的石棺画像》，《考古》1979 年第 6 期。

明,但观其形状,应为鼗鼓。日月之间有一正面的人头鸟身形象,双翅左右伸展。

(9)据2006年报道的新材料,山东微山县境内新出土了一批汉画像石,其中在夏镇青山村的一座汉墓①西壁石上刻画有如下内容的一幅画像:画左侧上方是西王母坐于高座之上,其周围有兔、九尾狐、羽人、三足乌、蟾蜍、飞虎、鸡首人身、马首人身像等。画右边还有三位人物,上边站立者是鼓唇吹风的风伯,下方为一蛇身人首者,双手均执有物。原文将此神释读为"烛龙",手中所持之物为"鼗鼓"和"灯笼",笔者认为说"鼗鼓"是正确的,但说"灯笼"则是错误的,尽管图像中的人物太小,但大的姿势还是比较清晰的,人首蛇身者左手高举鼗鼓,右手将一物放在嘴的位置,显然是在吹奏一种乐器,这种乐器很可能是排箫。因此,笔者认为人首蛇身者不是烛龙,而是女娲(或伏羲)。女娲之右,风伯之下有一人站立,头戴斗笠,身披蓑衣,手执耒耜,肩扛农具,原文作者认为是神农氏。这一新资料的发现,又为伏羲、女娲作为汉代音乐神提供了弥足珍贵的新证据,它使音乐神流传的区域得以进一步扩大。(图见第三章之"风伯图像"节图5)

(10)重庆出土画像石②:画左右对称刻画三层楼阁。画中为伏羲、女娲正面并列,伏羲居左,一手举日(日中有乌),一手举鼗鼓;女娲居右,一手举月(月中有蟾),一手举排箫。伏羲、女娲之间又有一小人正面站立,双手上举。

(11)四川泸州市石洞镇东汉"延熹八年"画像石棺前挡刻伏羲、女娲交尾图③,原文作者将伏羲、女娲手中所持之物误读为"规矩"。事实上,左侧女娲左手所持之物为排箫,右手举月轮;右侧伏羲右手所持之物为鼗鼓,左手举日轮。伏羲、女娲交尾下方又刻两位人首蛇身的孩童形象。

由以上所统计的资料显示,目前在河南南阳、四川及山东等地至少

---

① 微山县文物管理所:《山东微山县近年出土的汉画像石》,《考古》2006年第2期。
② 顾森:《渴望生命的图式——汉代西王母图像研究之一》图26,《中国汉画学会第十届年会论文集》,湖北人民出版社2006年版。
③ 邹西丹:《泸州石洞镇发现东汉"延熹八年"纪年画像石棺》,《四川文物》2007年第6期。

共有十余幅伏羲、女娲举乐器的画像可以得到确认。接下来需要解决的问题是：伏羲、女娲为何要手举乐器？笔者认为，伏羲、女娲手举乐器的画像当是汉代人塑造的音乐神形象。而这种音乐神形象的塑造，是以当时民间流传的伏羲、女娲发明乐器的神话传说为素材的。

据古文献记载，伏羲、女娲不仅创造了人类，而且为人类发明了乐器——笙簧和琴瑟。

首先，据传说，女娲曾发明了中国古老的传统乐器之一——笙簧。如《世本·作篇》（清张澍稡集补注本）："女娲作笙簧。"《帝王世纪》曰："帝女娲氏，亦风姓也，作笙簧，亦蛇身人首。"魏陈王曹植《女娲赞》曰："古之国君，造簧作笙，礼物未就，轩辕纂成，或云二皇，人首蛇形，神化七十，何德之灵？"《唐乐志》云："女娲作笙，列管于匏上，纳簧其中。"女娲创造的乐器笙簧到底是什么样子呢？《博雅·释乐》云："笙以瓠为之，十三管，管在左方。"《释名》又曰："笙，生也，象物贯地而生，以匏为之，故曰匏竽，亦是也，其中空以受簧。"也就是说，所谓的笙簧其实就是笙，而簧则是笙内的一个重要构件——薄叶片，笙的声音就是靠簧发出的。"簧"最初是用竹子制成的，后来改进为铜质的，所以"簧"字又可写为"锽"。笙的外形像凤鸟的尾巴，有十三支竹管插在半截葫芦里面。女娲发明的这种叫笙的乐器，如今在我国西南的苗族、侗族等少数民族中仍然可以见到，当地人叫它"芦笙"，虽然与女娲创造的笙有所差异，但大体上还保留着古制的遗形。苗族人每年春季的月夜举行的"跳月"舞蹈活动上都要用乐器芦笙来伴舞。如刘锡藩《岭表纪蛮》引《滇黔游记》云："苗俗每岁孟春，男女各丽服相率跳月，男吹芦笙于前以为导，女振铎于后以为应。盘旋宛转，终日不乱。暮则挈所私归，谑浪笑歌，比晓乃散。"这种乐舞显然与古代祭高禖神的乐舞极为相似。《礼记·月令》："仲春之月，以太牢祀于高禖。"《周礼·媒氏》云："仲春之月，令会男女，于是时也，奔者不禁。"而女娲因为替人类建立了婚姻制度，使男女两性相媾合，从而使人类得以繁衍不息，因此，便被人类奉为高禖神，即人类最早的媒人，也就是婚姻之神。如《绎史》卷三引《风俗通义》云："女娲祷祠神祇，而为女媒，因置婚姻。"《路史》卷十一曰："以其（女娲）载媒，是以后世有国，是祀为皋禖之神。"另外，马缟《中华古今注》："问曰上古音乐未和，而独制笙簧，其义云何？答曰：女娲，伏羲妹……欲人之生，而制其乐以为发生之象。"又据苗族传说，始祖神伏羲、女娲曾经在葫芦里逃避洪水,才得以繁衍人类后代,所以,女娲便用葫芦作为做乐器笙簧的材料。由此表明女娲发明乐器笙簧,亦与人类的繁衍滋生密切相关。苗族流行的芦笙舞必须选在晴朗的月夜举行,跳舞的场地名之"月场",舞蹈之名亦叫"跳月",由此不难看出,这种芦笙舞当源于古老的具有巫术性质的祭祀"月神"的乐舞。同时,所使用的乐器又是女娲发明的"笙"。而在前一节中我们已经知道,女娲也曾被古人奉为"月神"。女娲与伏羲又是苗族传说中的人类始祖神,并受到苗族人的虔诚拜祭。综合以上的现象分析,笔者认为,苗族的芦笙舞中蕴含着与女娲相关的丰富的民俗文化内涵。这种舞蹈是自远古流传下来的祭祀人类的女始祖神又兼月神、禖神及音乐女神——女娲的宗教舞蹈。而这种具有浓厚原始巫术色彩的芦笙舞的存在也恰恰证明了女娲的音乐神身份。同时,笔者还认为,后世将司姻缘之神称为"月老",即"月下老人",恐亦与女娲为禖神又兼月神的神话传说有关。

《世本·帝系篇》(张澍稡集补注本):"女娲氏命娥陵氏制都良管,以一天下之音;命圣氏为班管,合日月星辰,名曰充乐。既成,天下无不得理。"由此则进一步证明,女娲不仅亲自创制笙簧,而且还命其属下制作多种乐器。

其次,据文献记载,伏羲也曾发明过乐器,据传说琴瑟就是他造的。如《世本·作篇》:"伏羲造琴瑟。"《说文》云:"瑟,庖羲所作弦乐也。"《楚辞·大招》亦有伏羲作《驾辩》之曲。《拾遗记·春皇庖牺》:"庖牺……丝桑为瑟,灼土为埙,礼乐于是兴矣。"《帝王世纪》曰:"太昊帝庖羲氏,风姓也,蛇身人首,有圣德,都陈,作瑟三十六弦。"魏陈王曹植《庖羲赞》曰:"木德风姓,八卦创焉,龙瑞名官,法地象天,庖厨祭祀,罟网鱼畋,瑟以像时,神德通。"由此,笔者认为,汉画像石(砖)中伏羲手捧乐器之像,当表明伏羲同女娲一样也是乐器的发明者之一。若女娲被人类奉为"女乐神",那么,伏羲作为男性音乐神亦是当之无愧的。

另外,查古籍文献,除了伏羲、女娲发明过乐器外,还有不少传说人物发明乐器和乐律的事迹,如《吕氏春秋·古乐》云:帝喾命"有倕(即巧倕)作为鼙、鼓、钟、磬、吹苓、管、埙、篪、鼗、椎、钟"。又云:"昔黄帝令伶伦作为律。"又如《世本·作篇》云,随作竽、垂作钟、舜造箫、巫咸作鼓、毋句作磬、夔作乐、伶伦造律吕、黄帝命伶伦造磬、神农作琴、神农作瑟等。再如桓谭《新论》云:"神农氏继而王天下,于是始削桐为琴,绳丝为弦,以通神明之德,合天人之和焉。"《说文》云:"琴,禁也,神农所作,洞越练朱,五弦,周加二弦,象形。"《帝王世纪》曰:"炎帝神农氏,姜姓也,人身牛首,长于姜水,有圣德,都陈,作五弦之琴。"

总之,虽然在古籍中除了伏羲、女娲,还有随、神农炎帝、舜、伶伦、垂、巫咸、毋句及夔等传说中的人物均有发明乐器的功劳,但汉代画像石(砖)中却只能见到伏羲、女娲手捧乐器的画像。因此,可以断定,汉代民间流传的男女音乐神应是伏羲和女娲。

鉴于伏羲、女娲发明乐器的传说,大体上可以认定,汉画中伏羲、女娲手持乐器的画像表明,二神是乐器的创造者,也即乐器发明之神。但是,文字记载中的女娲发明的是笙簧,伏羲创制的是弦乐琴瑟,这与汉画中伏羲、女娲手持排箫和鼗鼓两种乐器不相符合。这又作何解释呢?这是因为神话与民俗都具有变异性和时代性特征。一方面,古老的神话与民俗都会随着历史的发展在流传过程中不断发生变异,所以我们不能静止地看待神话与民俗;另一方面,每一时代的艺术作品都是当代社会直接或间接的反映,因此,汉代人创作的神话形象必然要以汉代的社会背景为素材。在汉代画像石(砖)中,可以看到,诸神的衣饰以及所用的"道具"无不是汉代生活中常见之物,如伏羲、女娲的衣帽、头饰,手中所持的便面、规矩、排箫、鼗鼓等。这正是神话时代性的具体表现。排箫与鼗鼓这两种象征伏羲、女娲音乐神身份的"道具"在汉画舞乐百戏(尤其是南阳汉画像石)中是最为常见的乐器,一般是乐伎一手摇鼗,一手执排箫吹奏,而南阳汉画像石中就有这种艺术造型的女娲画像,由此更可证明音乐神形象的塑造源于汉代的现实生活。艺术的活力在于它的创新性,汉代的艺术匠师们为了追求完美的视觉艺术效果,不拘泥于原有的神话传说,而以民间流传的伏羲、女娲发明乐器的神话为素材,以现实生活中常见的乐器为"道具",进行艺术的再创作,从而塑造出了两位栩栩如生的男女音乐神形象——手持排箫和鼗鼓的伏羲与女娲。

从目前发现的汉画资料来看,伏羲、女娲举乐器的画像具有一定的普遍性,手执鼗鼓或排箫是各地画像的共性特征,由此不难认定伏羲、女娲在汉代的音乐神地位。同时,在对比四川、河南南阳及山东微山的同类画像中,又可以看出三地之间存在着明显的区域性差异。首先,从发现数量上来看,四川地区最多,南阳次之,山东最少。其次,从人物造型及画像布局来分析，四川的伏羲、女娲大多是成对出现，少数为单独的形象，分别举日月的同时，又兼举乐器鼗鼓或排箫。南阳一带的伏羲或女娲均为单独形象，未见对偶形式，或女娲举两种乐器或伏羲吹奏一种乐器。山东汉画中的女娲与南阳的相似，也是同时使用两种乐器。四川与南阳的音乐神均占居独幅画像，从不与其他神像相搭配或组合。而山东的音乐神仅作为西王母图像系统中众多侍从神的成员之一，占据画面很小一部分，不是主题画像。根据以上的分析，再参照云南苗族地区流传的女娲造乐器（笙簧）的传说及"吹笙跳月"的民俗活动，我们便不难发现，伏羲、女娲造乐器的传说起源地在滇、川一带的西南地区，尔后才经过南阳流传到北方的齐鲁之乡。

　　音乐神伏羲、女娲形象出现在汉代也是必然的，这主要是由汉代社会的历史特点所决定的。汉代是我国封建社会第一个强盛的统一大帝国，经济繁荣，文化昌盛，艺术之花在这块肥沃的土地上竞相开放，歌舞杂技艺术尤为盛行。张骞和班超出使西域后，中亚的杂技、幻术以及乐器、乐曲和舞蹈相继传入中国内地，给中国原有的艺术增添了新的内容。许多民间乐舞也登上了大雅之堂。汉武帝曾以盛大的舞乐百戏艺术接待外国使节，以此来炫耀汉王朝的强大和繁荣。乐舞百戏已渗透到社会的各个角落。统治阶级经常以舞乐来宴飨宾客，出行则钟鼓伴随。官僚大地主阶级的家庭多是"后庭姬妾各数十人，僮奴以千百数，罗钟磬，舞郑女，作倡优，狗马驰逐"[①]。同时，儒家思想在汉代的统治地位确立之后，儒生皆学"六经"而以礼乐为重，乐已成为统治阶级服务的工具和权贵高雅的象征。乐不仅被涂上浓厚的政治色彩，而且还有着神秘的宗教色彩。《汉书·礼乐志》载："《易》曰：'先王以作乐崇德，殷荐之上帝，以配祖考。'"《礼记》曰："夫礼乐施于金石，越于声音，用于宗庙社稷，事乎山川鬼神。"祭祀祖宗神灵必舞乐伴奏。由于汉代统治阶级的大力提倡及社会各阶层的厚爱，汉代的舞乐百戏才得以出现前所未有的盛况，仅就汉代画像石中那大量的舞乐百戏画像，就足以窥见汉代乐舞之盛了。在这样的社会背景下，人们自然会对发明乐器的男女始祖神伏羲、女娲感恩戴德，因而便将伏羲、女娲二人作为音乐之神的偶像加以塑造，更将音乐神的形象雕刻在墓中。

---

① 《汉书·元后传》，中华书局1999年版，第2958页。

第四节　执规矩神像

在山东等地的汉画中，常见有伏羲、女娲手执规矩的画像（图1-18）。这里的"规矩"除了蕴涵有大家所熟知的标准、法则等引申含义外，它更应该是伏羲、女娲作为创世神开天辟地（规天矩地）的两种象征性工具，也就是说"执规矩"是伏羲、女娲作为创世神的形象标志。

图1-18

规矩是我们至今仍然使用的两种测绘方圆的工具。然而，最早的规矩发明于何时何人，已无从稽考了。不过，前人却给我们留下了一些有关发明规矩的神话传说。《世本·作篇》（清张澍稡集补注本）云："倕作规、矩、准、绳。"《尸子》云："古者，垂为规、矩、准、绳，使天下仿焉。"倕是传说中帝喾或尧时的一位大臣，是一位能工巧匠，他发明制作的东西很多，如《荀子·解蔽》说："倕作弓。"《世本·作篇》和《吕氏春秋·古乐》等书又说他发明了许多种乐器。因此，倕又被后人尊称为"巧倕"。《山海经·海内经》云："帝俊生三身，三身生义均，义均是始为巧倕，是始作下民百巧。"郭璞注："倕，尧之巧工也。"《淮南子·本经训》云："周鼎著倕，使衔其指，以明大巧之不可为也。"高诱注："倕，尧之巧工也。"巧倕又名义均，袁珂认为义均即舜子商均，亦即叔均。[①] 尽管巧倕发明规矩是后人的附会之说，不足为信，但古史的传说时代先民已发明了规矩应该是符合历史真实情况的。因为新石器时代大量的陶器以及彩陶

[①] 袁珂：《中国神话传说词典》，上海辞书出版社1985年版，第106页。

上出现的由直线与弧线组成的方圆规整的几何形图案纹饰,都需要在规矩的辅助下才能完成制作,也就是说,至迟在新石器时代早期,原始先民们就已大量使用最简单的规矩了。

当规矩发明之后,据记载,传说时代有不少上古神祇都使用过规矩。《史记·夏本纪》记载禹治水时,"左准绳,右规矩,载四时,以开九州,通九道,陂九泽,度九山"。《大戴礼记·五帝德》云:"孔子曰:高阳之孙鲧之子也……左准绳,右规矩,履四时,据四海,平九州,戴九天;明耳目,治天下,举皋陶与益以赞其身。"《汉书·魏相传》云:"东方之神太昊,乘震执规司春……西方之神少昊,乘兑执矩司秋。"《淮南子·天文训》:"东方木也,其帝太皞,其佐句芒,执规而治春……西方金也,其帝少昊,其佐蓐收,执矩而治秋。"在这些文献记载中,规矩已从测绘方圆的实用工具升华为治理天下的象征性道具,成为"法则"、"秩序"这些抽象化社会政治理念的具象化实体,同时又融入了哲理化的阴阳思想。规矩虽小,却内含着超越它本身的社会意义,"不仅反映了神的威严,也成为现实中人们循规蹈矩,遵守天地之道的一种符命"[①]。《淮南子·说林训》说:"非规矩不能定方圆,非准绳不能正曲直。"古代盛行的"盖天说"宇宙观认为天是圆形的,地是方形的。如《淮南子·天文训》云:"天道曰圆,地道曰方。方者主幽,圆者主明。"《晋书·天文志》载:"周髀家云:天圆如张盖,地方如棋局。"所以,宇宙间最大的方圆体应是天与地。那么,这种圆天和方地的创制也必然要借助于规矩才能完成,而这种神圣的使命只能由开天辟地的创世大神来担负。也就是说,最先使用规矩者应为创世神。与实用性的规矩相比较,创世神手中持的规矩所具有的意义非同一般,它是先民想象思维中具有象征意义的规天矩地的道具。晋王嘉《拾遗记·春皇庖牺》:"庖牺……调和八风,以画八卦……规天为图,矩地取法,视五星之文……始嫁娶以修人道。"在某种意义上说,创世神手中的规矩也是圆天和方地的象征。《吕氏春秋·十二月纪》云:"文信侯曰:'尝得黄帝之所以诲颛顼矣,爰有大圜在上,大矩在下,汝能法之,为民父母。'"

《淮南子·原道训》云:"泰古二皇,得道之柄,立于中央,神与化游,以抚四方。是故能天运地滞,轮转而无废,水流而不止,与万物终始。"

---

① 陈履生:《神画主神研究》,第33页。

《春秋运斗枢》云："伏羲、女娲、神农,是三皇也。"《淮南子·精神训》又云："古未有天地之时,惟像无形,窈窈冥冥……有二神混生,经天营地。孔乎莫知其所终极,滔乎莫知其所止息。于是乃别为阴阳,离为八极,刚柔相成,万物乃形,烦气为虫,精气为人。"高诱注："二神,阴阳之神也。"这些典籍所记载的神话,虽然从字面上看因过于哲理化而显得隐晦莫测,但其中所蕴含着古老的创世神话是显而易见的。这里经天营地而又创造人类的"二皇"或"二神"到底是哪两位神祇呢?闻一多曾经在《伏羲考》一文中认为是伏羲、女娲,此说甚确。因为我们可以在山东武氏祠汉画中看到伏羲、女娲作为创世神的形象:伏羲、女娲不仅龙尾相交,而且分别手执规矩。第一节我们已经讲过,伏羲、女娲交尾画像是人类男女始祖神媾合繁衍人类的象征,而始祖神手中又执规矩,这表明他们兼具"开天辟地"之神的身份。画像又附榜题文字:"伏羲仓精,初造王业,画卦结绳,以理海内",直言陈述了伏羲的创世功勋,汉画像与《淮南子》的记载正相吻合。在古代传说中,有关开天辟地的故事最有名者为"盘古创世神话",然而从这则故事中明显看出具有鲜明的哲学色彩,且见诸史籍的时间较晚,显然不会是最原始的创世神话。尽管《淮南子》中有关"阴阳"二神开辟天地的记载也略显抽象化,但它的始源应是一个男女始祖神共同创造世界的古老传说。从湖南长沙子弹库楚墓出土帛书[1]可知,在天地尚未形成的远古时代,大龙氏伏羲降生了,他生在华胥,居于雷夏(即雷泽)……后来伏羲娶了女娲为妻,生下四个儿子,他们共同定立天地,化育万物,于是天地形成,宇宙初开。帛书所记的创世神话是未经后人篡改(或渲染)过的先秦神话。伏羲、女娲夫妻开天辟地的具体工作是定天为圆形,定地为方形,并化育万物。帛书创世神话的主要内容"襄天地"与《淮南子》中的"经天营地"、"天运地滞"相对应,"格参化"又与"神与化游"、"万物终始"及"万物乃形"相对照;《淮南子》中的"二皇"或"二神"与帛书中伏羲、女娲的创世事迹完全吻合,显而易见,二者具有一脉相承的关系。另外,从地域来看,《淮南子》的作者刘安及其门客为西汉前期人,与战国相去不远,且是楚地人,而帛书的出土地点也在楚国境内,民间神话传说又具有相对稳定的承传性,因此,毫无疑问,《淮南子》与帛书中的创世神话同属于南方系统。

---

[1] 冯时:《中国天文考古学》,社会科学文献出版社2001年版,第15—18页。

从帛书中得知,在楚地民间流传的创世观念中,真正的开天辟地工作是从伏羲娶女娲为妻之后才正式开始的,但检索传世的先秦文献,对于伏羲、女娲创世神话的记载很少,目前仅能从《楚辞·天问》中获得一些相关的信息。《天问》云:"登立为帝,孰道尚之?女娲有体,孰制匠之?"谁"登立为帝"?文中未明言,女娲有什么样的形体呢?我们亦不得而知。然而,东汉时代的王逸却为我们作了注解,回答了我们想要知道的问题。他在《楚辞章句》中写道:"言伏羲始画八卦,修行道德,万民登立为帝,谁开导而尊之也?传言女娲人头蛇身,一日七十化,其体如此,谁所制匠而图之乎?"王逸虽然是东汉顺帝时人,但其出生地在南郡宜城,原属楚地,因此,他对《天问》的解读是可以信从的。《天问》将伏羲、女娲对举,亦与帛书所言伏羲、女娲夫妻为开天辟地之神相一致。王逸又在《天问章句叙》中云:"《天问》者,屈原之所作也⋯⋯屈原放逐,忧心愁悴。彷徨山泽⋯⋯仰天叹息。见楚有先王之庙及公卿祠堂,图画天地山川神灵⋯⋯及古贤圣怪物行事。周流罢倦,休息其下,仰见图画,因书其壁,呵而问之,以泄愤懑,舒泻愁思。"由此可知,楚国庙祠有图绘天地山川神灵画像之习俗。而伏羲、女娲创世神话形象即属其中的内容之一。王延寿《鲁灵光殿赋》中也有类似的描述。鲁灵光殿是西汉初年景帝之子鲁恭王刘余建造的。灵光殿中所绘伏羲、女娲像及山神海灵、古帝圣贤像也应是对战国时代楚地庙祠壁画的承袭。因为汉初的开国君臣大多来自于楚地,楚文化中长期流传的伏羲、女娲创世观念自然会对汉文化产生深远的影响。西汉壁画墓及东汉画像石(砖)墓祠中大量盛行的伏羲、女娲交尾画像以无可辩驳的事实证明了这一历史的必然性。

古代的创世神话应包括"天地开辟"和"化育万物"两大部分,而在人类的原始思维中,人类自身也属万物中的一分子。当原始先民从生物学意义的人进化为社会学意义的人之初,他们尚处在物我不分的时代,当他们认识到自己是母亲所生之后,很自然地会认为世间的一切东西都是母亲所生的,由近及远,推而广之,先妣(女祖先)神便是原始人心目中的创世神。因此,最原始的创世神应该是由始母神兼职的。

《说文》云:"娲,古之神圣女,化万物者也。"其实在这里,许慎早已道出了女娲为创世神的真谛。顾颉刚在《三皇考》中也曾指出,在盘古未出现之前,女娲实为开辟天地的第一人。① 此说颇有道理。我们在长沙马王堆一号汉墓出土的帛画上便可看到这样的画像:帛画(非衣)上部那象征天界的正中显要位置,有一人首蛇身之尊神正面端坐,其左右两边分别为日月二像。尽管目前学术界对画中那人首蛇身之像的认识还不统一,但我们把它诠释为开天辟地的创世之神女娲也应该是合乎情理的。

随着社会历史的发展,人类智力的提高,人们又进一步认识到只有男女结合才能生育后代,于是始母神创造世界的观念,便由男女始祖神共同创世的神话所取代。按照人类智能的演进规律,初民首先关注的应是自己从哪里来的,血缘家族是从哪里来的,整个人类又是从哪里来的,然后才会关注天地万物又是从哪里来的这类更远大的问题。人类认识事物的规律应是由近及远,由我及物,由具象到抽象。"原始初民应该先有创造人类的神话,再有创造天地万物的神话,然后将两种创世神话合而为一。"②因此,始祖神创造天地万物应该是最古老的创世神话,这是初民的原始思维特征所决定的。《淮南子》所记"二皇"或"二神"经天营地之事显然是汉代人将帛书中伏羲、女娲创世观念改造之后而形成的文明神话,所谓的"阴阳二神",实际上,是汉代人把男女始祖神创造天地的古老神话进一步抽象和哲理化的结果。

按照神话发展的一般规律推测,最早创造和使用规矩的应该是创世神兼始祖神的伏羲与女娲,而不应是后人附会的巧倕。"五帝"说中东帝太昊及其佐神句芒、西帝少昊及其佐神蓐收分别执规、矩来治理春秋的说法,当是因为阴阳五行学说的需要,而由汉代人编造出来的。在《史记》以前的西汉早期乃至先秦的文献中,伏羲、太昊是两个不同的传说人物,二者没有任何关联,《汉书·律历志》引刘歆《三统世经》才出现了"太皞伏羲氏"的连称。因此可知,约在西汉晚期时,太昊与伏羲才被刘歆等人撮合在一起而成为一人。很显然,所谓的"五方帝系统"是属于汉儒依照五德终始说为原则而编造的伪古史系统。在汉代人创造的五方帝系统中,东西方的太昊与少昊及其属臣们手中所持的规矩亦应是由伏羲、女娲执规矩之说改造而来的。当伏羲与太昊合而为一之后,

---

① 顾颉刚:《古史辨》第 7 册。
② 吴天明:《中国神话研究》,第 80 页。

原为伏羲手中的规天道具，也自然要转嫁给太昊了。而原来与伏羲相对的女娲因西汉晚期（王莽时代）官方儒家重男轻女思想的影响而被排挤出五方帝之列，代之以少昊及其属臣蓐收。这种清一色的男性主宰五方帝位的观念，虽然应合了"五德终始说"和男权主义思想，但又与传统的阴阳观念相悖谬。因为东西和南北均是阴阳相对的范畴，与之相应，东西南北之帝却全是代表阳性的男神，这种自相矛盾的现象是西汉晚期阴阳家们不能自圆其说的典型例证。① 尽管五方天帝系统在西汉晚期业已形成，但只见于官方正史之记载，而民间却未见有完整的五帝形象，更没有太昊与少昊手执规矩相对应的图像，而汉画中伏羲、女娲作为阴阳对偶神手持规矩的形象在山东等地则十分常见。由此表明，在汉代民间流行的是以伏羲、女娲夫妻开天辟地神话为母题的传统阴阳观念。也就是说，五方帝中太昊与少昊执规矩之说应源于伏羲、女娲规天矩地这一古老的创世神话。

  古代神话中所谓的始母神或男女始祖神，其实也就是原始先民对原始部落或氏族酋长的神圣化。而在政教合一的远古时代，酋长又是氏族中最大的巫师。规矩就是巫师通天地的"法器"，因此，规矩除了具有一般的实用价值外，同时亦蕴含着神秘的宗教意义。首先，若从"矩"、"巫"二字的造字结构上来分析，可清晰地看出巫与规矩的密切关系。甲骨文和金文（商周青铜铭文）的巫字写为"壬"，而巨字则写作"亚"、"工"或"㠯"。"巨"即矩尺的"矩"，前者与"工"字形同，后者是一人持矩之形。古人认为，方圆图形最初都是用矩这一种工具画成的，《周髀算经》云："环矩以为圆，合矩以为方，方属地，圆属天，天圆地方。"显然，人类最早发明的是矩尺，而圆规则是由矩尺中衍生出来的，即圆出于方，方出于矩。所谓的"环矩"就是用矩尺短端定准圆心，以旋转矩尺的长端而画出的圆形。从"巨"字的字形结构来考察，"亚"字中明显包括着圆形因素。而"巫"字则是由两把矩尺交合而成的，所谓的巫师实则是持有和使用矩尺之人。《说文》云："巨（榘），规巨也，从工象手持之。""工，巧饰也，象人有规榘也，与巫同意。""巫，祝也，女能事无形，以舞降神者也，象人两衣舞形，与工同意。"从许慎注解"矩"、"工"、"巫"这三个字的关联中，不难寻觅到规矩所蕴藏的宗教内涵。"工"即工艺师，"巫"

---

① 张从军：《黄河下游的汉画像石艺术》（下），齐鲁书社2004年版，第383页。

即巫师,规矩就是工艺师和巫师所使用的工具。而在古代,工艺师常与巫师合而为一,祖先神和文化英雄神是对巫师和工艺师的神圣化。①

其次,矩的形状还与古人测日影所使用的工具"圭表"相同,因此,最早的矩尺当源于"圭表"。所谓的"圭表"即"圭"与"表"的组合体,原始的表又叫"髀",它实际上就是一根直立于平地上的木头杆子。而圭就是测量表杆投到地上的影子长度所使用的一种标有刻度的量尺,古人又叫它"土圭"(即度圭),后来人们把这两种工具组合在一起便形成了"圭表"。② 据古代传说,自从颛顼受天之命,令重黎绝地天通之后,天地间的往来交通便彻底被切断了。天上的神与地上的人再不能随意交往。世间便只有巫觋作为一种特殊的人具有沟通天地和人神的本领。天与地的分离为巫造就了一种通天的特殊职能,天文观测之事自然就被巫觋们所垄断了。而立表测影则是掌握天象的最基本手段,使用圭表之人自然也就是通晓天地知识的巫觋了。由于中国早期的天文学一开始就具有鲜明的占星学特点和强烈的政治色彩,古代的天文学家又是占星家,天文学成了政治学的附庸,占星家相信天体与人世具有神秘的相互感应关系,由天象的变化,可以预测人间吉凶祸福,这种独特的文化心理促成了古代天文学被统治者垄断局面的形成。在中国古代,帝王通常又是国家最大的巫祝,拥有与天神对话的宗教特权,而作为古代传说中的史前帝王,"三皇"之首的伏羲、女娲自然也就是古人心目中最早的大巫,相应地,测日影的"圭表"以及由"圭表"演化出的规矩就理所当然地成为伏羲、女娲交通天地的神秘法器。

虽然规矩是一种常见的绘图工具,但由它画出的方圆图形恰巧与我国古代流行的天圆地方宇宙观念(盖天说)相契合,因此,规矩作为创世神伏羲、女娲"经天营地"的工具那是再合适不过了。有鉴于此,古代人便塑造出了伏羲、女娲执规矩的形象。又因古代天文学与政治权力的联姻,源于天文观测工具的规矩,不仅成为创世神话中规天矩地的象征性道具,后来又进一步被赋予了"治理天下"的社会政治功能,具有了神圣的政治权力意义。

---

① 王小盾:《原始信仰和中国古神》,第108页。
② 冯时:《中国天文考古学》,第15—18、198—199页。

第二章　西王母图像

西王母是中国古代神话体系中极为重要的一位女性神祇,关于西王母神的信仰至迟在战国时代就已形成了。两汉时代是西王母信仰的鼎盛时期。不仅古籍文献中有不少记载,更为重要的是,在山东、陕西、河南、江苏及山西等广大地区出土了大量有西王母图像的文物,这些文物主要包括画像石、画像砖、壁画、铜镜、漆画及摇钱树(座)等等。从时间上看,自西汉昭、宣帝年间的洛阳卜千秋墓中的壁画至东汉末建安年间的铜镜,均可见到西王母形象。从图像形式上看,周围辅以诸如捣药兔、三足乌、九尾狐、蟾蜍、羽人等众多从属神祇,从而构成了一个独具特色的西王母神话图像系统。从地位上来看,西王母在民间信仰的诸神中享有特别崇高的地位,位居伏羲、女娲、黄帝、神农、尧、舜等传说人物之上。汉代的西王母已从远古神话中的一位神祇转化成了一个宗教崇拜偶像,有着与佛教中的佛陀像、基督教中的耶稣像一样的神圣性。西王母自战国时期的半人半兽之怪神,到西汉后期的老妇形象,再到东汉时期的美丽贵妇人形象,乃至东汉中后期与东王公配成对偶神的翼化仙人形象,其神话故事由简单趋于复杂,其形象由怪诞凶恶进而美化至动人可爱,其神性由凶神逐渐衍变为"长生"之神乃至能赐人福祉的"女菩萨"。西王母神话及图像的这一演变过程是其他任何神祇所不具备的。

鉴于西王母图像在汉画神像的研究中成果最为丰富,不仅发表了一大批专题论文,而且还出现了研究西王母图像的专著,所以,笔者只能在相关学术成果的基础上,对西王母图像进行简要的论述和拾遗补缺性的分析。

第一节　西王母图像中附属物像分析

在四川、河南、陕西、山东、江苏、山西等画像石(砖)的主要出土地区均发现有不少西王母画像,现将各地典型画像择要罗列如下。

(1)四川彭山江口乡双河崖墓出土石棺画像:石棺侧面中部刻西王母正面端坐于龙虎座上。西王母左边有三足乌及九尾狐;右边刻一蟾蜍,似人直立,手舞足蹈。又有三人,或吹乐,或抚琴,或捧物而立。①

(2)四川新都县清白乡一号画像砖墓出土:砖正中为西王母正面端坐于龙虎座上,西王母身后为瓶形龛,上置华盖,左右有云气缭绕。西王母前面有三足乌和手舞足蹈的蟾蜍。右边上刻九尾狐,下刻捧灵芝的玉兔。画像下部还有四人,左一人双手持棨戟站立,其前一人,执笏跪伏于地,似为拜祷者。右边刻男女二人,并肩而坐,其前置一几案。②

(3)四川新都县出土画像砖:画像正中为西王母正面端坐于龙虎座上,西王母头戴胜饰,肩生羽毛。其左边有九尾狐,右边为三足乌,前面是直立作舞的蟾蜍及三足樽、大口罐之类的酒器。画像下部左右角又刻三位跪拜者。③

(4)四川射洪县出土画像砖:画中为西王母头戴胜正面端坐于龙虎座上,左边有一仙女执物面向西王母跪坐;右边为一玉兔持杵跪地面向西王母捣药。④

(5)河南郑州出土画像砖:图中西王母侧面坐于山巅,头戴胜,其前有一捣药兔,其下山中有一只九尾狐,其后山凹处一女子双手捧一鸟(或为三足乌)站立。⑤

(6)河南南阳新野樊集画像砖墓出土陶房上浮雕有一幅西王母画

---

① 中国画像石全集编辑委员会:《中国画像石全集·四川汉画像石》图149—151。

②③④ 高文、王锦生:《中国巴蜀汉代画像砖大全》图181、图182、图435。

⑤ 周到等:《河南汉代画像砖》图87,上海人民美术出版社1985年版。

像：画中为西王母侧身坐于山峦之上，头戴胜，双手各执一物，其前有玉兔捣药。画左边又有三足乌、蟾蜍和九尾狐；画右边刻群山和三羽人等。①

（7）河南南阳熊营出土画像石：图中部为西王母与东王公相向坐于高足豆状的高台之上。其下有捣药兔，肩生羽翼，单腿跪地持杵捣药。西王母之上又有仙人骑鹿和凤凰。②

（8）陕西绥德县四十里铺画像石墓出土门楣画像石：门楣右部刻西王母正面端坐，头戴胜。其左边有鸡头人身执仙草跪拜者，三足乌，九尾狐以及二捣药兔。其右边有二人执仙草站立。③

（9）陕西绥德出土墓门楣画像石：左刻西王母正面戴胜端坐，其左右两边各一仙人跪拜。画中部刻三足乌，鸡首人身跪拜者，二兔捣药，九尾狐，一兔筛药，一蟾双手挥器直立作舞，一兽弹瑟。④

（10）陕西靖边寨山汉墓出土门左柱画像石：石右上角框内刻西王母端坐于神木顶端的"悬圃"之上，其左有玉兔捣药，右有羽人执仙草。树枝杆上栖三足乌，树下山峦上有九尾狐奔走。⑤

（11）山东嘉祥县洪山村出土画像石：画像共分三层。上层刻西王母正面凭几端坐，头戴胜。其左有二人执仙草跪拜，其右有一人执仙草跪拜，另有蟾蜍双臂执械直立作舞。鸡头人身神执笏跪拜，三玉兔捣药，佩剑三足乌和佩剑九尾狐。⑥

（12）山东滕县大郭村出土画像石：画分上下两格。画像上格正中端坐西王母，头戴胜，其左右为二神面向西王母拱手拜谒，二神均为人首蛇尾，双尾下垂交缠在一起。画左有九尾狐及五人跽坐；画右为二玉兔共持一杵捣药，二蟾蜍共执筛选药。画间饰缭绕的云气。⑦

（13）江苏徐州沛县栖山汉墓出土画像石：画左刻一座两层楼阁，西王母头戴胜，凭几正面端坐于二层楼内。楼下层屋内一大鸟作奔走状，口衔食物，当为西王母取食的三青鸟，楼外右侧有二神人跽坐捣药。楼

---

① 赵成甫主编：《南阳汉代画像砖》图159。
② 南阳汉画像石编辑委员会：《南阳汉代画像石》图332。
③④⑤ 中国画像石全集编辑委员会：《中国画像石全集·陕西、山西汉画像石》177、图153、图233，河南美术出版社2000年版。
⑥⑦ 山东省博物馆等：《山东汉画像石选集》图181、图287，齐鲁书社1982年版。

右侧上部有一三足乌和九尾狐,皆口衔食物向楼阁奔来。下部刻人首蛇身者,马首人身者,鸟首人身者和佩剑长者列队向西王母朝拜。[①]

除了画像石(砖)外,汉代壁画墓中亦可见到西王母画像,时代较早且典型者如:河南洛阳卜千秋壁画墓[②](西汉昭宣时期)中的西王母画像:西王母侧身坐于云端,其前有口衔仙草的玉兔、蟾蜍及九尾狐。另外,壁画中还有伏羲、女娲、日、月、乘三头凤和骑神蛇的男女墓主人、白虎、持节方士等。此为目前所知时间最早的西王母画像。再如洛阳偃师县辛村新莽壁画墓[③]中的西王母画像:西王母侧身端坐于祥云之上,头戴胜,其前有一捣药兔立于云端。另有蟾蜍、九尾狐等形象。

从以上所列举的典型画像可以看出,汉代画像石(砖)及壁画中的西王母均为一华贵端庄、正襟危坐的女性神形象,且大多头戴"胜"饰。西王母头戴"胜"的画像正与文献记载相吻合,如《山海经》一书中有西王母"蓬发戴胜"、"戴胜虎齿"、"梯几而戴胜"。司马相如《大人赋》有西王母"戴胜而穴处"。《鸿苞轩辕黄帝纪》有西王母"戴胜颢然"。《淮南子·地形训》有"西老(即西王母)折胜,黄神啸吟"。从众多西王母戴胜的画像和文献中反复强调西王母头上的胜饰来看,"胜"应是西王母身份的最显著标志。另外,西王母身边常见有玉兔、蟾蜍、三足乌和九尾狐等神性动物作为侍从,这些动物又成为我们确认西王母图像的重要附属物像。

关于西王母头上的"胜",原为汉代贵妇人头上的一种发饰物。司马相如《大人赋》云:"吾乃今日睹西王母矐然白首。戴胜而穴处兮。"颜师古注云:"胜,妇人首饰也。汉代谓之华胜。"《后汉书·舆服志》:"太皇太后、皇太后入庙服……簪以玳瑁为擿,长一尺,端为华胜。"江苏邗江甘泉二号汉墓(东汉广陵王墓)出土有金制的华胜发饰。[④] 发饰华胜的原型应是汉代织机上的"织胜"(织布机上持经线的轴)。《说文》云:"滕,机持经者也。"而"胜(勝)"即滕的假借字。古代的纺织劳动多为女性所为,所以古代妇女便以"织胜"作为发簪上的饰物形状,久之,"胜"

[①] 徐州市博物馆:《徐州汉画像石》图11,江苏美术出版社1985年版。
[②] 洛阳博物馆:《洛阳西汉卜千秋壁画墓发掘简报》,《文物》1977年第6期。
[③] 洛阳市第二文物工作队:《洛阳偃师县新莽壁画墓清理简报》,《文物》1992年第12期。
[④] 孙机:《汉代物质文化资料图说》,文物出版社1991年版,第246页。

便成为女性的象征。西王母为女性神祇，所以，汉代人刻画的西王母多头戴胜饰。但在汉代人的心目中，西王母头上的胜却又具有特殊的神性。《淮南子·览冥训》讲到世界失去秩序时说"西老（西王母）折胜"。高诱注曰："西王母折其头上所戴胜，为时无法度。"西王母头上的胜是秩序与法度的象征，非一般的胜所能比拟的。因此，"胜"这一原来生活中的实用装饰物品，因与西王母的关系而演变为具有祥瑞意义的独立抽象符号，并被汉代人雕刻在墓中或祠堂中。如山东安丘董家庄汉画像石墓中室东壁横梁的装饰图案中，在下部正中位置刻一"胜"形图案，其左右各画两条鱼。① 这里"胜"的祥瑞意义不言而喻。另外，四川崖墓的墓门楣正中位置也多刻有"胜"的图案。② 关于"胜"的宗教涵义，《宋书·符瑞志》云："金胜，国平盗贼，四夷宾服则出。"

如果仅从西王母形象本身来看，在大多数情况下，西王母的神性特征是十分模糊的，因此，我们只能借助与西王母相关的附属物像来考察汉代西王母图像系统的文化内涵，而玉兔、蟾蜍、三足乌、九尾狐是该图像系统中最重要的标志物像（或称之为"核心图像"和"必要图像"），对这些图像进行分析便成为首要的问题。

玉兔是西王母图像中最重要的附属物像，它与西王母的关系最为亲密。在西王母画像中，常见有玉兔持杵于臼中捣药或玉兔捧（衔）仙草的形象。关于玉兔捣药，汉《乐府诗》有"采取神药若木端，白兔长跪捣药虾蟆丸"的诗句。但在文献记载的神话传说资料中，西王母与玉兔没有任何联系。兔子原是传说中的月中之兽，汉代典籍及汉画图像中均可见到月中有兔的神话。张衡《灵宪》云："月者，阴精之宗，积而成兽，象兔，阴之类其数偶。"山东汉画像石中还有玉兔在月轮中捣药的形象。③ 陕西绥德汉画像石中可见到月中兔与西王母身旁的捣药兔同时出现在一幅画像之中。④ 由此表明，汉代人心目中的玉兔具有双重身

---

① 安丘县文化局、安丘县博物馆：《安丘董家庄汉画像石墓》图版 67，济南出版社 1992 年版。
② 唐长寿：《乐山崖墓和彭山崖墓》，电子科技大学出版社 1993 年版，第 62 页。
③ 山东省博物馆等：《山东汉画像石选集》图 158；安丘县文化局、安丘县博物馆：《安丘董家庄汉画像石墓》图版 38。
④ 李贵龙等：《绥德汉代画像石》，陕西人民美术出版社 2001 年版，第 18 页。

份,它不仅是月中神兽,同时又兼职为西王母捣制不死之药。

蟾蜍也是西王母身边常见的随从神兽之一,或作舞,或执筛,或举臼。在古代传说中,蟾蜍与西王母也毫无关联。蟾蜍与兔一样同为月中神兽。张衡《灵宪》云,"羿请无死之药于西王母,姮娥窃之以奔月……姮娥遂托身于月,是为蟾蜍",即认为月中之蟾为嫦娥所转化。圆轮中有蟾是汉画中最为普遍的月亮画像。汉代人之所以把月中的兔、蟾转嫁给西王母,究其根本原因,无非就是月中神灵兔、蟾具有和西王母同样"长生不死"的神性。① 关于西王母为长寿不死之神,最早的文献记载见于《庄子·大宗师》:"西王母得之,坐乎少广,莫知其始,莫知其终。"《易林》又云:"弱水之西,有西王母,生不知老,与天相保。"

三足乌也是西王母图像系统中常见的物像。在《山海经》中记载有为西王母取食的三青鸟,如《海内北经》:"西王母梯几而戴胜,其南有三青鸟,为西王母取食。在昆仑墟北。"《西山经》又云:"三危之山,三青鸟居之。"郭璞注:"三青鸟,主为西王母取食者,别自栖息于此山也。"《大荒西经》云:"西有王母之山……有三青鸟,赤首黑目,一名曰大鹜,一名少鹜,一名曰青鸟。"所谓的三青鸟即为西王母取食的三只青鸟。张华《博物志》:"有三青鸟,如乌大,立侍母(西王母)旁。"对文献记载中的"三青鸟",似可作两种理解:或认为三青鸟为三只青鸟,或认为是一只名叫"三青鸟"的鸟。但我们在汉画中却很难见到三只鸟同时侍奉于西王母身旁的,而常见的是一只三足乌。对这种文图不一致的现象又该作何解释呢?司马相如《大人赋》云:"吾乃今目睹西王母皓然白首。戴胜而穴处兮,亦幸有三足乌为之使。"张守节注云:"三足乌,青鸟也,主为西王母取食。"此处明确指出了三足乌就是为西王母取食的青鸟。因此,有学者就推测,三足乌是由"三青鸟"三字误读讹传而演变来的。也就是说,三青鸟是三足乌的原型。② 但笔者认为,三足乌与三青鸟之间不存在先后演变关系,而应是一种替代关系。在汉画中,三足乌具有双重身份:其一是为西王母取食的神鸟;其二是太阳中的神鸟。有学者认为,太阳中的三足乌来自西王母图像系统中的三足乌。这种观点似缺

---

① 月中兔、蟾的"不死"或"再生"神性,详见第八章"日月画像"节。
② 李凇:《论汉代艺术中的西王母图像》,湖南教育出版社 2000 年版,第 258 页。

乏足够的证据。目前所知,最早的西王母图像出现在洛阳西汉卜千秋墓顶壁画中,此墓的时代据发掘报告可知为西汉中期稍后,即昭宣时期,画中西王母侧面坐于云端,其前有一位乘三头凤凰的女子,女子怀抱一鸟,或释为三足乌。果若此,那么,它就是目前所见最早的三足乌。南阳唐河针织厂画像石墓天像图中亦有三足乌,此三足乌被刻画在日轮中,而该墓的时代据说是在西汉晚期,两墓的时间相差不远。因此,西王母图像中的三足乌与日中三足乌应属于同时并存的两种现象。再者,江苏沛县栖山东汉初期画像石椁墓上有西王母图像,西王母凭几坐于二层楼阁上层内,楼下层内立一大鸟,口衔食物。此大鸟显然就是文献之中所谓的为西王母取食的"三青鸟"。同时,楼阁的右边为二神持杵捣药,其上方又有一只三足乌和一只九尾狐,皆口衔食物向楼阁方向奔来。此画像进一步证明,三青鸟与三足乌是并列关系,并不是什么先后演变关系。汉代人在传承三青鸟为西王母取食神话的同时,又增加了三足乌为西王母取食的新内容,并由三足乌逐步替代了三青鸟的位置。鉴于对以上的例证分析,笔者认为,西王母图像系统中的三足乌应该是从日中的三足乌(阳乌)转借过来的。

汉代人为何把日中的三足乌视为西王母的侍从呢?三足乌又叫阳乌,它是太阳神鸟,而太阳鸟居住在东海中的扶桑树上,扶桑树上生长着食之令人长寿不死的桑葚仙果。《太平御览》卷九七三引《汉武帝内传》:"药有扶桑丹椹。"太阳鸟因以桑葚为食物而得以周而复始、生生不息。而西王母亦为长寿之神,那么,具有延年益寿功能的桑果自然也就成了西王母的首选食物。而居于扶桑树上的三足乌充当为西王母运送食物的役使神禽也便是义不容辞的职责了。由此,太阳鸟三足乌(或阳乌)的不死神性便成为与西王母神话联系的契合点。

九尾狐也是西王母图像系统中常见的神兽。春秋战国和两汉时代,文献中多将九尾狐描述为瑞兽。如《山海经·南山经》云:"有兽焉,其状如狐而九尾,其音如婴儿,能食人,食者不蛊。"郭璞注:"噉其肉,令人不逢妖邪之气。"《山海经·大荒东经》又云:"有青丘之国,有狐,九尾。"郭璞注:"太平则出而为瑞也。"《白虎通》也云:"德至鸟兽,则凤凰翔,鸾鸟舞,麒麟臻,白虎到,狐九尾,白雉降,白鹿见,白鸟下。"尽管古人视九尾狐为一种祥瑞之兽,但却不见与西王母神话有丝毫联系。那么,为何汉画中常见九尾狐在西王母身旁呢?有学者认为,"不忘故里和死后归葬故乡",是狐之形象频繁出现于墓葬图像中的原因;又认为,"九尾狐尾之九股,又有九族之象"。因此,"西王母图像系统中的九尾狐,不是一般的祥瑞图像,而是表达死者不忘其本,祈求西王母庇荫九族、家族当后盛之图像"。① 笔者认为,九尾狐之所以被附会于西王母身旁,关键在于它的生殖神性。《渊鉴类函》引《名山记》云:"狐者,先古之淫妇也,其名曰紫。化而为狐,故其怪多自称阿紫。"《玄中记》云:"千岁之狐为淫妇,百岁之狐为美女。"又云:"狐五十岁能变化为妇人,百岁为美女,为神巫。或为丈夫与女人交接。"这种淫妇变狐的传说,其深层结构中却蕴涵着狐作为古代婚姻生殖神的图腾意义。另外,古人描述鸟兽交配之状称为"交尾"。汉画像石砖中常可见到人类始祖神伏羲、女娲两蛇尾相交的"交尾"图像。陕西绥德黄家塔七号画像石墓墓门额上还刻画有二狐"交尾"的形象。② 这些"交尾"图是生命繁衍不息的象征,是古人生殖崇拜观念的图像化反映。或认为"九尾狐"可能就是由"交尾狐"讹传而来的。③ 而"九尾"当是古代崇尾习俗的产物。九,乃数之终极,《素问·三部九候论》云:"天地之至数,始于一,终于九焉。"狐生九尾,喻子孙极多之意。《史记·天官书》"尾为九子",《索隐》引宋均注云:"属后宫场,故得兼子。子必九者,取尾有九星也。《元命包》云:尾九星,箕四星,为后宫之场也。"《正义》又云:"尾九星为后宫,亦为九子……占:均明,大小相承,则后宫叙而多子。"古人认为,天空中东宫苍龙七宿中的尾宿九星象征九子。《白虎通》云:"狐九尾何?狐死首丘,不忘本也。明安不忘危也。必九尾者何?九妃得其所,子孙繁息也。于尾者何?明后当盛也。"有人认为,《白虎通》说九尾狐的九尾能够使"九妃得其所",则说明这九尾实际上就是九个雄性生殖器。生殖器的增多在乞求多子多孙的时代里,备受尊崇和重视。④ 又据《吕氏春秋》记载,大禹为了治水,年三十尚未成婚,后经涂山遇到了一条九尾白狐才娶到了妻子。由此亦显示出九尾狐的生殖神性。正是因为狐被古人赋予了生殖神性和汉代盛行崇尾祈子之俗,所以,汉画像石墓中才会出现九尾

---

① 李淞:《论汉代艺术中的西王母图像》,第 262—264 页。
② 李贵龙等:《绥德汉代画像石》,第 35 页。
③ 何新:《龙:神话与真相》,时事出版社 2002 年版,第 260 页。
④ 张从军:《黄河下游的汉画像石艺术》(下),齐鲁书社 2002 年版,第 254 页。

狐的画像。在汉代民间的西王母信仰中,西王母不仅是一位长寿之神,而且还是一位赐人子孙的高禖大神,如《焦氏易林》云,"西逢王母,慈我九子,相对欢喜,王孙万户,家蒙福祉";"稷为尧使,西见王母。拜请百福,赐我喜子,长乐富有"。《汉书·翟方进传》云:"遂获西王母之应,神灵之征,以祐我帝室,以安我太宗,以绍我后嗣,以继我汉功。"与此文献记载相应,山东汉画中常见西王母左右刻画伏羲、女娲蛇尾相交的形象,更进一步印证了西王母的媒神赐子身份。正是基于"子孙繁昌"这一相同的观念,九尾狐的形象才被汉代人融入到西王母图像系统之中。在汉代人所追求的长生不死理想中,一方面是个体生命的不死,而另一方面则是家族的永生。子孙的繁衍不断,种的"永生",与个体生命的长寿异曲同工。

另外,九尾狐在秦汉神话传说中又是日中神兽,山东汉画日轮图中常可见到九尾狐与阳乌(或三足乌)相并列的形象。江苏徐州汉画像石中又有三足乌与九尾狐一同为西王母取食的画像。由此亦表明日中九尾狐的传说在汉代与西王母神话相融合。日中之兽九尾狐和日中之鸟三足乌共同成为西王母的役使随从。

总之,从月中的玉兔、蟾蜍和日中的三足乌、九尾狐常被刻画在西王母图像系统中的事实来看,汉代的日月崇拜神话观念与西王母的宗教信仰,基于二者具有"不死神性"这一相同母题,在阴阳五行思想的制约下,发生了相互重叠和融合现象。月的盈亏隐现、日的东升西落,在古人的眼中,均为"不死"或"再生"的神奇天象,而与西王母的"莫知其始、莫知其终"的长生神性相一致。作为阴阳对立元素的日月二象,在至尊神西王母的统领下得以和谐共处。

图 2-1

在西王母图像系统中,常有山峦之象,西王母或坐于山巅,这些山应为神话传说中的昆仑山(图 2-1)。昆仑山与西王母原为两个独立的互不相干的神话系统。昆仑山为黄帝的下都所在,如《山海经·西次三经》:"昆仑之丘,是实惟帝之下都,神陆吾司之。"此文中所谓的"帝"当指黄帝。《穆天子传》卷二云:"吉日辛酉,天子升于昆仑之丘,以观黄帝之宫。"《山海经·海内西经》又云:"海内昆仑之虚,在西北,帝之下都。昆仑之虚,方八百里,高万仞……面有九门,门有开明兽守之。百神之所在。在八隅之岩,赤水之际,非仁羿莫能上冈之岩……开明北有……不死树……开明东有巫彭、巫抵、巫阳、巫履、巫凡、巫相……皆操不死之药以距之。"《淮南子·地形训》云:"禹乃以息土填洪水,以为名山。掘昆仑虚以下地……不死树在其西……碧树、瑶树在其北……疏圃之池,浸之黄水,黄水三周复其原,是谓丹水,饮之不死。""昆仑之丘,或上倍之,是谓凉风之山,登之而不死;或上倍之,是谓悬圃,登之乃灵,能使风雨;或上倍之,乃维上天,登之乃神,是谓太帝之居。"《山海经·西山经》云:"玉山,是西王母所居也。"《鸿苞轩辕黄帝纪》云:"于时有神人西王母者,太阴之精,天帝之女……石城金台而穴居,坐于少广之山。"早期的西王母尽管也居于山中,但不是昆仑山。后来,大概是因为昆仑山与西王母山相去不远(都在西方),更重要的是昆仑山中有不死树、饮之不死的丹水、持不死药的众神巫,以及昆仑山自身那"登之而不死",甚至"登之乃灵"、"登之乃神"的神异特性,正好与西王母的长寿神性相吻合。由是,不死神山昆仑的传说在汉代社会极力追求"长生不死"的浓厚氛围中便顺理成章地与西王母神话融合在了一起。《史记·司马相如传》引司马相如《大人赋》云:"西望昆仑……直径驰乎三危。排

图 2-2

阊阖而入帝宫兮……吾乃今目睹西王母矐然白首。戴胜而穴处兮,亦幸有三足乌为之使。必长生若此而不死兮,虽济万世不足以喜。"《汉书·地理志》云:"临羌,西北至塞外,有西王母石室、仙海、盐池……有弱水、昆仑山祠。"《竹书纪年》:"王(周穆王)西征昆仑丘,见西王母。"

陕北汉画中普遍流行呈弯曲树干状的昆仑山"天柱"之象,此神树可能是传说中的天梯树——建木,建木下部的山峦当为昆仑山,建木顶端

为"悬圃",西王母端坐于"悬圃"之上(图 2-2)。此类画像表明,汉代时,天梯山——昆仑与天梯树——建木这两种神话传说发生了融合现象。河南南阳、山东、陕北等地的汉画中又见西王母或东王公端坐于豆盘状的器座之上。此类器具亦应是昆仑山悬圃的抽象化形态(图 2-3)。山东汉画中有一种"山"字形的器具,"山"字中间最高的柱端常坐西王母,左右较低的两柱顶为玉兔捣药的形象。此"山"形器应是昆仑山天柱的象征。《神异经》云:"昆仑之山有铜柱焉,其高入天,所谓天柱也。"四川出土的画像石砖中常见有双阙或门的形象,此门或阙当即昆仑山"天门"之象(图 2-4)。天门是天界的门户与象征,是连接凡间与天界的通道,墓主必须通过天门,方可到达由西王母主宰的天国仙境——昆仑山巅的永恒世界。《楚辞·九歌·大司命》:"广开兮天门。"洪兴祖补注云:"天门,上帝所居紫微宫门也。"《淮南子·

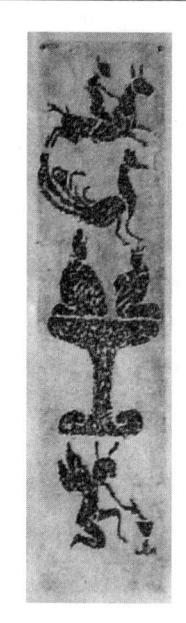

图 2-3

天文训》:"天阿者,群神之阙也。"注云:"阙,犹门也。"《神异经·西北荒经》云:"西北荒中有二金阙,高百丈……名曰天门。"《诗纬含神雾》:"天不足西北,无有阴阳,故有龙衔火精以照天门中也。"四川广汉连山汉墓出土山形摇钱树座上有"天门"金阙之像,且西王母端坐于天门之上。①由此可证,"神居山上,神国也建在山巅,这大约就是古代人们关于天廷的构想"②。在汉代人的观念中,昆仑山顶即天廷,所谓的"天门"实际上是指昆仑山的山门。《山海经·海内西经》云:"海内昆仑之虚,在西北……面有九门,门有开明兽守之。"居于昆仑山的西王母显然已成为天国之主神。

汉画中的西王母虽然均为尊贵端庄的贵妇人形象,但其周围的侍从多为动物或半人半兽的神怪形象。这又显示出西王母神话的原始性和古老性。《穆天子传》云:"吉日甲子,天子宾于西王母。乃执白圭玄璧,以见西王母……天子觞西王母于瑶池之上……西王母又为天子吟曰:

---

① 《汉画·钱树·货币文化——中国汉画及摇钱树货币文化学术讨论会论文集》封面图片,四川德阳,1998 年。

② 袁珂:《试论神话空间的三界》,《民间文学论坛》1992 年第 5 期。

图 2-4

'徂彼西土,爰居其野。虎豹为群,於鹊与处。嘉命不迁,我惟帝女。'"与穆天子会见的西王母已演变成一位令天子倾慕的美貌天女,但西王母却仍与虎豹鸟兽为伍。而传说西王母原始的形象是一位虎齿豹尾的凶怪之神。如《山海经·西山经》云:"玉山,是西王母所居也。西王母其状如人,豹尾虎齿而善啸,蓬发戴胜,是司天之厉及五残。"《大荒西经》又云:"有大山,名曰昆仑之丘。有神人面虎身,有文有尾,皆白,处之。其下有弱水之渊环之……有人,戴胜虎齿,有豹尾,穴处,名曰西王母,此山万物尽有。"《鸿苞轩辕黄帝纪》云:"于时有神人西王母者,太阴之精,天帝之女也。人身虎首,豹尾蓬头,戴胜颢然,白首善啸,石城金台而穴居,坐于少广之山。"由于西王母在汉代受到了空前的崇拜,但凶恶丑陋的原始形象显然有损其在汉代人心中那完美的偶像,于是《西王母传》中就曾对西王母原始的虎豹之形作了新的诠释:"云西王母蓬发戴胜,虎齿善啸者,此乃王母之使,金方白虎之神,非王母之真形也。"汉画中虽然西王母常为人形,但其旁亦可见白虎之像,画像正与文献记载相一致。

  汉画像中的西王母显然是人格化之后的形象,它与早期的西王母形象大相径庭,早期西王母那凶残而丑陋的半人半兽之形的刑厉之神,正显示出了西王母神话的原始色彩。"虎齿、豹尾、穴处"的特征昭示了西王母与虎豹的密切关系。另外,西王母所居之昆仑山的守护神也是一只神虎。也就是说,西王母很可能是由原始社会我国西部地区的某氏族所崇拜的虎豹图腾神演化而来的一位女神。山东临沂出土有一块西王母画像石①：西王母虎头人身豹尾，蹲居于"山"形座的正中柱顶，其左右较低的两柱顶端均有捣药兔（图2-5）。此画像与文献相互印证，均表明西王母神话源于原始的虎豹图腾神崇拜。西王母"司天之厉及五残"，可见她被视为凶神和刑杀之神。而虎的食人之性又与刑杀相通。由此，亦证明西王母的刑神之性源于古人对虎豹食人这种自然属性的敬畏。西王母虎豹之类的猛兽形貌与她那刑神之职司正相一致。

古羌人的虎图腾崇拜习俗正与西王母的原始神虎形象相吻合。据考古资料显示，我国西部甘肃、青海高原上的马家窑文化出土了不少以虎面或虎头为装饰的彩绘陶器。而我国西部少数民族地区又盛行虎图腾崇拜。如巴蜀、彝、土家、古羌等族都崇拜虎，由此表明我国西部古代虎文化甚为发达。有学者认为，西部各族的虎图腾皆源于古羌族。②《后汉书·西羌传》云："羌无弋爰剑者，秦厉公时为秦所拘执，以为奴隶。不知爰剑何戎之别也。后得亡归，而秦人追之急，藏于岩穴中得免。羌人

图 2-5

云爰剑初藏穴中，秦人焚之，有景象如虎，为其蔽火，得以不死。既出，又与劓女遇于野，遂成夫妇。女耻其状，被发覆面，羌人因以为俗，遂俱亡入三河间（三河即黄河、赐支河、湟河）。诸羌见爰剑被焚不死，怪其神，共畏事之，推以为豪（酋豪）。"从这段文字记载中便不难看出，在羌人的心目中，虎乃是其祖先保护神。总之，诸种迹象表明，西王母神话源于羌人的虎图腾和祖先崇拜。

汉画像中又有犬首人身或人首犬身的神灵侍从在西王母身旁。《山

---

① 山东省博物馆等：《山东汉画像石选集》图372。
② 彭官章、朴永子：《羌人巴人土家族（下）》，《吉首大学学报》1982年第2期。

海经·大荒西经》:"西有王母之山,壑山、海山,有沃之国……有三青鸟。"《西次三经》又云:"三危之山,三青鸟居之……其上有兽焉,其状如牛,白身四角,其豪如披蓑,其名曰獓㺝,是食人。"獓㺝即獒㺝,是一种长着粗长毛的猛犬。《尔雅·释兽》:"狗四尺为獒。"这种高大之犬为凶猛的牧羊犬,它是古代羌人游牧时用来看护羊群免遭恶狼袭击的最好助手,因其有功于羌人,所以羌人的一支便以犬为其族名,称为犬戎。也就是说,犬戎曾以神犬为氏族保护神。《山海经·海内北经》:"有人曰大行伯,把戈。其东有犬封国……犬封国曰犬戎国,状如犬。"《大荒北经》又云:"大荒之中,有山名曰融父山……有人名曰犬戎……弄明生白犬,白犬有牝牡,是为犬戎,肉食。有赤兽,马状无首,名曰戎宣王尸。""有国名曰赖丘。有犬戎国,有神,人面兽身,名曰犬戎。"由犬戎国之名称为"犬戎"、"犬封",犬戎国之神(人)"状如犬"、"白犬有牝牡"、"人面兽身"的文献记载来考察,犬戎族所崇拜的图腾神与"犬"有着密切的关系。也就是说,犬戎的祖先神当具有"人头狗身"或"狗头人身"的人犬合体特征。《后汉书·西羌传》云:"及武乙暴虐,犬戎寇边,周古公逾梁山而避于岐下。"又云:"其年,戎围犬丘,虏秦襄公之兄伯父。"从"犬丘"之地名来看,亦显示出犬戎人尊犬之习俗。另外,《后汉书·南蛮西南夷传》、《风俗通义》以及晋干宝的《搜神记》等典籍均记载了神犬盘瓠与高辛氏之女婚配繁衍后代的神话传说,此传说至今仍在我国西南的苗、瑶、侗等少数民族地区流传,盘瓠被这些民族奉为始祖神,而这些民族之所以会崇拜犬,是因为它们均是羌戎人的后裔。藏族神话《青稞种子的来历》讲述的是王子阿初为获得青稞种子而变成了狗,并与一土司的女儿俄满结婚再次变成人的故事。此故事也表明了藏族地区流行崇拜狗的习俗。《史记·五帝本纪》:"迁三苗于三危。"《正义》引《括地志》云:"三危山有三峰,故曰三危。俗亦名卑羽山,在沙州燉煌县东南三十里。"三危山就在今甘肃渭源县南,这里正是古代西羌之地。《淮南子·地形训》云:"西王母在流沙之濒。乐民、拏闾在昆仑弱水之洲。三危在乐民西。"《史记·司马相如传》引用司马相如《大人赋》云:"西望昆仑之轧沕洸忽兮,直径驰乎三危……吾乃今目睹西王母皬然白首。戴胜而穴处兮,亦幸有三足乌为之使。"由此可知,西王母也居于三危山一带,而西王母很可能就是我国西北羌族(以虎豹为图腾神的羌族支系)的一位原始女酋长演化而来的女神。山东西王母画像中犬首人身或人首犬身的神灵可能是源于犬戎国的图腾神。① 这种画像也证明了西王母与西羌犬戎族的密切关系。另外,在陕西、山西、山东等地的西王母画像中又常见有牛头人身者侍从于西王母身旁。传说炎帝就是一位人身牛首之神,炎帝姓姜,而姜姓也是羌族的一支。从西王母与人犬合体和人牛合体神相组合的画像中,亦可显示出西王母与羌族的密切关系。

西王母在东王公出现之前的汉代,曾一度被尊奉为地位极其显赫的至尊神。有学者认为,中国上古天神就是古籍记载中的"玄女"(即九天玄女),因上古对女性生殖崇拜之故,所以最早的天神当为女性。玄女、女娲、西王母可能是"三位一体"的天神变异现象。② 汉画中的西王母似乎仍凸显出其原始的天神神格。从西王母画像来看,日中的三足乌和九尾狐,月中蟾蜍和玉兔是西王母身旁最为亲近的侍从。在四川汉画像砖墓中,西王母常居于墓室后壁正中位置,其左右又有太阳神鸟与月亮神鸟分列两旁。类似的画像组合及画像在墓中的布局格式,彰显了西王母统合日月的独尊地位。四川汉画中更常见西王母端坐于"龙虎座"之上(图2-6)。关于西王母与龙虎的关系,《焦氏易林》云:"驾龙骑虎,周遍天下,为神人使,西见王母不忧危殆。"或认为"图中所示,正是驾龙骑虎"的写照。青龙白虎又是古代方位系统中东西两方的象征,龙虎座统合了东与西这两要素。而龙虎不仅代表东西方位,更是阳阴之象征。龙虎座通过阴阳力量的融合从而表达出西王母的全能与独尊神性。山东汉画像石中又可见到西王母坐在双龙座上,亦与四川的龙虎座具有相同的寓意。因为汉画中以双龙交尾表示阴阳相交的画像也十分常见。但也有人认为,汉画中的龙虎座之龙虎不能作东西方讲,龙虎座是西王母王者身份的象征,与东西方无关。"龙虎座是西王

图 2-6

---

① 山东省博物馆等:《山东汉画像石选集》图186、图190。
② 孙绍先:《上古女性神族》,《民间文学论坛》1992年第3期。

母的有机组成部分,是九五之尊的表征,神性的体现。三位一体才构成完整的偶像:帝王之像。"①笔者认为,将龙虎释为阴阳之象与西王母的"帝王之像"并不矛盾。正是因为西王母具有统合阴阳、驾驭日月的能力,才有资格胜任至尊神。《尉缭子》云:"黄帝有刑德……刑以伐之,德以守之。"长沙马王堆出土帛书《十六经》又云:"刑德皇皇,日月相望,以明其当。"阳之象青龙为德,阴之象白虎为刑。西王母以刑德结合的文武之道来统领天下。刑德结合是支配宇宙万物的根本力量。再者,"在神话思维中,空间方位和时间观念都不是纯然客观的范畴,它们同时也是价值的范畴,具有相对固定的原型意义"②。在我国上古神话思维中,东西为神话宇宙模式中的水平对立系统,而南北则是垂直系统。所以,东西就代表了水平系统中的整个世界。

　　山东汉画中又可见伏羲、女娲对侍西王母左右且蛇尾相交于西王母之下的画像,在这里,西王母又是凌驾于男女两性始祖神之上的至尊神。西王母显然具有使男女媾合的高禖神性。

　　西王母原始的神格是一位司刑杀之职的凶神和死亡之神,但同时她又是一位掌管长生不死药的长寿女神,具有令人再生或长生之神力。由此,则西王母又是一位融"死亡"与"再生"为一体的主管生死的两性神。

　　凡此种种,均表明西王母是一位兼具阴阳、融汇东西、结合男女、司理日月、主管生死的独尊神。而西王母这种身兼两性的绝对神身份的出现又与汉代的社会特点密切相关。

　　自西汉后期的动乱年代至东汉,祥瑞观念盛行于世,在诸多祥瑞事物中,诸如连理树、比翼鸟、比目鱼、日月合璧等均因结合阴阳于一体而被视为祥瑞之象。西王母的两性神身份就是在这种社会氛围中被大肆渲染和强化了。

---

① 李凇:《论汉代艺术中的西王母图像》,第212、214页。
② 叶舒宪:《中国神话哲学》,中国社会科学出版社1992年版。

第二节　西王母的配偶神东王公图像分析

　　西王母的阴阳合体神身份自东汉中期东王公（又名"东王父"或"木公"）被塑造出来以后就渐渐消失了。西王母信仰也由此发生了质的变化。西王母独霸天下的格局被打破。西王母由兼具阴阳两性之大神蜕变为仅代表西方阴性空间的一位女神，而阳性空间的东土则由新出现的男性神东王公代为管理，从此天下一分为二。在山东、苏北、陕北等地的汉画中，西王母与东王公往往呈东西对应关系同时出现在一座墓中或一座祠堂中，甚至一块画像石上。而东王公的塑造则是依西王母为原型，也就是说东王公是西王母的变性而已。东王公是从西王母中脱胎出来的。传为汉人撰写的志怪著作《神异经》（疑为六朝人伪编）的体例几乎都是《山海经》的模仿，书中《东荒经》关于东王公的记载为："东荒山中有大石室，东王公居焉，长一丈，头发皓白，鸟面人形而虎尾。"其模仿西王母神话的痕迹十分明显。将山东沂南汉画中的一对西王母与东王公的画像对比之后，我们更确信东王公形象是西王母形象的变体。[①] 东王公除了多添画的胡须外，与西王母别无两样，就连西王母头饰胜也未变动。西王母身边的玉兔捣药改为东王公身边的羽人捣药。西王母与东王公各坐于"山"字形器座的中柱上，二者之间最显著的区别仅在于那"山"字间分别象征东西阴阳的虎和龙（图2-7）。另外，在陕北汉画中，东王公与西王母的唯一区别只是西王母头上的胜饰而已，二者所坐的"山"或神

图 2-7

树几乎完全一样，表明汉代人完全是按西王母仙境去构造东王公仙境的。也就是说，东王公画像是西王母画像的翻版。东王公是汉代人塑

---

　　① 张万夫：《汉画选》图56、图58，天津人民美术出版社1982年版。

造的东方仙境的主神,而战国时代,燕齐早已兴起了东海神仙之说,蓬莱、方丈、瀛洲为东海三神山。《史记·秦始皇本纪》:"齐人徐市等上书,言海中有三神山,名曰蓬莱、方丈、瀛洲,仙人居之。"《封禅书》又云:"自威、宣、燕昭,使人入海求蓬莱、方丈、瀛洲。此三神山者,其传在渤海中,去人不远。盖尝有至者,诸仙人及不死之药皆在焉。其物禽兽尽白,而黄金银为宫阙。未至,望之如云;及到,三神山反居水下。水临之,患且至,则风辄引船而去,终莫能至云。"又因东海三神山之外形如"壶器",故又名"三壶"。① 关于东海神山仙境的传说,当是源于古人对海市蜃楼这种难得一见的自然奇景的神化。四川画像石棺上亦有"三神山图":三山并列,每座山上都有仙人,或六博对弈,或自娱抚琴,或悠闲聊天。② 画中三神山可能就是东海仙境——蓬莱、方丈和瀛洲。虽然东海三神山在汉之前已有之,但未有仙主,所以,东王公出现之后,东王公便被奉为东海仙山之长。《三教搜神大全》卷一云:"东华帝君……化而生木公于碧海之上……夫海内有三岛,而十洲列其中:上岛三洲,谓蓬莱、方丈、瀛洲也。"而西方昆仑神话与东方蓬莱仙话因东王公的出现也便发生了相互往来的亲密关系。《神异经·中荒经》记载东王公与西王母相会的情形如下:"上有大鸟,名曰希有,南向,张左翼覆东王公,右翼覆西王母。背上小处无羽,一万九千里,西王母岁登翼上,之东王公。"西王母的对偶神东王公的出现和一年一度的相会,表明东方蓬莱仙话与西方昆仑神话这两大系统的相互融合。东王公的出现,使东方仙境也有了主神,且东西方神话发生了联姻关系。《枕中书》:"元始君经一劫乃一施太元母……书为扶桑大帝东王公,号曰元阳父扶桑大帝,住在碧海之中。"《楚辞·九歌·东君》云:"日敦将出兮东方,昭吾槛兮扶桑。"东君即日神。《宋书·乐志三》魏武帝《陌上桑》云:"济天汉,至昆仑,见西王母,谒东君。"此处东君又与西王母对举,则东君当指东王公。《十洲记》:"扶桑,在东海之东岸,上有太帝宫,太真东王父所治处。"由此则又显示出东王公与日神神格的重叠。陕北汉画中可见鸡首人身之神端坐于神树(扶桑)或神山(蓬莱)之上的画像(图2-8),而山西

---

① 王嘉《拾遗记》卷一:"三壶,则海中三山也。一曰方壶,则方丈也;二曰蓬壶,则蓬莱也;三曰瀛壶,则瀛洲也,形如壶器。"

② 中国画像石全集编辑委员会:《中国画像石全集·四川汉画像石》图157。

汉画中又有鸡首人身像持节侍立于东王公之下,东王公端坐于神山之巅的画像。鸡首人身像应是趋于人神化的扶桑"天鸡"神。此画像也昭示了东王公与东方日神及太阳树扶桑之间的对应关系。

《仙传拾遗》云:"木公亦云东王父,亦云东王公,盖青阳之元气,百物之先也。"《列仙全传》卷一云:"木公……主阳和之气,理于东方,亦号东王公。凡上天下地,男子登仙得道者,悉所掌焉……凡品仙升天之日,先拜木公,后谒金母,受事既讫,方得升九天,入三清,见太上而观元始。"东王公与西王母又进一步演变成了道教中的一对男女仙人。

尽管东汉中期以后出现了西王母的配偶神东王公的形象,但东王公在某些地区一直未受到像西王母那样优厚的礼遇。也就是说,汉代人对西王母和东王公的崇拜存在着显著的地域性差异。如以山东、陕北为代表的北方汉画像石系统中西王母与东王公作为阴阳两性神常常成对出现,而以四川、河南南阳为代表的南方汉画像石(砖)系统中东王公较少见,多是单独的西王母画像。造成这种现象的原因应与北方盛行的儒家思想和南方崇信的道家思想之间的差异有着一定的关系。

图 2-8

"在中国古代,作为民族精神与文化的既相互对立而又相互补充的独立思想体系,只有儒家与道家。"①而阴阳思想则是汉代儒家思想和黄老的重要基础。虽然儒家与道家都讲阴阳,但对阴阳的认识却有所不同。以董仲舒为首的儒家"强调阴阳对立决定万物的运动、变化"②,认为"天地之气,合而为一,分为阴阳",且认为阴阳两个对立面还有主次之分,即阳主阴辅,由此而引发出了阳(上)尊阴(下)卑的社会道德观念和等级制度。山东、陕北汉画中那种东王公与西王母相对应的画像正是儒家"阴阳对立"思想的具体反映。而道家认为"天地之气,莫大于和,和者阴阳调,日夜分而生物。"③以老子为代表的道家思想强调道在

---

① 金春峰:《汉代思想史》,中国社会科学出版社1987年版,第9页。
② 金春峰:《汉代思想史》,第140页。
③ 《淮南子·泛论训》。

产生天地万物的过程中,阴阳和合的重要作用与地位,即强调事物对立面的统一。四川汉画中多以身兼阴阳两性神身份出现的西王母画像正是道家"阴阳和合"思想的生动体现。

第三节　西王母图像仙化特征分析

西王母画像中还充溢着浓郁的升仙气氛,不仅西王母和东王公本身出现了肩生双翼的现象,而且,西王母身旁的随从神祇亦多与升仙思想相关,如羽人、凤凰、仙鹿、麒麟以及肩生羽翼的玉兔等。

西王母画像中常可见到肩生羽毛的仙人手执仙草跪呈西王母的形象(图2-9)。王充《论衡》云:"图画仙人之形,体生毛,臂变翼,行于云,则年增矣,千岁不死。"凤凰也是西王母画像中常见的神禽。《说文》云:"凤,神鸟也。出于东方君子之国,翱翔四海之外,过昆仑,饮砥柱,濯弱水,莫宿风穴,见则天下安宁。"凤凰不仅被看做是昆仑山中的神鸟,而且,汉代人还以凤作为升仙的乘骑工具,汉画像中可见到乘凤或乘凤拉的仙车升仙的画像。古人又认为鹿具有长寿之神性,它是仙人的坐骑。《楚辞·哀时命》:"仙人骑白鹿而容与。"《三辅黄图》引《神仙传》云:"中山卫叔卿,常乘云车驾白鹿见,汉武帝将臣之,叔卿不言而去。"汉画中常可见到仙人乘鹿或鹿车升仙的画像(图2-10)。正是因为鹿具有乘之可升仙之功能,所以西王母画像中也便有了仙鹿的一席之地。

图 2-9

陕北、山西汉画像中的西王母及东王公头顶常有华盖笼罩。关于华盖,晋崔豹《古今注》卷上云:"华盖,黄帝所作也。与蚩尤战于涿鹿之野,常有五色云气,金枝玉叶,止于帝上,有花葩之象,故因而作华盖

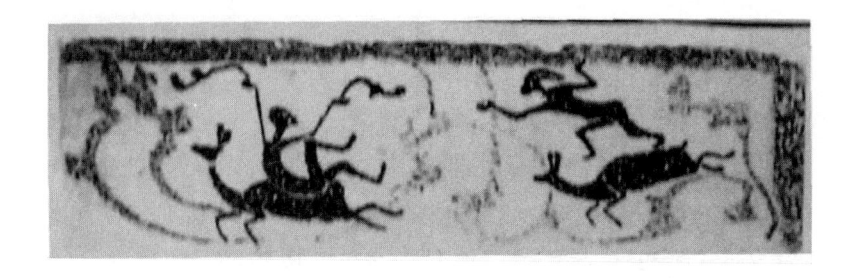

图 2-10

也。"古人将华盖的发明之功附会于黄帝,其目的无非就是赋予华盖神圣的权力象征意义。华盖除了是地位和权力的象征外,亦与升仙思想有关。《汉书·王莽传》云:"或言黄帝时建华盖以登仙,莽乃造华盖九重,高八丈一尺,金瑵羽葆,载以祕机四轮车,驾六马,力士三百人黄衣帻,车上人击鼓,挽者皆呼'登仙'。"西王母头顶的华盖亦是仙境的象征物像。在洛阳卜千秋墓壁画及四川石棺画像①中都可见到持节方士恭迎西王母的形象。《史记·封禅书》:汉武帝"令长安则作蜚廉桂观,甘泉作益延寿观,使(公孙)卿持节设具而候神人"。持节是汉代人仰候神仙的一种礼节,所以,西王母画像中的持节者亦表明了西王母的神仙身份。

在山东汉画像石中,西王母或东王公身旁常有一种人面鸟的形象,这种画像组合形式具有典型的地域性特征,其他地区殊少见(马王堆汉墓帛画、洛阳卜千秋墓壁画、陕北汉画像石等也有人面鸟形象,但均不与西王母组合)。关于汉画中的人面鸟形象为何种神灵,目前学术界是众说纷纭,或认为扁鹊,或认为句芒,或认为玄女,或认为青鸟等。山东嘉祥宋山、微山县西城镇等地发现有数幅人面鸟为人针灸把脉诊病的画像,刘敦愿在《汉画像石上的针灸图》一文中认为,此类人面鸟是战国秦汉时代传说中的名医扁鹊的神话形象。② 此说颇有道理。因为这种人面鸟目前仅发现于山东境内的一个较小的范围之内。这与扁鹊为春秋战国时代齐地人的文献记载正相吻合。人面鸟手中所持之物与扁鹊治病时常用的"厉针砥石"相一致。另外,宋山汉画中的治病人面鸟又与东王公画像相组合。人面鸟显然成为东王公的侍从神,扁鹊为名医,

---

① 中国画像石全集编辑委员会:《中国画像石全集·四川汉画像石》图 135。
② 刘敦愿:《汉画像石上的针灸图》,《文物》1972 年第 6 期。

据说有能让人"起死回生"的高超医术。《史记·扁鹊仓公列传》:"虢太子死……扁鹊乃使弟子子阳厉针砥石……有间,太子苏……故天下尽以扁鹊为能生死人。"正是由于扁鹊为"能生死人"的神医,所以世人便将其神化为不死或长寿的仙人,也正因此,扁鹊才有资格成为东王公的侍从神。但更多的人面鸟则不是为人针灸治病的形象。因此,若将人面鸟统称为扁鹊也不太合理。明董斯张《广博物志》卷九引《玄女法》云:"蚩尤幻变多方,征风召雨,吹烟喷雾,黄帝师众大迷……王母乃命一妇人,人首鸟身,谓帝曰:'我九天玄女也。'授帝以……灵宝五符五胜之文,遂克蚩尤于中冀。"有学者据此文献记载将西王母(或东王公)画像中的人面鸟释读为"九天玄女"[1],但"九天玄女"之名显然是道教的产物,而西汉初期的长沙马王堆汉墓出土的帛画上就已有人面鸟的形象。因此,若将汉画中的人面鸟均定为"九天玄女"形象也是不妥的。袁珂认为,"玄女"即玄鸟的化身。[2] 陕北汉墓门框装饰图案中,点缀有羽人喂人面鸟的形象,因画像较小而不引人注目,或将其释为"青鸟",但缺乏足够的证据。[3]

笔者认为,汉画人面鸟的原型应为东方神句芒。因为句芒的神性主生,正与西王母的"不死"神性相一致。《山海经·海内东经》:"东方句芒,鸟身人面,乘两龙。"晋郭璞注:"《墨子》曰:昔秦穆公有明德,上帝使句芒赐之寿十九年。"比较玄女、扁鹊、句芒三种神名,可以发现三者都或多或少、或明或隐地与西王母有着一定的联系。但笔者认为,只有将句芒神看做是人面鸟的原型才能涵盖所有的画像。扁鹊与九天玄女的人面鸟形象均是在句芒神传说的基础上衍生出来的。也正是基于此,魏晋以后,人们进一步将这种具有祥瑞意义的人面鸟称为"千秋"或"万岁",如葛洪《抱朴子·内篇·对俗》云:"千岁之鸟,万岁之禽,皆人面而鸟身,寿亦如其名。"这种呈对偶状态的人面鸟显然是从汉画中的双头人面鸟演变而来的。而偶化的人头鸟也可能象征墓主夫妻灵魂所化的"灵魂鸟"。有学者认为,将汉墓神画"人面鸟"形象与古代神话传说中

---

[1] 王恺:《"人面鸟"考》,《考古与文物》1985年第6期。
[2] 袁珂:《中国神话传说词典》,第137页。
[3] 赵立光:《绥德贺家沟新出土汉画像石——兼考人面鸟为青鸟》,《考古与文物》2005年第5期。

"人面鸟身"的神祇形象进行简单的比附并对号入座，给其一个古代神话意义上的神学定位的研究，是脱离汉墓神画创作实际的。正确的认识应该是这样的，汉代塑造人面鸟的形象，有传统的神学观和神话传说中神祇形象为基础，但更重要的还是受到了秦汉时期神仙思想的影响所致。人面鸟不是哪位具体的神祇形象，而是汉代人幻想中的升仙载体，是灵魂获得新生后幻化出的一种艺术形式。① 尽管这种说法从宏观层面上来看，很有道理，但笔者认为，从流行的地域、组合关系，以及神性功能等方面来分析，人面鸟与传说中的句芒神最为吻合。汉代人之所以喜爱句芒神并将其形象刻绘于墓中，是因为它的形象与神性最适合充当升仙的"工具"。

《集说诠真》云："东王公为男仙之主，西王母为女仙之宗。此二元尊，乃阴阳之父母，天地之本源……长生飞化之士，升天之初，先觐西王母，后谒东王公，然后升三清朝太上也。"从汉画中的西王母图像系统来看，不论是主体形象，还是周边环境，均仙气十足，西王母与东王公的神仙身份昭然若揭。

西王母形象在汉代的彻底仙人化是与汉代特定的社会环境分不开的。兴起于战国时代的神仙思想历经秦朝，到了汉代更是泛滥成灾。"神仙故事弥漫整个朝野，造成了这样一个富丽的神仙故事时代。"②西汉武帝时神仙思想达到了一个极盛时期，仅就汉武帝本身而言，他的一生就是在"且战且学仙"中度过的。③ 由于统治阶级的嗜好，各级官吏的效仿，从而使求仙活动形成了一股社会风气。汉画中那大量的羽人、仙兽瑞禽等祥瑞和辟邪升仙画像，正是这一社会现实的真实写照。汉代统治阶级的求仙行为及各种仙话故事的广泛流传，很大程度上影响了古老神话，作为长寿之神且掌有长生不死之药的昆仑山主神西王母因与神仙思想中的"长生不死"之说相契合，致使西王母在两汉时期身价倍增，古老的西王母神话在汉代狂热的神仙崇拜氛围中迅速地完成了由神话到仙话的质的飞跃。也正是因为西王母手中那长生不死药的巨大诱惑力，从而使汉代人对西王母的崇拜达到了登峰造极的程度。两

---

① 李立：《汉墓神画研究》，上海古籍出版社2004年版，第166、170页。
② 郑士有：《中国神话仙话化的演变轨迹》，《民间文学论坛》1992年第1期。
③ 韩养民：《秦汉文化史》，陕西人民出版社1986年版。

汉时期人们崇拜西王母，对于统治阶层和贵族富豪来说，主要是为了长生不死，希望通过拜祭西王母能获得"不死药"而可以永久地享受奢华的物质生活；但对于一般下层平民百姓来说，他们信仰西王母与贵族阶层有所不同，其主要目的不单是为了长生，而更重要的是把西王母当做一位类似于佛教中的菩萨一样的女性庇佑神来祭拜的，渴望西王母能保佑他们生活平安，衣食无忧。也正是因此，民间大规模祭祀西王母的宗教活动首先爆发在社会动荡的西汉末年，活动的兴起地点也在农民起义最频繁的关东地区。如《汉书·哀帝纪》云："（建平）四年春，大旱。关东民传行西王母筹，经历郡国，西入关至京师，民又会聚祠西王母……"《汉书·五行志》云："哀帝建平四年正月……其夏，京师郡国民聚会里巷仟佰，设张博具，歌舞祠西王母。"民间的西王母信仰自关东兴起后，很快传播到全国各地。除了民间盛行祭拜西王母的群众性宗教活动外，汉代官府也要在每年举行祭祀活动。《太平御览》引《汉旧仪》云："祭西王母于石室，皆有所。二千石郡守令，长奉祀。"而在河南、陕西、山东、江苏、四川等全国汉画像石（砖）的主要出土地均发现有数量众多的西王母画像。除了最常见的画像石（砖）外，西王母画像还见于汉代的壁画、铜镜、摇钱树（座）、漆器乃至玉器等多种文物上。这种现象更表明了西王母信仰在汉代的普及程度是空前绝后的。

综上所述，汉代的西王母信仰虽然肇始于远古的神话传说，仍隐约显现出原始动物图腾崇拜的痕迹，但汉画中的西王母图像已融入了汉代人极力崇信的诸如长生不死、羽化升仙的宗教意识以及阴阳哲学思想等丰富的文化内涵，汉代的西王母已由一位原始丑陋的凶神嬗变为最受社会各阶层普遍崇拜的和蔼可亲的女性庇佑神，并受到虔诚的祭祀。

第三章 气象神灵图像

第一节 雷神图像

雷电神是诸种气象神话中最受崇拜的一位神灵,究其原因,当与雷电的自然威力和神秘属性有关,那隆隆的巨响和闪闪的电光,无不令人恐惧和迷惑不解,人们将对雷电的错误认识和屈服其威力的心理客观化,从而塑造出雷神的形象,编制出相关的故事。有关雷神的传说被历代文献所记载,至今仍流传于民间,而更令人欣喜的是,我们还可以从汉代画像石(砖)中发现大量有关雷电神的图像。这些图像以其独特的艺术语言,生动地诉说着汉代人关于雷电神的崇拜观念与信仰习俗。本节将在对各地发现的雷神图像进行释读与论述的基础上,参照文献记载,对雷神的诸种形象及其演变过程做初步的探讨。

一、雷神图像释例

雷神图像在汉代画像石的主要分布地山东、河南及江苏等地都曾发现过。现将各地发现的典型画像概述如下。

(1)山东武氏祠汉画像石,后石室第三石第二层画像(图3-1)的内

图 3-1

容是：画左部有一车，以云气为车轮，车上前后各树一鼓，舆中乘一人，右手持槌作击鼓状，车前有五人用两根绳子牵引车子前进，车后有一人张口吹气。画右部有一双首龙拱成的"龙门"，龙门之下有一人举锤持凿，双脚踏在下面跪伏于地的人背上，似欲凿击跪伏之人，龙门正上方，有一人一手举鞭，一手持一罐，罐口朝下作倾倒状，龙门左右上方又分别站立一人，皆举锤持凿作敲击状。画中部还有一人持一高领壶，一人抱一大瓮。画面空白处饰以缭绕的云气及肩生双翼作嬉戏状的小仙人。①

从该画像的内容来分析，首先可以肯定，此画像应是神仙世界生活的写照，那以云气为车轮的车在现实生活中是不可能存在的。《史记·封禅书》中说，齐方士少翁曾上言汉武帝云："上即欲与神通，宫室被服非象神，神物不至。"于是汉武帝就令画工"作画云气车，及各以胜日驾车辟恶鬼……画天、地，太一诸鬼神，而置祭具以致天神。"因此，武氏祠汉画像中那以云气代车轮的车就是《史记》中所谓的"云气车"之属。类似的云气车画像，仅山东武氏祠中就发现有十多幅。另外，南阳、徐州及陕北汉画石中都曾发现过。按《史记》之说，这类云气车有辟恶鬼、降神物的功能。但山东武氏祠画像中这幅云气车画像除了有以上的意义外，还有更为具体，更为特殊的含义。

我们可以看出，那云气车上树有两面大鼓，车中坐一人举槌击鼓，作为神界的云气车。为何要树鼓呢？《初学记》卷一引《抱朴子》云："雷，天之鼓也。"汉王充《论衡》云："图画之工，图雷之状，累累如连鼓之形。又图一人，若力士之容，谓之雷公。"沈括在《梦溪笔谈》中记载古代东夷人祭雷神习俗时说："礼书言虺，画云虺之像，然莫知雷作何状。今祭器中画雷有作鬼神伐鼓之象，此甚不经。"唐李白《梁甫吟》诗："我欲攀龙见明主，雷公砰訇震天鼓。"宋王铚《云仙杂记·天鼓》云："雷曰天鼓，雷

① 朱锡禄：《武氏祠汉画像石》图 32。

神曰雷公。"从以上所引历代文献来看,那云气车上的鼓应是"天鼓",即雷的象征物,而那击鼓之人就是雷神(雷公)。

在中国古代的星座图中有雷星,中国上古雷神的形象是与其他星神一样是一种无形无象的神秘的"气",后来,雷因其巨大的声响似鼓声才与鼓相联系,于是雷就成为一面天鼓的形象,雷声来自天鼓,是出于原始人类的丰富想象力,雷鼓则成为表示雷神的特定符号,所以后代的雷神形象多是一神人击鼓,自此,鼓也就成了雷的具象化实体。

在古代战争中,鼓是一种鼓舞士气和发号施令的工具,作为战争用鼓,因体形较大,故必载于战车之上。又因隆隆的雷声似战车行进时车轮撞击地面而发出的响声,所以,古人便通过联想塑造出了雷神乘鼓车敲击天鼓巡行天界的"雷鼓车画像"。而关于"雷车"的传说,文献亦有记载,如《焦氏易林》:"白日扬光,雷车避藏,云雨不行,各自还乡。"《北堂书钞》卷一五二引晋傅玄诗:"童女制飞电,童男挽雷车。"因此,笔者认为,山东武氏祠汉画中那树鼓的云气车就是文献中所谓的乘载"天鼓"的"雷车"(雷车又叫"霹雳车")。

在大自然中,雷鸣电闪之后,往往是狂风暴雨接踵而至,因此,汉画中的雷神也多由风伯、雨师等作为他的随从,那雷车后边张口吹气之神应是风神。《山海经》中就记载有嘘气成风之神,如钟山之神烛阴、因因乎之神等。风神又名风伯,《楚辞》中的风伯为兽形的飞廉,但在此画像中的风神却完全是人的形象,这说明到汉代原为兽形的风神已人神化了(详论见本章之"风伯图像"节)。另外,在"龙门"正上方持鞭举罐之神及画像中部举壶抱瓮的两个神人应是正在布雨的雨神。在这里,雨神的形象同样为人形,且不是一个,而是三个,此人形的雨神形象基本上与后世世俗化的雨师相同。

画像右部的"龙门",实际上是"虹神"的形象。类似的虹神画像在河南唐河针织厂汉画像石墓顶、山东孝堂山郭氏祠画像、江苏徐州大庙画像石墓中都曾发现过。自然界中的彩虹多出现在夏季雷雨之后,它与雷雨有着密切的关系,因此,雷神出行图中也就出现了虹神的形象。虹神作为雨神之一,在这里也是雷神的下属(详论见本章之"虹神图像"节)。

由此,笔者认为,山东武氏祠汉画中那刻有雷车、风伯、雨师及虹神的画像,正是风雨雷电这一自然现象的神话式艺术再现,此幅画像也因此而被定名为"雷神出行图"。

（2）山东武氏祠后石室第四石第二层画像与上边的那幅内容大致相同，也是一幅雷神出行图：左边为一辆以云气为轮的车，当为雷车。车上树鼓两面，车上乘神人，手执鼓槌，当为雷公，雷公着女装。雷车后一神人立于云端，以手摸鼓。雷车前有六神人，用两根粗绳，分两组共引雷车，其前又有三位女神，其中二人一手抱瓶，一手端碗，应为司雨之神。另有二人手举似长蛇的鞭，应为闪电之神。再前方有二神人，一手执锤，一手拿錾，作敲击状，应是雷公的部下随从。①

（3）山东安丘董家庄汉画像石墓前室封顶石上刻"雷神出行"画像（第二石。图 3-2）：此石左端画中为雷车，车舆由云朵簇拥勾连而成，车身生翼，车上树建鼓三面，鼓柱上端羽葆招展。雷公头戴插有花束的高冠，身生双翼，击鼓前行。车前二羽人以绳牵引，车上部一女神双手持长鞭甩动，应为电母。雷车前另有六位羽人，作舞蹈状。车后随从神人三列，其中有持鞭的电母三位，头顶盆、手提壶的雨师三位。一位跪地、张口吹风者为风伯。画像最右边刻一日轮和五位仙人，日轮周围云气缭绕。②

图 3-2

（4）同上墓后室东间西坡顶石画像刻雷神出行图（图 3-3）：画中为带翼的云气车，车上树建鼓三面，羽葆飘扬，当为雷车。车上乘二人，前为驭者，后为雷公，车前三龙挽引雷车。二仙人骑虎为前导，车后六神

---

① 朱锡禄：《武氏祠汉画像石》图 34。
② 安丘县文化局、安丘县博物馆：《安丘董家庄汉画像石墓》图版 15。

兽随从，其中三兽背上骑手持仙草的仙人。①

图 3-3

（5）山东长清孝堂山石祠东壁画像上部刻雷神出行图（图 3-4）：画中一屋，内居二人，屋左边一人持管状物向房屋方向吹风，此人为风伯，屋顶被风掀起。风伯身后，雷公乘坐车上，车上环悬四个连鼓，雷公双手执槌敲击。车前四人牵引。雷车后相随四人，其中两位头顶钵状物，应为雨师。②

图 3-4

（6）南阳汉画馆陈列有一幅虎车画像（图 3-5）：该画像石原是一墓顶石，略呈长方形，画中刻一辆云气车，车是用三只翼虎牵引着的，三虎的四肢与身躯几乎拉成了一条直线，充分显示出了一种风驰电掣般的速度感。在云气车上树一建鼓，鼓上有羽葆飘扬，车上乘坐二人，二人肩生有羽，前者应是车御，后者当为雷公。这一所谓的虎车画像，实际上也应是一幅雷神出行图。③

（7）南阳县高庙汉画像石墓中室盖顶石上刻有雷神出行画像

---

① 安丘县文化局、安丘县博物馆：《安丘董家庄汉画像石墓》图版 60。
② 信立祥：《汉代画像石综合研究》，第 155 页。
③ 南阳画像石编辑委员会：《南阳汉代画像石》图 140。

图 3-5

(图 3-6):画中部刻一近似圆形之物,有五个小圆环绕在圆形边缘,圆内一人跨步挥动双臂,圆物之左有二神人共执一索,绳索右端与圆物体相连,画间云气缭绕,繁星点点。画中圆物应为雷车之车舆,五小圆为连鼓,圆车舆内之人为击鼓的雷公。①

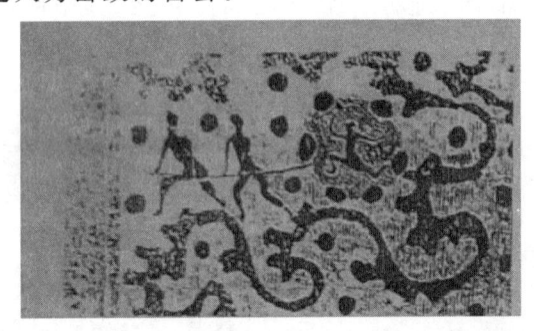

图 3-6

(8)河南商丘汉画像石中亦有一幅雷神出行图:画左端为雷车,车上乘二人,后者为雷公,车上树一鼓,车前由三神兽牵引,雷车后又刻一辆车,车上乘二人,后者为河伯,车前由三鱼牵引,二车均以云气为轮。画右边为乐舞图。②

(9)徐州汉画像石中一幅"鼓车"画像也应该是雷神出行图(图3-7):右下方有一辆由三条龙拉着的车,车无轮,而是由两团涡纹状的云承托着;车上树一建鼓,鼓上方有羽葆等装饰物,车后部乘坐一似熊之神,神人正面持槌,车无御者。画像的左上方有一人乘龟,双手持一喇

---

① 韩玉祥主编:《南阳汉代画像石墓》图三,第185页。
② 阎根齐等:《商丘汉画像石》,河南美术出版社1992年版,第31页。

叭状物用力吹着。在鼓车的上方,有一辆三条鱼拉的车,车轮同样是以两团涡纹云气代替,车上前边坐一瘦小的羽人,手中持鞭,当是御者;车后边坐一人,头戴鱼形冠。画像的左下部有一人伸开双臂,双手各持一罐形物,作倾倒状,从两罐中流出的水流在地上汇成一条小河。一人肩扛一长绳,绳上贯穿着五个鼓形物,此人作张口奔驰状。此外,画像中还有一持灯形物、持钩骑象者。①

图 3-7

有人曾将此画释为"百戏图"②,认为画中那龙拉的鼓车是百戏中的龙戏之车,笔者认为这种解释是不妥的。山东沂南汉画像石中有一幅"戏车"画像③,它与徐州汉画像石中那所谓的"龙车"有着明显的区别。虽然也是三龙驾车,但三龙分明是由人装扮的,车也不是云气车,是现实中的车,车上无羽人,而是几个奏乐的人,车上树的建鼓更难说是天鼓了;而徐州汉画中那幅有"龙车"的画像,很显然不是人间实物,那龙车是一辆虚幻的、现实中不可能存在的神车——云气车,车上树的鼓应是天鼓,此车也应是一辆雷公车。另外,画中还有一乘龟吹气之人,此人当为风伯,而乘鱼车者应是河伯。古人认为河伯也具有降雨的本领,所以将河伯作为雨神之一刻于雷神出行图中。

可以看出,此幅画像中不仅有熊形雷神乘坐的鼓车(关于熊形之雷神,详见后论),而且还有驾鱼车的河伯及持罐倒水的雨师与雷神为伴,更有乘龟吹气行风的风伯相随行。因而,将此图释为雷神出行图是不成问题的。

---

①② 徐州博物馆:《徐州汉画像石》图 85、图 85 释文。
③ 张万夫:《汉画选》图 62,天津人民美术出版社 1982 年版。

另外，该画像中还有一力士肩背的"五鼓相连"之物，应是《论衡》中所谓的"连鼓"。《论衡·雷虚》云："图画之工，图雷之状，累累如连鼓之形……其意以为雷声隆隆者，连鼓相扣击之意也。"江苏徐州大庙汉画像石墓前室顶部的"双虹、河伯"图中亦有类似的力士肩扛"四连鼓"的形象（见本章之"虹神图像"节）。因此，那背五连鼓之人也应属雷部诸神之一。

图 3-8

（10）徐州汉画中还有一幅画像，也应释为雷神出行图（图 3-8）：画像左上方有一虎车，由三翼虎拉着，虎张口翘尾作奔驰状，车上树一鼓，乘坐一似熊的神人，双手各持一槌作击鼓状，车无轮，而是由两只大乌龟承托着，两龟引颈奋足爬行，车后又紧随一只乌龟，背上驮负着一面巨大的鼓，车前一人跪地，仰头张口吹气。画像右下角一神人，手持罐向下倒水，水流及地。①

笔者认为，图中虎拉的鼓车就是雷公车，那吹气的神人当为风伯，持罐倒水者即雨师。与上图不同的是，该画像中雷车不是由云气承托，而是别出心裁地用两只乌龟来代替车轮，雷车以云气代替车轮，这很容易被人理解，而以乌龟代替雷车的车轮，这又作何解释呢？

有人曾认为此图属百戏内容，说图中有熊车、龟戏、鱼戏、虎戏和伎人等。② 笔者认为，此图并非百戏图，所谓的"熊车"即雷公车，那负载雷公车的龟也不是"龟戏"中的龟，此处的龟应属神龟。古人认为，龟与雨水有着密切关系。《拾遗记》云"玄龟，河精之使也。"龟为河精之使，自

①② 徐州博物馆：《徐州汉画像石》图 84、图 83 释文。

然是水神之属,也就决定了它具有预知云雨的神性。龟的这种神性基于它与鱼、蛇、猪、牛、狗等动物在气象学上都有预报风雨的自然特性。《史记·龟策列传》云:"宋元王二年,江使神龟使于河,至于泉阳,渔者豫且举网得而囚之,置于笼中……献使者。使者载行,出于泉阳之门。正昼无见,风雨晦冥。云盖其上,五采青黄;雷雨并起,风将而行。"宋元王的使者载龟行至路上时,"雷雨并起"。由这则传说可以看出,作为河精使者的神龟又进一步被赋予了致雨神性。也就是说,神龟也是一位雨水神。正因为如此,古人便刻画龟于雷神出行图中。在中原地区至今仍存在着这样一种民俗,每当夏季大风雷雨即将来临之际,乡村的孩子们常边跑边叫喊"风来了,雨来了,王八(乌龟)背着鼓来了"的歌谣。而在徐州汉画中就有乌龟承载雷车的形象,更有乌龟直接背着一面大鼓的造型。汉画艺术中的形象正好与民间歌谣相吻合,它可以说明在古代民间传说中乌龟也曾充当过载负天鼓的运输工具,成为雷神的部从之一。古人又为何将负载天鼓的重任交给了神龟呢?这是因为神龟在传说中具有与众不同的载重能力,《列子·汤问》中就记载有渤海神龟背负五神山的传说。

(11)陕西绥德延家岔墓前室东壁门楣石:画像自左而右依次为:最左边为三鱼牵引的一辆云气车,车内乘二人,前驭者,后尊者(河伯),车上树一株树形装饰物;第二辆车是由三虎牵引的云气车,车上树一建鼓,鼓柱顶端饰流苏羽葆,车内乘二人,驭者在前,尊者在后,尊者当为雷公,正持槌举臂击鼓;第三云气车由三兔(或鹿)牵引,车前为驭者,车内乘一长须老者,车上方有半圆形车盖罩住车舆,车盖上饰一树形物;第四辆云气车残缺,仅剩三条引车的龙及用以系车的缰绳,第三、第四辆车之间又有二神扛幡乘鸟并列飞翔。最右边是一组建筑物——宅院,大门有双阙,院后有房屋,院内有二羽人奔走。①

(12)山东临沂五里堡出土画像石:上部左边刻二神人骑二龙为前导,右边刻一车相随行,车由三条龙牵引,车有车轮,车体已残缺。画中部刻一车有车轮,车上树华盖,三龙牵引。车上乘二人,前为驭者,后为尊者。华盖柱上系"连鼓",八面小鼓以绳相串联从车箱后边下垂至画

---

① 中国画像石全集编辑委员会:《中国画像石全集·陕西、山西汉画像石》图103。

像最下边。车后有三人相随,上边之人持双桴击"连鼓",中者举双袖后甩起舞,下者亦有一人似举双臂击下端之"连鼓"(手已残)。"连鼓"车后边还有三条龙及一骑鹿者等画像,惜右部画像已残缺。"连鼓"车轮下方又有三人,左边人面向右站立,头戴"山"型冠,右边二人披长发,面向左,均单腿跪地,双手用力托举车轮。画像左下角又刻一鱼车,二鱼牵引,车无轮,无华盖,以涡纹状云气代车轮。车上无乘者,也无驭者。笔者认为,图中的"连鼓车"应为雷公车,"鱼车"则是河伯车,"连鼓车"下方头戴"山"型冠者即为"河伯",托举"连鼓车"的二人应为河伯的随从人员和御者。可能是雷公车出了点故障,需要雷公的随从官员河伯下车帮忙。在这种意外的情况下,河伯车上自然是空无一人。①

(13)山东平阴县实验中学出土画像石:图左上部一辎车,三人牵引,一人于车后推车,车有棚盖,车上乘一人,双手执桴敲击车前立柱上挂的两面小鼓。车前二人头戴斗笠,双手上举,其左边一人执笏躬迎,又一人骑马甩长鞭,长鞭越过后边戴斗笠人的头顶。或认为击鼓者为雷公,戴斗笠者为雨神,执鞭者为闪电神。②

(14)2005年4月,徐州汉画馆征集到11块画像石,其中第5号石上刻有雷神击连鼓图:画中刻一熊形神兽,正面蹲居,瞪目张口,双手执桴,其周围环悬"连鼓"。③ 笔者认为,击"连鼓"之熊即为兽形雷神。

(15)洛阳尹屯西汉壁画墓中室穹隆顶东坡右侧区绘苍龙星座,左侧区绘"神人击连鼓"和"雨神骑双首连体猪"之像。④ 有人将"神人击连鼓"考释为"贯索星"。⑤ 但笔者认为,应是雷神击连鼓图,因为此图像与南阳高庙墓顶石上的雷神形象完全一样。

从雷神画像的出土地域来分析,其分布是相当广泛的,但最集中的地区则是山东西南部、江苏北部及河南东部地区,仅据笔者不完全统计的15幅画像资料来看,其中11幅出自此地区。相对于黄河中游的华

---

① 《临沂汉画像石》图75,山东美术出版社2002年版,第47页。
② 中国画像石全集编辑委员会:《中国汉画像石全集·3·山东汉画像石》图203。
③ 杨孝军:《徐州新发现一批汉代画像石考释》,《四川文物》2005年第6期。
④ 洛阳市第二文物工作队:《洛阳尹屯新莽壁画墓》,《考古学报》2005年第1期。
⑤ 冯时:《洛阳尹屯西汉壁画墓星象图研究》,《考古》2005年第1期。

夏部族来说,这一地区正是我国古代东夷族人的聚居地。由此则显示出汉代雷神画像的东方地域背景。而这种画像地域的东方性又与雷神传说的东方地望和雷神所对应的八卦方位——震相一致。《山海经·大荒东经》云:"东海中有流波山,其上有兽……出入水则必风雨,其光如日月,其声如雷。其名曰夔。黄帝得之,以其皮为鼓,橛以雷兽之骨,声闻五百里,以威天下。"郭璞注:"雷兽即雷神也。"所谓的夔,实则为雷神的原始形象——兽形雷神。而雷神夔就居住在东方大海中的流波山上。《山海经·海内东经》又云:"雷泽中有雷神,龙身而人头,鼓其腹。"关于雷泽的地望有两种不同的说法,一说在今河南省濮阳市范县与山东省鄄城县之间,另一说是在会稽郡吴西(袁珂认为即今之太湖),而这两处雷泽均地处我国东部地区。《易·说卦》云:"震为雷,为龙,为玄黄……为长子。"又云:"万物出乎震,震东方也。"《京氏易传》云:"震,分阴阳交互用事,属于木德,取象为雷。"因此,所谓的"雷泽"即"震泽",取雷声震荡之义。凡此均表明传说中的雷神居于东方。也正是因为雷神居处在东方,所以雷神之子太昊伏羲也就顺理成章地被人们奉为东方木德之帝。《太平御览》卷七八引《诗含神雾》云:"大迹出雷泽,华胥履之,生伏牺(羲)。"《易·说卦》:"帝(伏羲)出乎震。"蔡邕《独断》云:"《易》曰:帝出乎震。震者木也,言伏羲氏始以木德王天下。"《淮南子·时则训》云:"东方之极……太皞、句芒之所司者万二千里。"高诱注:"太皞,庖羲氏,东方木德之帝也;句芒,木神。"鉴于雷神与伏羲及春神句芒均为东方之神,所以,汉代朝廷在郊祀典礼中就把这三位神均安排在祭坛的东方位上。《汉书·郊祀志》云:"东方帝太昊青灵勾芒畤及雷公、风伯庙……"在自然界中,每年的第一次雷声均发生在万物复苏的春季。《礼记》曰:"仲春之月,日夜分,雷乃发生……"由此,古人便误认为雷声具有催生万物的功能。《说文》:"霆,雷余声也,铃铃所以挺出物"。《易·说卦》:"动万物者,莫疾乎雷。"雷电始于春天,具有催生万物的功能,是新生命诞生的象征,而与春天相对应的空间方位正是东方。作为自然现象的雷电,原本在天空中并没有方位的限制,雷神自然应该是居无定所,然而,因受八卦方位模式和阴阳五行思想的制约与规范,汉代人便将雷神居住地定在了东方。而洛阳尹屯西汉壁画墓中的雷神被绘于中室墓顶的东坡,正是这一观念的体现。

纵观以上的雷神出行图,雷神的随从中多有风伯、雨师、虹神以及河伯等与雨水相关的神灵形象,由此不难看出,汉代人视雷神为司雨之神,墓祠中刻画雷神出行图,当与我国古代民间流传的祭雷神求雨风俗有关。

在大自然中,雷电往往与风雨相伴而生,互相交织,春、夏、秋之间,雷鸣电闪之后往往就是一场大雨,这种现象很容易使人联想到雨是雷电带来的,由于古人不明白雷电和雨水之间的关系,因此,就误认为雷电是司雨之神。在殷墟卜辞中就有雨、雷同时出现的记载。《太平御览》卷十引《易林变占》云:"雷君出装,隐隐西行,霖雨不止,流为江河。"我国南方少数民族的众多洪水神话中大都有雷公形象,如壮族的《布伯》、瑶族的《伏羲兄妹》、布依族史诗《洪水潮天》及水族古歌《洪水滔天》等民俗神话史料中,均有雷神降暴雨使洪水淹没人类的传说。① 另外,我国东北的鄂温克人也曾认为雷神主宰雨水,雷神一旦发怒,或降暴雨成水灾,或滴水不下成旱灾。雷神具有司雨的神职,因而在历史上曾经显赫一时,受到普遍的崇拜。自龙作为雨神从雷神体系中独立出来之后,雷神的司雨之职才逐渐被龙神所取代,但起源甚古的祭雷求雨风俗却一直在我国民间流传至近现代。

雨水是农牧业生产的命脉,希望五谷丰登、六畜兴旺的古人,自然会祈求主宰雨水的雷神保佑。我国各民族大都有祭雷神求雨之俗,《汉书·郊祀志》和《后汉书·祭祀志》中均记载有汉代统治者每年设坛庙祭雷神的宗教祭祀活动。宋代的《礼志》中亦有祭雷求雨之俗:"二年旱,诏有司祠雷师、雨师,内出李邕祈雨法。"又据清代各地方志记载,雷王庙和龙王庙、土地庙及社坛一样遍及各地,祭祀仪式因地而异,程序繁杂。雷神庙中最有名的当属广东雷州的雷公庙。《嘉禾志》云:"雷州西有雷公庙,百姓岁纳雷鼓车。"除了每年给雷公庙献雷鼓车外,若遇到连月不雨时,人们亦会到雷王庙祭祀雷神,并"问何时当雨"。近代陕西洛川县人于每年的四月初四日祭雷神,各乡还设有雷神位。广东潮州一带至今仍存在祭雷神爷求雨之俗。②

在我国南方许多少数民族中,20世纪50年代前后仍保留有大量的祭雷神求雨习俗。如在侗族地区,当天不雨时,便设坛求雨,杀猪祭雷

---

① 陶阳、钟秀:《中国创世神话》,上海人民出版社1989年版。
② 惠西成、石子:《中国民俗大观》,广东旅游出版社1988年版。

神；黔东南苗族每逢年后第一声春雷响起，青年男女便相互邀约上山过迎雷节，祈求雷神给新的一年带来风调雨顺，五谷丰登；仫佬族认为雷神司雨，天旱便向雷王求雨，有的地方还设有雷王庙；湘西苗族认为雷神为"至大尊神"，他们称祭雷神为"希送"，凡患疾病及天旱无雨，或久雨未晴时，均祭雷神。①

二、雷神的形象及其演变

雷神的神性、神职及形象在古今各民族中虽然存在着差异，但不少民族都视雷神为最高的自然神。《韩非子·十过》云："昔者黄帝合鬼神于泰山之上，驾象车而六蛟龙，毕方并辖，蚩尤居前，风伯进扫，雨师洒道。"在南阳汉画中就有一幅与此文献记载相类似的黄帝出行的场面：画中一神人当为黄帝，乘坐于星车中，车轮以五星相连组成。车前由三神人曳引，车上有一驭者挽缰。画下部有四位雨师各抱一大口罐向下倾水行雨，图右一巨神赤身跽地，张口吹风，即风伯。② 在此图中黄帝的"天帝"或"上帝"这一至尊神地位显而易见。有人认为此图中黄帝所乘之车即是雷车③，但纵观全国各地发现的雷车画像，车上大都树一建鼓。此画像中黄帝所乘之车虽无鼓，但画像中有风伯、雨师相随其左右，其中亦显示出风雨与黄帝之间的密切关系。《山海经·大荒东经》云："东海中有流波山，其上有兽……其名曰夔。黄帝得之，以其皮为鼓，橛以雷兽之骨，声闻五百里，以威天下。"郭璞注："雷兽，雷神也。"黄帝以雷兽（夔）之皮蒙鼓，以其骨为鼓桴，则表明黄帝所敲之鼓为"雷兽之鼓"，也即"雷鼓"。在这则神话中，尽管没有直接指明黄帝本人就是雷神，但实际上已显示出黄帝为人格化雷神的迹象。黄帝击雷鼓的传说与"雷神击鼓"的汉画像完全契合。又据《重修纬书集成》卷四《春秋合诚图》云："轩辕星，主雷雨之神。"同书卷六《河图始开图》又云："黄帝名轩辕……以雷精起。"《河图稽命征》也云："附宝（黄帝母）见大电光（即雷电）绕北斗枢星，照耀郊野，感而生黄帝轩辕于寿丘。"汉代人创造附宝感雷

---

① 何星亮：《中国自然神与自然崇拜》，上海三联书店1992年版，第260页。
② 南阳市博物馆：《南阳市王庄汉画像石墓》，《中原文物》1985年第3期。
③ 陈江风：《天文与人文》，国际文化出版公司1988年版。

电而孕的神话,其目的无非是将黄帝的血缘与雷神相连。而黄帝一旦成为雷神之子,便具备了在天神系统中的主宰地位。当黄帝成为雷神之子(新雷神)之后,也就很自然地秉承了雷神"为长子人君"的神格属性。《太平御览》卷十三引《尚书·洪范》云:"雷于天地为长子,以其首长万物与其出入也。"《汉书·五行志》:"震,雷也……入能除害,出能兴利,人君之象也。"黄帝正是凭借着雷神所具有的人文内涵和象征意义,并在阴阳五行思想的规范之下,一跃而崛起为上天五帝之首的中央大帝。尽管黄帝作为雷神是汉代人的附会之作,但有理由相信,早在远古时代,人类就已经将雷神奉为至高无上的天神了。

中国的"神"字,古代无偏旁,写作"申"字,甲骨卜辞中的"申"字即"象闪电之形",①从中也暗示出雷神的至尊地位。在我国近现代的一些少数民族中,仍然存在着视雷神为诸天神中最大之神这种民俗信仰。国外的一些民族中亦有认为雷神为最高神的,如古代日耳曼人、斯拉夫人及立陶宛人等。②希腊神话中的万神之父宙斯也是一个手执雷锤的雷神形象。③费尔巴哈说:"甚至在开化民族中,最高的神明也是足以激起人最大怖畏的自然现象之人格化者,就是迅雷疾电之神。有些民族除了'雷'一字之外,没有其他字眼来表示神。"④这一普遍现象表明:"不同民族赋予最高神以雷的形象,反映了人的直觉的相似性,即原始人对'雷电'这一具有威慑力的自然现象的恐惧心理、依赖心理以及他们的文化创造都有相似性。"⑤

雷神被各民族奉为最高神当于原始社会早期农牧业生产有着密切的关系。当第一声春雷响过,大地上万物开始复苏,春分至秋分是万物生长、开花、结果的季节,此时正好多雷电,秋分之后,万物开始逐渐萧条、衰落,此时节已很难听到雷声。古人观察到这种自然现象后,误认为雷电是主宰万物生长之神,是农牧业的保护神。再者,雷电多与雨水相伴,春、夏、秋季节,雷电之后往往是一场大雨,于是古人就误认为雨

---

① 《甲骨文简明词典》,中华书局1988年版,第189页。
② 何星亮:《中国自然神与自然崇拜》。
③ 鲁刚、郑述谱编译:《希腊罗马神话词典》,中国社会科学出版社1984年版,第290页。
④ 费尔巴哈:《宗教本质讲演录》,商务印书馆1937年版,第30页。
⑤ 陈江风:《天文与人文》。

水由雷电带来的，以此便视雷电是司雨水之神。而雨水是农牧业的命脉，所以，人们自然会祈求雷神保佑，崇拜和敬畏雷神，甚至奉雷神为最大的神。

视雷神为最高神并具体化为黄帝的神话显然是雷神被人格化之后的事情了，汉画中的雷神形象也大多为人形神。汉王充《论衡·雷虚篇》云："图画之工，图雷之状，累累如连鼓之形。又图一人，若力士之容，谓之雷公，使之左手引连鼓，右手推椎，若击之状。其意以为雷声隆隆者，连鼓相扣击之意也。"汉画与古文献均证明汉代的雷神已演变为人格化之神，汉画中的雷神多乘于雷车之上，车上树鼓，雷神持槌作击鼓之状。车子行驶时隆隆之声也与雷声相似，因而古人又将雷与车相联系，想象出了雷车之形，山东邹城汉画像石中就有一力士双手各执一车轮作奔走状的雷神形象（图3-9）。《庄子·达生篇》中就有"雷车"之说。《淮南子·原道训》云："电以为鞭策，雷以为车轮。"雷鼓的传说应早于雷车的神话，而汉画中的雷神画像大多是将这两种传说巧妙地糅合在一起，通过绘画雕刻的艺术手段，再创造出一种全新的神话形象。

图3-9

汉画中的人形雷神并不是最古老的雷神形象，最早的雷神形象应是某种动物形体。《山海经·海内东经》云："雷泽中有雷神，龙身而人头，鼓其腹。在吴西。"《淮南子·地形训》："雷泽有神，龙身人头，鼓其腹而熙。"在距今约七千年前的仰韶文化时代的陶器纹饰中就已出现了人头蛇身、鼓腹翘尾的"雷神"形象。传说黄帝也具有龙蛇之体。《史记·天官书》云："轩辕黄龙体。"《山海经·海外西经》云："轩辕之国在此穷山之际，其不寿者八百岁。在女子国北，人面蛇身，尾交首上。"《史记·封禅书》："黄帝得土德，黄龙地螾见。"《竹书纪年》云："黄帝轩辕氏，母曰附宝，见大电绕北斗枢星，光照郊野。感而孕二十五月而生帝于寿丘。弱而能言，龙颜，有圣德，劾百神朝而使之。"《淮南子·天文训》云："中央土也，其帝黄帝，其佐后土……其兽黄龙。"《开元占经》引《春秋合诚图》云："黄帝将亡，则黄龙坠。"而黄帝这种龙蛇图腾神像恰与黄帝作为雷神或雷神之子的身份相符合。由此亦可逆推出原始雷神形象源于古人对龙蛇动物的图腾崇拜。又据《史记·高祖本纪》云:"刘媪尝息大泽之陂,梦与神遇。是时,雷电晦冥,太公往视,则见蛟龙于其上,已而有身,遂产高祖。"毫无疑问,与刘邦母交配的"蛟龙"即雷电神的化身。由此亦不难看出,在汉代人的心目中,龙也就是雷电神。至今民间仍把自然界中雷电伤人的现象说成是"龙抓坏人"。这一民俗信仰也是"雷龙同类"观念的遗绪。又据古代传说,伏羲之母华胥氏于雷泽中感雷神足迹而生伏羲,作为雷神后代的伏羲也具有人首蛇(或龙)身的形象。① 山东省新泰县西柳村出土的画像石就刻有人头龙身、鼓腹翘尾的雷神形象②:画中部为一巨大的人首蛇身(龙身)像,当为雷神的原始形象,雷神右侧为雷神之子伏羲,雷神之左有女娲(图3-10)。烛龙又名"烛阴",《山海经·大荒北经》云:"西北海之外……有神,人面蛇身而赤……其瞑乃晦,其视乃明……风雨是谒。是烛九阴,是谓烛龙。"《淮南子·地形训》云:"烛龙……其神人面龙身而无足。"《楚辞·天问》云:"日安不到?烛龙何照?"洪兴祖补注引《诗含神雾》云:"天不足西北,无阴阳消息,故有龙衔火精以照天门中者也。"《山海经·海外北经》所记钟山之神烛阴也即烛龙。笔者认为,这一"烛龙"神话应是古代闪电神话的一种变异形态。其一,烛龙的形貌与雷泽之雷神无异;其二,烛龙的功能是吐火照明,又与雷神的闪电之光相同。我国近现代的民间仍称闪电为"火龙",这正与烛龙的"火龙"身份相契合。因此,从烛龙神话与雷电神话的重叠关系中亦可证明古人曾视雷电神的形态为人面蛇(或龙)身。凡此均表明早期的雷神应是龙蛇之形,稍后进一步演化为半人半兽的人头蛇(龙)身形。龙蛇被奉为雷神形象应是图腾崇拜和自然崇拜相互整合的结果。龙最初是太皞部落的图腾,《左传》昭公十七年云:"太皞氏以龙纪,故为龙师而龙名。"据考证,太皞居于江淮流域,是较早从事农业的部落之一,雨水对农业影响极大,所以人们较多地去观察和思考雨

图3-10

---

① 《太平御览》卷七八引《诗含神雾》云:"大迹出雷泽,华胥履之,生伏牺。"
② 山东省博物馆等:《山东汉画像石选集》图492。

水的来源。古人发现,下雨与雷电有密切关系,认为雷电是主宰雨水之神,而闪电之形又好像一条曲折爬行的蛇。蛇可作为图腾物,亦可用来象征闪电。雨水、雷电多的地方蛇也多,雨水、闪电少的地方蛇就较少,这就使古人更相信蛇与闪电、雨水之间有着密切联系。汉代民间亦有神蛇能兴风雨的观念。如《说文》云:"蜦,蛇属,黑色,潜于神渊,能兴风雨。"《淮南子·齐俗训》云:"牺牛粹毛,宜于庙牲,其于以致雨,不若黑蜦。"高诱注:"黑蜦,神蛇也,潜于神渊,能兴云雨。"再者,蛇每年要脱壳,人们误以为蛇脱壳是化身为雷电飞上天空去了。因此,蛇成了雷电的化身。如今广东客家人仍称闪电为"火蛇"。国外北美印第安人、阿尔衮琴人及波尼人等也都视蛇为雷电的象征。[①] 由此可知,古人多视雷电为蛇形是人们直觉观察闪电之形所得出的相似结果。龙蛇是雷神的最初形象,又以为雷神主宰雨水,所以,远古时代人们祭龙蛇求雨,实际上是祭雷求雨。后来,当雨水神从雷神中分离独立出来之后,雨神不仅从雷神手中夺走了主宰雨水的神职,而且把雷神的原初形象——龙蛇也窃为己有了。

汉画中有众多龙的形象,因其所处画像位置不同,其象征的意义也不尽一致。但其中肯定有行雨之龙,汉画中的翼龙即为文献中的"应龙",古代传说中应龙就是雨神。虽然汉代的龙蛇已从雷神中分离出来而成为独立的雨水神,但此时龙作为雨水神,其地位尚低于雷神,多为雷神的下属神。例如,山东和江苏徐州汉画中的雷公车由应龙牵引,山东汉画中又有雷神手举龙蛇的形象(图 3-11)等。

雷神除了龙蛇之形,往往还具有鸟的特征。我国东北的鄂温克人就认为雷神是一只巨形鸟。南方古代的铜鼓上多饰有鸟形纹饰或半人半鸟的图形,而铜鼓又多用于祭雷求雨祈丰收。因此,不少学者认为铜鼓上的鸟或半人半鸟之形均为雷神的形象,有的铜鼓上那半人半鸟的雷神还手执斧凿。在福建漳泉一带,至今民间所绘雷公之形仍为鸟啄、鸟爪人身,臂生两翼,一手执锤,一手持凿(图 3-12)。[②] 广东南海雷神庙中所塑雷公之形也是"鸟喙雉翼"。这种半人半鸟的雷神形象应是雷神鸟的进一步演化,是鸟形雷神向人形雷神的过渡形态。国外的一些民

---

① 何星亮:《中国自然神与自然崇拜》,第 254 页。
② 何星亮:《中国自然神与自然崇拜》,第 257 页。

族中亦有以鸟作为雷神形象的。如南美洲的卡立勃人、巴西人,非洲的贝川那人和巴须陀人等,都有关于雷鸟的神话传说。① 视雷为鸟形具有一定的普遍性,雷鸟并非古人凭空臆造出来的,它也是人类直观感觉和思维能力趋同性的结果。因为雷电来自于天空,而鸟也是在天空飞翔,所以人类便很自然地把雷神和鸟联系在一起,从而塑造了雷神鸟的形象。汉画中的某些雷神形象也残留有鸟的局部特征。如长沙马王堆汉墓出土的帛画上就有头戴幞头、身着短裙的人形雷神,但却"口似鸟"。② 山东汉画中有一雷神,身略呈人形,而手足均为鸟形,三趾,面目狰狞,歪鼻、瞪眼、张口、龇牙,一手上扬,一手执一大锤扛于肩上。③

古代还有以雷神为夔牛、豕、猕猴等兽形的传说。《山海经·大荒东经》云:"东海中有流波山,其上有兽,状如牛,苍身而无角,一足,出入水则必风雨,其光如日月,其声如雷。其名曰夔。"这里所谓的夔牛,实即兽形雷神,雷与雨往往相伴而生,所以出入"必风雨","光如日月"即闪电之光,"声如雷"即雷声。徐宗元《帝王世纪辑存》云:"黄帝杀蚩尤,以其皮为鼓,声闻百里。"由此或可认为夔牛即蚩尤的化身,蚩尤族以牛为图腾,黄帝战胜蚩尤擒杀夔牛后,雷兽的司雷职权从此便被黄帝所篡夺。同时,雷神的形象也由兽形向人形转化。我国古代有些地区的雷神形象为豕首鳞身,唐房千里《投荒杂录》:"尝有雷民,因大雷电,空中有物,豕首鳞身,状甚异。"唐李肇《唐国史补》亦谓雷公"状类彘"。晋干宝《搜神记》卷十二云:雷神"唇如丹,目如镜……头似猕猴。"长沙马王堆汉墓帛画上的雷公也"面似猴",亦显示

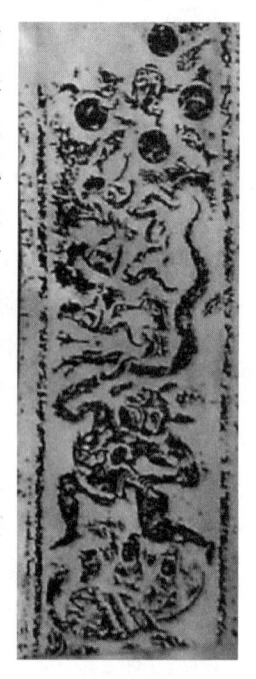

图 3-11

图 3-12

---

① 何星亮:《中国自然神与自然崇拜》,第 256 页。
② 周世荣:《马王堆汉墓的"神祇图"帛画》,《考古》1990 年第 10 期。
③ 山东省博物馆等:《山东汉画像石选集》图 178。

出雷神的一些兽形痕迹。另外,在徐州汉画像石中更可见到兽形的雷神形象。如画像一:画上部正中一车,由三翼虎牵引,车无轮,由二龟驮负着,车上树一鼓,车舆内乘"熊"神,双手持桴作击鼓状。① 再如画像二:三翼龙拽引一车,车以云气为轮,车上树鼓,舆内乘一"熊"神执桴作击鼓状。② 另外,山东临沂出土的汉画像石上亦刻有熊形雷公击"连鼓"的形象(图 3-13):雷公似熊,身生羽毛,执双桴,雷公周围有十面小鼓环绕。③ 这三幅画像更证明了有关雷兽的传说在汉代的民间仍然流传着,但古文献中却查找不到雷神为"熊"形的资料。对徐州的两幅画像,有人认为属百戏之列的"熊"戏,但笔者认为徐州及山东汉画中的"熊"神,均是雷神的形象。我们可以间接找到雷神为"熊"的证据。

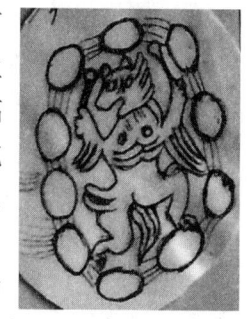

图 3-13

《艺文类聚》引《帝王世纪》曰:"黄帝有熊氏,少典之子,姬姓也……受国于有熊,居轩辕之丘。"于此便知黄帝因居于有熊之地(今河南新郑县),号有熊氏,姬姓。而这"姬"字,据于省吾研究,认为是"一女子"与"熊脚印"合成的象形字。《史记·周本记》说周王室也姓姬,其女性始祖姜嫄就是因踩了"巨人"迹而怀孕生子后稷(周的男性始祖),这"巨人"(又称"大人")迹实即"熊脚印"。"大人"者,是周王室先辈对熊的尊称。由此可见,姬性与熊有着密切关系,即姬姓以熊为图腾祖先神。④《列子·黄帝》:"黄帝与炎帝战于阪泉之野,帅熊、罴、狼、豹、䝙、虎为前驱,雕、鹖、鹰、鸢为旗帜。"诸如此类的迹象均表明黄帝与熊有着密切关系。因此,郭沫若在《中国史稿》中说黄帝部落是以熊为图腾的。黄帝是以熊为图腾的,那么黄帝的原始神话形象也很可能是一只熊。熊就是黄帝的化身。徐州汉画中的黄帝就是一只熊的形象。⑤南阳汉画像石中亦可见熊形黄帝:在一块墓顶石的天象图中,上边左右对称刻画出西王母与东王公及其侍从;下层刻三位仙人牵拉一星车,车

---

① ② 徐州博物馆:《徐州汉画像石》图 83、85。
③ 中国画像石全集编辑委员会:《中国画像石全集 3·山东汉画像石》图 69,河南美术出版社 2000 年版。
④ 邵伯人:《鲧禹变形臆说》,《神话·仙话·佛话》,河北人民出版社 1986 年版。
⑤ 徐州博物馆:《徐州汉画像石》图 91。

轮以七星相连构成,车内乘二人,前为御者,后为尊者,尊者为熊形,当为黄帝。星车后又一熊跟随(图3-14)。前边我们已经讲过,黄帝曾被奉为雷神,鉴于此,我们认为,徐州及山东汉画中那乘雷车或击雷鼓的"熊"神应是雷神黄帝的形象。另外,山东汉画像石中还有熊头人

图 3-14

身,一手执雷锤,一手擎巨蛇(或龙)象征闪电的雷神形象。① 这种半熊半人的雷神也证明了雷神与熊的关系。目前我们很难确指汉代人格化的雷神是由哪一种具体的动物形象演变的,但可以肯定人形雷神是由动物形或半人半动物形的雷神演变成的。虽然汉画中已出现了完全人形的雷神,但在民间信仰中,某些地方的雷神形象一直顽强地保留着明显的动物遗形,并未彻底人形化。

　　山东武氏祠汉画及安丘画像石墓中的雷神虽然是人形之神,但有一点应值得大家注意,那就是"雷神"着女装和"头上插花束"。此类现象显然与文献记载中汉代雷公为男性"力士"之形不相符合。这又作何解释呢?笔者认为,这种雷神女性化的现象表明,汉代的雷神虽为男性,但此男神雷公是从远古的女性"雷母"转型过来的。"中国最早的人神是带有始母色彩的女神,从女神到男神的转化隐喻着社会组织从母权制到父权制的变迁。"②"中国上古神话体系中,隐约存在着女性中心神话向男性中心神话过渡的痕迹。"③在古文献中,我们就可以寻觅到诸多上古女性神祇的形象,如始母神女娲、天神玄女、日月神羲和与常羲以及旱神女魃等。彝族文祭经《为祖献酒经》中的十二神——天母、地母、日母、月母、星母、云母、风母、雨母、山母、水母、树母及石母——均为女性神,④此更是母系氏族社会神话的典型例证。山东武氏祠汉画中的雨神也被刻画成女性神形象。《殷虚书契后编下》有"雷妇又(即佑)子"之

---

① 山东省博物馆等:《山东汉画像石选集》图143。
② 王小盾:《原始信仰和中国古神》。
③ 孙绍先:《上古女性神族》,《民间文学论坛》1992年第3期。
④ 马学良:《研究原始宗教和神话,发展民族文化,增强民族团结》,《中国神话》(第1集),中国民间文艺出版社1987年版。

句。我国民间亦有称雷神为"雷媪"者。由此足证,我国古代的雷神与诸如天神、日神、雨神等神祇一样是由女性神进一步演变为男性神的,它是母系氏族社会组织向父系氏族社会组织形式的演变历史在神话领域内的曲折反映。汉画中的雷神出现女性装束正是雷神这一历史变迁的痕迹。

山东长青孝堂山石祠东山墙画像上刻画有雷公出行画像,画中的雷车上环悬连鼓四个。江苏徐州、山东临沂画像石及洛阳西汉壁画墓天象图中均可见雷神周围环绕连鼓的图像。南阳汉画石中亦有雷公周围环绕连鼓六个的图像。在徐州汉画中,又可见肩扛五连鼓的雷神形象,王充的《论衡》中有雷公"引连鼓"的记载。因此,笔者认为,后世塑雷公之像多在其旁置五连鼓,当源于此。如《集说诠真》云:"今俗所塑之雷神,状若力士,裸胸袒腹,背插两翅,额具三目,脸赤如猴,下颏长而锐,足如鹰鹯,而爪更利,左手执楔,右手持槌,作欲击状。自顶至傍,环悬连鼓五个,左足盘蹑一鼓,称曰雷公江天君。又塑电神像,其容如女,貌端雅,两手各执镜,号曰电母秀天君。庙中置此二像,乡民然烛焚香,极其诚敬。"今仍有"五雷轰顶"之词语,亦是此神话的遗迹。山东武氏祠汉画中的雷神出行图上,不仅有乘雷车的雷公,还有男、女神手举似长蛇的鞭相随行。《淮南子》有"电以为鞭策"之说,扬雄《河东赋》云:"奋电鞭,骖雷辎,鸣洪钟,建五旗。"炸雷声又似甩鞭发出的爆裂声,同时,闪电之形又宛如长鞭在空中飞舞,因此,鞭应是闪电的具象化。那持鞭之神即是司闪电的神灵,也就是后世称之为"电母"的原型。另外,古人又认为闪电之形似蜿蜒爬行之蛇,故又以蛇象征闪电。如《太平广记》卷三九三引《录异记·徐诃》云:"(雷神)执赤蛇,足踏之,瞪目欲食。"图像与文献互为印证,表明汉代雷神的神性已发生裂变,闪电神已从雷神中分化独立出来。因光速大于声速而导致闪电与雷声不同步的自然现象,应是闪电神从雷神中分化出来的客观因素。后世所谓的"雷公"、"电母"这种性别的界定又是基于闪电那如鞭似蛇的弯曲柔美之形和震天动地的隆隆雷声所具有的阳刚之气所形成的强烈对比,而雷电形声相随之天象又导致了二者夫妻关系的形成。山东武氏祠雷神出行图中,又有两个或三个神人,一手执锤,一手执凿,作敲击状。王充在《论衡》中又说雷公"右手推椎若击之状",椎即雷椎,也就是锤。古人又以锤凿相互碰击产生的火花来象征闪电的亮光,同时,又以发出的声音象征炸雷声。我国东北的鄂伦春族就认为打雷是由于雷神一手拿凿子，另一手拿锤子敲击，因而发出隆隆的响声。① 在持锤凿神人的下方有一人跪伏于地作叩头状。《论衡》云，"雷电迅疾，击折树木，坏败屋室，时犯杀人。世俗以为击折树木，坏败屋室者，天取龙，其犯杀人也，谓之[有]阴过"，并认为巨大的雷声是"雷为天怒"。又云："其魄然若敝裂者，椎所击之声也；其杀人也，引连鼓相椎，并击之矣。"雷公伤人是用雷椎敲击所致。这种雷神杀人的神话显然是基于雷电能击伤人这一自然属性的敬畏心理而产生的。因自然科学知识的缺乏，古人就误认为雷神在惩罚有罪之人。因此，汉画中那执锤持凿之人即雷神的形象。此一画像表明了汉代的雷神已被赋予了惩恶扬善这一新的神职，后世那种以惩治坏人主持正义的神职为主的雷神形象在这里已初见端倪。雷神的这种神性对维护封建社会的统治秩序起到了一定的积极作用，这也是汉代贵族阶层将雷神刻于墓中的意义所在。

在同一幅画像中出现了分掌不同职司的诸种雷神形象，足以表明：至迟在汉代，雷神的形象已发生了裂变。有人认为，"至迟在唐以前雷神已有征用助手的行为"②。从汉画看，汉代已出现了雷神的数位从属神（助手）。还有人认为电母的"起源不算太早"③。其实，汉画中不仅有男性闪电神（电父）形象，同时也出现了手执电鞭的女性闪电神，这种画像也就是后世所谓"电母"的形象。

当雷神由动物神置换变型为人神之后，缘于社会分工的日益细化和国家统治机构的形成与完善，其社会职能也随之增加，仅一神已很难胜任多种神职，因此，雷神就自然发生了分化。出现于汉画中的数位雷神就是后世民间流传的"雷部诸神"的初型。兴起于东汉末年的道教对民间的雷神信仰加以改造，称原来神话中的雷公为"九天应元雷声普化天尊"，总领雷部的三十六神，并给雷神增加了诸如"主天之灾福，持物之权衡，掌物掌人，司生司杀"等社会职能。雷神也就进一步演化为道教中人物，成为道教之神。④

---

① 何星亮:《中国自然神与自然崇拜》。
②③ 宗力、刘群:《中国民间诸神》，河北人民出版社1986年版，第157、175页。
④ 宗力、刘群:《中国民间诸神》，第151页。

又据《论衡》云:"飞者皆有翼……画仙人之形,为之作翼。如雷公与仙人同,宜复著翼,使雷公不飞,图雷家言其飞,非也。使实飞,不为著翼,又非也。"王充所见到的雷神无翼,因而便成为王充驳斥"天上有雷神"的理由之一。山东武氏祠汉画中的雷神无翼,正与王充所见雷神形象一致。但汉画中亦有雷神有翼者,如南阳汉画中的雷神肩生羽翼,与汉画中常见的仙人形象相同。仙人形的雷神形象显然是受到汉代羽化升仙思想的影响所致。南阳汉画中的雷神出行图中,不仅雷神生羽,雷车的驭者也为一生羽的仙人,牵引雷车的也是生羽之虎,雷神所乘之车更是汉代人独创的可以"辟恶鬼"用以升仙的交通工具——云气车。整幅画像充满了升仙的气氛。因此,笔者认为,产生于远古神话中的雷神在汉代那种特殊的社会环境中进一步走上了神仙化的道路,雷神由人神变成了神仙,"跨入了中国新神的行列"①。

在汉代画像石墓中刻画肩生羽翼的雷公和雷公车是汉代统治阶级企求升仙思想的一种反映。《庄子·逍遥游》云:"藐姑射之山,有神人居焉,肌肤若冰雪,绰约若处子,不食五谷,吸风饮露;乘云气(汉画中将此云气具体化、生活化为云气车),御飞龙,而游乎四海之外。"《淮南子·俶真训》云:"若夫真人……骑蜚廉而从敦圄,驰于方外,休乎宇内,烛十日而使风雨;臣雷公,役夸父……"《原道训》云:"大丈夫……乘云凌霄……令雨师洒道;使风伯扫尘;电以为鞭策,雷以为车轮。"《览冥训》又云:"乘雷车,服驾应龙……黄云络,前白螭,后奔蛇,浮游逍遥,道鬼神,登九天,朝帝于灵门。"汉画中雷神所乘的云气车,不正是统治阶级求之不得的绝好的升仙工具吗?陕西绥德及山东平阴等地出土的雷公车画像均被刻画在升仙的队列中,雷车的升仙功能昭然若揭。生不能成仙,死后也要得到灵魂升仙的心理满足。

综上所述,虽然人类对雷神的崇拜观念起源于原始社会的自然崇拜和图腾崇拜时代,但从汉画中出现的诸多雷神画像看,汉代对雷神的崇拜仍然相当炽盛,雷神在汉代崇拜的诸多自然天神中仍居于显要位置。古代雷神的诸种形象及神性在汉画像石这种独特的艺术载体上得以保留和再现,汉代人甚至依据当代的社会思想和风俗信仰,对其以前流传的有关雷神的神话及形象进行了大胆的艺术改造和重塑,使我们得以

---

① 王小盾:《原始信仰和中国古神》。

窥见古代雷神形象那漫长而复杂的历史演变轨迹。

第二节 风伯图像

  风伯是民间对风神的称呼,亦称风师。中国人对风的崇拜肇始于远古时代,残留于现今的民间。就自然风而言,它与许多事物一样具有善恶两面性,春风送去严寒,带来温暖,吹绿大地,送来春雨;而秋风在送走酷暑,带来凉爽的同时,又吹落树叶,带走生机;冬季北风呼叫,凛冽刺骨,带来严寒,冻坏人畜;狂风大作时,毁坏房舍,树木断折……风善恶俱备,益害无常。正因如此,人们既崇敬风,又畏惧风。风这种喜怒无常的神秘属性,使古人相信自然界中的风是由某种神灵所控制的,因而风神信仰便逐渐形成。由于我国地域辽阔,民族众多,各地民间的风神信仰也不尽相同,或因鸟翼生风而以某种鸟为风神;或因风吹云动、星辰出没,而认为天上某颗星为风神;或因人的口中能呼出气体,而认为风是由某位天神口中吹出的气流;或因风来自于山谷和洞穴而把山谷或洞穴视为风神的居所;或因簸箕能掀动生风而把它看成风神的生风工具,或风神(风婆)用牛皮口袋装空气并放气成风(风来自于口袋)……风的自然属性是人们幻想和塑造风神的形貌、神性和引起种种神秘感的客观依据。关于风神的传说、风神的形貌,古文献多有记载,各民族关于风神信仰的民间习俗更是丰富多彩,除了历代文字记录和民间口传外,汉代画像石(砖)和壁画等汉代艺术品更以生动直观的图画形式刻绘出了栩栩如生的风神形象及风神传说。

  风伯画像在山东、河南及陕西等省的汉画中均可看到,现择要论述如下。

  (1)河南省南阳市王庄画像石墓出土有风伯画像(图见本章之"雨师图像"节图3-20):画像右部神车后边为一巨人,赤身裸体,双腿跪地,面向神车张口吹气,此巨人即风伯。[①]

  (2)山东武氏祠画像石雷神出行图中有风伯的形象(图见本章之

---

 ① 南阳市博物馆:《南阳市王庄汉画像石墓》,《中原文物》1985年第3期。

"雷神图像"节图3-1）：画中张口吹气人即风伯。

（3）山东安丘董家庄汉画像石墓雷神出行图中有风伯的形象（图见本章之"雷神图像"节图3-2）：在雷神乘坐的云气鼓车后边有三列神人相随，其中有手执长鞭的电母，有头顶盆、手提壶的雨师，亦有一位跪地张口吹风的风伯。

（4）山东长清孝堂山石祠东壁的"风吹屋顶图"中有风伯的形象（图见本章之"雷神图像"节图3-4）：画中亭左边吹风之人即风伯。

（5）江苏铜山县洪楼出土的两块雷神出行图中均有风伯的形象（图见本章之"雷神图像"节图3-8）。其一：熊面人身的雷神乘车击鼓，车由三翼虎牵引，二龟承托车舆。车前有一跪坐吹气者当为风伯，车后有一负鼓之龟、一四足之鱼、一大鸟和一乘兽的仙人相随行。其二：画像右下角雷神乘龙车，雷车上方为河伯乘鱼车，河伯车之前有一人坐在龟背之上，双手捧一喇叭状物吹气，此人即风伯（图见本章之"雷神图像"节图3-7）。

（6）山东汶上县先农坛出土祠堂东壁画像石上有风伯吹屋画像（图3-15）：画左刻一亭子，亭内二人，一坐一立，亭右外边一羽人执斧砍亭右柱，羽人之后，又一身体硕壮之人双手捧管状物向亭子吹风，亭子右柱被风吹断，屋顶倾斜。此吹气之人即风伯。风伯之后又有羽人执器物者相随从。①

图 3-15

（7）山东嘉祥五老洼祠堂东壁画像石上有风吹屋顶画像两幅，画像内容大同小异：一亭子内居二人，亭外有肥壮裸体的风伯双手捧管状物

---

① 山东省博物馆等：《山东汉画像石选集》图205。

向亭子吹风,亭子被风吹得柱断顶倾。①

（8）陕西横山孙家园墓右门柱画像石上有风伯吹屋画像（图3-16）：上边是一亭子,亭顶倾斜。亭内二人,一抱柱蹲居,一站立。亭下一壮汉蹲坐仰首,口衔管状物,气流从管中吹出。此吹气之人即风伯。②

（9）山东微山县出土画像石上有风伯形象：西王母坐于画像右上方的仙山上,其前有捣药兔、九尾狐、三足乌、三青鸟等。画右一风伯面对西王母的方向站立吹风（图3-17）。③

（10）山东嘉祥宋山画像石上有风伯形象：画正中一羊头,羊头右边一力士裸体,单腿蹲坐,张口吹气,即风伯。风伯前边有双头人面鸟、怪兽、肩生羽翼的仙牛及羽人等在祥云中飞行（图3-18）。④

（11）山东武氏祠后石室第四石第一层画像中有风伯形象：画中一云神乘坐一辆云气车出行,右边为风伯,正用力鼓舌吹气协助云神前行。另外,此石第三层又刻风伯用力吹气,口中吹出的风气推动着层层翻滚的祥云,祥云充满了整幅画面,云间幻化出众多神禽瑞兽及小羽人。⑤

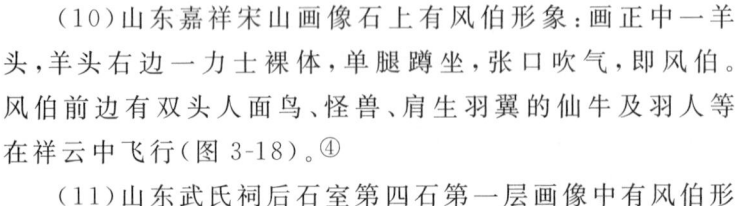

图 3-16

图 3-17

从以上所列举的画像中可以看出,汉代人塑造的风伯大多为身体硕壮或高大威猛的裸体力士形象,其兴风的基本工具就是自己的口舌。为了增强风的威

---

① 信立祥：《汉代画像石综合研究》图74,第134页。
② 中国画像石全集编辑委员会：《中国画像石全集·陕西、山西汉画像石》图230。
③ 微山县文物管理所：《山东微山县近年出土的汉画像石》,《考古》2006年第2期。
④ 中国画像石全集编辑委员会：《中国画像石全集·2·山东汉画像石》图107,河南美术出版社2000年版。
⑤ 朱锡禄：《武氏祠汉画像石》图34。

图 3-18

力,往往还要借助一些竹管状或喇叭状的东西。吹风的姿势有多种,或跪坐,或奔跑,或站立。乘载的交通工具多为祥云,偶有乘龟者。由于自然界中的风常常与雷电云雨相随为伴,尤其是盛夏季节,风起云涌、雷鸣电闪之后,往往是一场大雨接踵而至。因此,汉代民间石刻艺术家们也多将风伯与雷神、雨师以及云神组合在一块画像石上。又因自然风对人类既有益又有害,狂风大作时,例如暴虐的台风、飓风、龙卷风等,毁屋拔树,甚至卷走人畜,所以人们又刻画出了"风伯吹屋"的画像,来表现风神所具有的巨大破坏力。

尽管汉画艺术中的风伯均为人格化的神祇,但汉代文献典籍中却找不到关于风伯为人形神的具体记载。《淮南子·本经训》云:"尧之时……大风、封豨、修蛇皆为民害。尧乃使羿……缴大风于青丘之泽。"高诱注:"大风,鸷鸟。""大风,风伯也,能坏人屋舍。"《禽经》云:"风禽,鸢类。越人谓之风伯,飞翔则天大风。"《楚辞·离骚》云:"前望舒使先驱兮,后飞廉使奔属。"王逸注曰:"飞廉,风伯也。"应劭在《风俗通义·祀典》"风伯"中认为"风师者,箕星也"。蔡邕《独断》云:"风伯神,箕星也。其象在天,能兴风。"很显然,以上所引文献中的"大风(风禽)"、"飞廉"、"箕星"应是汉代之前流传于不同地区的风神,并非汉代人创造的"风伯"形象,只不过是汉代文人对前代风神崇拜习俗的追记和诠释罢了。从把"大风"、"飞廉"、"箕星"等不同名称与形象的风神统称为"风伯"的现象中不难看出,汉代在传承先秦风神信仰的过程中采取了兼收并蓄的做法,并试图用"风伯"一名来容纳流传于不同地区的风神信仰。那么,汉代人为何称风神为"风伯"呢?根据《周易·说卦》,乾天父,坤地母,乾坤相交,阴阳相合,便有震、巽、离、兑、坎、艮六子相生,其中震为长男,巽为长女。自然界中的雷、风、火、泽、水、山与乾坤六子相配,风正与巽相属。长者为伯,巽为长女,风为巽,故称风神为"风伯"。《汉书·郊祀志》云:"及秦并天下,令祠官所常奉天地名山大川,鬼神可得而序也……而雍有日、月、参、辰、南北斗、荧惑、太白、岁星、填星、辰星、二十八宿、风伯、雨师……百有余庙。"又云："《易》曰：'方以类聚，物以群分。'分群神以类相从为五部，兆天坠之别神……东方帝太昊青灵勾芒畤及雷公、风伯庙、岁星、东宿东宫于东郊兆……"显而易见，在秦及西汉的官方祠神体制中，箕星尽管被认可为风伯，但并没有从二十八宿中脱离出来，而成为独立的风神受到祭祀。同时，在箕星之外，人们又重新塑造了一位风神，即风伯。至于它的具体形象如何？我们不得而知。但从西汉统治者将风伯置于东郊兆来祭祀的现象分析，汉代是以箕星知风的占星学知识为依据来重构风伯神话的，也就是说，西汉人接受了汉之前流行的箕星为风神的观念并进行改造以适应新时代政治、宗教等意识形态的需要。《管子·四时》云："东方曰星，其时曰春，其气曰风，风生木与骨……然则柔风甘雨乃至，百姓乃寿，百虫乃蕃。此谓星德。星者掌发为风。"受此"东方星德"理念的影响，在趋利避害功利目的的引导下，汉代人将箕星改造为具有和合阴阳之功能的东方春风之神。箕星是东方苍龙七宿的最后一宿，唐《开元占经》引《尔雅》云："箕为风，又箕主蛮夷。""蛮夷"指古代的东夷族，箕宿位于东方，故有"箕主蛮夷"之说。从前面所列举的考古资料可以看出，汉画中出现的风伯形象大多数发现于山东及苏北一带，同时，山东汉画像石中的风伯吹屋画像，几乎所有的都刻于祠堂东壁之上，这些都证明风伯所具有的东方神性和东方地域背景。因此，有人认为，"风伯是箕星的人格神，而箕星属于东方的苍龙星座，风伯自然也就成了东方之神"[①]。《尚书·洪范》云："庶民惟星，星有好风，星有好雨。"马融注："箕星好风。"那么，箕星为何好风呢？当周人在渭河流域观察星空时，他们会发现大约在立春前后，月亮便从东北运行至东方苍龙七宿的最后一宿附近。此时，这一地区正处于多风的季节。[②] 当人们不了解这种自然现象产生的科学依据时，就会误认为季风与苍龙七宿最后一宿之间存着某种神秘的内在因果关系，即认为此星宿是自然界各种风的源头。再加上苍龙七宿的第七宿

---

① 信立祥：《试论汉代墓上祠堂及其画像》，《汉代画像石研究》，文物出版社1987年。

② 李立：《文化嬗变与汉代自然神话演变》，汕头大学出版社2000年版，第142页。

共由四星组成,若用连线将四星串连起来,宛如一只簸箕,而簸箕是我国北方黄河流域农业民族扬谷去糠的常用生产工具,具有簸扬生风的功能,遂将其命名为箕星。人们将苍龙七宿的最后一宿附会为箕星的依据有二:其一是形状似箕,其二如簸箕一样有动则生风的功能。李尤《箕铭》云:"箕主簸扬,糠秕乃陈。"《诗经·小雅·大东》云:"维南有箕,不可以簸扬。"《风俗通义·祀典》:"箕主簸扬,能致风气。"古代先民将东方苍龙第七宿命名为箕星是在长期农事活动中对气象规律的认识和对天象观测的结果。它说明箕星在古人的观念中,已成为风的象征,月宿箕而天必大风已成为古代星象学常识。《周礼·春官·大宗伯》疏引《春秋纬》云:"月离于箕,风扬沙,故知风师,箕也。"《开元占经》卷六十云:"箕星一名风星,月宿之,必大风。"箕星好风原本是古人对箕星与自然季风相互关系的朴素认识,后来才逐渐被神化为主宰自然之风的风神,并形成了祭祀风师箕星的宗教习俗。如《周礼·春官·大宗伯》:"以槱燎祠司中、司命、风师、雨师。"所谓槱燎风师,即点燃柴草以祭箕星风神。尽管从观念层面上来讲,有证据表明箕星被神化为风师的时间至迟不会晚于春秋中叶,①但箕星被拟人化为人形神的时间,目前已有考古资料证明最迟在西汉晚期。如1987年在陕西省西安交通大学附属小学院内发掘的一座西汉晚期壁画墓,②该墓顶绘有日月及二十八宿天象图,每个星宿均配以人物或动物以及劳动工具等,用以标示各星宿的名称。其中东方苍龙第七宿以一男性人物手持箕形的星座来表示,画中之人毫无疑问就是拟人化的箕星神,也即张衡《思玄赋》中"属箕伯以函风兮"的"箕伯"。箕星神人格化的出现最终使箕星由国家祭坛上的神秘星神,转型为民间世俗化的人神箕伯。由簸箕形的自然星象,到手执箕形星座的人形箕伯,再到以口舌生风的人神风伯,这种发展、演变的轨迹在汉代画像艺术中得到了较为明确的体现。在东汉时代的画像石艺术中,风伯均为鼓舌吹风的人神形象,而这一形象的出现应是古人基于对自然之天的拟人化和箕星为天神之口舌的比附。如《诗经·小雅·大东》:"维南有箕,载翕其舌,维北有斗,西柄之揭。"《开

---

① 李立:《文化嬗变与汉代自然神话演变》,第146页。
② 陕西省考古研究所、西安交通大学:《西安交通大学西汉壁画墓》,西安交通大学出版社1991年版,第25页。

元占经》卷六十引《尔雅》云:"箕舌一星芒动,则大风不出三日。箕舌动,如致风扬沙。"《艺文类聚》引《荆州星占》:"箕星一名卷舌,动则大风至。"《史记·天官书》云:"箕为敖客;曰口舌。"唐司马贞《索隐》进一步解释为:"宋均云:敖,调弄也。箕以簸扬,调弄象也。箕又受物,有去去来来,客之象也。《诗》云:维南有箕,载翕其舌。又《诗纬》云:箕为天口,主出气。是箕有舌,象谗言。"唐张守节《正义》云:"箕主八风,亦后妃之府也……月宿其野,为风起。"班固《汉书·天文志》:"箕为敖客,后妃之府,曰口舌。"由于簸箕掀动与口舌鼓动具有相同的生风功能,所以,古人又将箕星进一步比喻为"天之口舌",其功能为主出气。这显然是对天象的拟人化表现。同时,司马贞《索隐》又认为"尾九星,箕四星,为后宫之场也"。《汉书·天文志》也说箕为"后妃之府"。这又是为什么呢?笔者认为,汉代人将尾、箕二星称为"后宫之场"(或后妃之府)与将箕星比附为"天之口舌",二者之间并不矛盾。当人们将自然之天拟人化之后,天界的体制便要参照人世来构建。封建社会的最高统治者为皇帝,那么,相应地,天界的至上神就是天帝。皇帝有皇后及后宫的一大群妃嫔,天帝也应有配偶天后及其后宫佳丽。古人将东方苍龙七宿的末尾两宿即尾、箕两宿比附成天界的"后宫"且进行了具体的分工:尾宿主生育,九星喻为皇室的子孙。《史记·天官书》云:"尾为九子。"司马贞《索隐》曰:"子必九者,取尾有九星也。"《正义》也云:"尾九星,为后宫,亦为九子星。"箕宿主吹风,而"吹风"在这里是话语的代名词,所以将箕四星喻为"天后的口舌"。1974年在江苏盱眙东阳发现了一座新莽时期的木椁墓①,此墓的天井木板上用画像石常见的浅浮雕技法雕刻有一幅珍贵的天文星象图:图的右边为飞翔的阳鸟,左边是内含蟾蜍的月亮。月的左边有排列成菱形的四颗星,即箕星。尤其值得注意的是,箕星右下角之星体上又生出一弯曲而长的物体,这就是所谓的"箕舌",也即"天之口舌"②,画像与文献记载正相吻合。另外,在箕星上方,有一人侧面向右作跨步奔跑状,同时,口中吹出一股巨大的气流(图3-19)。参照东汉画像石上常见的风伯造型,可以认定,此吹风之人物不仅是对

---

① 南京博物院:《江苏盱眙东阳汉墓》,《考古》1979年第5期。
② (日)林巳奈夫著,蔡凤书译:《关于盱眙东阳西汉木椁墓天文图》,《东南文化》1994年第5期。

箕星的拟人化，更是目前所见最早的人神风伯形象。这一画像生动直观地向我们展现了这样一种天文现象：月行至箕星附近，箕星鼓弄长舌，自然界的风便从风伯的口中吹出。此画像的重要价值在于：它有力地证明了箕星鼓舌的比附与风伯吹风神话之间的密

图 3-19

切关系。由此可见，在箕星被人神化的过程中，箕伯手执箕星的造型经由"天之口舌"的中介而进一步转型为更加世俗的风伯鼓舌吹风形象，其时间至迟在西汉晚期。正是缘于此，风伯神话才最终摆脱了神秘星象学的羁绊而迈向了更加自由的民间神祇的发展空间。

  世间任何事物总是由既对立又统一的两个方面组成的，自然界的风也不例外，它对人类既有利又有害。相应地，人们所塑造的风神同样也具有善恶双重神性，但在趋利避害的功利思想规范下，汉代人不仅用阴阳五行的思维模式来限制风神恶的属性，甚至还巧妙地化害为利，使风神的恶性转为善性。首先，将风伯庙设在东郊兆就表明了汉代人试图将风伯界定为具有催生万物功能的东方春风之神。应劭在《风俗通义·祀典》中就认为："风伯鼓之以雷霆，润之以风雨，养成万物，有功于人，王者祀以报功也。"鉴于此，汉代人回避风神恶的负面作用，而更多地关注风伯善性的表现行为，把风神描绘成给人以佑助的善神。如焦延寿《易林》就有两则风伯佑助帝王巡狩封禅的传说："雨师洒道，风伯逐殃，巡狩封禅，以告成功。"这种描述显然是模仿黄帝大合鬼神于泰山的神话记载。《韩非子·十过》云："昔者黄帝合鬼神于泰山之上，驾象车而六蛟龙，毕方并辖，蚩尤居前，风伯进扫，雨师洒道。"这里的风伯以微风清扫道路，成为黄帝的扈从神。江苏铜山及山东长清等地的雷神出行图中亦有风伯在雷公车前吹风清道的形象。风伯除了充当雷神的"清道夫"之外，更多的时候则是跟随在雷神车（或云神车）之后，利用它口中吹出的强劲气流来推动雷公车前进。在这类神话图像中，风伯是作为雷神的扈从神和"吹鼓手"的面目出现的，显然也是一种善神。从功利目的甚为鲜明的丧葬艺术来讲，汉画像石上刻画出风伯的形象并非是为了单纯地再现远古神话，而应承载着特殊的宗教功能。《史记·封禅书》记载：齐方士少翁曾上言汉武帝云："上即欲与神通，宫室被服

非像神,神物不至。"于是汉武帝就令画工"作画云气车,及各以胜日驾车辟恶鬼……画天、地、太一诸鬼神,而置祭具以致天神。"汉画中的雷神、河伯、云神等大多乘坐的是所谓的"云气车",显然,墓祠中所画的雷雨风云诸神与宫室所画的天、地、太一诸神具有相同的功能——辟恶鬼、降天神。人们在墓祠中刻画风雨雷神的目的是非常明确的,那就是希望墓主人的灵魂能乘上雷公车,驾上应龙,在风伯、雨师诸天神的护卫下升天成仙。《淮南子·原道训》云:"大丈夫……乘云凌霄……令雨师洒道;使风伯扫尘;电以为鞭策,雷以为车轮……"《览冥训》又云:"乘雷车,服驾应龙……黄云络,前白螭,后奔蛇,浮游逍遥,道鬼神,登九天,朝帝于灵门。"

　　在长生不死和得道成仙思想盛行的汉代,风伯、雨师已由神话传说中的黄帝或雷公的扈从神,被进一步仙化成为所谓的"真人"、"大人"乃至"天子"云游仙境时的役使仆从。如司马相如《大人赋》:"召屏翳(云神),诛风伯,刑雨师。"扬雄《河东赋》描绘"天子"云游场景时曰:"叱风伯于南北兮,呵雨师于西东。"同样,汉画中的风伯、雨师自然也是墓主人理想中的升仙护从者。总之,在汉代人的丧葬观念中,风伯的神性已经淡化,而仙人化的特征则十分凸显。助人升仙成为风伯的主要的、甚至是唯一的宗教功能。山东等地的汉画像石中常见有风伯吹屋的画像,这不能不使人想起汉代纬书关于大风"发屋"的记载。如《易纬通卦验》云:"上及君位,不敬宗庙社稷,则震巽应变,飘风发屋折木,水浮梁,雷电杀人,此或出人暴应之也。"又云:"立夏,巽气至,巽气不至,则城中多大风,发屋扬沙,禾稼尽卧。"有人据此认为风伯吹屋图是对三月巽卦之异——巽风发屋的反映。但笔者认为,尽管这种画像是以自然界中飓风的破坏力为依据的,但决非是对"风伯坏人屋舍"这一灾异现象的直观描述和对风神恶性的褒扬。人们不厌其烦地刻画这种画像于墓祠中显然是有其特殊功利目的性的,那就是企图借助风伯从口中吹出的巨大风力,及早掀掉墓祠的屋顶,让墓主人的魂气顺利升天成仙。① 这种巧妙地假借飓风的"破坏"威力来佑助墓主灵魂升仙的想法,显然是缘于化害为利的人本理念。若从画像所在墓祠中的位置方面来考察,风

---

① 李淞在《论汉代艺术中的西王母图像》一书中认为:"风伯吹开屋顶,是为了让墓主的魂能顺利升天,不至于被幽闭于墓室。"(第95页)

伯吹屋画像往往被刻画在墓祠的东山墙上层,且与墓祠西山墙上层的西王母仙境相对应。① 从这种表象中又可以推断出"风伯吹屋"所内含的宗教功能是企望墓主人能借助风伯吹出的东风(东风即春风,主生),从墓祠中飞向西方的西王母仙境而最终达到"永生"的终极目的。山东画像石中还有风伯面向西王母仙境吹风的画像,这更证明了以上推论的正确性。另外,山东嘉祥宋山还有风伯吹风与仙禽、瑞兽及羽人相组合的画像,这一画像也使风伯的仙人面目及升仙功能得到了明确的表达,进而也便成为风伯具有协助升仙功能的有力佐证。

不过,也有人怀疑风伯吹屋图中风伯的身份,认为画中那个作吹气状的人可能是民间附会的产物,吹屋图对应的含义应是三月巽卦之异,即是对巽风发屋这种灾异现象的反映。其理由如下。

在纬书语境中,"大风发屋"是夹在二月(震)和四月(巽)二卦之间的一种灾害天象。从八卦方位上来看,三月巽卦之异发生在东南和东方之间,它所对应的方向即西方和西北方之间,正好与西王母的神话地理位置相一致。尽管箕星也与风有关,但纬书中只说箕星兴起的风可以"飘石"、"折树"及"扬沙",却未提及"发屋"的功能。如《易纬》:"箕风飘石折树。"《礼含文嘉》:"月至箕,则风扬沙。"《春秋纬》:"月离于箕,则风扬沙。"况且箕星兴风是有条件的,即"月至箕"、"月离箕",而汉画"发屋图"中没有刻画月亮的形象。另外,从方位来看,箕星是东北方向的星宿,它所对应的方向是西南方,和西王母的方位"相差较远"。因此,"发屋图"与箕风没有关系。再者,"风伯"一词不见于《易纬》,独见于《春秋纬》,如《春秋文耀钩》云:"荧惑者,至阳之精,天之使也。朱雀之属,其精又为风伯。"所以,风伯乃是属于《书纬》、《春秋纬》中"七曜"系统的内容,和《易纬》的"八卦"系统本不是一个概念体系,而且明显属于南方荧惑的范畴,不仅和"发屋"没有关系,甚至也和东方无关。所以,理论上把风伯和发屋杂糅在一起解释未免牵强。②

笔者认为,这种完全套用纬书理论来解读出于民间石匠之手的风伯

---

① 长青孝堂山郭氏祠西壁上方刻画有西王母仙境图与东壁的"风伯吹屋"图相对应。

② 施杰:《意义、解释与再解释——谶纬语境与汉画形象》,《中国汉画研究》第2卷,广西师范大学出版社2006年版。

吹屋图像是极不合适的,试问民间石匠能有几人看过《易经》和纬书,更不用说精通了。另外,作为灾异之象的"发屋图"也不可能被刻画于墓葬之中。也就是说,汉画中的"风伯吹屋"画像是民间风神信仰的产物,它与纬书中所谓的巽风发屋毫无关系。

风伯吹风助人升仙的思想在汉代尤其是东汉是十分盛行的,这在汉画像石艺术中被表现得淋漓尽致。然而,将风伯作为升仙助手的构想并非汉代人所独创,而应是汉代人继承了先秦楚人的宗教理念。屈原《楚辞·离骚》云:"前望舒使先驱兮,后飞廉使奔属。"当抒情诗人插上想象的翅膀遨游苍穹仙境的时候,月御望舒在前面开道,风神飞廉在后面奔跑。这里的飞廉是较原始的禽兽形态的风神,而鸟是其形象主体。《楚辞》洪兴祖补注援引应劭的话说:"飞廉,神禽,能致风气。"又引晋灼语:"飞廉,鹿身,头如雀,有角,而蛇尾豹文。"古代先民以鸟作为风神,是基于鸟在天空中快速飞翔时能使附近的空气产生流动这一自然现象。或认为,古人以鸟为风神,又与我国的大陆性季风气候有关,冬季多西北风,夏季多东南风,而候鸟总是随着季风的转向而迁徙。这种候鸟与季风的密切关系成为鸟形风神产生的自然原因之一。① 飞廉制造的风成为屈原漫游仙境的强大助推力,所以,飞廉便被安排在主人公的后边呈"奔属"的姿态。王逸注《楚辞》曰:"飞廉,风伯也。或曰驾乘龙云,必假疾风之力,使奔属于后。"楚人的飞廉神话发展到汉代时,飞廉的动物形象及助人升仙的功能并没有根本性的改变。《淮南子·俶真训》描绘了真人骑飞廉游历的场景:"若夫真人,则动溶于至虚,而游于灭亡之野。骑蜚廉而从敦圄,驰于方外,休乎宇内,烛十日而使风雨。臣雷公,役夸父,妾宓妃,妻织女。天地之间何足以留其志!"高诱注:"飞廉,兽名,长毛,有翼。"在这里,飞廉仍是动物的形象,只不过是由原来的"奔属"变为被骑乘,即由人的从属变为人的"脚力"。也正是因为飞廉具有乘之可升仙的功能,所以,汉武帝曾下令在都城长安建造了飞廉馆以求升仙。《史记·孝武本纪》云:"于是上令长安则作飞廉桂观……使卿持节设具而候神人。"《汉书·武帝纪》云:"作甘泉通天台、长安飞廉馆。"那么,汉画中是否有飞廉的形象呢?或认为南阳汉画像石

---

① 贾庆超:《武氏祠汉画像石刻考评》,山东大学出版社1993年版,第57页。

升仙图中的那些类龙而躯短的神兽就是飞廉的形象;①或认为长沙马王堆一号墓出土帛画上的怪鸟为飞廉;②或认为洛阳卜千秋墓壁画中的两只有翼神兽即"飞廉"和"敦圉"。③鉴于飞廉在汉画中的形象是否存在或哪种禽兽为飞廉的形象尚难以确定,所以笔者对此问题暂不予论述。不过,仅从文献记载便可以看出,汉代的飞廉尽管仍然保留着原始神话中的名称和形象,但其作为风神能致风气的神性特征已经消失殆尽,代之以乘之可升仙的仙话功能。与此同时,飞廉能致风气的神性与箕星生风的天象神话相融合后而形成了一种新的风神形象——鼓舌吹风的人形风伯。相应地,飞廉能佐人升仙的宗教功能也被人形风伯所继承并发扬光大。

通过对汉画像中所反映的风伯形象及其功能的考察与分析,不难看出,汉代民间塑造的人形风伯形象是在先秦流行的箕星信仰与飞廉崇拜的基础上,进行整合与改造的结果。力士鼓舌吹风是汉画中风伯的特定形象。从图像形式意义上来考察,汉画中的风伯形象对研究我国古代风神的发展、演变具有珍贵的神话学价值,不过,由于这一神话形象形成于汉代,所以,在它诞生之日起便被涂上了浓重的仙话色彩。再从图像深层内涵上来分析,又因汉画属于丧葬艺术之范畴,所以,汉画中的风伯画像又蕴含着佑助墓主灵魂升仙的宗教功能,承载着汉代人所极力追求的终极理想——对生命永恒的祈盼。

第三节 雨师图像

在诸多气象神中,雨神与风神相比,更是一位与古代人类社会生活关系密切的神灵。中国是一个古老的农业大国,农作物的丰收离不开雨水,所以人们对雨神的崇拜更甚于对风神的崇拜。有关雨神的神话起源甚早,它是伴随着原始农业的出现应运而生的。因雨水来自天空,

---

① 南阳画像石编辑委员会:《南阳汉代画像石》图121、图363。
② 何介钧、张维明编:《马王堆汉墓》,文物出版社1982年版,第145页。
③ 谭青枝:《汉画二三考》,《考古与文物》2001年第5期。

所以，早期的雨水崇拜意识当是对天象而言，是一种原始的自然崇拜。随着历史的发展，文明的进步，人类对雨神的崇拜逐渐由自然天体转变为对人类自身的崇拜，雨神也便由无形天象、神秘遥远的意念中的神灵变为世俗化的人神形象。同时，又因地域、民族的不同，我国民间对雨神的崇拜又表现出多元化的现象。虽然自秦汉以来，散见于各地的雨神信仰被统治者集中起来，统称为雨师，并纳入国家祀典，但是各地民间原有的雨神崇拜风俗仍然在不同的区域流行着，雨神的观念、雨神的形象以及祭雨神的宗教仪式也古今不一，因地而异。或认为雨水与雷电有关，或认为至上神上帝主宰雨水，或认为河伯也是雨神之一，或认为虹是司雨之神等，而近代以龙王为雨神的信仰最为普遍。雨师信仰在民间已名存实亡。

雨师是历代统治者和某些地区所奉祀的人格化雨神。雨师还有一些具体的名字，如"萍翳"、"屏翳"、"玄冥"、"赤松子"、"陈天君"等。《楚辞·天问》云："萍号起雨，何以兴之？"王逸注："萍，萍翳，雨师名也。"《山海经·海外东经》云："雨师妾在其北。"郭璞注云："雨师谓屏翳也。"应劭《风俗通义》云："玄冥，雨师也。"又传说赤松（或诵）子是神农时的雨师，《楚辞·远游》云："闻赤松之清尘兮，愿承风乎遗则。"《搜神记》卷一云："赤松子者，神农时雨师也，服冰玉散，以教神农，能入火不烧。至昆仑山，常入西王母石室中，随风雨上下。"《集说诠真》云："今俗又塑雨师像，乌髯壮汉，左手执盂，内盛一龙，右手若洒水状，称曰雨师陈天君。"两汉时代，雨师之名被广泛使用，如司马相如《大人赋》曰："召屏翳，诛风伯，刑雨师。"扬雄《河东赋》云："叱风伯于南北，呵雨师于西东。"尽管我们从文献中知道雨师是汉代人对雨神的统称，但汉代关于雨师的具体形象和布雨方式却不见于记载。汉画为我们呈现出了具体而生动的民间雨师形象。

汉画雷神出行图或风雨图中常见有人格化的雨师形象，现择其要者罗列如下。

（1）河南南阳王庄画像石墓风雨图中的雨师形象（图 3-20）：画上部为至上神天帝乘坐五星车巡视于天际，有风伯、雨师作为天帝的从属神相随其左右。四位人形雨师各抱一大口罐向人间倾洒雨水。

（2）山东武氏祠后石室第三石第二层的雷神出行图中，有一女神持罐作倾倒状。另有二男神，一神提壶，一神捧碗（钵）。此画中手拿盛水

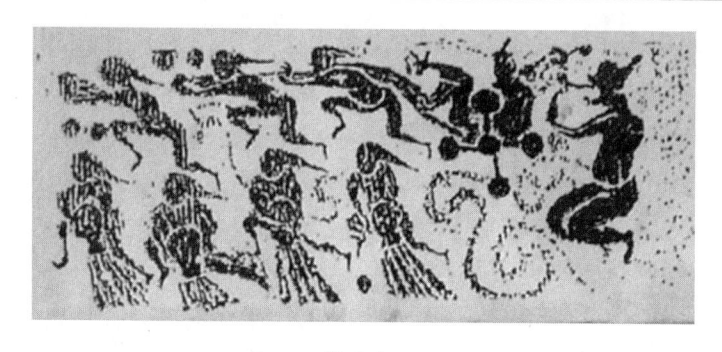

图 3-20

器具的三神人均为雨师的形象。

（3）山东武氏祠后石室第四石第二层的雷神出行图中有两位女神，其一怀抱一瓶，其二手捧一碗。此二神均为雨师之象。

（4）山东安丘董家庄汉画像石墓前室封顶石上刻雷神出行图，图中雷公车后有三神人头顶盆，手提壶，即为三雨师。

（5）山东长清孝堂山郭氏祠东壁山墙上的风伯吹屋图中雨师形象：在雷公车之后，有二神人均用双手捧举一钵于头顶之上，此二神即雨师。

（6）徐州汉画中两幅雷神出行图中均有一位手持罐向下倾水的雨师形象。

由以上所举之画像可知，汉代民间所崇拜的雨师不仅皆为人格化的神，而且由原来的一位雨师裂变为一个雨师群体（二至四位）。在众雨师中还出现了女性化的形象。从文献记载和民间传说来看，雨师多为男性神，关于女性雨神，陈梦家在《殷墟卜辞综述》中认为殷商时期的雨神为女性。另外，《淮南子·天文训》云："青女乃出，以降霜雪。"由此可知，汉代有以霜雪神为女性的观念。霜雪是雨水的冬季形态。汉画中的雨师女性化特征应是上古时代女性雨水神崇拜观念的残留痕迹。或认为有一些画像中出现的男女相偶并列的雨师应为夫妻雨神，其文献依据是《焦氏易林》中有关雨师的记载。《焦氏易林》中共有 6 处提到"雨师娶妇"，而随后的句子为"膏润下土"或"润泽田里"，"年丰大吉"或"年岁大有"等。由这些文字可以看出，雨师婚配与雨水的因果关系相当明了，也由此反映了两汉时期雨神崇拜的深层内涵：只有阴阳和合，才能风调雨顺,年岁大丰。① 笔者认为,这种阴阳对偶性的雨神观念可能与更为古老的"封豨"雨神信仰有着一定的承袭与演变关系。

洛阳尹屯西汉壁画墓中室穹隆顶东坡北区绘有一个骑双首连体猪的图像。② 有人将其考证为"天帝骑北斗"③,但笔者认为应释读为"雨师骑并封"更具有合理性(图3-21)。《山海经·海外西经》云:"并封在巫咸东,其状如彘,前后皆有首,黑。"《大荒西经》又云:"有兽,左右有首,名曰屏蓬。"《周书·王会》云:"区阳以鳖封。鳖封者,若彘,前后有首。"闻一多在《伏羲考》一文中认为"并封"是兽牝牡相合之象。《左传》定公四年:"吴为封豕长蛇,以荐食上国。"昭公二十八年:"伯封实有豕心……谓之封豕。"司马相如《上林赋》曰:"椎蜚廉,弄獬豸……射封豕。"实际上,所谓的并封、屏蓬、鳖封、封豕等,是同一种动物因声转之故而分化出来的异名罢了。也就是说,这种似猪形的双首连体兽,均是指在交配状态下的两头猪形象。由于猪的生育能力极强,所以古人崇拜猪,并塑造出了双头连体猪形的生育神形象。在红山和河姆渡等原始文化遗址中曾出土过双首连体猪形的玉质和陶质的饰件。这些考古材料进一步证明了人类将猪作为生育神崇拜这一习俗的古老性。《楚辞·天问》云:"封豨是射,何献蒸肉之膏而后帝不若?"《淮南子·本经训》记载羿"禽封豨于桑林"。高诱注:"封豨,大豕,楚人谓豕为豨也。"笔者认为,高诱将封豨释为大豕不够准确,因为"封"字无"大"意,"封"具有封闭、拼合之意,与"并封"的"封"相同。所以,"封豨"应释读为"拼合在一起的猪"。由此可知,羿所擒的封豨即两头正在交配的猪,也即"生育神"。那么,生育神双头猪又为何会出现于桑林之中呢?这是因为桑林具有神奇的生殖神性和调和

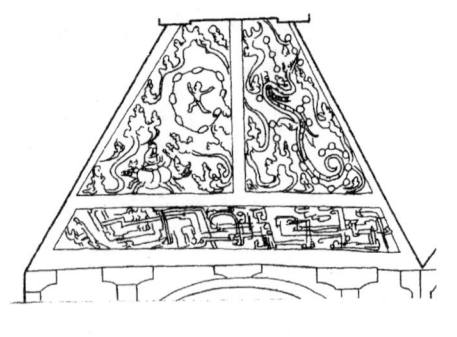

图 3-21

---

① 李立:《汉墓神画研究》,第91—98页。
② 洛阳市第二文物工作队:《洛阳尹屯新莽壁画墓》,《考古学报》2005年第1期。
③ 冯时:《洛阳尹屯西汉壁画墓星象图研究》,《考古》2005年第1期。

阴阳、兴云致雨的宗教功能。古代的社祭、高禖祭及祭神求雨等神圣的祭祀活动多选在桑林中进行。如《吕氏春秋·顺民》云："天大旱五年不收,汤乃以身祷于桑林。"桑林的兴雨功能是从其生殖神性中衍生出来的,正如我国古代文学作品中常以"云雨"一词作为男女两性媾合的隐语一样,古人基于阴阳交合生成万物的哲学理念,赋予了桑树生育兼兴雨的双重神性。有鉴于此,出现于桑林中的双头猪也可以视为雨水神。丁山在《中国古代宗教与神话考》一书中认为,羿擒杀的封豨即淫雨之神,此说甚是。羿是射日除旱的英雄神,捉封豨于桑林显然与旱涝灾害有关。另外,《楚辞·天问》曰："萍号起雨,何以兴之?"王逸注："萍,萍翳,雨师名也。"这里的屏号或屏翳亦应指"封豕",即具有"起雨"功能的猪形雨神。

猪性喜水,尤其是在炎热的夏季,猪常伏于水中浴身降温纳凉。通过长期的观察,人们发现当猪到水中浴身后,往往天会下雨。如《诗·小雅》云："有豕白蹢,烝涉波矣。月离于毕,俾滂沱矣。"意思是说,当猪都跳入水中洗浴或月亮靠近毕星时,天就会下大雨。在我国福州一带至今仍有"鸟猪过溪,天要下雨"的说法,民间还有以猪祭神求雨的风俗。① 正是因为人们观察到这种现象后误认为是猪与雨水之间潜在某种神秘的关系,所以进一步将猪奉为雨水神,古代神话中也常将雨水神描绘成人猪合体的形象。《山海经·东山经》云："东北二百里曰剡山,多金玉。有兽焉,其状如彘而人面……见则天下大水。"另外,猪为雨水神还可以从汉代星象学中得到进一步的印证。《史记·天官书》云："奎曰封豕,主沟渎。"张守节《正义》云："奎,天之府库,一曰天豕,亦曰封豕,主沟渎。"奎即奎宿,为二十八宿中西方白虎七宿的第一宿,共由十六星组成。人们经过长期的星象观测后发现,当太阳运行到奎宿之位时,正值三四月份(周历)的雨季来临之前,②此季节的农事活动主要是整治水利工程以防水患,如疏通沟渎。《礼记·月令》云："是月也,命司空曰:时雨将降,下水上腾……修利堤防,道达沟渎,开通道路,毋有障塞。"疏通沟渎是为了防水患,猪又是雨水神,那么沟渎神也自然具有了猪的形象特征。古人还发现,用线将奎宿十六星连起来正好形似两头

---

① 何星亮:《中国自然神与自然崇拜》,第273、274页。
② 李立:《文化整合与先秦自然神话演变》,第126页。

猪拼合在一起的形象。于是,奎宿便在农事活动和观测天象的实践经验中成为具有神秘宗教意味的沟渎神,并将双头猪形的雨神形象进一步移植到沟渎神身上,即奎星名"封豕",主沟渎为其神性职能。也就是说,封豕在生育神、雨水神的基础上又增加了第三种职务——沟渎神。

另外,我们还可以从古代的八卦方位中找到猪为雨水神与沟渎神的依据。《易经·说卦》云,"坎为豕","坎为水,为沟渎"。坎的八卦象位在正北方,北方为水,猪在水中,水在沟渎中。北、水、豕、沟渎四位一体。

受阴阳五行思想的制约,汉代人将雨神的方位界定在北方,金、木、水、火、土中的五行之水与五方相配,其位在北,而水属阴,北为阴之极,故雨神的神位在北方。汉代人不仅将原始的动物雨水神封豕定位在北方,同样也把人形雨神玄冥安排在北方。《风俗通义》云:"玄冥,雨师也。"《淮南子·时则训》:"北方之极……颛顼、玄冥之所司者万二千里。"尽管按五行模式,将雨师兆于北郊,但同时汉代人却又于东北方祭雨师。《风俗通义·祀典》云:"丑之神为雨师,故以己丑日祀雨师于东北。"这又是为何呢?因为汉代人认为,阴阳二气孕于北方,相合之后,于东北始分。因此,一年中阴阳只有在北方和东北才呈现相融合的态势。所以,西汉时将雨师兆于北方,又在东北祭祀,其目的正是祈求阴阳和合而生嘉雨。① 汉代人将子、丑、寅、卯、辰、巳、午、未这八个"地支"与八方相对应,那么,丑的方位正是东北方。西汉人祭雨神的方位记载,正与洛阳西汉壁画墓天象图中"封豕"神的位置(东坡北区)相吻合。

除了兽形和人格化雨师外,古人还曾奉天上的毕星为雨师。《周礼·大宗伯》:"以槱燎祀司中、司命、风师、雨师。"郑注:"风师箕也,雨师毕也。"贾疏:"《诗》云:'月离于毕,俾滂沱矣。'是雨师毕也。"《独断》亦云:"雨师神,毕星也。其象在天,能兴雨。"《开元占经》卷十一引《春秋纬》云:"月失行离于毕,则雨。"由于在我国古代的占星术中,毕星与雨水有着神秘的关系,因此,古人便认为毕星是天上主宰雨水的星神。毕宿是二十八宿中西方白虎星座七宿之一,因其形状似古代的狩猎工具"毕"而得名。《月令》注曰:"网小而柄长谓之毕。"《诗经·小雅》毛传

---

① 李立:《文化嬗变与汉代自然神话演变》,第179页。

曰："毕，所以掩兔也。"《说文》段注："毕，谓田猎之网也。""毕"主要是狩猎活动中用于网兔的工具，所以汉画中多有以毕捕兔的形象出现在田猎画像之中。汉画中毕的形状与文献记载的基本相符合，但具体又分两种，一是柄端之网为三角形，二是柄端之网为椭圆形。南阳出土的汉代天文星象画像石上可见到毕星的形象。如"牛郎织女星"画像石中左上角刻有七颗星以连线构成一环状，环内刻一兔子。洛阳尹屯新莽壁画墓中亦有七星相连环绕一兔的毕宿。西安交通大学壁画墓星象图中的毕宿绘得更为生动：一人手执毕星相连而组成的毕网作掩兔状，兔子惊恐奔走。参照汉画中网兔工具毕的形状及功用来看，那刻有兔子物像的环状星图无疑应是毕宿的象征性图像。汉墓中刻画毕星形象，应是汉代人崇拜毕星意识的形象化反映，也可能与汉代的祭毕星祈雨风俗有关。

汉代墓葬中刻画风伯、雨师的形象，毋庸置疑，是汉代民间流传的风雨神信仰观念的物化形态。据文献记载，秦汉时代，风伯、雨师不仅被纳入到国家的祭典之中，每年受到统治阶级隆重的祭祀，而且还建有风伯、雨师庙，对风伯、雨师进行偶像崇拜。《汉书·郊祀志》云："雍有日月、参、辰、南北斗……风伯、雨师……之属，百有余庙。""后莽又奏言……东方帝太昊青灵勾芒畤及雷公、风伯庙……北方帝颛顼黑灵玄冥畤及月庙、雨师庙……奏可。于是长安旁诸庙兆畤甚盛矣。"《后汉书·祭祀志》云："（光武帝建武）二年正月，初制郊兆于洛阳城南七里……背外营神，二十八宿外官星，雷公、先农、风伯、雨师……之属也。"又言："县邑常以乙未日祠先农于乙地，以丙戌日祠风伯于戌地，以己丑日祠雨师于丑地，用羊豕。"令人遗憾的是，汉代官方祭祀的雨师仅有其名不见其形，这就为后人研究汉代雨神信仰留下了难题；但值得庆幸的是，汉画中的雨师图像为我们弥补上了这一缺失。

汉画中不仅有极富生活情趣的抱罐、提壶或顶盆的人形雨师，亦可见到古老的猪形雨兽——封豨和能够预知雨水的星神——毕宿。由此可知，汉代民间关于雨神的信仰习俗是丰富多彩的。这些直观的画像与文献记载相互印证，互为补充，为我们了解和探究古代雨水神话提供了弥足珍贵的资料。

第四节　虹　神　图　像

　　虹神与雷神、风神、雨神及云神均属气象神,但虹神和风神、云神一样,其地位远不如雷神和雨神那样显赫。在上帝出现之前,虹神也曾是天界独立的自然神之一,也曾有过自己辉煌的历史。当上帝观念在人类意识中形成之后,虹神的地位便随之下降,变为上帝的从属神之一。我国古代关于虹神的崇拜及其信仰风俗,自有可靠文字记载的殷商时代一直延续到近现代,而汉画则以直观、形象的雕画艺术形式生动地记录了古代尤其是汉代人心目中的虹神观念。

　　在山东、河南及江苏等地的画像石中均发现有虹神画像,现择要分述如下。

　　(1)山东武氏祠后石室第三石第二层的雷神出行图中有虹神形象:画中虹神为双首龙形态,两龙首张口向下低垂,身躯向上弯曲成拱形门状。①

　　(2)山东长青孝堂山石祠隔梁西面画像上部刻一虹神:虹体向上弯曲成拱桥状,两端龙首下垂。虹体所构成的圆弧内云气缭绕,正中部有一神人端坐。②

　　(3)山东沂水县韩家曲村出土画像石中的虹神形象:呈两首龙形态的虹神,身体向上弯曲成圆弧形,两龙首低垂向下张口喷水,两龙首下方又各刻画一人虔诚跪地,手举大盆于头顶,以承接由龙口中喷出的雨水(图3-22)。③

---

①　朱锡禄:《武氏祠汉画像石》图32第二层画像。
②　中国画像石全集编辑委员会:《中国画像石全集·1·山东汉画像石》图46。
③　山东省博物馆等:《山东汉画像石选集》图448。

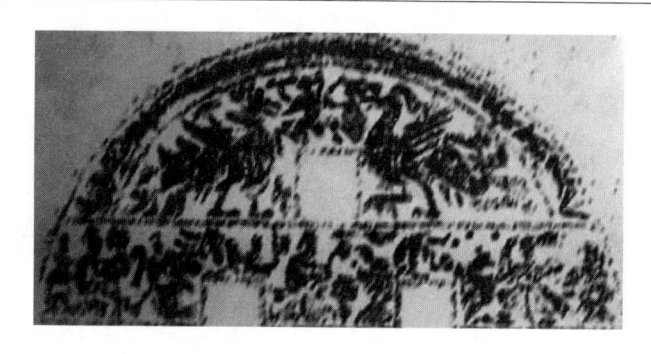

图 3-22

（4）河南唐河针织厂汉画像石墓北主室墓顶天象图中刻有虹神画像：虹神呈两首龙状，身体微弯曲成弧状（图3-23）。①

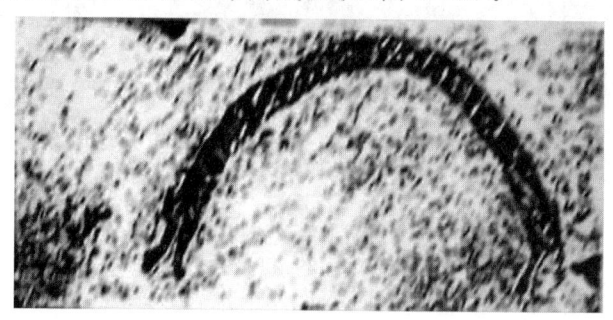

图 3-23

（5）江苏徐州铜山县大庙汉画像石墓前室坡顶石上刻有虹神画像：画中上部刻两条双头龙，上下并列，身体向上微弯曲成弧形，龙首向下，龙口大张。这两条双首龙也是虹神形象。虹神左边有雷神肩扛连鼓作奔走状；虹神右边刻河伯乘鱼车出行（图3-24）。②

（6）江苏徐州邳州占城出土的一块祠堂盖顶石：画像左右共分三格。中格上部刻上下并列的两道彩虹，虹呈双首龙状，躯体向上弯曲成弧形。虹下又刻一辆仙车，三鱼牵引，旋状云团为车轮（原书释为"蛇身"）车内乘二人，前为驭者，后为河伯（原书释为"雨师"）。画间有云气缭绕（图3-25）。③

---

① 韩玉祥等：《南阳汉代画像石墓》图30，河南美术出版社1998年版，第48页。
② 徐州博物馆：《江苏徐州大庙晋汉画像石墓》，《文物》2003年第4期。
③ 武利华主编：《徐州汉画像石精选》图21，北京线装书局2001年版。

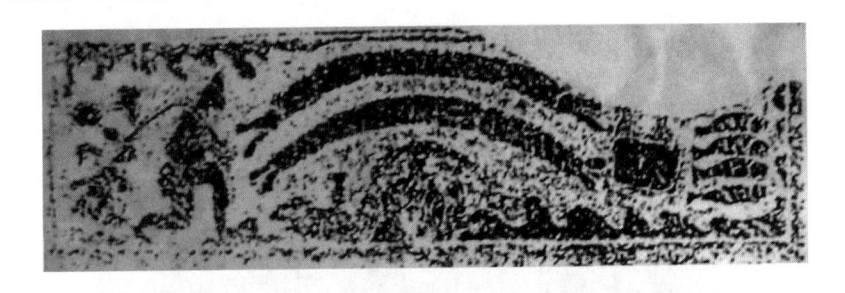

图 3-24

图 3-25

　　由以上所列举的汉画虹神画像来看,汉代人心目中的虹神是一条身体向上弯曲呈拱桥形态的双首龙。这种形象的虹神可能早在我国新石器时代就已经出现了,如在古代的玉器品类中,有一种半璧形的玉即所谓的"玉璜",实际上应源于自然界中的彩虹之形。辽宁喀左东山嘴红山文化遗址中就出土有"双龙首璜形玉饰",这也许就是虹神的雏形。安徽长丰杨公战国墓中也曾出土过两端雕成龙首状的玉璜。另外,在距今三千多年前的商代甲骨文中就有象形文字"虹","虹"字的形状也是一个躯体弯如弓、两端有头首的动物。陈梦家认为,"卜辞虹字象两头蛇龙之形"①。甲骨文"蜺"字写为"　　",郭沫若《卜辞通纂》云:"　　"是蜺字,像雌雄二虹而两端有首。《说文》释"虹"字说:"虹,螮蝀也,状似虫,从虫工声。"段玉裁注云:"虫者蛇也。虹似蛇,故字从虫。"《尔雅·释天》云:"螮蝀,虹。"《类篇》云:"螮,虫名,一曰蛇也。""虹"字古代又写为"虺",古今均从"虫"字。而"虫"即指蛇龙类动物。《山海经·海外东经》亦云:"虹虹在其北,各有两首。一曰在君子国北。"由此可见,源于原始社会的虹神,历经商周,延及秦汉,其形象一直保持着"双

---

① 陈梦家:《殷墟卜辞综述》,中华书局1988年版,第243页。

首龙蛇形"的模式。这一现象表明,人们所塑造的虹神与古代的龙蛇类动物崇拜有着密切的关系,也就是说,自然界中的虹有可能是虚拟动物龙的具象化实体之一,也即虹是神龙的化身。古人将彩虹神化为龙,显然又是基于虹那细长而又弯曲的自然形态似龙,以及虹与雨水密切相关的自然属性与龙相同。

关于虹为两首龙形象的成因,若从直觉感知的层面上来看,应源于客观现实中存在的主副虹(虹霓)并列出现的自然现象。虹,又名虹霓,是自然天体中最为绚丽的一种天象奇观,它是因阳光射入云雾水滴后经折射或反射而形成在雨幕上的七彩圆弧,所以又叫彩虹。① 常见的彩虹有主虹和副虹两种,若二者同时出现,则主虹在内侧,副虹在外侧,主虹称"虹",副虹称"霓",合称虹霓。江苏徐州的铜山大庙和邳州占城两地发现的虹神画像都是上下并列的两道彩虹,显然是主虹与副虹同时出现的景观。《淮南子·说山训》云:"天二气则成虹。"蔡邕《月令章句》:"虹,螮蝀也,阴阳交接之气,著于形色者也。雄曰虹,雌曰霓。"也就是说,虹是由阴阳二气相融而形成的,并认为虹呈"两首"者,是雌雄相"交"之象。这是古人从阴阳哲学的层面上对虹的成因所作的解释。若从生物学层面上来看,所谓的阴阳二气,实际上又蕴含着主虹与副虹的雌雄两性。《毛诗正义》引《郭氏音义》云:"虹双出,色鲜盛者为雄,雄曰虹;闇者为雌,雌曰霓。"《说文》云:"霓,屈虹,青赤,或白色,阴气也。"主虹与副虹的色彩有鲜亮与灰暗之分,从而导致了生物学意义上的雌雄两性的界定。双体并列的细长形态又使虹霓具象化为合体双首龙的特定神像。山东沂水汉画中的虹体上有阴刻而成的两条相互交织缠绕的曲线更清晰地明示了两龙交合之状。阴阳交合,云雨发生,这便是古人将虹神塑造为合体双首龙的思想依据。而这种雌雄神龙相交合的虹神观念,到后来又进一步演化成了"夫妻化虹"的美丽传说。如南朝宋刘敬叔《异苑》卷一:"古语有之曰,古者有夫妻,荒年食菜而死,俱化成青绛,故俗呼美人虹。"

关于虹神的神性与职能,见于文字记载的资料,最早可以追溯到商代的甲骨文之中,殷墟卜辞中已有虹饮河水的记载,如"又出虹,自北饮于河"、"亦又出虹,自饮于河"。这种虹神吸河水的传说自殷商延续至

---

① 另外还有一种在雾幕上形成的淡白色的虹叫"白虹"。

明清，不绝于典籍。《汉书·燕刺王刘旦传》云："虹下属宫中，饮井水，井水竭。"《古今图书集成》引《穷怪录》云：南北朝时，"后魏明帝正光二年（公元521年）夏六月，首阳山中有晚虹下饮于溪泉"。沈括《梦溪笔谈·异事类》记载北宋时亦有虹入涧溪饮水的传说。清人郝懿行疏《山海经·海外东经》云："虹有两首，能饮涧水。"另外，在近现代的民间，一些民族仍存在这种"虹饮水"的传说。如郭沫若认为，四川民间至今犹虹有首饮水之说。① 再如纳西族的《创世纪》中亦有"长虹饮大江"之说。

如此相似的传说在我国各地民间经久不衰地流传至今，这种现象表明，虹神观念的产生应是古人直观认识到虹霓的自然状态及其属性相一致的结果：从虹的形状看，它呈两端下垂，中间向上弯曲的圆弧，那下垂的两端远远望去，仿佛已经接触到地面了；从虹的自然属性看，彩虹大都出现在雷雨过后，云消雾散之时。因此，在科学知识十分匮乏的古代，人们不了解彩虹形成的科学原理，就误认为虹与雷雨之间存在某种神秘的联系。

《山海经·海内东经》云："雷泽有雷神，龙身而人头，鼓其腹。"由此我们知道雷神的最初原形是龙（蛇）。山东汉画中就有雷神一手执雷锤，一手高擎一条龙的画像。② 雷神所举之龙显然就是闪电之形的象征。由此亦显示出雷电神的原始形态。毫无疑问，雷电那勾曲蜿蜒之形是雷龙神话产生的基础。而令古人不解的是，为何有雷电时却不见彩虹，而彩虹出现时雷电又消失了？这一自然现象引起人们猜测与幻想，误以为虹是雷电幻化出来的另外一种形态。而雷电神即龙（蛇）神，于是，人们便将虹那细长弯曲的身躯，想象成一条龙（或蛇）的形状。《太平御览》卷十引《易林变占》云："雷君出装，隐隐西行，霖雨不止，流为江河。"由于自然界中的雷电往往与雨水相伴而生，所以，古人认为雷神是雨水的主宰者，雷电之形的龙神也就是司雨之神。

作为雷龙的化身，虹神自然也具有降雨的本领，它主要担负起储备雨水之责。雷龙布雨时幻化为闪电之形出现在雨中；雨过天晴后，雷龙又变换成彩虹之状。远望彩虹，两头着地，面对此景，展开幻想的翅膀，古人便编造出了虹龙垂首吸喝江河之水的神话。民俗资料有证，我国

---

① 郭沫若：《卜辞通纂》，科学出版社1983年版，第388—389页。
② 山东省博物馆等：《山东汉画像石选集》图143。

的鄂温克、赫哲及鄂伦春族的民间均有传说云：虹是由天上的司雨之神——雷龙变化出来的,当雷龙把身上装的雨水洒完之后,需要到地面上的江河湖海中吸水,以备下次降雨之用。因而,彩虹天象便都出现在雨后,且彩虹均呈现出两端接地的形态。另外,《类说》卷四〇引《稽神异苑》云:"《江表录》:首阳山有晚虹下饮溪水,化为女子,（后魏）明帝召入宫……帝欲逼幸,而难其色。忽有声如雷,复化为虹而去。"此段文字中的虹神虽已有人格化的迹象,但也显示出虹神的雷电属性。

正是因为上古人们认为虹是雷龙的化身,虹到河中吸水与降雨有关,所以,人们也曾把虹视为司雨之神。如《艺文类聚》卷二引《楚辞·天问》云:"虹霓纷其朝覆兮,夕淫淫而霖雨。"从本节所列举的六幅虹神画像来看,除了孝堂山石祠画像外,虹神多与雨水神相组合,武氏祠画像中的虹神与雷神、风伯、雨师相处一画中；徐州铜山大庙画像石中的虹神左边有雷神,右边有河伯；徐州邳州占城画像石中的虹神下边也是一辆鱼拉的河伯车；唐河针织厂墓中的虹神画像虽然是独立成幅,但它也与河伯车画像石同处于一个墓主室顶部。汉代人将虹神与雷电风雨神及河伯刻画在一起的做法显然昭示了虹神与雨水的密切关系。虹为雨水神的观念在汉画中表现得最直接而又最生动的图像当属山东沂水画像石中的"虹神":那如瀑布般的雨水正从虹神两端的巨龙口中喷射而下,尝尽旱灾之苦的黎民百姓们,怀着感激涕零的虔诚心态,头顶盆钵承接神灵大发慈悲而赐予他们的甘霖。毋庸置疑,在汉代人的心目中,降雨是虹神的主要职责。

汉画像中的虹神,不仅形貌为龙（蛇）之态,而且大都与雨水有关,由此不难看出古代的虹神崇拜与雨龙信仰密切相关。甚至可以说,虹是龙的化身,或者虹是虚拟龙神在自然天体中的实体原型之一。龙是虹的生物化意象。虹就是龙,虹的司雨神性进一步发展为雨龙信仰。雨龙的原始神话意象,即来自天上的闪电和彩虹。

雨龙信仰应是起源于远古的雷龙和虹龙崇拜,即:蛇形闪电、虹霓与雨的自然属性及三者之间的相互关系是产生雨龙神话的基础,龙司雨的神性是由雷神司雨和虹神司雨的信仰相互整合、嬗变而来的。古人认为龙有诸多种类,如《广雅》按形象特征划分龙为四种,其文曰:"有鳞曰蛟龙,有翼曰应龙,有角曰虬龙,无角曰螭龙。"其中的蛟龙即江河湖海中的水神之龙,而应龙则是天空中会飞的龙,所以又叫"飞龙"。古文字中有双龙合体之字,即"龖",《说文》云:"龖,飞龙也。"同时,古籍文献中也时常出现神人乘双龙的传说,如《山海经·大荒西经》:"西南海之外……有人珥青蛇,乘两龙,名曰夏后开(启)"。《海外西经》也云:"大乐之野,夏后启……乘两龙,云盖三层……"《海内北经》云:"冰夷,人面,乘两龙。"《海外东经》云:"东方句芒,鸟身人面,乘两龙。"《海外西经》云:"西方蓐收,左耳有蛇,乘两龙。"《海外南经》云:"南方祝融,兽身人面,乘两龙。"《海外北经》:"北方禺疆,人面鸟身,珥两蛇,践两青蛇。"而郭注另本作"北方禺疆,黑身手足,乘两龙"。由此可知,古代的四方神所乘坐的交通工具常为"双龙"。笔者认为,神人所乘的"双龙",即《说文》中"龖"字的具象化。那么,会飞的应龙为何呈"双龙"之象呢?所谓的"双龙"实则是自然天象中"彩虹"的神话意象。自古以来,古人所塑造的虹神就是雌雄二龙合体之象的双首龙,而这种虹神形象的产生,又是基于虹(主虹)霓(副虹)合体的自然天象。另外,按虹出现于天空的方位来划分,亦有东、西、南、北四方之虹与四方神相对应,因此,四方神所乘的"双龙",应该就是"双虹"(虹与霓)的神话形态。

  应龙或飞龙不仅在形态上与双虹之象发生了重叠,同时,应龙在蓄水降雨的功能方面也与虹神相同。虹霓的"霓"从雨,《说文》云:"霓,龙也。"此"霓"当为古代司雨之应龙。《山海经·大荒北经》云:"蚩尤作兵伐黄帝,黄帝乃令应龙攻之冀州之野。应龙畜水……"此"应龙畜水"与"虹神吸水"相一致,具有蓄水降雨神性。《大荒北经》又云:"应龙已杀蚩尤,又杀夸父,乃去南方处之,故南方多雨。"《大荒东经》也云:"大荒东北隅中,有山名曰凶犁土丘。应龙处南极,杀蚩尤与夸父,不得复上,故下数旱。旱而为应龙之状,乃得大雨。"由此,古人心目中的应龙为雨水神不言而喻。应龙降雨的功能即源于虹龙的司雨神性。

  自古迄今,虹神的主要职能就是司雨水。所以,古人祭拜虹神的主要目的也就是祈求虹神保佑风调雨顺,五谷丰登。我国的佤族民间不仅奉虹神为水神,而且每年要举行隆重的祭祀活动。当久旱不雨时,古人不但会祭祀雷神、风伯、雨师,亦祭虹神。如《礼记·祭法》云:"雩宗,祭水旱也"。陈澔注曰:"呼而求雨之谓雩,主祭旱言之耳。兼祭水者,雨以时至,则亦无水患也。"《尔雅·释天》云:"螮蝀谓之雩。螮蝀,虹也。"郭璞注曰:"俗名美人虹,江东呼雩。"《周礼》云:"司巫掌群巫之政令,若国大旱,则帅巫而舞雩。"汉代亦有雩祭祈雨之礼,如《后汉书·礼仪志》云:"其旱也,公卿官长以次行雩礼求雨。闭诸阳,衣皂,兴土龙,立土人舞僮二佾,七日一变如故事。反拘朱索萦社,伐朱鼓。祷赛以少牢如礼。"而山东沂水汉画中那幅"虹神行雨图",更是汉代民间祭虹神祈雨风俗的典型图画:整幅画像呈半月形状,分上下两层,上层的弧形边缘部位刻画虹神,虹神之下又刻两只凤鸟相向而立。左边之鸟,矮冠,短尾,脖子上绕一绶带,口含一珠,身旁环聚五只小鸟,应为雌凤——凰;右边之鸟,高冠,长尾,则是雄凤。凤与凰之间有一羽人双手执仙草戏凤凰。凰左,居主位,凤右,居次位,且凰口衔珠,项绕绶带,而"绶"是佩带印鉴的帛带,古代印绶一体,绶即代表着印,而印则是官职的标志。在这里,雌凤的地位被刻意提高,呈现出阴盛阳衰的反常现象,这与封建社会儒家所提倡的"男尊女卑"思想相悖谬。笔者认为,这种特殊画像的构思动机当蕴含着抑阳助阴以祈雨的风俗信仰。画像下层的舞乐百戏、宴饮图更是祭虹祈雨的宗教仪式。

在古代风俗中,虹的出现又被视为祯祥之兆。《太平御览》卷十四引《瑞应图》曰:"大虹竟天,握登见之,意感,生舜于姚墟。"南朝宋刘敬叔《异苑》卷一云:"晋义熙初,晋陵薛愿,有虹饮其釜澳,须臾噏响便竭。愿辇酒灌之,随投随涸,便吐金满釜,于是灾弊日袪而丰富岁臻。"此虽后起之说,然古人以虹见于人家为祯祥吉兆则是不争的事实。《太平广记》卷三九六引《祥验集·韦皋》云:"夫虹霓,天使也,降于邪则为戾,降于正则为祥。"《春秋谶》云:"天投蜺,天下怨,海内乱。"由此,虹霓有时也是祸凶之兆。这种以虹为吉凶祸福预兆的观念应是由虹霓司雨水的神性进一步衍生出来的。因为雨水对于人类具有利和害两重关系,所以,虹也便出现了吉兆与凶兆的双重性。在古代,白虹(在雾幕上形成的一种淡白色的虹)的出现历来被认为是不祥之兆。如《艺文类聚》引《列士传》曰:"荆轲为燕太子谋刺秦王,白虹贯日。"《晋书·天文志》云:"凡白虹者,百殃之本,众乱所基……凡夜雾白虹见,臣有忧。昼雾白虹见,君有忧。虹头尾至地,流血之象。"又云:"白虹贯日,近臣为乱。""白虹,兵气也。"近代民间则认为南北虹出现是不吉利的,如河南有俗语云:"东虹呼雷西虹雨,南虹出来卖儿女,北虹出来显杀机。"在古代还流传着一些与虹有关的禁忌和迷信观念,如《诗经·庸风·蝃蝀》曰:"蝃蝀在东,莫之敢指。"蝃蝀,即"虹"的别称。这种不能用手指虹的禁忌自周代一直残留及近现代的民间习俗中。如广西侗族、傈僳族人均认为虹是龙的化身，不得用手指，否则手指会断掉。凡此，均是出于古人对虹的敬畏心理，亦属古代虹崇拜意识的范畴。汉代人在墓葬或祠堂中所刻画的"虹神"即是一种祯祥吉兆之象。我们可以看到，汉画中大多数虹神蕴含有阴阳交合、风调雨顺的象征寓意。山东孝堂山石祠中的虹神画像则较为特殊，在虹神的左右刻有两行飞翔的大雁。在虹神的下方，有一座大桥，桥的左右斜坡上分别有一队骑吏相向往桥中部行驶，桥中部有一辆车呈向后仰翻状，右边领头的骑吏用长矛刺中左边领队车辆的驾车之马，两位乘车者正向桥下坠落。桥下有四只小船，船上有人正举长矛向两位坠水者刺去。这一画像所刻绘的是一队车马在桥上突遭袭击的场景。依据汉墓所刻画像以趋利避害为主旨的惯例来分析，被袭击者应该是暴君或奸臣之类的"不良"之人。因此，画像上部所刻画的虹神无疑是一种除害兴利的福祥之兆。王充《论衡·明雩》篇云："旱久不雨，祈祭求福，若人之疾病，祭神解祸矣。"由此亦表明汉代人祭祀虹神不仅为了祈雨，亦可求福禳灾。汉画像与汉典籍文献记载相契合。

总之，通过对汉画虹神画像的考察与分析，使我们对虹神的双首龙形象以及司雨、祈福的功能有了一个直观而又明晰的认识，进一步加深了我们对古代虹神崇拜习俗的了解。

第五节　鱼车河伯图像

河南、江苏、山东、山西、陕西等地出土的汉画像石中均发现有以鱼牵引的车辆，关于此类车的属性，一般都认为它是河伯专乘的鱼车，但也有少数人将其释读为海神之车。笔者认为，将此类鱼车画像认定为"河伯出行图"更为准确。但汉画中的河伯已非传统意义上的河神，而是一位与雷公、风伯、雨师为伍的天界气象神。为了便于考察河伯的神性，现将各地所见的鱼车画像择其要者归类如下。

（1）河南南阳王庄画像石墓盖顶石之一（图3-26）：画中是一辆四条鱼牵引的云气车，车内乘二人，前为驭者，后为河伯。车之前有二神人持盾扛刀为河伯车开道；车后有二神人扛戟骑鱼随从；车左右各有一鱼护卫。画间饰云气及星宿三颗。与此画像相关联的其他四块盖顶石分别刻青龙图，捧月女娲图，天帝、风伯及雨师图，五鹄图。①

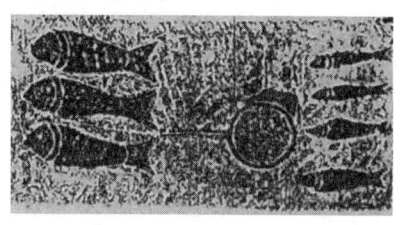

图 3-26　　　　　　　　　　图 3-27

（2）河南唐河针织厂画像石墓北主室盖顶石之一（图 3-27）：画中刻一车，车有一圆轮，车舆内乘二人，前为驭者，后为河伯，车前三鱼以一绳索牵引，车后相随四条鱼。此室盖顶石另刻有长虹图、四神图及白虎、内有三足鸟的日轮图。②

（3）江苏徐州铜山县洪楼汉墓祠堂画像，位置不详（画像见本章之"雷神图像"节图 3-7）。据画像石的形状及画像内容考察，应为祠堂坡顶画像石，画中河伯乘坐三鱼牵引的云气车，头戴鱼形冠。③

（4）江苏徐州市铜山县大庙村汉画像石墓前室北坡顶石画像：画中部刻双虹上下并列，虹均呈弧形两头龙状，虹下端坐一人，头上方有华盖，可能为天帝之像，虹左侧有一巨人，赤足，肩扛一绳索，绳索末端连坠有四个圆形物（应是"连鼓"），此巨人应为雷公。虹右侧是一辆鱼车，车无轮，仅是方形车舆，车舆内似乘二人，人头部已残缺，车前方（右方）有四条鱼上下并排，应是牵引车的神鱼。车内尊者应为河伯，另一人为驭者。河伯鱼车下方刻有翻滚的水波纹。④

（5）河南商丘永城县太丘汉画像石墓中室西侧过梁刻有一幅河伯出行图：雷车后边紧跟一鱼车，车由三鱼牵引，以云为车轮，河伯乘车中。

（6）山东武氏祠后石室第一石第一层刻河伯出行图（原书名为"海神出战图"）：画左一辆车，车上有华盖，以云彩为轮，三鱼牵引，车上乘

---

① 南阳汉画馆编：《南阳汉代画像石墓》，河南美术出版社 1998 年版，第 203—208 页。
② 南阳汉画馆编：《南阳汉代画像石墓》，河南美术出版社 1998 年版，第 48—63 页。
③ 徐州博物馆：《徐州汉画像石》图 85。
④ 徐州博物馆：《江苏徐州大庙晋汉画像石墓》，《文物》2004 年第 4 期。

一人,头戴斜顶高冠,手执便面,应为河伯。车后一人执笏躬身相送,车前一人执笏跪迎。车下有鱼数条,车后跟随四鱼和一骑鱼执戟者。车上方有飞翔的羽人、龙及两位荷戟骑鱼者。另外,车前方又有乘鱼扛桨戟者,骑鱼执剑拥盾者,持剑盾或戟的蟾蜍,执长矛的乌龟,人身鱼尾执剑拥盾者等。①

(7)山东邹县黄路屯画像石:画左刻一车,车前有四鱼牵引,车舆下有车轮,上树华盖,舆内乘二人,前为驭者,后为河伯。车上部有缭绕的云气。鱼车前有一神人骑鱼开道,车后又有四人乘鱼相随。画右刻九头兽、捣药兔等神兽以象征昆仑山仙境。②

(8)山西离石马茂庄左表墓室门侧画像:画像上部为一车,以云气为轮,车前四鱼牵引,车中树一旗幡,随风后飘,车上乘二人,车前人物高大,是车主,当为河伯,车后驭者是一位身材瘦小的羽人。车上部有两羽人,一前一后各骑鱼护卫。③

(9)陕西绥德延家岔墓前室东壁门楣石:画像最左边为一辆云气车,三鱼牵引,为后边(右)相随的雷车开道,鱼车上乘二人,前为驭者,后为河伯。

(10)南阳县征集散存画像石(图3-28):具体位置不详。画左一象;画中一熊一虎相向而斗;画右为一云气车,车前(左)三鱼牵引,车上乘二人,前为驭者,后为河伯。画间云气缭绕。④

图 3-28

(11)江苏徐州邳州占城出土祠堂盖顶石画像:画像左右分三格,中

---

① 朱锡禄:《武氏祠汉画像石》图29。
② 山东省博物馆等:《山东汉画像石选集》图60。
③ 中国画像石全集编辑委员会:《中国画像石全集·陕西山西汉画像石》图287。
④ 南阳汉代画像石编辑委员会:《南阳汉代画像石》图336。

格上为两道上下并列的双首龙形彩虹，下为云气车，三鱼牵引，车内乘二人，前为驭者，后为河伯（原书释为"雨师"）。左右两格对称刻莲花，莲花四角刻四鱼，象征藻井装饰。①

（12）山东孝堂山石祠东壁画像（左下部）：一车有轮，车上树四维华盖，四鱼引车，车后跟随二鱼，车上部二鱼，车前二仙人骑鱼，最前边有三鱼一龟开道。②

（13）山东肥城市乐镇村出土画像石：画像右上角一鱼车，三鱼牵引，车有轮有盖有车箱，车后随一鹿车，最后一仙人乘鹿随行。③

（14）山东邹城市南落陵村出土石椁画像：画左为一车，三鱼牵引，车上乘二人，车无轮，车下一龙昂首曲体前行，车上树华盖，盖顶由两条鱼以头相对组合而成。三鱼上方还有一怪鱼，人头鱼身，奋双臂飞行。画右一神人正面端坐于一神兽背上（神兽似鹿），神人双肩处向上伸出两柱，柱顶端弯曲下垂悬挂两个似小鼓的圆形物。神人头顶又有一大鸟引颈展翅飞翔。④

（15）山东泰安市出土画像石：画像上下共四层，其中第二层刻一鱼车，车有巨大的车轮，上树华盖，车内乘二人，车由四鱼牵引，车前又有二鱼并行。另有数鱼游动。鱼车上方似有一鸟飞翔。⑤

（16）山西离石马茂庄三号墓前室西壁横额画像：画像共分上下两层，上层为连续卷云纹饰，下层为群仙飞行场景：左有山峦、植物，中部左起依次为乘虎导骑者，虎拉云气车，三鸿雁拉云气车，三只天狐拉云气车，三只天豹拉云气车，三鱼拉云气车（车下二仙人各乘鱼相随），三只天狗拉云气车。各辆云气车均相同，上树华盖，车后插符节，车内乘坐二人。④

---

① 武利华主编：《徐州汉画像石精选》图二十一，北京线装书局 2001 年 11 月版。
② 中国画像石全集编辑委员会：《中国画像石全集·1·山东汉画像石》图 42。
③ 中国画像石全集编辑委员会：《中国画像石全集·3·山东汉画像石》图 213。
④ 中国画像石全集编辑委员会：《中国画像石全集·2·山东汉画像石》图 77。
⑤ 中国画像石全集编辑委员会：《中国画像石全集·3·山东汉画像石》图 211。
④ 中国画像石全集编辑委员会：《中国画像石全集·陕西山西汉画像石》图 260。

（17）安徽淮北汉画像石：上层左边有一辆云气车，飞鹿牵引，车上乘二人，车有华盖。鹿车右边随行一辆由三鱼牵引的云气车，车上乘二神，其中前边赶车者为一兽形神。①

（18）安徽宿县褚兰镇宝光寺墓祠后壁画像：画像分上下三层。上层画像为：左一仙人乘鹿开道，中间一车，三鱼牵引，云气为轮，上乘二人。鱼车后双虎并排随行。②

（19）山东临沂郯城县出土画像石：画面共分三格，左格刻一车，四鱼牵引，又一神鱼斜立，鱼身生出两只手臂，以手挽缰驾辕，车中乘二人，车上树华盖。鱼车下方又刻一车，二鹤牵引，车上乘一人。中格为二龙牵引一车（残缺）。右格二虎牵引一车。各车均无车轮，以云气代之。画间饰云气。③

（20）山东微山县两城镇黄山村画像石墓出土：画像刻于前室门楣石上，主体画像为二龙穿璧，二龙体盘绕着从三个璧中穿过，二龙首相向回望，吐舌龇牙。二龙穿璧之下又刻两条小龙相互缠绕。主题画像右下角处刻一轺车，车有车轮及华盖，二鱼牵引，车上乘二人。④

（21）江苏徐州汉画像石：左上角刻一日轮，日内有三足乌，右上角一车无轮，三鱼牵引，上乘二人，其下又有鱼车一辆，二鱼牵引，车无轮，上乘二人，车后三鱼并列随行。画间饰有蘑菇状云气纹。⑤

河伯是古人对黄河之神的尊称，另外，河伯又有"冰夷"、"冯夷"、"无夷"等姓名。关于古人对河伯的崇拜及其相关的传说，可能早在殷商时代就已存在。如殷墟卜辞中记载有祭河之俗，其中的"沈嬖"之祭就是以嬖幸者（年轻女子）沉河取悦河伯的"人祭"之法。卜辞中还有"河妾"二字，或疑为当时河伯已有娶妻纳妾的传说。⑥《山海经·大荒东经》云："王亥托于有易，河伯仆牛……"此段文字记载了商族祖先王

---

① 高书林编著：《淮北汉画像石》，天津人民美术出版社2002年版，第20页。
② 中国画像石全集编辑委员会：《中国画像石全集·江苏、安徽、浙江汉画像石》图172。
③ 《临沂汉画像石》图264，第152页。
④ 微山县文物管理所：《山东微山县近年出土的汉画像石》，《考古》2006年第2期。
⑤ 邱永生：《徐州近年征集的汉画像石集粹》，《中原文物》1993年第1期。
⑥ 袁珂：《中国神话传说词典》，第253页。

亥服牛的故事,其中已出现了"河伯"的名称,由此也表明商代已有河伯的传说。

降及春秋战国乃至秦汉,民间关于河伯的传说更盛。《庄子》云:"秋水时至,百川灌河,经流之大,两涘诸崖之间,不辨牛马。于是焉河伯欣然自喜,以天下之美,为尽在己。"《楚辞·远游》云:"使湘灵鼓瑟兮,令海若舞冯夷。"《山海经·海内北经》云:"从极之渊,深三百仞,维冰夷恒都焉。冰夷人面,乘两龙。"郭璞注:"冰夷,冯夷也。"屈原《楚辞·九歌·河伯》是楚人用以祭祀河伯的乐歌。此时的河伯已经演变成了有名有姓且略具人格化的水神形象。除此之外,关于河伯的身世,或以为是凡人服丹药修炼得道后(或溺水而死)而变为河神的,如《庄子·大宗师》云:"冯夷得之,以游大川。"释文注引司马彪云:"《清冷传》曰:冯夷,华阴潼乡堤首人也。服八石,得水仙,是为河伯。"《搜神记》卷四也云:"弘农冯夷,华阴潼乡堤首人也。以八月上庚日渡河,溺死。天帝署为河伯。"在这些文献记载的河伯传说中显然掺入了道家方士的神仙思想,应属后起的异说。考察先秦古籍关于河伯与冯夷的神话记录,二者多不相连。因此,或认为河伯与冯夷(冰夷)合而为一的时间应在两汉时代。① 但也正是因为河伯与冯夷的融合才彻底摆脱了黄河之神的狭隘性,为河伯最终升格为天神而创造了条件。另外,源于殷商时代的以人为牺牲祭河伯或为"河伯娶妇"的古老陋俗,在春秋战国时期的民间仍然有所残留。如《庄子·人间世》有"不可适河"(即沉人于河以祭河伯);《史记·六国年表》秦灵公八年:"初以君主妻河。"《索隐》曰:"谓初以此年取他女为君主,君主犹公主也。妻河,谓嫁之河伯,故魏俗犹为河伯娶妇。盖其遗风。"《史记·滑稽列传》及《水经注·浊漳水》中均记载有魏文侯时邺地民间盛行的一年一度为河伯娶妇之事。

《楚辞·天问》云:"帝降夷羿,革孽夏民,胡射夫河伯,而妻彼洛嫔。"《淮南子·氾论训》高诱注云:"河伯溺杀人,羿射其左目。"由此可知,在当时人的心目中,河伯是一位与射日英雄羿同时代的古老神祇。另外,羿射河伯的神话又暗示:古人一方面对河伯畏而媚之,而另一方面又对河伯纵河患、溺杀人、抢民女、夺人妻的暴虐骄淫行为鄙而恶之的心态。

---

① 李立:《文化嬗变与汉代自然神话演变》,第231—233页。

古时,每年夏季黄河因暴雨多泛滥成灾,面对滔滔洪水,无能为力的先民们只能采取消极的献媚神灵的办法来取悦河伯,因此,"河伯娶妇"的传说及由此而衍生的选美女投河祭河伯的风俗,才得以在殷商时诞生并流传至战国。然而,随着历史的发展、文明的进步,那种极其残忍野蛮的以人祭河陋俗逐渐被人们所摒弃,而代之以动物作牺牲祭祀河伯。《汉书·王尊传》云:"王尊字赣,涿郡高阳人也。迁东郡太守。久之,河水盛溢……尊躬率吏民,投沈白马,祀水神河伯。"由此表明,秦汉时代仍存在以牛马祭河神的风俗。

魏晋以后,道教对民间诸神进行整理,河伯与诸多古神灵被纳入其神仙体系之中,而成为"得道之人所补"的仙官。唐时民间仍流行冯夷为"水官"的传说。唐以后,江河湖海诸水神多为龙王所占据,河伯在民间信仰和风俗中已湮没无闻了。[1]

黄河流域是中华民族的发源地之一,远古时代,我们的祖先就生息繁衍在这里。一方面,黄河可以提供给人类丰饶的土地和便利的水源;另一方面由于黄河时常泛滥,也给人们造成了难以克服的洪涝灾害,并危及人们生命和财产的安全。河伯的神话产生于黄河流域,正是古代黄河不断造成洪水灾害的真实反映,先民塑造河伯这一神话人物,并给以隆重的祀礼,彰显了古代人民渴求解除洪水灾害的一种强烈愿望。剥去神话的外衣,河伯则应是黄河的化身。

人类最初所祭拜的黄河神仅是对自然状态下的河流本身而言,此时的河神应是无形无象,仅是在人们心目中的一种神灵观念而已,后来又以河中经常出现的生水动物鱼作为河神的偶像加以祭拜。因此,早期的河神信仰应属于原始自然崇拜范畴。据文献记载来看,春秋战国时代河伯已是一位有名有姓的神灵,其形象已显示出人格化特征。但是,亦有文献资料表明:此时的河伯仍然处于半人半兽的神灵状态。如晋张华《博物志·异闻》云:"昔夏禹观河,见长人鱼身出,曰:'吾河精。'盖河伯也。"唐段成式《酉阳杂俎·前集》卷一四云:"河伯人面,乘两龙,一曰冰夷,一曰冯夷,又曰人面鱼身。"《重修纬书集成》卷二《尚书中候考河命》云:"观于河,有长人,白面鱼身,出曰:'吾河精也。'于是以告曰:'臣见河伯,面长人首鱼身。'曰:'吾河精。'授臣河图。"《韩非子·内储

---

[1] 宗力、刘群:《中国民间诸神》,第365页。

说上》略云：齐人有谓齐王曰："河伯，大神也……臣请使王遇之。"乃为坛场大水之上。有间，大鱼动，因曰："此河伯。"从以上文献记载可以看出，民间仍残留有河伯的形象是一条大鱼或人面鱼身的古老传说，由此现象足可证明：古人对河伯的崇拜起源于对河水的自然崇拜，后渐以水中之鱼或鱼形神怪为其象征。人首鱼身的河伯形象当是鱼形河伯向人形河伯演变过程中的一种过渡形态，是动物崇拜与人神崇拜相融合的产物。

河伯为黄河之神，鱼为河中生物，所以古人又以鱼作为河伯的实体偶像，河伯的形象是人鱼合体，甚至就是一条大鱼，由此，河伯神话又与古人对鱼的崇拜意识发生了关联。在我国，鱼崇拜的观念起源甚早，原始社会许多氏族以鱼为其氏族的保护神，视鱼为图腾物。陕西半坡遗址出土的彩陶盆上就绘有人面口衔鱼和人耳部各饰一鱼的图案，这种图案很可能就是原始社会某氏族的鱼图腾徽记。鱼作为图腾神后来又进一步嬗变为各种"鱼神"。《山海经》中就记载有大量的神怪之鱼，如马首鱼、人鱼（陵鱼）、牛鱼、龙鱼、丹鱼、文鱼、玄鱼、冉遗鱼、何罗鱼、薄鱼、箴鱼等数十种之多。这些鱼均外形怪异，功能神奇。汉画中同样可以看到类似的神怪之鱼，如山东汉画像石中有人头鱼身（图3-29），头戴冠饰的神鱼形象[①]及人身鱼尾的神人形象。徐州汉画像石中又有"四足怪鱼"形象。[②] 古人奉鱼为神灵之物的同时，还要建祠以祭鱼神。《水经注》云："孟津见大鱼，并建河平侯祠，祭之。"我国的白族渔民禁捕五六尺以上的大鱼，若无意中捕到时要焚香祷告，并立即将鱼放回河中，不然以为灾祸将至，民间还将鱼神、海螺神与洱河灵帝或海神等一起设庙供祭。由此可见，古人一般是将体形较大的鱼作为神灵来祭祀的。

从我们列举的河伯出行画像来看，汉代民间所奉祀的河伯大都失去了它的"人面鱼身"的原始怪异形态，而是完全人格化的神人形象。虽然汉画中仍刻有人面

图 3-29

[①] 山东省博物馆等：《山东汉画像石选集》图146。
[②] 徐州博物馆：《徐州汉画像石》图84。

鱼身之像，但尚难断定它就是河伯的原始形象。不过，我们仅从徐州汉画中那幅头戴鱼形冠饰的河伯画像来看，河伯身上仍残留有一丝鱼神的痕迹，鱼原为河伯身体的有机组成部分，在这里却演变为河伯头上戴的象征性饰物。另外，从河伯乘鱼拉之车，或车上树鱼形华盖，又有骑鱼之神开导或随从，更有众神鱼前呼后拥等现象看，河伯与鱼的关系甚为密切。因此可以这样说，河伯作为"鱼族"的神圣头领是当之无愧的。

按古代传说，河伯出行的交通工具是龙或水车。如《山海经·海内北经》中有冰夷人面乘两龙。《楚辞·九歌·河伯》中有河伯"乘水车兮荷盖，驾两龙兮骖螭"。但汉画中的河伯既非乘龙亦非坐水车，而大多是乘坐一辆由鱼牵引以云气为车轮的"仙车"，这种现象表明，在汉代，原为古老黄河之神的河伯已被仙化成天界的一位神仙。画像与"河伯是凡人得道而成仙"的传说相一致，全国各地的汉画像石（砖）中均可看到不少这种仙人出行时所乘坐的"云气车"，即以云彩为车轮的仙车。牵引云气车的有人神，更多的则是神禽瑞兽，如龙、虎、鹿、凤、燕等。陕西绥德汉画中就有河伯乘鱼车，与乘虎车、龙车、兔车及乘鸟仙人一同出行的画像，河伯被仙化后自然可以与其他仙人一样乘云气车漫游天空了。《淮南子·原道训》云："昔者冯夷，大丙之御也，乘云车，入云霓，游微雾，骛怳忽，历远弥高以极往。"但因河伯出身于"鱼"类家族，为了显示河伯鱼神或河神身份，也为了与其他神仙相区别，汉代的民间艺术家们便匠心独运地刻画出了河伯乘鱼车出行的画像。

在古籍文献中又有会飞的神鱼，如《山海经·海外西经》云："龙鱼陵居在其北，状如狸（即鲤），一曰鰕，即有神圣乘此以行九野。"晋郭璞《烛龙赞》曰："龙鱼一角，似鲤居陵，俟时而出，神灵攸乘，飞掠九域，乘云上升。"另外，古人又认为凡间的鱼与神龙同属鳞虫类动物，因而，当一些大鱼生长到一定的年龄时，也会成仙鱼随龙或变为龙而飞升天空。《公孙弘答东方朔书》云："譬犹龙之未升，与鱼龙为伍，及其升天，鳞不可睹。"《说文》云："龙，鱼满三千六百岁，蛟为之长，率鱼而飞去。"《汉唐地理书钞》云："河津一名龙门……大鱼薄集龙门下，数千，不得上，上则为龙，故云暴鳃龙门。"此即我国古代著名的"鲤鱼跃龙门"神话。在南阳汉画像石墓中，门楣画像可见龙鱼相组合的构图形式，即一条巨龙尾部有一鱼相随行。这种与龙为伍的鱼，其神性是不言而喻的。古人不仅相信凡鱼会变神鱼或变神龙飞升天国仙境，仙人可乘神鱼或神鱼驾驭的鱼车漫游太空,而且修炼得道的凡人亦可乘神鱼飞天成仙,如《吴地记》中就记载有战国时代人琴高乘鲤鱼登仙的传说故事。① 山东苍山县城前村画像石墓中有元嘉元年的题刻铭文"僮女随后驾鲤鱼"之句,河伯出行图中更有不少神人骑鱼的形象。凡此,均表明神鱼可以在天界飞行,凡鱼也可以升天成仙,且神鱼或鱼车更成为凡人升仙登天的交通工具之一。鉴于此种观念与传说,汉代的石匠艺人才会把本为河中的鱼刻画在象征天空苍穹的墓顶或祠堂屋顶石上。这样一来,河伯乘鱼车行驶于天国仙境也就顺理成章了。

　　河伯是黄河之神,理应在地上的河中活动,但考察目前所发现的河伯画像,大多被刻画在墓室或祠堂的上方部位。如墓顶石、祠堂顶石、墓室过梁、门楣石或画像石的上层等。首先从河伯图在墓或祠中的位置来分析,汉画中的河伯不再是原来黄河中的水神,而变成了天界中的神仙。如陕西、山西画像石中的河伯鱼车就出现在升仙的车队之中。这里的河伯显然是墓主升仙的导引者。其次,从河伯与其他神祇画像的组合与画像的具体内容来看,河伯不但是一位天神,而且常与风雨雷龙虹等众雨水神为伍,如南阳王庄汉墓河伯图中不仅有缭绕的云气,还刻有星宿,同时与河伯刻在一个墓顶的还有雨师行雨、风伯吹风、天帝乘五星车巡行以及青龙(龙也是司雨之神)等画像;河南唐河针织厂汉墓中的河伯图与雨神之一的虹神同居于一个墓室顶部;江苏徐州铜山洪楼祠堂中的河伯与雷神、风伯、雨师同刻在一幅画像中;江苏铜山大庙画像石墓中的河伯与雷神、虹神同刻在一幅画中;江苏邳州占城祠堂画像石中的河伯与虹神同在一个画面中;河南商丘汉画中的河伯与雷神共一画;陕西绥德画像石中的河伯与雷神共一画;山东微山县汉画像石中的"河伯车"作为"二龙穿璧"画像的陪衬,旨在强化阴阳交合、云雨乃生的传统观念。诸如此类的画像表明,河伯与天上的雨水有着密切的关系。古人认为鱼具有预测水旱灾情的功能,如《山海经》中的一些神怪之鱼或见则"天下大旱"或"其邑大水"。晋葛洪《抱朴子·对俗》云:"鱼伯识水旱之气。"晋崔豹《古今注》卷中又云:"水君,一名鱼伯。"由此可知,鱼或鱼神在古代也是水旱神之一。河伯为河神又为鱼神,也即"鱼伯","伯"是对神灵的尊称。因此,可以认为河伯也是一位水旱之

---

① 袁珂:《中国神话传说词典》,第 322 页。

神。另外,汉画中的雨师行雨时均使用有罐、盆、壶、钵(碗)等盛水器具,这些雨师都需要足够量的水源供他(她)们挥洒,那么,天上的水源在哪里呢?于是古人便自然会思考天上雨水的源头。参照凡间的现实,天上也应该有类似地上河流一样的"天河"。古人曾有"黄河之水天上来"的观念,也就是说,古人认为黄河的源头与天河相连通。"天河"实际上成了古人心目中黄河的一种神话意象。由是,我国北方最大的河流黄河便成了"天河"的翻版,被古人搬上了天空。相应地,黄河之神河伯也就成了主管"天河"的兼职水神了。当古人确实观察到宇宙银河系那由遥远密集的星宿形成的一条似白云状横亘天际的天象奇观,与古人意念中的"天河"巧合相遇时,关于"天河"的神话传说便应运而生了。这种"天河"神话曲折地反映了我们的祖先对自然界中雨水成因或来源的可贵探索精神。"天河"神话产生于何时?因文献记载的缺失,目前已无从稽考,但有证据显示,关于"天河"的传说,至迟在春秋时代就已存在了,先秦时代的文献中常将天河称为"汉"、"云汉"或"天汉"。如《诗经·小雅·大东》云:"维天有汉,鉴亦有光。"《左传》昭公十七年:"冬,有星孛于大辰,西及汉。"《诗经·大雅·云汉》干脆就以"云汉"为其篇名。所谓的"天汉"或"云汉"顾名思义,即"天上的汉水"或"云上的汉水",由此表明,南方长江水系的汉水曾充当过天河的原型。不过,到了秦汉时代,北方的民间又把黄河的支流渭水比附成天河,如秦王朝统一天下定都咸阳后,为达到"天人合一"、"象天设都"的目的,将咸阳、渭水和阿房宫与天上的紫微宫、银河、离宫(营室)相对应,即把渭水比拟成天上的银河。而秦朝将渭水比附为天河并非毫无依据的。因为古人曾将渭水误为黄河的源头,而传说渭水与银河相连。所以,渭水被民间称为"天水"。西汉元鼎三年(公元前 114 年)在渭水上游设立天水郡。至今这一地名仍在沿用着。因此,笔者认为,天河的原型不是唯一的,南方长江流域的人们以长江及其支流(汉水)为天河的原型,而北方黄河流域的人们则以黄河及其支流(渭水)为原型。

当"天河"观念及神话产生之后,河伯也随之由黄河之神升格为"天河"之神,而作为天河之神的河伯自然也就要行使其管理"天河"的权力和职责。河伯原为黄河水神,而楚人故居之地与黄河流域相距甚远,黄河对楚人的生产、生活构不成丝毫的威胁,黄河水神也不可能保佑楚人,因此,楚人不应该将河伯作为崇拜的对象。然而,河伯的神话不仅曾在战国后期的楚地流传,而且河伯还受到楚人的祭祀。这种现象表明,河伯神话已摆脱了从前的地域局限和束缚,走向了更为广阔与自由的发展空间与环境。经过楚人改造过的河伯已不再是一位凶神,而是一位充满浪漫生活情调的善神。《楚辞·九歌·河伯》中的河伯形象便是典型例证。过去,人们多以为文中所描写的是河伯在黄河中巡游的场景,但笔者认为,楚人所祭之河伯已非黄河之神,而应是"天河"之神。如其文曰:"与女游兮九河,冲风起兮水横波。乘水车兮荷盖,驾两龙兮骖螭。登昆仑兮四望……鱼鳞屋兮龙堂,紫贝阙兮朱宫,灵何为兮水中。"文中的"九河"应指九重天上的"天河","昆仑山"即天国仙境之山,非乘龙不得至,昆仑山周围有黄水、赤水、弱水等河流环绕之,而这些河流都应属"天河"水系的分支,昆仑居天河不远,或天河也许发源于昆仑,由此,河伯才可能逆天河而上,登昆仑而四望。而河伯的水中宫殿,鳞屋、龙堂、贝阙、朱宫,是建在昆仑山下的天河之中。此推断若可成立,那么,河伯作为"天河"之神巡视天河的神话早在战国时代就有可能出现了。正是因为河伯已由黄河之神变成了主管天上水源的"天河"之神,所以,雨师若尊奉雷神的旨令,向人间降雨时,必须有"天河"之神河伯的大力协助,才可保障雨师布雨所需的充足水量,这也就是汉代人为何将河伯与雷公、风伯、雨师等众气象神相组合一并刻绘的原因所在。

既然古人奉河伯为"天河"之神,河伯成为天上雨水之源的管理者,那么,河伯便与雨水神发生了密不可分的联系。虽然汉画中的河伯并未像雨师那样具体实施实降雨,但它却是一位与雷神地位相当的雨水管理者,从它乘坐鱼车与雷公并驾齐驱的"高贵"形象中足以显现出它的"领导者"身份。如同雷神可以降雨一样,古人相信河伯也有降雨的本领。如《易林注》卷十一云:"河伯娶妇,东山氏女。新婚三日,浮云洒雨。雨我营茅,万家之佑。"《神异经·西荒经》云:"西海水上,有人乘白马朱鬣,白衣玄冠,从十二童子,驰马西海水上,如飞如风,名曰河伯使者。或时上岸,马迹所及,水至其处。所之之国,雨水滂沱。(暮)则还河。"又《酉阳杂俎·诺皋记上》云:"太原郡东有崖山。天旱,土人常烧此山以求雨。俗传崖山神娶河伯女,故河伯见火,必降雨救之。今山上多生水草。"由此可知,古人甚至以河伯为雨神,故而出现了祭河伯以求雨的风俗。据记载,春秋战国时代就有此俗,如《晏子春秋》卷一载:齐大旱逾时,景公欲祠灵山、河伯以祷雨。景公曰:"今为之奈何?"晏子曰:"君诚避宫殿暴露,与灵山、河伯共忧,其幸而雨乎。"于是景公出,野居暴露,三日,天果大雨,民尽得种莳。而汉画中河伯与风、雨、雷、电、长虹等天上众气象神为伍的画像,亦显示了汉代人仍奉河伯为雨水神之一的神话观念。墓或祠堂中刻画河伯的图像不仅是一种丧葬习俗,而且是汉代民间拜祭河伯以祈雨风俗的形象化反映。

大多数人都认为汉画中的"乘鱼车"者为河伯,但亦有少数学者认为是"海神"。如山东武氏祠中的河伯出行图就有人将其释读为"海神出战图"或"海灵出行图"。笔者认为不妥。首先,从画像在墓祠中的具体位置来看,据《中国画像石全集》一书可知,此石原为武氏祠左石室屋顶后坡东段画像。① 其位置与其他河伯画像相一致。其次,从画像内容看,河伯不仅乘鱼车,而且其随从大多为鱼或骑鱼神人,其主题画像内容与其他河伯出行图并无二致,唯一不同的是河伯的随从更多,且多了蛙(蟾)及龟鳖等水生动物。关于龟鳖类动物,古人曾视为河伯的使者。如晋崔豹《古今注》云:"鳖,一名河伯从事。""江东呼……鼍为河伯使者。"《楚辞·九歌·河伯》描写河伯:"乘白鼋兮逐文鱼。"鼋即大鳖。蟾蜍在汉画中或为月中之物,或为西王母仙界的神物。另外,画像的上方还有飞翔的羽人,显示其为天界景象。据对画像的具体内容分析看,其所反映的是河伯作为天河之神出行时有众卫士护从的气派场景,并非"海神出战图"。日本学者林巳奈夫根据我国江苏徐州洪楼出土的"河伯"画像进行分析考证后认为,图中那乘鱼车、戴鱼形冠者为"南海君"之像,其主要依据是《太平御览》卷八八二引魏文帝《列异传》中对度索君庙中南海君图像的记述,文中所记述的南海君"着白布单衣高冠,冠似鱼头"。② 虽然我国古代确也存在海神主管降雨的信仰,但大海毕竟与内陆居民相去遥远,而江河水流却与人类的生活息息相关,二者相比较,则河神的信仰要远比海神的信仰在民间风俗中更为普遍。因此,释乘鱼车者为河伯要远比释为海神"南海君"更为准确。另外,有人认为鱼车画像是阴间黄泉大水的象征。这种观点显然也是不能成立的。③ 再者,在汉代铜镜上曾发现带有"河伯"铭文的"鱼车"画像,更确证了乘

---

① 中国画像石全集编辑委员会:《中国画像石全集·1·山东汉画像石》图89。
② 信立祥:《汉代画像石综合研究》,第177页。
③ 张从军:《黄河下游的汉画像石艺术》,第138页。

鱼车者为河伯之像,该画像镜上有铭文曰:"池氏作竟大毋伤,天公行出乐未央,左龙右虎居四方,子孙千人富贵昌。"镜边缘部分浮雕的画像有:双阙建筑物,阙旁刻"天公"二字,一人肩生双翼乘云气车自双阙中而出。参照铭文,此乘车者即为"天公"无疑,双阙则是天门金阙的象征。阙后又一云气车,车前三鱼牵引,车上乘一人,其旁刻铭文"何伯"二字,鱼车后有一人手持灯笼骑鱼随行。鱼车前又有一人面向鱼车在云中招手。铭文"何伯"当即"河伯"。此画像上的榜题铭文不仅明白无误地告诉我们那乘鱼车者即河伯,同时更表明河伯还是天界中"天公"(天帝)的一位重要随从神祇。①

概而言之,虽然河伯曾是古人崇拜的黄河之神,但从汉画中的河伯画像来看,汉代的河伯已今非昔比,它不再是黄河之神,已经由人间的河神升格为"天河"之神,统管天地间所有江河湖泊的总水源。因此,河伯一度被古人奉为天界的司雨神祇之一,并受到人类的虔诚拜祭。当然,汉代人刻画河伯鱼车画像于墓祠中并非单纯再现古代神话,而是借助河伯的神话偶像以期达到升天成仙的宗教功利目的。

第六节 女魃图像

女魃又名"旱魃",是我国古代传说中的一位女性旱神,因为具有止雨止旱的神异功能,而被卑化为旱鬼。在河南洛阳、南阳及登封等地的汉画中均发现有"虎吃女魃"的画像。这些画像生动地再现了汉代民间祈雨巫术中驱除旱魃的风俗信仰。

(1)洛阳西汉壁画墓中绘有一幅虎吃女魃画像:图中有一女子裸上身,双乳下垂,闭目扬手,横卧于一树下,树木作焦枯状,一鸟从树上飞过。女子的长发系于树上,树上挂一件红色上衣,女子后侧身后有一虎,有翼,瞪目,虎右爪捺着女子头部,以口食其肩,女子裸体作紫灰色,肩部有血痕。

(2)河南南阳唐河县针织厂汉画像石墓中刻画有三幅虎吃女魃的画

① 李陈广:《南阳汉画河伯图试析》,《中原文物》1986年第1期。

像(图 3-30),其中最典型的一幅画像为:画左右各一虎,其中右虎肩生双翼。二虎正低首扑食一女子,女子体型瘦弱纤小,上身裸露,下着裳,伏于地,一臂上举,作挣扎状。另外,在二虎中间正上方又有一熊作人立状(当为驱鬼头目"方相氏"),双臂左右平伸,指向二虎(图 3-31)。

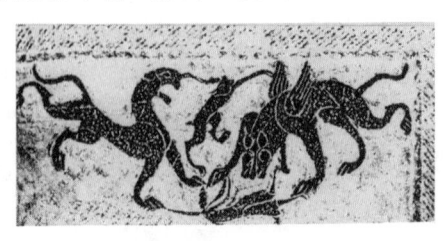

图 3-30

图 3-31

(3)河南登封县中岳嵩山汉三阙中的太室阙西阙北面刻有虎吃女魃画像:一只猛虎张口瞪目,用四爪踩踏住一位身材纤弱的裸体女人,此裸女应为旱鬼女魃(图 3-32)。

三幅画像中被虎食者即我国古代祈雨风俗中的旱鬼女魃形象。① 女魃是民间传说中最为典型的一位女性旱

图 3-32

鬼,其形象是一位身材瘦小的年轻女子。如唐孔颖达《毛诗正义》卷十八引《神异经》云:"南方有人长二三尺,袒身,而目在顶上,走行如风,名曰魃,所见之国大旱。一名旱母。"古人关于旱魃致旱的迷信,至少在西周时就已存在了。如《诗经·大雅·云汉》云:"旱既太甚,涤涤山川。旱魃为虐,如惔如焚!"《云汉》是周宣王初即位时祷旱求雨之歌,这也是有关旱魃的最早记载。

众所周知,古人心目中的神祇,大都具有善恶两面性,"善神"与"恶鬼"是神祇的正反两种迥然对立的形象,当它们与人为善时即被尊奉为"神",而祸害人类时则被蔑视为"鬼"。也就是说,"神"与"鬼"既是互相对立的两方面,又是可以相互转化的统一体。女魃亦如此,我们可从女

---

① 河南省文化局文物工作队:《洛阳西汉壁画墓发掘报告》,《考古学报》1964年第 2 期;《南阳汉代画像石》图 27;吕品:《中岳汉三阙》,文物出版社 1990 年版,第 107 页。

魃的身世及其演变的过程中得到足够的证明。

民间传说中的旱鬼女魃原是由神话传说中的黄帝女魃(女妭)演变而来的。《山海经·大荒北经》云:"有人衣青衣,名曰黄帝女魃。蚩尤作兵伐黄帝,黄帝乃令应龙攻之冀州之野。应龙畜水,蚩尤请风伯雨师,纵大风雨。黄帝乃下天女曰魃,雨止,遂杀蚩尤。魃不得复上,所居不雨。叔均言之帝,后置之赤水之北。"由此可知,女魃(女妭)原是天上的一位具有止雨本领的女旱神,后因帮助黄帝战蚩尤而解数用尽无力上天,被迫降落凡尘沦为令世人厌恶的旱魃。① 古人认为,造成旱灾的原因就是旱魃在作怪,如果设法把它赶走或除掉,那么,旱灾就会自然消失。于是就出现了驱赶、暴晒、溺水及虎食等诸种形式的除旱魃以求雨的风俗活动。

旱魃是由黄帝之女魃演变而来的,也就是说旱鬼魃是旱神女魃的卑化、俗化。那么,作为黄帝之女的魃为何会拥有止雨的本领呢?笔者推测,可能是女魃传承了黄帝曾作为太阳神的基因。《释名》云:"黄,晃也。犹晃晃,象日光色也。"即黄色是日光的本色,所以在中国古代天文学中,太阳运行的轨道被称做"黄道"。也因此,黄色在古代五色中成为最尊贵的颜色。有学者据此认为,黄帝可诠释为"日光之帝",即太阳神。② 从女魃的形象来看,"目在顶上"这一奇异特征可能就蕴含了崇拜太阳的象征意义。有学者认为,眼睛的形态和数量具有文化史意义。一般来说,眼睛就是太阳的意象。原为太阳神黄帝的女儿,旱魃不仅面部长有像正常人一样的两只眼睛,而且在头顶上又长出了一双眼睛,也就是说,女魃共有四只眼睛。也正因如此,女魃其实"也该是卑化、怪化或丑化的太阳神"③。也许正是因为女魃遗传了其父黄帝作为太阳神的神性,才注定了她最终会由旱神沦为旱鬼的悲惨命运。

《山海经》中就有旱时逐旱魃的记载。《大荒北经》云:"魃时亡之,所欲逐之者,令曰:'神北行。'先除水道,决通沟渎。"郭璞注曰:"言逐之必得雨,故见先除水道,今之逐魃是也。"时至今日,在我国僻远的乡间,

---

① 黄帝女魃本作"女妭",因其后来演变为旱鬼,故又写为"女魃"。参见袁珂《中国神话传说词典》第350页"黄帝女魃"条。

② 何新:《诸神的起源》,第32页。

③ 萧兵:《"四面神"和"四目神"》,《寻根》2003年第2期。

仍然保留有远古流传下来的驱赶旱鬼的遗俗。如河南的一些乡村,当久旱不雨时,就传闻出现了"旱鳖"或"旱姑装",或是一枯瘦老妪,或是一身裹素装的女子。正是因为这类旱鬼在作怪,从而导致干旱无雨,于是民众便执杖举刀,赶杀旱鬼。这里的旱鬼皆为女性,显然应是从旱鬼女魃神话演变而来的。

汉代有将旱鬼女魃投入水中以求免除旱灾的做法。《东京赋》云:"囚耕父于清泠,溺女魃于神潢。"《后汉书·礼仪中》注曰:"耕父、女魃皆旱鬼。恶水,故囚溺于水中,使不能为害。"除此之外,更有把旱魃投入厕所中的做法。《太平御览》卷八八三引《神异经》云:"名曰魃。所见之国大旱,赤地千里。一曰旱母,一曰狢,遇者得之,投溷中乃死,旱灾销也。""溷"即厕所,而汉代的厕所是与猪圈合而为一的,即厕所与猪圈连在一起,汉墓出土的厕所模型冥器就是这种结构,将旱魃投入溷中就是投入猪圈中。那么,旱魃为什么一进入猪圈就会马上死掉呢?这种传说显然是基于阴阳相克的思想。因为古人曾奉猪为雨水神。《山海经·东山经》记载有一种名叫"合窳"的兽,见则"天下大水",而其形象正是"如彘而人面"。水与旱是阴阳两性的对立面,作为水神的猪自然也就是旱鬼的克星。因此,将旱魃投入猪圈和溺入水中具有相同的巫术效果——消除旱灾。

《山海经》中还记载有晒旱魃之俗。如《海外西经》云:"女丑之尸,生而十日炙杀之,在丈夫北。以右手鄣其面。十日居上,女丑居山之上。"又据《大荒北经》及《大荒西经》记载,女丑与女魃皆衣青衣之女子,因而,女丑很可能就是旱鬼女魃或装扮成旱魃的女巫。时至近代,四川绵竹县的民间仍然保留有晒旱魃的遗俗。当大旱之时,人们用纸糊一女人,披发,面部极丑恶,用一滑竿悬于高杆上(如桔槔状),让太阳晒之,以示惩罚,兼祈雨。当地称此种做法叫"挂旱魃虫"[①]。广东潮州民间求雨时,当祈求和贿赂均不灵验时,就将雨仙爷抬到烈日下曝晒。江苏阜宁县也有晒菩萨以求雨的习俗。[②] 这些风俗实际上都是古代晒旱魃求雨习俗的变种。我们若再从洛阳西汉壁画墓中那幅虎吃女魃图来看,图中的女魃上衣被脱光,裸露上体,且皮肤呈紫色,作闭目垂死状,

---

① 孙作云:《洛阳西汉壁画墓中的傩仪图》注释,《中原文物》1987年特刊。

② 惠西成、石子:《中国民俗大观》(下)。

女魃身旁那棵树木也作焦枯状,叶子疏稀而红。很显然,除了虎吃女魃的内容外,画中还表现出一种女魃被烈日曝晒的场景。因此,笔者认为,两汉时代的某些民间也存在有晒旱魃之俗。另外,古人认为虎能食鬼魅。《风俗通义》云:"虎者,阳物,百兽之长也,能执搏挫锐,噬食鬼魅。"而旱魃是为害人类的恶鬼之一,因此,汉人就在墓葬中画出了虎吃女魃的画像。这种画虎以食女魃的做法应是汉人祈求消除旱灾的巫术手段之一。

雨水对于农业生产来说固然极为重要,但雨水过多,同样也会不利于农作物的生长,甚至会造成洪涝灾害,危及人类生命财产的安全。因此,当阴雨连绵不止或大雨数日不断时,人们又往往会举行一些具有巫术性质的止雨仪式——祈晴风俗。在这种止雨习俗中,除了以上所说的用惩罚的办法去对付雨水神或旱鬼(神)外,人们还要借助旱神所具有的"止雨"神力来帮助止雨。如古代祈晴风俗中"扫晴娘(妇)"就是一位典型的"旱神"形象。元李俊民《扫晴妇》诗云:"卷袖搴裳手持帚,挂向阴空便摇手。"明刘侗、于奕正《帝京景物略》卷二记载北京地区的祈雨风俗时云:"凡岁时……雨久,以白纸作妇人首,剪红绿纸衣之,以笤帚苗缚小帚令携之,竿悬檐际,曰扫晴娘。"清赵翼《陔余丛考》卷三十三《扫晴娘》条又云:"吴俗,久雨前闺阁中有剪纸为女形,手持一帚,悬檐下以祈晴,谓之扫晴娘。"解放后的河南农村仍保留着挂"扫天娘娘"的习俗。若雨久不止,妇女们则扎一个手持扫帚的女人挂于树上,认为这样就可以扫除天空乌云,云散雨止。① 由此可知,"扫晴娘"的传说在我国民间起源甚早,且流传广泛。这种挂"扫晴娘"的祈晴习俗,显然源自于女魃止雨的神话。也就是说,所谓的"扫晴娘"实则是旱神女魃的世俗形象。

人类始母神女娲也是一位主管水旱的女神,如《论衡·顺鼓篇》记载汉代风俗时云:"董仲舒言,久雨不霁,则攻社,祭女娲,俗图女娲之像作妇人形。""社"即桑社,是供祭高母(高禖)之地,汉代尊女娲为人类的高禖神,这里的女娲不仅是高禖神,同时又是主水旱之神。这种祭女娲祈晴的风俗当是以女娲补天的神话为原型而衍生出来的。《淮南子·览

---

① 张振犁、陈江风等著:《东方文明的曙光——中原神话论》,东方出版中心1999年版,第239页。

冥训》云:"往古之时,四极废,九州裂,天不兼覆,地不周载……水浩洋而不息……于是女娲炼五色石以补苍天……积芦灰以止淫水。"由此女娲补天止雨神话可知古人奉女娲为旱神之因。女娲有补天之术,当然就可以止淫雨,这在古人看来是顺理成章的事情。汉之后,民间风俗中又出现了以煎饼祭女娲的"天穿节"。明人杨慎《词品》云:"宋以正月二十三日为天穿节,言女娲以是日补天,俗以煎饼置屋上,名曰补天。"清人俞正燮《癸巳存稿》云:"天穿节,亦祝雨水屋无穿漏之意。"很明显,此节俗的出现也是以女娲补天止淫雨神话为依据的。另外,有学者认为女娲与女魃实际是同一位神,女魃又名"女发",而"发"、"呙"(娲)二字古可通用。① 若如此,则女魃与女娲因具有相同的止雨能力而发生了混同现象。也就是说,民间祈晴风俗中的"扫天娘娘"亦源于女娲补天的神话原型。

再者,在汉代的阴阳观念中,月与水有着密切的关系。《淮南子》云:"月,天之使也,积阴之寒气,大者为水,水气之精者为月。""方诸见月,则津而为水。"因此,在古代的占星术中,月亮也是主管水旱之神,可据月形占验气象。如《开元占经》卷十一引《帝览嬉》云:"月晕围辰星,所守之国有大水。"又引《海中占》云:"月晕鬼,大旱。"

在古代,蛙(蟾)也是一种与雨水有密切关系的神兽,换言之,蛙也是一位水旱之神。汉代就有取蛙求雨之俗,如《春秋繁露》云:"啬夫斋戒祈祷,杀蟾蜍祭天,可以求雨止雨。"同书《求雨篇》又记载有取五蛤蟆(蟾蜍)置水池中,具清酒,膊脯祝斋三日,服苍衣拜跪的祈雨仪式。西汉焦赣《易林·大过》亦云:"虾蟆群聚,从天请雨,云雷连集,应时辄下,得其愿所。"《论衡·顺鼓》篇又云:"雨久不霁……宜捕斩兔、蟾蜍。"另外,我国广西壮族民间认为蛙是雨神雷王的信使或随从,在他们用于祈雨的铜鼓上多饰有蟾蜍之形,并且每年都要举行盛大的祭青蛙节——蚂拐节。② 人类奉蛙为水旱神的客观原因,主要是蛙叫声的变化可预知天气的晴或雨;尤其是在暴雨来临之前,往往天气闷热,蛙的叫声也特别异常,人们通过蛙的异常声音,可提前做好防水灾准备。古人根据经验

---

① 何新:《诸神的起源》,第 50 页;吴天明:《中国神话研究》,第 257 页。
② 蓝鸿恩:《壮族青蛙神话剖析》,《中国神话》(第 1 集),中国民间文艺出版社1987年版。

的积累,从直觉中感知蛙声的变化与天气有关,但尚不明了形成这种现象的自然原因,于是便认为蛙具有司雨神性。有学者认为女娲的"娲"字实际是由同音的"蛙"字进一步演化而来的,①也就是说,女娲也是一位蛙神。晋葛洪《抱朴子·释滞》中有"女娲地出"之句,其意即女娲也像冬眠的青蛙一样,春夏时节又从地下复出而获得"再生"。由此也暗示了女娲的蛙神之性。而蛙(蟾)又是月中神兽,女娲则被汉代人尊奉为月神。由是,女娲与月、蛙(蟾)三位一体,均与水旱有关,皆为古人祈雨(或止雨)时祭拜的水旱神。

总之,我们可以从女魃与女娲、月、蛙(蟾)的重叠关系中对女娲的水旱神身份得到进一步的证明。女娲(女妭)作为旱神帮助人类止雨被世俗化为"扫晴娘"为民造福时,自然会受到尊敬和祭祀;而当她变为危害人类的旱鬼女魃时则会受到无情的杀伐。

不论天女魃(妭),还是旱鬼魃、补天止雨的女娲,甚至民间的"扫晴娘"与"旱姑装",均为女性。有学者认为"魃虽为恶神,但毕竟神通广大,与父系文化圈内的女性角色不符。因而'魃'的女性身份亦在后世流传中丧失"②。对此观点笔者不敢苟同,因为自远古神话传说中的天女魃延至今日民间仍流传的女旱鬼("旱姑装")和止雨风俗中的"扫晴娘",无论其名称或形象有多少变异,但性别自始至终恒定不移。不过,尽管魃的女性特征未变,但随着男权主义思想的逐步强化,其地位显著下降,不仅由原来的神降为鬼,且连初始的名子也在置换变型的过程中消失殆尽了。另外,女魃形象的显著特征就是"袒身",汉画中刻画的女魃或全裸,或裸上身,与文献记载基本符合。女性神以"袒身"的姿态出现是与封建社会的伦理道德相悖的。那么,古人为何要将旱神塑造成一位裸体女性神祇呢?追溯其渊源,当与远古时代的女巫求雨风俗有关。早在原始社会母系氏族时期,原始的种植业已成为经济生活中的主要支柱,种植业又以女性的劳动为主。农作物的生长需要充足的雨水,需要风调雨顺,因此,祈雨便成为女酋长的重要任务。原始社会的女酋长大多又兼任巫师,这些女酋长(巫王)在举行求雨巫术仪式时,或以歌舞娱神求雨,或以暴晒自虐的方式祈雨。在后者的巫术仪式中,为

---

① 吴天明:《中国神话研究》,第 246 页。
② 孙绍先:《上古女性神族》,《民间文学论坛》1992 年第 3 期。

了显示其对天神的虔诚之心，必须脱光身上的衣服，裸体让太阳曝晒。女酋长作为巫师是天神的使者或代言人，是人神沟通的"媒介"，她们在烈日的曝晒下，能感动天神，获得神的同情，降下甘雨，拯救生灵。因此，神话传说中旱神女魃的"袒身"女性形象即源于原始社会母系氏族时期女巫王（酋长）裸体暴晒求雨之俗。

原始社会后期，随着父系氏族公社的出现，女酋长的至尊地位被男酋长取而代之，相应地，女巫师的地位也随之下降。殷墟卜辞中记载的"焚女巫"求雨之俗即是其明证，①不少女巫被迫成为商代祭神求雨巫术活动中的牺牲品。降及春秋时代，殷商出现的焚女巫求雨之陋俗仍然有所残留，如《左传》僖公二十一年："夏大旱，（鲁僖）公欲焚巫尫。"但随着社会文明的进步，商代流行的那种焚女巫求雨的残无人道的做法已演变为象征性的暴巫求雨之俗。如刘向《说苑·辨物》篇云："齐大旱之时……景公出野暴露，三日天果大雨。"尽管暴巫求雨的做法曾在春秋时代就已遭到进步人士的反对，《礼记·檀弓下》记载穆子欲暴巫时，县子反对说："天则不雨而暴人之疾子，虐，毋乃不可与。"但至汉代时，暴巫求雨之俗仍然盛行不衰，甚至成为定制。如《春秋繁露·求雨》说：春旱不雨时便"暴巫聚尫"；而秋旱求雨时则"暴巫尫至九日"。

春秋战国和两汉时代文献所记载的暴晒巫师或统治阶级的自暴求雨之法，尽管是一种具有象征性的巫术仪式，但它们仍然是原始社会母系氏族时期的女巫酋暴晒自身以祈雨风俗的孑遗。

古代的祈雨活动中多用女巫，又与阴阳交感巫术有一定的关系。《春秋繁露·求雨》云："凡求雨之大体，丈夫欲藏匿，女子欲和而乐。"为何求雨时，男子要"藏匿"，而女子则需要"和而乐"呢？古人认为旱是阳所致，雨是阴所为，女性为阴，以女舞，或以女为牺牲，便可以阴灭阳而致雨。《春秋繁露·精华》曰："大旱者，阳灭阴也。故崇阴以厌之，用女巫舞雩也。"《后汉书·礼仪志·请雨》注引董仲舒语曰："大水者，阴灭阳也。"《说文》云："巫，女能事无形以舞降神者也。"这里所谓的"无形"之女，实际上是指"无衣之女"，即以裸体女性的翩翩舞姿引诱阳性神灵

---

① 商代后期甲骨卜辞中，有炆巫求雨之记载，而"炆"字又作"㚔"，像人立于火上，所炆之对象，字多从女，所贞问之事，又为求雨。因此，可知商有焚女巫求雨之事。参见孙作云《洛阳西汉壁画墓考释》注引胡厚宣《卜辞中所见之殷代农业》。

与裸女交感而降雨。① 古人认为，云雨就是天神淫乐时而产生的，所以古人便用女性甚至裸体女巫来诱使天神"淫乐"，从而达到娱神降雨的目的。这种用裸体女巫的姿色娱天神诱使降雨的做法和以暴晒裸体女巫感动天神而祈雨的巫术仪式具有异曲同工之妙，均为女巫的一种献身行为。但二者又有本质的区别，暴晒女巫的巫术仪式应源于母系氏族社会时期，而以女巫诱使男性天神降雨的宗教仪式显然是阴阳观念形成之后的产物。尽管如此，在我国古代流行甚久的女巫甚至裸体女巫祈雨的风俗，昭示了神话传说中旱神魃"袒身"女性形象形成的根源。简而言之，旱神女魃的形象是由主管祈雨活动的女巫师演化而来的。

---

① 王晖：《商代卜辞中祈雨巫术的文化意蕴》，《文史知识》1999年第8期。

第四章　镇宅守墓神灵图像

第一节　神荼郁垒图像

河南南阳等地的汉画像石墓石门扉上常刻画有手执武器、形貌凶悍的武士形象，此类画像当为汉代的武士门神——神荼、郁垒。本节将对汉墓门画中的武士门神及动物（虎）门神进行考述，并初步探究门神的演变过程。

关于神荼、郁垒，汉王充《论衡·订鬼》云："《山海经》又曰：沧海之中，有度朔之山。上有大桃木，其屈蟠三千里，其枝间东北曰鬼门，万鬼所出入也。上有二神人，一曰神荼，一曰郁垒，主阅领万鬼。恶害之鬼，执以苇索而以食虎。于是黄帝乃作礼以时驱之，立大桃人，门户画神荼、郁垒与虎，悬苇索以御凶魅。"（今本《山海经》无此文）《风俗通义·祀典》也有与此略同的记载，其文曰："《黄帝书》：'上古之时，有神荼与郁垒昆弟二人，性能执鬼。度朔山上有桃树，二人于树下简阅百鬼，无道理妄为人祸害，神荼与郁垒缚以苇索，执以食虎。'于是县官常以腊除夕饰桃人，垂苇茭，画虎于门，皆追效于前事，冀以卫凶也。""虎者，阳物，百兽之长也，能执搏挫锐，噬食鬼魅。今人卒得恶遇，烧悟虎皮饮之，系其爪，亦能辟恶，此其验也。"

由此可知,神荼、郁垒原为两位古代传说中的神话人物,汉代民间颇为流行,因为二神专司守卫度朔山"鬼门"之职,是鬼族的管理者,有捉拿、惩治恶害之鬼的神通,所以,汉代人常在自家的门户上帖画神荼、郁垒二神像,祈望借助神的威严恐吓恶鬼,求得宅院平安。于是,神荼、郁垒便由上古神话人物演变成了具有驱鬼辟邪功能的门神形象,并逐渐成为一种风俗在民间广为流传。而与文献记载最相吻合的神荼、郁垒画像见于河南密县汉画像砖上(图4-1):两位神人,并肩而立,均呲牙裂嘴,怒目瞪视,一幅凶恶之像,二神跟前各有一斑斓猛虎蹲坐于地。① 这种神人与虎相组合的画像又见于河南新野汉画像砖墓中,如一门柱刻一神人,以绳索牵一虎站立,虎张口昂首,蹲坐于地,其形象甚是威猛。再如另一画像,上下均残缺,仅剩画中一武士,怒目虬髯,张口露齿,右手叉腰,左手握剑,形象剽悍。武士下部画像残缺,仅见一虎头,虎仰首张口,目视武士。② 这种与虎相组合的守门武士,毫无疑问是神荼、郁垒之属。

图 4-1

除了以上所举的神荼、郁垒与虎相组合的典型门神画像外,南阳汉画中更常见的则有两种形式,其一是将神荼或郁垒二神像刻画于墓门门扉正面,其二是仅刻画神荼、郁垒的役使神虎之像于墓门门扉正面。第一种神荼或郁垒的形象均为手执兵器的武士之貌。如方城县出土的一块门扉画像石,③上刻引颈展翅飞翔的仙鹤,中为铺首衔环,下刻一武士,上身赤裸,下着短裤,赤足,仰面张口,双手执钺作砍戮状(图4-2)。再如南阳市出土的一块门扉画像④(图4-3):上为一朱雀,中为铺首衔环,下刻一武士,面似兽,赤足,头顶生两支犄角,右手执斧上扬,左手握住胡须,两腿呈跨步状。从凶神恶煞的形貌及所在墓门扉正面的位置来分析,这些武士均呈现出鲜明的"神性"和辟邪驱鬼的功能。因此,大

---

① 密县文管会等编:《密县汉画像砖》,中州书画社1983年版。
② 赵成甫主编:《南阳汉代画像砖》图166、图168。
③④ 刘兴怀、闪修山:《南阳汉代墓门画艺术》图69、图71,上海百家出版社1989年版。

多数人认为他们就是神荼或郁垒之形象。由于神荼与郁垒是古人虚构的神话人物，其具体形貌如何不得而知，但他们二人均具有捉鬼的本领，按一般常理推测，应该像武士那样威猛强悍，才能震慑一切鬼怪。于是，汉代画像石墓门上便出现了武士形象的神荼或郁垒。

图 4-2　　　　　　　图 4-3　　　　　　　图 4-4

由于在神荼、郁垒神话中，虎作为二神的助手，承担了吞食恶鬼的职责，因此，汉代人认为虎更具有食鬼的功能。鉴于这种观念，画虎于门以辟恶鬼的风俗便成为时尚。这也就是汉画中常见的第二种门神形式。虎作为一种动物门神似乎更受到汉代人的青睐。据不完全统计，南阳一带发掘的汉画像石墓中，大约有半数以上的墓门扉上都刻画有虎的形象。其基本格式大都是上部为一猛虎，下部刻一铺首衔环（图4-4）。另外，南阳汉画像砖墓中亦发现有以虎为门神的现象。如有一门立柱画像：上方刻一执盾门吏，下方刻一形象凶猛之虎，虎呈卧姿，竖耳张口露齿，被一绳索系住脖颈。① 很显然，这里的虎已被视为像狗一样的守门之兽，其守门神性昭然若揭。这种画虎于墓门的丧葬习俗应是汉代以虎为门神风俗的间接反映。

南阳汉画像石墓中还出现有一种较为特殊的现象，即把神荼或郁垒与虎相对应分别刻在同一座墓的两扇门扉之上。如方城东关汉画像石

---

① 赵成甫主编：《南阳汉代画像砖》图47。

墓①北墓门南门扉画像（图4-5）：上为朱雀，昂首展翅欲飞。中为铺首衔环，下刻一武士，瞪目张口，侧面弓步，上身赤裸，下着短裤，赤足，右手执钺，左臂前伸。这位体壮貌凶的武士应是神荼或郁垒之像。与武士相对应，北门扉下方的画像为一昂首翘尾的猛虎。再如方城县城关镇汉画像石墓②东墓门西门扉画像：上为一朱雀，中为铺首衔环，下刻一武士，其形貌与前墓中之武士相同，双手执一长矛作前刺之状。与之相对应，东门扉画像为：上一朱雀，中为铺首衔环，下刻一猛虎，昂首张口翘尾，纵身作前扑状。这类特殊的画像组合，更证明了汉代南阳一带的民间不仅视神荼、郁垒为门神，同时更流行画虎于门以御凶的风俗。

图4-5a　　图4-5b

　　虽然汉代盛行贴门神像神荼、郁垒或画虎于门的风俗，但是，关于门神的观念并非始于汉代。

　　《礼记·祭法》云："大夫立三祀，曰族厉，曰门，曰行。适士立二祀，曰门，曰行。庶士庶人立一祀，或立户，或立灶。"《礼记·月令》云："孟春之月其祀户。""孟秋之月其祀门。"《礼记·王制》云："大夫祭五祀。"郑玄注："五祀谓司命也，中霤也，门也，行也，厉也。"由此可知，古代祀典中早有祭门的礼仪。但那时的门神与行神、户神、灶神、厉神等众小神一并被人们祭祀，仍显示出门神的原始形态。门神观念具体产生于

---

① 韩玉祥主编：《南阳汉代画像石墓》。
② 韩玉祥主编：《南阳汉代画像石墓》。

何时,我们虽无从稽考,但门神崇拜意识源于原始的万物有灵信仰则是可以肯定的。远古人类认为凡与人们日常生活有关的事物皆有神灵的存在,如《礼记》中所谓的"五祀",均是指人们居行、出入、饮食等日常生活中的事物,这些事物有益于人类且有灵性,故要祭之以报德,这应是门神观念的始源。而"门神"一词始见于《礼记·丧大记》郑玄注:"君……释菜、礼门神。"最早的门神仅是古人心目中对门这种本体事物的一种神灵观念而已,尚未形成门神的具体偶像。根据神话发展演变的一般规律,初始的门神形象不可能是人的形态,古人所塑造的门神应以某种动物形象为最早。

笔者认为,最早的门神偶像很可能就是自然界中的猛兽——虎。对此,可从一些文献资料和汉画图像中得到印证。

首先,从门神的职能和虎的自然属性与宗教神性两方面来分析。古代门神的产生按常理应具备两个条件:一是鬼神观念的出现;二是"门"的出现。人类居住之所的"门"是供人出入之用的,但是,自从有了鬼神观念之后,鬼或神也便成为人们居住之所的常客。为了阻止恶鬼入侵家门,便产生了守门神的观念,并进一步塑造其偶像立于门旁以恐吓和驱赶恶鬼,保护家人平安。这就是门神的原始功能,而这种原始功能,自古迄今一直是民间风俗中"门神"的基本神性,尽管后世门神中又增加了祈福的内容。远古时代,凶猛的野兽是自然界的霸王,更是人类生存的最大威胁,所以,人类对这些动物畏而敬之,并奉之为保护本氏族的图腾神。而威力无比的兽中之王老虎,自然成为许多原始氏族部落的图腾神,如我国西南的巴蜀地区广大的民间至今尚残留有虎崇拜习俗。虎是一种大型的食肉动物,人若与虎遭遇时,定会葬身虎口,虎能食人这一自然属性便是原始人类崇虎心理所产生的根源所在。对此,古籍文献中关于神虎食人的记载可作印证。如《山海经·海内北经》云:"穷奇,状如虎,有翼,食人,从首始。"再如《山海经·中次二经》云:"有兽焉,其名曰马腹,其状如人面虎身,其音如婴儿,是食人。"古人又认为人死后皆变为鬼,虎既然能食人,自然就可以食鬼。《风俗通义》云:"虎者,阳物,百兽之长也……噬食鬼魅……"虎的食鬼神性正适合担当守门神之职司。鬼又有善恶之分,本氏族成员死后会变为善鬼,而外族成员死后则变为恶鬼。若某氏族敬奉虎为本氏族的图腾神,那么,这种图腾性质的虎就会为保护本氏族成员的安全,而阻止和驱除甚至吞食妄图侵入门户的外来恶鬼。最原始的门神就诞生于这种视虎为氏族保护神的图腾崇拜观念之中。从考古学和民族学方面来考察，我国西部的广大地区是遗存虎崇拜习俗资料最为丰富的区域，因此，或认为以虎为门神的习俗最初应是我国西部游牧民族的宗教礼仪。

其次，从"虎"与"门"之间的密切关系上来分析。神荼、郁垒二神是我国文字记载中最早的门神形象。二神原为神话传说中度朔山上的"鬼门"守护神，后被汉代人奉为人间的"门神"。不论是原来的"鬼门"神，还是后来的人间"门神"，神荼、郁垒均以虎为其助手，甚至进一步衍生出了以虎为门神的风俗。有专家认为，所谓的神荼，实际上也是由虎神演化而来的。古代，楚人曾称虎为"于菟"，如《左传》宣公四年："楚人谓虎于菟。"何新认为，神荼的"荼"字就是"于菟"之转音，因此，神荼也就是神虎的别名。①

古代神话中，"天门"的守护神也是虎豹之形。长沙马王堆汉墓帛画上有"天门"之像，天门两旁就画有虎豹之形的天门神。司天帝的下都昆仑山九门的神，也是一只神虎，或曰人面虎身的"陆吾"，或曰九头虎身的"开明"。（具体论述见第七章之"神虎图像"节）

《楚辞·招魂》描写幽都守护神"土伯"时说，土伯"参目虎首"。由此，地府幽都之门的门神，也具有神虎的特征。

凡此，度朔山的"鬼门"，尘世的"人门"，天界的"天门"，昆仑山的"仙门"以及幽都的"地门"，宇宙间上自天，下及地，不论是客观存在之门，还是意念中的虚构之门，均与虎有着千丝万缕的神秘联系。由此亦证明，虎为门神的观念在古人的心目中早已根深蒂固。

南阳一带的汉画像石墓门扉上常刻有虎的形象，正是远古时代以虎为门神观念的遗绪，而那墓门上凶悍威猛的武士形象又是从兽形门神——虎中嬗变而成的人形门神——神荼、郁垒。在汉代人的观念中，墓门不仅是"鬼门"、"幽都之门"，更是"天门"、"仙门"，是鬼魂出入的通道，又是灵魂升仙的必经之路。南阳汉画像石墓门上不仅可以见到曾是"门"守护神的虎豹之形，亦能见到昆仑山上守卫"仙门"的人面虎神

---

① 何新：《诸神的起源》，第204页。

陆吾。① 而墓门又是凡间"人门"的翻版。由此,笔者认为,汉代画像石墓门,是宇宙间所有门户功能的糅合体。通过直观生动的汉墓门神画像,可以更加清晰地认识到我国古代关于"门神"文化的丰富内涵。

汉代人心目中的门神是复杂而又多样化的。除了最为流行的神荼、郁垒二位人形门神和兽形门神虎外,也曾出现过其他形式的门神像,如《汉书·广川惠王越传》云:"其殿门有成庆画,短衣大绔长剑,去好之,作七尺五寸剑,被服皆效焉。"晋灼曰:"成庆,荆轲也,卫人谓之庆卿,燕人谓之荆卿。"师古曰:"成庆,古之勇士也,事见《淮南子》,非荆卿也。"虽然后人在成庆为何许人的问题上存在着分歧,但汉代贵族家门上出现贴画古代勇士形象却是不争的历史实事。这也许可成为后世流行的以历史上的某些武士为门神肖像风俗的滥觞。再如,南阳汉代画像石墓石门扉上又见有凤、龙、熊、牛、独角神兽以及柏树等动植物形象,这些动植物大都具有辟鬼(或祥瑞、升仙)神性,所以汉代人便一并拿来刻于墓门之上。于此亦可见汉代门神观念的原始性、庞杂性和世俗功利性。

尽管汉代门神呈现出丰富多彩的特征,但神荼、郁垒作为最权威的人形门神,其地位在汉代得以确立,并盛行至南北朝时代。《类说》卷六引《荆楚岁时记》云:"岁旦绘二神,贴户左右,左神荼,右郁垒,俗谓之门神。"(今本无)虽然自唐代以后,又出现了如秦叔宝(秦琼)、胡敬德(尉迟敬德)、钟馗等新的武士门神像,但宫廷和一些贵族之家沿袭以神荼、郁垒为门神之俗,一直到清代。后世民间虽流行武士门神画,但也有将神荼、郁垒的名字标于武士门神画者,更有少数地方甚至不贴流行的武士门神肖像,而是在门上书写神荼、郁垒的名字而已。② 由此,则显示出以神荼、郁垒为门神的古老传统观念对后世的深远影响。

---

① 刘兴怀、闪修山:《南阳汉代墓门画艺术》图13、图80,上海百家出版社1989年版。原书将两图中的人面虎释读为"马腹"。

② 宗力、刘群:《中国民间诸神》,第231页。

第二节 宗布神图像

在河南南阳、山东、四川及江苏徐州等全国汉画像石(砖)的主要出土地均发现有这样一些画像:画中刻一力士,身体魁梧雄壮,且大多面目狰狞可怖,双手控弦,足踏强弩而张之,多数力士口中还衔一羽矢或背插数矢。关于此类画像,目前学术界大多将其释读为"蹶张"图或"材官蹶张"图,但亦有少数人认为它们是"宗布神"的形象。尽管两种观点都有一定的道理和史料依据,但都存在着偏颇之嫌。笔者认为,对于此类画像不能一概而论,要具体画像具体分析。通过对全国各地出土的同类画像进行整理、比较、分析之后,不难得出如下结论:大多数画像可以认定为宗布神,但也有少数画像不具备神性,显然是"蹶张"的形象。宗布神因具有镇宅守墓功能,而在汉代丧葬习俗中得以广泛流行。

关于"蹶张",《史记·韩长孺列传》云:"当是时(汉武帝元光元年,即公元前 134 年),汉伏兵车骑材官二十余万,匿马邑旁谷中,卫尉李广为骁骑将军,太仆公孙贺为轻车将军,大行王恢为将屯将军,太中大夫李息为材官将军……约单于入马邑而汉兵纵发。"《正义》云:"臣瓒云:'材官,骑射之官。'"《史记·张丞相列传》云:"申屠丞相嘉者,梁人,以材官蹶张从高帝击项籍,迁为队率。"《索隐》云:"孟康云:'主张强弩。'又如淳曰:'材官之多力,能踏强弩张之,故曰蹶张。'《汉令》有蹶张士百人是也。"另外,《汉书·申屠嘉传》中也有申屠嘉为"材官蹶张"的相同记载。其注又云:"师古曰:今之弩,以手张者曰擘张,以足踏者曰蹶张。"由此可知,所谓的"材官"或"蹶张",是汉代人对勇武有力的强弩射手的一种称谓或泛指军队中的强弩骑射兵种而言,并非特指某个具体人。这种强弩射手的"材官蹶张"形象,不仅有文献记载,汉代画像石(砖)上更可见到直观的图像。如河南南阳新野汉画像砖中的一幅"胡汉战争图"[①]:画像雕刻的是汉军与胡兵(匈奴兵)相互激战的惨烈壮观的场景,画左为起伏的山峰,画右山谷间战马奔驰,箭飞如雨,横尸遍

---

① 赵成甫主编:《南阳汉代画像砖》图 144—147。

野,鏖战正激。在左边突兀的山峰之巅,可见一武士正面而立,足踏弓弩,双手控弦,在用力张弓的同时,还侧面向右观看,在这位踏弩张弓力士之下的山坡上排列着一队强弓射手,同时举弓引弦向山下劲射(图4-6)。毫无疑问,画像中立于山顶、足踏弓、手引弦的力士正是强弩手"材官蹶张"。而山坡上那排射箭手也应属"蹶张"之列。除了这幅生动的"胡汉战争图"中刻画有蹶张形象外,山东汉画像石中也有蹶张形象。如山东汉画像石中有一画像:左刻骑马者,中刻四人持剑格斗,画右刻一力士,足踏弓、手控弦、口衔一矢,正面而立。从画像内容的组合来分析,此画右的力士无疑应是"蹶张"的形象。① 将蹶张形象刻画于墓(祠)之中,当是汉代人尚武嗜勇精神的艺术反映。

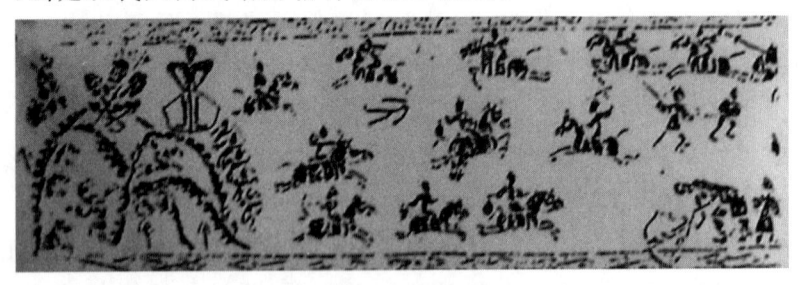

图 4-6

关于宗布神,《淮南子·氾论训》云:"羿除天下之害,死而为宗布。"高诱注:"羿,古之诸侯。河伯溺杀人,羿射其左目;风伯坏人屋室,羿射中其膝,又诛九婴、窫窳之属,有功于天下,故死托祀于宗布……一曰:今人室中所祀宗布是也。此尧时羿,非有穷后羿。"高诱罗列了射神羿诸多事绩,而唯独遗漏了羿作为英雄神的最伟大功勋——射十日。笔者认为,古人之所以尊奉射神羿为宗布神,主要是因为羿曾射九日除旱灾的缘故。《山海经·海内经》云:"帝俊赐羿彤弓素矰,以扶下国;羿是始去恤下地之百艰。"由此可知,羿曾是天上的一位天神,后被尧派遣去射杀多余的九日。《淮南子·本经训》云:"尧之时,十日并出,焦禾稼,杀草木,而民无所食。""尧乃使羿……上射十日而下杀猰貐……"在汉代人的心目中,羿已由一位天神下降到民间变成了一位神性英雄,且成为尧帝之臣。关于羿射日神话,并非始于《淮南子》,《庄子·齐物》云:"昔

---

① 山东省博物馆等:《山东汉画像石选集》图115—116。

者十日并出,草木焦枯。"成玄英注疏《庄子·秋水》引《山海经》云:"羿射九日,落为沃焦。"(今本无)《楚辞·天问》也云:"羿焉彃日?乌焉解羽?"由此,羿射十日的故事应为汉代之前早已在民间流传的古老神话。羿本为天神,后被天帝(俊)派往人间为民除害,而不得复上,才降落人间成为神性英雄,天帝赐给他的神性弓箭也就成为羿替民除害的唯一武器,由是羿便被古人奉为"射神",而这位射神的最大功绩即是射九日除旱灾,拯救万物生灵于灾难之中。

"数日并出"神话,不仅汉代文献有记载,而且汉画中亦有反映,如长沙马王堆一号汉墓帛画上就绘有九日同栖扶桑树的画像,南阳汉画像石中也有九日并出画像。《楚辞·远游》云:"朝濯发于汤谷兮,夕晞余身兮九阳。"画像与文献记载相符合。由此亦表明,古代的数日并出神话中除了常见的"十日"说外,亦有"九日"之说。关于"数日"并出神话的产生原因,当与天文学上的"日晕"和"幻日"天象有关。平时,人们只能见到一个太阳在天空中运行。"一日方至,一日方出",井然有序,不知何故,突然有一天,天空上出现了"数日"高悬的奇异景观。古人不解其因,便将"幻日"天象中出现的数个假太阳误认为是多余的真太阳。而旱灾产生的真正原因是久旱无雨,烈日炎炎之故。古人曾认为日中出现三足乌时,便是旱灾将临的征兆。也就是说,在古人心目中,太阳是造成旱灾最为直观的原因。若天上数日并出时,岂不更增加了炎热干旱的程度吗?在古人这种联想式的神话思维意念中,幻日天象很自然地就与旱灾联系在一起了。于是,数日并出神话也就诞生了。在我国近代大多数民族中都保留有数日并出和射日神话,而多日的数量却不尽相同,如蒙古族的"十二日"神话、满族的"十日"神话、赫哲族的"三日"神话、土家族的"七日"神话等等。① 古人视"十日并出"为旱灾之象的观念在我国的古籍文献中亦有记载,如《山海经·海外西经》云:"女丑之尸,生而十日炙杀之。在丈夫北。以右手障其面。十日居上,女丑居山之上。"郝懿行注云:"十日并出,炙杀女丑,于是尧乃命羿射杀九日也。"女丑当即古代祈雨仪式中所用的女巫,十日炙杀女丑的神话实源于古代的暴晒女巫求雨之俗。当古人面对"十日并出"这种百年难遇的罕见严重旱灾时,只能是束手待毙;无奈之下,只好塑造一位射日英雄

---

① 何星亮:《中国自然神与自然崇拜》,第217页。

来帮助人类解除旱灾。在这种情况下,羿射十日的神话便应运而生了。所谓的十日并出神话,实际是由自然界中真实的"幻日"天象与古代的除旱求雨风俗在古人的思维意念中,通过联想而相互融合形成的。"十日并出"神话是"羿射十日"神话产生的前提,"十日并出"是古代出现的干旱灾害在神话领域的曲折反映,而与其密切相联的"羿射十日"神话则折射出了我国古代先民们渴求战胜旱灾的一种美好愿望。南阳汉代画像石中就有生动形象的"羿射日"画像。羿射日拯救人类自然会受到爱戴和敬仰。但因羿所射杀的九日实乃是传说中天帝(俊)的九子,①所以,得罪了天帝(俊)而不得复上天界,降谪为凡间的一位神射手。《淮南子·览冥训》中记载有"羿请不死之药于西王母,姮娥窃以奔月"的神话故事,表现了不安心永住凡间的羿也曾想服食仙药,再度飞升天界。既然羿已成凡人,必然逃脱不了死亡的命运。《孟子·离娄下》云:"逢蒙学射于羿。尽羿之道,思天下惟羿为愈己,于是杀羿。"《淮南子·诠言训》又云:"羿死于桃棓。"许慎注曰:"棓,大杖,以桃木为之,以击杀羿,由是……鬼畏桃也。"但是,羿虽为凡人,又因其是由天神所变,所以与凡人有所不同,他的死是一种再生。基于羿有功于人类,尤其是对他射日除旱伟大业绩的回报,和对他那以拯救天下苍生为己任的高尚品德的崇敬,古人便又续编了一段羿被害死亡后再变为宗布神的传说故事。

虽然汉代民间流传有羿死而变为宗布的神话,但宗布神又具有何种神性呢?刘文典《淮南鸿烈集解》引孙诒让云:"宗布,疑即《周礼·党正》之祭宗,《族师》之祭酺。郑注云:'宗谓雩宗,水旱之神,酺者为人物灾害之神也。'宗酺并禳除灾害之祭。羿能除害,故托食于彼义亦正相应也。""宗布"之宗即雩宗。《说文》云:"雩,夏祭乐于赤帝以祈甘雨也。"《周礼·司巫》云:"若国大旱,则率巫而舞雩。"《礼记·月令》云:"大雩帝,用盛乐。"郑玄注曰:"雩,吁嗟求雨之祭也。"也就是说,宗布神早在汉代之前已有之,可能就是古代的一位水旱之神。又因羿曾射日除旱,所以古人便尊奉死后的羿为水旱之神——宗布。但起源甚古的水旱之神宗布在汉代民间已变成了一位神性复杂而又形象模糊的神灵,人们仅知道它是由羿死后变成的,而羿又是一位古代的神射手,所以推

---

① 袁珂:《中国神话传说词典》"羿"条,第303页。

测宗布也应该是一个手持弓箭的形象;又鉴于当时人们很熟悉"蹶张"之事,于是,汉代人便借用蹶张的造型塑造出了一位新宗布神形象。羿的灵魂因附着于蹶张之体而得以转生,其"射神"的神性也因凭依于蹶张之弩矢得以延续为宗布神的辟邪功能。相应地,宗布神的原始神性也发生了改变。宗布神被人们刻成桃木偶像供奉于家中以求神灵保佑宅第、家人平安。宗布神在汉代变成了一位镇宅护院的神灵。

西汉武帝以后,随着灵魂不灭、事死如生等丧葬观念的流行,汉代的丧葬习俗也发生了明显的变化,出现了多种墓葬形式并存的现象,如木椁墓、壁画墓、砖室墓、石室墓、崖墓等,这些不同种类的墓葬大多呈现出共同的趋向,即模拟地上的房屋格局而建造。而其中的画像石墓则是第宅化最为明显的一种墓葬形式。在陕西绥德画像石墓中常见有"×××府舍"、"×××室宅"、"×××万岁室宅"等题刻文字,这些文字资料与墓葬布局结构互为印证,更加证明了墓葬第宅化的客观存在。与墓葬第宅化的流行趋势相一致,原用来镇宅的宗布神也就随着墓主人的死亡而被搬入地下又成为墓葬的守护神。或认为"除害避邪这一原始思维的功利追求,是汉墓中宗布神成为最常见形象的基本动因"①。于是,在汉代画像石墓中便出现了宗布神的画像。

纵观全国各地的汉画,河南南阳汉画像石中的"宗布神"画像最具有典型代表性,不仅数量之多居于全国之首,而且人物形象也最为生动。鉴于此,笔者将以南阳汉画中的宗布神形象为例展开讨论。

目前南阳墓葬出土的宗布神画像主要有:

(1)唐河县电厂汉画像石墓出土,画像刻于东主室西壁中柱上。画像描述:力士口衔矢,足踏弓,双手向上引弦。

(2)唐河县郁平大尹冯君孺久汉画像石墓出土,画像刻于南主室西壁。画像描述:力士口衔矢,足踏弓,手控弦,凶猛强悍。

(3)同上墓,画像刻于南阁室南壁。画像描述:左边刻一熊,似人而立,手舞足蹈,侧身回头向右边观望;右边刻一力士,头戴武冠,背插一矢,足踏弓,手控弦(图4-7)。

(4)同上墓,画像位于西阁室西壁北端。画像描述:左边刻一力士,头戴武冠,竖眉瞪目,足踏弓,手控弦,口衔一矢;右边为一武士,右手提

---

① 张振犁等:《东方文明的曙光——中原神话论》,第256页。

一壶,左手持斧上扬,头后倾,赤上身,短裤,赤足,奔向左边的力士。

(5)南阳石桥汉画像石墓出土,画像刻于北墓门南门扉背面。画像描述:力士足踏弓,手控弦,口衔矢,背插二矢一剑,二目圆瞪,呲牙裂嘴,凶神恶煞。其上又刻一条形体较小之龙,龙口中吐出一缕云气(图4-8)。

图4-7

(6)方城县城关镇汉画像石墓出土,画像刻于东门西门扉背面。画像描述:力士足踏弓,手控弦,口衔矢,露上身,赤双足,下着短裤。

(7)唐河针织厂二号汉画像石墓出土,画像刻于西墓门第二块封门石上。画像描述:力士足踏弓,手控弦,口衔矢,两肩背后各插二矢。其上又刻一熊。

(8)南阳刘洼村汉画像石墓出土,画像刻于主室中立柱正面。画像描述:力士足踏弓,手控弦,口衔矢。

(9)南阳麒麟岗汉画像石墓出土,画像刻于主室立柱上。画像描述:力士足踏弓,手控弦,口衔矢。[①]

这类力士画像大多被刻画在墓室之内的墙壁或立柱上,此现象正与汉代民间将宗布神像供奉在室内以镇宅的风俗相一致。再者,此类力士形象多以独幅画像的形式而出现,基本为正面像。与其他物像相组合的形式

图4-8

所占比例较小,力士之像大多呈狰狞凶恶之貌,又与镇宅神应具有的恐吓功能相契合。另外,从一些组合画像来看,画中的力士也非凡人,如郁平大尹墓及唐河针织厂二号墓中均有与熊相组合的画像,而这种熊应是汉代大傩逐疫仪式中的打鬼头目方相氏的形象。再如石桥墓中有与神龙相组合的画像等。这些画像均表明南阳汉画像石墓中经常出现的那种足踏弓、手控弦的力士形象均具有鲜明的"神性"特征。也就是说,这类画像应是古籍记载中的宗布神形象。

不仅是画像石墓中普遍刻画这种踏弓、引弦、衔矢的宗布神形象,南

---

① 以上所举的九例画像均见《南阳汉代画像石墓》一书。

阳画像砖墓中亦有类似的画像,如新野画像砖中有一力士,身披铠甲,足踏弓,双手控弦,背插十二矢,呈强悍之貌。① 除了规格较高的画像石墓和画像砖墓外,南阳还曾发现有一些极其简陋的小型土圹墓中也随葬有刻画着宗布神形象的石块。如1963年于南阳市一初中后操场发现了多座汉代土圹墓,这些墓均无墓室,也无棺椁,有的墓中仅有几件灰陶器而已,有的墓中无任何随葬品。很明显,这些墓葬属于平民百姓之墓。然而,就在这些墓中,死者的头骨部位却都安放着一块制作粗略的画像石,石上用稚拙的阴线条刻画出踏弓引弦的宗布神形象。② 凡此,不言而喻,墓中刻画或随葬宗布神以镇墓的葬俗在汉代南阳一带的民间具有广泛性和普遍意义,而这种葬俗又表明了民间对宗布神的崇拜之盛。

  汉代崇拜宗布神的风俗以河南南阳一带最具代表性,同时,这种风俗又波及四川、山东以及江苏徐州等许多地方。在四川成都市郊出土的汉画像砖,③以及乐山、内江等地的崖墓上均发现有宗布神的画像,但多被错误地释读为"蹶张"。如乐山麻浩大地湾尹武孙崖墓门楣正中就雕刻有一幅所谓的"蹶张"画像。从画像所在的位置来看,将其认定为"蹶张"显然不妥,因此,有人解释为:"在墓室门楣上刻蹶张,可能有镇墓的作用。"④另外,在内江岩边山崖墓墓门外左侧崖壁上亦刻有"蹶张"的形象。⑤ 四川长宁七个洞崖墓群M7外层门楣左右两角亦各用高浮雕手法刻出"蹶张"的形象。⑥ 山东沂南北寨村汉画像石墓墓门中支柱正面上方亦刻一"蹶张"画像。⑦ 笔者认为,这种刻于墓门位置的所谓"蹶张"画像实则为宗布神的形象,其辟邪镇墓的功能不言自明。山东汉画像石中还有一幅较为奇特的"蹶张"画像⑧:画右一力士正面而立,足踏弓,双手控弦,口中所衔之物不是常见的箭矢,而是一条长蛇,蛇身

---

① 赵成甫主编:《南阳汉代画像砖》图54。
② 陈长山、魏仁华:《蹶张图考》,《考古与文物》1983年第3期。
③ 高文、王锦生:《中国巴蜀汉代画像砖大全》图84、图85。
④ 中国画像石全集编辑委员会:《中国画像石全集·四川汉画像石》图10。
⑤ 中国画像石全集编辑委员会:《中国画像石全集·四川汉画像石》图29。
⑥ 罗二虎:《长宁七个洞崖墓群汉画像研究》,《考古学报》2005年第3期。
⑦ 张万夫:《汉画选》,天津人民美术出版社1982年版,第65页。
⑧ 山东省博物馆等:《山东汉画像石选集》图483。

左右平伸，且呈微波状。蛇头伸向画左之人；画左一人，手举一斧侧身站立，上体前倾，扭头后视伸过来的蛇头。在《山海经》一书中记载有许多操蛇或衔蛇的神祇形象。如《大荒北经》中，口中衔蛇、手中操蛇的疆良，《海外北经》中珥两蛇、践两蛇的北方神禺疆，《大荒西经》中珥两青蛇、乘两龙的夏后开等，曾侯乙墓漆棺上有神人耳饰双蛇、足踏双蛇的形象，长沙子弹库楚墓出土的帛书及西汉马王堆一号汉墓漆棺上均有"神衔蛇"图像。汉画中亦可见到衔蛇神人，如南阳汉画砖上有一神人，左手持钺，单腿跪地，右手操长蛇衔之。① 另外，《淮南子·本经训》云："猰貐、凿齿、九婴、大风、封豨、修蛇皆为民害。尧乃使羿……下杀猰貐，断修蛇于洞庭，禽封豨于桑林。"由此可知，断杀凶蛇也是羿为民除害的功绩之一。因此，山东汉画中那幅口中衔蛇的所谓"蹶张"画像，无疑也应是宗布神的形象。而最能显示宗布神尊贵神性地位的画像资料，当属出土于四川巫山汉墓的鎏金铜牌饰件上的宗布神形象（图4-9）：铜牌中间为一力士形象，他足踏弓，手控弦，口衔矢，形貌十分威武。其四周以四神兽环绕，上有朱雀，下是玄武，左为青龙，右为白虎。若以"蹶张"释此形象显然不合情理，因此有人怀疑"此人可能是神话传说中能射害禳灾的天神——宗布"②。笔者认为，此画中之力士决非凡人，当为宗布神无疑。

图4-9

鉴于以上的分析与考证，不难看出，全国各地出现的所谓"蹶张"画像，大多数可以认定为宗布神的形象。只有极少数画像中的"蹶张"才是名符其实的强弩射手"材官蹶张"的形貌。汉墓中出现的宗布神形象，是汉代人将古代关于神射手羿的神话与汉代存在的强弩射手"材官

---

① 赵成甫主编：《南阳汉代画像砖》图35。
② 赵殿增、袁曙光：《"天门"考》，《四川文物》1990年第6期。

踶张"这一历史事实相融合而重塑的一种具有镇宅守墓功能的神灵偶像。也正因如此,才出现了今人将"踶张"与宗布神二者相互混淆的现象。

第三节 獬豸图像

河南南阳、陕北等地的汉画像石中,有一种形象奇特的独角兽极为引人注目:它形体硕壮如牛,额头长有犀利的独角,肩生羽翼,呈前抵猛冲之状(图4-10)。南阳汉画中的独角兽最为典型,数量众多,形式多样,造型生动,不仅有单体

图 4-10

独角兽,更有二独角兽相戏斗,亦有独角兽与熊、虎、龙等神异动物相组合的画像。这种独角神兽均被命名为兕,但笔者认为,它即是神话传说中的獬豸形象。它常被刻画于墓主室门的位置,当具有守护室宅的功能。

在我国古籍中,关于独角神兽的记载颇多,如獬豸、麒麟、天禄、角端,还有《山海经》中记载的䑏疏、㹈㹈、㸌、駮等多种。本节仅论述汉画中常见的独角神兽"獬豸"。

獬豸,又写为"解廌"或"觟𧣾"。《神异经》云:"东北荒中有兽,如牛,毛青,四足……名曰獬豸。一名任法兽。"《说文》也云:"廌,解廌,兽也,似山牛,一角;古者诀讼,令触不直。"但亦有文献记载说獬豸是羊形的,如《论衡·是应》云:"觟(𧣾)[𧣾]者,一角之羊也,性知有罪。皋陶治狱,其罪疑者,令羊触之,有罪则触,无罪则不触。"

据传说,远在黄帝时代,有位神人给黄帝送去一只兽叫獬豸,帮助黄帝处理一些疑难案件。到了尧舜时期,有些难断的诉讼官司,大法官皋陶便用獬豸来解决。这獬豸是一种神兽,能明辨是非,识别好坏人,只要嫌疑人有罪它就会用头上的独角去抵触。[1]

---

[1] 《说文》云:"廌……古者神人以廌遗黄帝。"廌即獬豸。

关于獬豸的形象，东汉以前或云为一角之牛，或云为一角之羊，莫衷一是。《后汉书·舆服志》定为神羊，后世都据此说。因獬豸具有明辨是非的神性，几千年来，人们都把它作为一种执法公正的象征。自汉代开始，凡是执法官吏，如廷尉、御史，都戴獬豸冠，也称法冠。冠上有一根铁柱，象征獬豸的独角。明清时不再戴獬豸冠，而是在官服中央绣上獬豸的图案。①

又据史料记载，獬豸原为春秋战国时期楚国人所崇拜的一种神兽。《淮南子·主术训》云：" 楚文王好服獬冠，楚国效之。"《后汉书·舆服志》云："法冠……或谓之獬豸冠。"《史记·淮南衡山列传》《集解》引蔡邕曰："法冠，楚王冠也。秦灭楚，以其君冠赐御史。"由此可知，秦汉时流行的法冠源于楚王的獬豸冠，而楚王及其国人以神兽獬豸的独角作为冠饰，足以表明楚人对獬豸的崇拜程度之甚。也就是说，崇拜獬豸的习俗主要流行于春秋战国时代的楚地。而纵观全国四大汉画像石的出土地区，唯有南阳汉画中的独角神兽獬豸最典型，且发现的数量最多，呈现出鲜明的地域性文化特征。春秋战国时代，南阳地区主要属楚国的统辖范围。若从民俗文化的区域性与传承性来看，南阳汉画像石墓中所刻画的独角神兽形象，应是楚人獬豸崇拜观念在南阳一带民间丧葬习俗中的一种遗绪，汉画中的独角神兽与楚人所崇拜的獬豸二者之间明显存在着一脉相承的关系。

神话是古人创造的虚幻神界故事，但神话又植根于现实生活，它是客观世界的曲折反映。春秋战国时代，楚国流行獬豸崇拜习俗，那么，当地必然有一种独角动物在那里生存。也就是说，神兽獬豸有一种自然界存在的原型动物，这种动物就是独角犀。《尔雅·释兽》云："犀似豕，形似水牛……黑色。三角……亦有一角者。"关于犀兕，在我国春秋战国乃至秦汉时代的文献典籍中有颇多记载，如《山海经》、《尔雅》、《国语》、《战国策》、《说文》、《论衡》、《汉书》等书中都提到犀兕。尤其是《山海经》一书，在《南次三经》的祷过山，《西山经》的嶓冢山，《西次二经》的厎阳山，《北山经》的敦薨山，《中次八经》的美山及琴鼓山，《中次九经》中的岷山及崌山等地都生活有犀兕。由此可推测，当时中国境内确实有大量的犀兕存在。然而，中国犀在我国境内早已绝迹，从发现的

---

① 朱启新：《说"獬豸"》，《中国文物报》2001年12月12日收藏鉴赏周刊。

古生物化石来看,中国犀大约生活在距今 100 万年到 20 万年之间。①因此,古籍中所记载的犀非中国犀,而应是从境外引进的品种。犀牛是目前地球上仅次于大象的第二大珍稀食草动物,最大体重可达 3 吨,皮厚似铠甲,有一角和二角犀之分。在亚洲仅存于印度、爪哇及苏门答腊等地。而印度和爪哇犀为一角,苏门答腊犀为两角。非洲犀皆为两角,分黑犀、白犀两种。我国境内生存的犀应是从东南亚一带引进而来的。如《汉书·平帝纪》云:"(平帝元始)二年春,黄支国献犀牛。"《后汉书·南蛮西南夷列传》也云:"逮王莽辅政,元始二年,日南之南黄支国来献犀牛。""肃宗元和元年,日南徼外蛮夷究不事人邑豪献生犀、白雉。"黄支国即在今印度或印度尼西亚苏门答腊岛西北部②,而"日南"在今越南境内。又如郝懿行《尔雅义疏》云:"兕出九德。"《艺文类聚》引刘欣期《交州记》曰:"犀出九德县。""九德"亦在今越南境内。我国古文献记载中的犀也有一角和两角之分,而从印度传入我国的独角犀就是神兽獬豸的动物原形。《山海经·海内南经》云:"兕……其状如牛,苍黑,一角。"《尔雅·释兽》亦云:"兕似牛,一角,重千斤。"兕即雌性犀牛,从体貌特征来看,神兽獬豸一角似牛与古书记载的犀兕很相似。从毛色看,獬豸毛青(黑)与犀兕苍(青)黑相一致。另外,陕北画像石墓的独角兽身上,均涂黑彩,亦与文献记载相符。犀牛属于热带食草动物,其习性好水喜热。所以当东南亚的犀牛传入我国后主要应生活在湿热的南方地区。据文献记载,先秦时代,江汉流域的楚地多有犀兕活动。如《战国策》卷十六云:"犀象出于楚。"《战国策》卷十四又云:"楚王游于云梦……有狂兕……王亲引弓而射,一发而殪。"《山海经·海内南经》云:"兕在舜葬东,湘水南,其状如牛,苍黑,一角。"《竹书纪年》云:"昭王十六年,伐楚荆,涉汉遇大兕。"正是因犀兕为楚地的特产,所以楚王曾将犀角作为宝物贡献给秦王。如《战国策》云:"楚王遣车百乘,献骇鸡之犀、夜光之璧于秦王。"不仅楚地湿热多雨的气候适宜犀兕生存,同时,楚地遍地生长的荆棘类植物更是犀兕最好的食物资源。楚国又称荆

---

① 周军、王献本:《洛阳地区首次发现中国犀牛化石》,《中原文物》1991 年第 2 期。

② 辞海编辑委员会:《辞海·地理分册》,上海辞书出版社 1989 年版,第 412 页。

楚,《诗经·商颂·殷武》云:"维女荆楚,居国南乡。""挞彼殷武,奋伐荆楚。"《说文》云:"荆,楚木也。""楚,丛木,一名荆也。"《广雅·释草》也云:"楚,荆也。"由此可知,"荆"、"楚"为同一种植物的不同名称。楚人以荆楚类植物为国名,显示出楚人对荆棘类植物的崇拜,同时也证明了荆棘是楚地最常见的一种植物。南阳市新野县前高庙乡张楼村有"黄棘"故城遗址。据《史记·楚世家》记载,楚怀王与秦昭王会盟,"约于黄棘"。汉代时,在此设棘阳县,"棘阳"是因在棘水(今溧河)之阳而得名。而从"黄棘"、"棘水"这些地名、水名来分析,这一带曾经是荆棘茂密的地方。据文献记载,犀兕最喜欢吃的食物就是荆棘。如《尔雅·释兽》云:"犀……好食棘。"《艺文类聚》引《南州异物志》云:"玄犀处自林麓,食惟棘刺,体兼五肉,或有神异,表灵以角。"《山海经·南次二经》郭璞注云:"犀……好噉棘,口中常沥血沫。"

楚地多犀兕,而犀兕形体庞大,相貌丑陋,犄角怪异,独角且长在鼻上,与人们常见的牛羊等家畜对称的双角迥然不同。物以稀为贵,事以奇为怪。在上古先民的观念中,怪异的形体往往寓含着某种强大的神秘力量,而对神秘怪异力量进行拜祭,就可以化异己力量为利己力量。因此,古人便认为犀兕为神怪之物。又因犀兕习性好水,常在水中出没,所以,古人认为它是一种具有辟水神力的水兽,如《论衡·是应》云:"师尚父为周司马,将师伐纣,到孟津之上,杖钺把旄,号其众曰'仓(光)兕'。仓(光)[兕]者,水中之兽也,善覆人船,因神以化,欲令急渡,不急渡,仓(光)[兕]害汝。"唐刘恂《岭表录异》卷中云:"岭表所产犀牛……又有辟水犀。"注云:"此犀行于海,水为之开。"《抱朴子》云:"通天犀有白理如线者……得其角一尺以上,刻为鱼而衔以入水,水常为开,方三尺,可得气息入水中。"另外,《抱朴子》、《南越志》、《交州记》等书中都说犀有辟水神力。在古代,神与怪经常可以易位互转。犀既为水怪,也可以尊化为水神,以镇水妖。如《艺文类聚》云:"江水为害,蜀守李冰作石犀五枚……以压水精。"晋郭璞《山海经图赞》曰:"兕惟壮兽,似牛青黑。力无不倾,自焚以革,皮充武备,角助文德。"《犀赞》又云:"犀之为状,形兼牛豕,力无不倾,吻无不靡,以贿婴灾,因乎角觭。"《国语·晋语》云:"犀兕皮革坚厚,皆可为甲,而犀不如兕,《考工记》所说是也。"《说文》云:"兕如野牛,青皮坚厚,可以为铠。"于此亦可看出古人对兕的力大、皮坚、角锐等自然属性的崇拜与神化。

古人除了直接把犀牛这种动物作为一种神灵来崇拜外,还可能以犀牛为动物原型而塑造出一种虚拟的神性动物,或因对犀牛角的崇拜而创造出一些头生犀角的神仙人物,如出产独角犀的印度就流传有"独角仙"的古老传说。这种"独角仙"的传说显然是源于对独角犀的崇拜。我国春秋战国时代的楚国国君喜好以神兽獬豸的独角为冠饰,同样也是源于对楚地常见的独角犀的崇拜观念。獬豸是一种自然界不存在的虚构动物,因此,楚王以獬豸角为冠饰显然是虚妄之词,实则是以犀角为冠饰而冒充之。也就是说,楚人所崇拜的獬豸实际上也就是独角犀的神话形态。

如果具体考察一下已科学发掘过的四十余座南阳汉画像石墓,就不难发现主室(少数为侧室)墓门下限石上刻画独角兽的现象最为普遍(参阅文后附表)。据汉代葬俗,汉画像石墓多是仿照阳宅的格局而建的,所以凡墓均设有门户。但作为阴宅的门户,则是供墓主人鬼魂进出的通道。将独角神兽刻画在墓门入口处的门下限石上,显然是将它视为墓室的守护神了。从画像内容来看,两头独角兽相斗的画像最为常见(图4-11)。所谓的"相斗",其实不然,二独角兽那支锐利的独角相互

图 4-11

抵触在一起,宛如两位威猛的门将各执一把长矛交叉挡住门户一样,显示出一种严守门户的姿态,令一切鬼怪望而却步。另外还有一些独角兽与熊或虎相组合的画像。熊与虎均为食鬼神兽,与其共处一画的独角神兽也应有着相一致的驱鬼神性。南阳市化工二厂三十号墓出土一块独角兽画像石[1]:画右刻一独角神兽,身似牛,肩生双翼,抵首弓颈,用力向左边冲抵;画左是一长舌鬼怪,人形裸体,长舌拖地,面向右边的独角兽,跪伏于地,呈惊慌畏惧之状(图4-12)。画中独角神兽的驱鬼神性

---

[1] 韩玉祥主编:《南阳汉代画像石墓》图21,第166页。

不言而喻。南阳汉画像石中还发现有一幅较为特殊的"辟邪升仙"画像①:画前方是一独角神兽,奋足弓背前抵,其后尾随一翼龙,龙作飞腾前行之状,龙背之上乘一羽人(图 4-13)。此画像亦鲜明地昭示了独角神兽的驱鬼神性。而独角兽的这种神性应源于獬豸的"神判"功能。

图 4-12

图 4-13

至于獬豸的神性,据神话传说,它具有"知有罪"、辨忠奸、识别好坏人的奇异功能。古人认为,凡人死后辄为鬼,鬼与人一样也有善恶之分,獬豸既然能辨别好坏人,同样应该能区分善恶之鬼。根据汉代人"事死如生"的观念,人们将獬豸神兽的形象刻画在墓葬入口处,用以区分善恶之鬼,防止恶鬼入侵墓室搅乱墓主人的平安生活。这应是獬豸的"神判"功能在汉代葬俗中的一种延伸。獬豸之所以能辨善恶,主要还是得力于它那支充满灵性的独角。有罪则触,无罪则不触,以角触之方能知有罪。我们再看南阳汉画中的独角兽均作抵触之状,极力夸张其独角的神力,其画像造型也与獬豸的神性相一致。

獬豸独角的灵性源于古人对犀角神奇的自然属性的崇拜与神化。古人对独角兕的崇拜,实质上主要是对其角的崇拜。犀的独角不仅位置异于常见的牛、羊等动物,更令古人称奇的是犀角具有"再生"的功能。另外,古人还发现犀角有解毒消火的实用药效价值。如《抱朴子》云:"通天犀……得其角……以其角为叉导,毒药为汤,以此叉导搅之,皆生白沫,无复毒势。"犀角坚硬、细腻,纹理美观,又是制作工艺品的上

---

① 南阳汉代画像石编辑委员会:《南阳汉代画像石》图 356。

乘原料,故被古人视为稀世珍宝。如《韩诗外传》云:"太公使南宫适至义渠,得骇鸡犀以献纣。"《艺文类聚》引《汉书》曰:"尉佗献文帝犀角十。"(今《汉书》无此文)因此,古人对犀角的喜爱与崇拜也便是情理之中的事。犀角那特殊的自然属性在古人的崇敬心理中也便转化成了神圣性。关于古人对犀角的神化,亦有文献为证,如《艺文类聚》引《南州异物志》曰:"玄犀……或有神异,表灵以角,含精吐烈,望若华烛,置之荒野,禽兽莫触。"《晋书·温峤传》记载燃犀角可见水怪。古代又传说犀角上有白纹贯通者的感应最为灵敏,故称这种犀角为"灵犀"。"心有灵犀一点通"的成语就是由此而来的。虽然食草类动物均是肉食动物捕食的对象,但那些戴角之兽,由于它们有坚硬、犀利、可以致敌于死命的角,也常常使一些捕食者望而生畏。尤其是独角犀牛体壮力大,在食草类动物中最为剽悍,甚至连最凶猛的虎豹类动物也常为之退避。因此,在古人心目中,犀角不仅具有再生的神性,更是力量强大的象征。

在汉代盛行厚葬之风的氛围中,獬豸神兽由人间"辨人"转入地下"识鬼",并进一步被赋予了辟鬼的神性。鬼魅盘踞之所乃阴遭地府,所以汉代人常将獬豸之像刻画在与"地府"最接近的地方——墓门下限石上,以阻止地下恶鬼入侵墓室。这样一来,獬豸似乎又成了幽都冥府的守护神了。但据神话传说,"土伯"才是地府冥神。关于土伯,《楚辞·招魂》云:"魂兮归来,君无下此幽都些。土伯九约,其角觺觺些……参目虎首,其身若牛些。"汉王逸《楚辞章句》注曰:"幽都,地下后土所治也。约,屈也。觺觺,犹狺狺,角利貌也。言地有土伯,执卫门户,其身九屈,有角觺觺,主触害人也。"由此不难看出,土伯是一个头似虎、身若牛的怪兽,但其牛身、犄角的形貌却与獬豸相类似。另外,土伯"主触害人"的功能也与獬豸的"触不直"或触"有罪之人"相一致。因此,笔者认为,所谓的"土伯",也可能是独角犀与食鬼魅的神虎相组合而形成的另一种神话形态。总之,从南阳汉画像石上独角神兽的形象和所在墓葬中的位置以及所显示出的辟鬼神性等方面来看,它应是汉代人将楚文化中的獬豸和土伯这两种神话传说相互融合后而塑造出的新神灵偶像——镇墓神兽。也有人认为它就是"土伯"的形象,或"土伯"在汉代的复兴与转型。①

古人为何会将独角犀神化为地府冥神呢？这是因为在古人的神话观念中，大地四周是被水所环绕包围着，大地也浮载于水上，据传说，大地和整个宇宙都是从水中创生的。所以，地府幽都也是居于地下的黄泉大水之中，而地下水被地表的黄土覆盖，故称"黄泉"。自古迄今，均流传有"人死归黄泉"之说。《左传》云："（郑庄公）遂寘（置）姜氏（庄公之母）于城颍，而誓之曰：'不及黄泉，无相见也。'既而悔之。"《庄子》云："上窥青天，下潜黄泉，挥斥八极，神气不变。"由此可知，至迟在春秋时代，已出现了地下冥界为"黄泉"之说。古人将死者入葬的地下墓穴称为"黄泉"，可能又与传统的土葬方式有关，因为古人在挖掘很深的墓穴时，一定会遇到地下水，只有把水掏干，才能修筑墓室并下葬。至汉代，"黄泉"之说更为流行，如《史记·律书》云："黄钟者，阳气踵黄泉而出也。"《汉书·陈遵传》："身提黄泉，骨肉为泥。"《汉书·扬雄传》云："深者入黄泉，高者出苍天。"《汉书·广陵厉王刘胥传》云："黄泉下兮幽深，人生要死，何为苦心。"《后汉书·梁节王畅传》云："魂魄去身，分归黄泉。"除传世文献有不少关于"黄泉"的记载外，画像石上的"黄泉"题刻文字更可以为证。如山东微山县西城镇画像石上就雕刻有这样的文字："永和四年四月丙申朔廿七日壬戌，桓桼终亡，二弟文山、叔山悲哀，治此食堂……自念悲痛，不受天祐，少终。有一子男伯志，年三岁，却到五年四月三日终，俱归皇潒（即黄泉），何时复会，慎勿相忘，传后世子孙，令知之。"②可见，汉代人普遍地把黄泉作为死者的归宿之一。而被古人神化了的独角犀不仅体态庞大，强健剽悍，相貌狰狞，独角犀利，令人可怖，而且更具有奇异的辟水神性。因此，将独角犀充当黄泉中的幽都守护神是再合适不过了。但"在古代人看来，写实主义的表现是无价值的，要表现出神圣性，就必须把犀牛鼻尖上的角移至头顶"③，同时还

---

① 刘玉生：《汉画像中"犀兕"管窥》，《汉代画像石砖研究》，《中原文物》1996年增刊。刘玉生、王卫国：《土伯新探》，楚文化研究会编：《楚文化研究论集》（第4集），河南人民出版社1994年版。

② 中国画像石全集编辑委员会：《中国画像石全集·2·山东汉画像石》图52注文。

③ （日）中野美代子著，何彬译：《中国的妖怪》，黄河文艺出版社1989年版，第10页。

刻意夸张独角的长度,以增强其战斗力,甚至还给其加上了双翼。这样一来,以犀兕为原型的独角兽就神性十足了。

除了河南南阳汉画像石墓中独角兽画像数量最多且最典型外,从全国而言,陕北汉画像石(包括山西省西部地区出土的少数画像石)中的独角神兽画像的数量位居第二,且在墓中的位置呈现出一定的地域性特征。这里的独角兽几乎都被刻画在墓门扉正面的最下部,只有极少数在门柱最下边(图4-14)。而独角兽的造型与南阳汉画中的独角兽大同小异。陕北

图 4-14

地处我国北方内陆,气候寒冷干燥,雨水偏少,这种自然环境与气候,对于喜热好水的热带动物犀牛来说是不适宜生存的。因此,陕北汉画中的独角兽形象也应源于南方楚人对犀兕的崇拜风俗。也就是说,陕北汉画中的独角兽毫无疑问是从南阳一带流传过去的。尽管陕北独角兽多刻于门扉上(或门柱下方),而南阳独角兽大多被刻于门限石上(或门楣),但都居于"门"的大位置上,其守门的功能相一致,又都处于门的最下部位,均呈现出幽都神的身份。另外,类似于陕北的那种把独角兽刻于墓门扉正面最下部位的画像亦可在南阳汉画像石中见到(图4-15)。①

类似于南阳与陕北的独角神兽画像在其他各地的汉画像石墓(祠)中极少见到。1990年发掘的内蒙古凤凰山汉代

图 4-15

壁画墓中却发现绘有两个独角兽形象:其一是绘于墓室东壁正中最显要的位置上,左右分别是兵器图和百戏宴饮图;其二是在墓室后壁上方位置,与一熊作相斗状,其形象和构图与南阳汉画中的独角兽别无二致。②

除了河南南阳、陕北以及内蒙古等地的汉画像石墓及壁画墓中刻绘有独角神兽的画像外,在河南、山西、陕西、甘肃、宁夏、湖北等地的汉墓

---

① 刘兴怀、闪修山:《南阳汉代墓门画艺术》图73。
② 马利清:《内蒙古凤凰山汉墓壁画二题》,《考古与文物》2003年第2期。

乃至南北朝墓中,亦发现有与画像石及壁画中的独角兽相类似的陶塑、木雕或铜铸随葬品。如南阳市文物研究所从汉墓中发掘出土的陶独角兽有两种类型:其一是无釉灰陶质地,形体较小,肩无翼;其二是红釉陶质地,造型与南阳汉画石上的完全一样,身似牛,低首弓背,背生双翼,额生独角,作前抵状。再如湖北当阳刘家冢子发现两座东汉画像石墓中均有一件绿釉陶塑的独角神兽:独角兽通高15厘米,身长28厘米,独角低首向前,短尾上翘,后腿伸直,作角斗状。其形象与南阳汉墓出土的独角兽相类似。① 甘肃省博物馆收藏的一件汉代木雕独角兽,长约57厘米,出土于甘肃武威,独角兽角前伸,低首翘尾,简约有力,神气十足,周身留有被刀凿刮削的痕迹,具有石雕的效果。② 甘肃酒泉下河清18号东汉墓也出土了一件镇墓兽,铜质,身长75厘米,出土时被置于前室入口处的中央,头上伸出一支像利剑一样的带刺独角。③ 陕西勉县红庙和长林乡杨宅村的东汉墓中各出土一件灰陶和红陶独角兽(虎身)。④ 1978年,在山西省一座西汉墓内也出土一件陶独角兽,长45厘米,高19厘米。⑤ 洛阳市春都路发现一座未曾被盗挠的西晋小型墓葬,在墓门口处,左边放置一独角兽、一狗,右边站立一武士陶俑。⑥ 另外,陕西省博物馆收藏陈列一件安康出土的南朝时期的红陶塑独角兽,牛身,肩生双翼,作前抵状,额上留圆孔,孔中安装一独角。诸如此类墓中出土的陶塑独角兽,其用于镇墓的功用不言自明,且这种墓中随葬独角兽的丧葬习俗自两汉延及魏晋南北朝。但魏晋以后的犀牛形镇墓俑除了独角,还有二角、三角的,呈现出多角化的倾向。尽管不少地方的汉晋墓葬中发现有独角兽俑,但相对于其他随葬器物来说,数量并不多,所以,有的学者并未把它纳入到镇墓兽的范畴来研究。日本学者吉村苣子认

---

① 沈宜扬:《湖北当阳刘家冢子东汉画像石墓发掘简报》,《文物资料丛刊》(一),文物出版社1977年版。
② 甘肃省博物馆:《武威磨咀子三座汉墓发掘简报》,《文物》1972年第12期。
③ 甘肃省文物管理委员会:《酒泉下河清第一号墓和第一八号墓发掘简报》,《文物》1959年第10期。
④ 唐金裕、郭清华:《陕西勉县红庙东汉墓清理简报》,《考古与文物》1983年第4期;郭清华:《虎形独角兽》,《文博》1991年第2期。
⑤ 朱启新:《说"獬豸"》,《中国文物报》2001年12月12日。
⑥ 洛阳市第二文物工作队:《洛阳春都路西晋墓发掘简报》,《文物》2000年第10期。

为,独角类镇墓兽的"时代为东汉以后,分布在从河西到华北的黄河流域全境,与以长江中游流域为中心的楚墓镇墓兽(带鹿角)相比,不管是形状还是分布,可以说形成鲜明对照"。因此"独角兽的起源让人想到是在西方"。关于独角兽的功能"也可说是引导死者到西王母世界的神兽。若该观点成立,独角类镇墓兽应是在西汉末期流行的西王母信仰的促使下产生的"。当时与汉有国交的西部边疆国家是乌弋山离国(在今阿富汗境内),《汉书·西域传》云:"乌弋山离国……西与犁靬、条支接。行可百余日乃至条支,国临西海……安息长老传闻条支有弱水、西王母,亦未尝见也……而有桃拔、师子、犀牛。"东汉时因派遣甘英出使西域,乌弋山离国以西的弱水与西王母居处更变得遥远不可至。因此,汉代人为达到这个未知国,就将乌弋山离国的桃拔、狮子、犀牛作为领路者,并赋予它们超人的能力,它们知道昆仑山的入口和弱水的位置。①但笔者认为,汉墓中的独角兽与乌弋山离国的桃拔(天鹿、辟邪)没有任何关系。也就是说,牛身独角兽的起源地不在西域,而在南方。因为除了黄河流域汉墓中出土独角兽外,南阳及湖北当阳这些属于长江流域的地区也出土有独角兽,更为重要的是,南阳汉画像中的独角兽最具代表性,不仅数量多,而且出现的时间最早,正如吉村苣子在文中所指出的,南阳汉画中的独角兽在新莽至东汉初期就已经出现了。东汉中期最为盛行。因此,南阳应为独角兽的起源地。

概而言之,汉代墓葬中刻画和随葬独角神兽用于镇墓辟邪的习俗,当以河南省南阳一带为最盛,同时又波及陕西、山西、甘肃乃至内蒙古等我国西北部广大地区。这种独角神兽形象源于楚文化中的獬豸神话。所谓的獬豸,即是楚人以独角犀为原型而塑造的神性动物。

---

① 吉村苣子著,刘振东译:《中国墓葬中独角类镇墓兽的谱系》,《考古与文物》2007年第2期。

南阳画像石墓中的独角神兽獬豸一览表

序号	出土墓葬	画像石位置	画像内容	时代
1	南阳草店墓	三主室门限石	二獬豸相斗	东汉早期
2	南阳军帐营墓	右主室门限石	二獬豸相斗	东汉早期
3	南阳王寨墓	两主室门限石	一獬豸	东汉早期
		两侧室门限石	二獬豸斗	
4	邓县长冢店墓	前室门楣石正面	熊斗二獬豸	东汉中期
		二主室门下限石	二獬豸斗	
		二侧室门下限石	二獬豸斗	
		两主室中间隔梁石	一獬豸	
		南北两侧室隔梁石	一獬豸	
5	南阳七里园墓	东壁横石之一	二獬豸斗	东汉早期
6	南阳英庄墓	东主室门限石	一獬豸	东汉早期
7	南阳蒲山一号墓	墓门门楣背面	熊斗獬豸	东汉早期
8	南阳麒麟岗墓	主室门限石	一獬豸	东汉中期
9	南阳第二化工厂三十号墓	位置不详	獬豸斗长舌怪	东汉中期
10	南阳高庙墓	墓门下限石	一獬豸	东汉中晚期
11	南阳十里铺二号墓	中室门限石上面	二獬豸斗	三国
12	南阳西关墓	墓顶石	二獬豸斗	魏晋
13	南阳王庄墓	墓门副门楣石背面	二獬豸斗	魏晋
14	南阳建材试验厂墓	平铺于墓门下充当门限石	獬豸戏虎	魏晋
15	南阳邢营一号墓	前室门楣下面	二獬豸斗	魏晋

第五章 桑蚕农事神灵图像

第一节 蚕马神图像

　　山东、江苏等地汉画像石中的"马首人身"像和四川魏晋画像砖中出现的"蚕女乘马"画像,分别为原始的人兽合体形和完全人格化的两种蚕马神形象,这些蚕马神画像生动地反映了我国古代民间有关蚕神"马头娘"的信仰习俗。

　　我国是世界上最早发明种桑养蚕、缫丝纺织的国家。早在新石器时代的遗址中,就发现有刻印蚕纹的黑陶和绢片、丝带、丝线等有关蚕织的遗物。降及商周,青铜器上的纹饰中更常见有蚕纹,商代甲骨文中还有"桑"、"蚕"、"丝"等文字,商代贵族墓中出土有粘附于青铜器上的丝绸残片和用金、玉制作的蚕形工艺品,[①]《诗经》中更有不少与采桑养蚕相关的诗篇。凡此种种,均表明养蚕丝织业早在我国的原始时代晚期就已出现,而到了商周时代,养蚕纺织业就已相当兴盛了。此后几千年的古代中国农耕经济中,男耕女织一直是最基本的生产组织方式,种桑养蚕在农业经济中占有与耕作同等重要的地位。因此,古人对蚕的神

[①] 章楷:《古代经济专题史话·蚕业史话》,中华书局1983年版,第39页。

化和拜祭,就是伴随着桑蚕业的出现而出现的,并由于桑蚕业的发达而兴盛。从文献记载来看,历代统治阶级均极重视作为国家重要经济支柱产业的桑蚕业,为了确保丰收,历代帝王都将蚕神列入国家祀典,并年年由皇(王)后亲自主持隆重的祭蚕仪礼。商代甲骨文中发现有"用三头牛祭蚕神"的记载,这是目前发现最早的有关祭蚕神风俗的文字。[①]相传周代王后每年春天要到北郊祭蚕神。高承的《事物纪原·礼祭郊祀·先蚕》云:"周礼,内宰诏王后蚕于北郊,斋戒享先蚕。"到了汉代,随着桑蚕业的普及与发展,皇帝对祭蚕神的礼仪更加重视。《后汉书·礼仪志上》云:"(永平二年三月)是月,皇后帅公卿诸侯夫人蚕。祠先蚕,礼以少牢。"刘昭注引《汉旧仪》云:"今蚕神曰菀窳妇人、寓氏公主,凡二神。"《晋书·礼志上》云:"《周礼》,王后帅内外命妇蚕于北郊。汉仪,皇后亲桑东郊苑中,蚕室祭蚕神,曰菀窳妇人、寓氏公主,祠用少牢。"自商周至西汉,虽然历代均有国家祭祀之蚕神,但蚕神何名何貌史书均无记载。东汉时,史书中始见蚕神之名为菀窳妇人和寓氏公主。晋干宝《搜神记》卷十四云:"汉礼,皇后亲采桑,祀蚕神,曰菀窳妇人、寓氏公主。公主者,女之尊称也,菀窳妇人,先蚕者也。"由此可知,汉代国家所祭之蚕神实际上是"先蚕",即始为桑蚕之人神。这显然是蚕神人格化之后的事,作为人形的蚕神并非原始的蚕神形象,它应是女性祖先崇拜的产物。所谓的"先蚕",实则为教民养蚕缫丝的女始祖,后经神化而为蚕神。笔者认为,在民间广为流传的"马头娘"才是真正意义的原始蚕神形象。汉代画像石中那种"马头人身"像,就是民间传说中所谓的蚕神"马头娘"的原始神话形象。

  在山东汉画像石中,目前已发现数幅画像中有"马头神"的形象,现将此类画像择要介绍如下。

  (1)画像中央为西王母正面凭几端坐,西王母之右为一羽人,手执两串三珠果面向西王母跪拜,其身后用两根绳子牵着一鸟(三青鸟)和一狐(当为"九尾狐")。羽人之后又有一犬蹲坐,手捧竖笛吹奏,犬上部有一飞鸟。西王母之左依次为:一马头神人(蚕马神)捧杯形物(内盛蚕种),一着冠神人执仙草,一狗身人首者(当为我国古代西北犬戎族所崇

[①] 章楷:《古代经济专题史话·蚕业史话》,中华书局1983年版,第40页。

拜的犬神)①(图 5-1)。

图 5-1

(2)画中为东王公(实为西王母)正面端坐,东王公之右为一鸟头人身(疑为春神句芒)和一狗头人身(犬神)执笏跪拜者;东王公之左为一马头人身(即蚕马神)执笏跪拜者。另有一蟾蜍托臼,二兔捣药的画像(图 5-2)。②

图 5-2

(3)山东微山县夏镇青山村汉墓③西壁画像:左为西王母端坐于高座上,其前边和下方刻有玉兔、九尾狐、三足乌、蟾蜍、羽人、翼虎、鸡首人身像和马首人身像等神像。

(4)江苏徐州画像石中马头神画像④:画左是一座两层楼阁,楼阁下层内立一大鸟,口中衔一物(当为西王母取食的三青鸟),上层内西王母戴胜扶几正面端坐。楼外右侧有二神人执杵捣药,另有四位神祇面向西王母居住的楼阁列队揖拜,自前而后依次为:人首蛇身者(伏羲),马头人身者(蚕马神),鸟头人身者(句芒)和一着冠持剑长者。四神人上

---

① 山东省博物馆等:《山东汉画像石选集》图 186。
② 山东省博物馆等:《山东汉画像石选集》图 190。
③ 微山县文管所:《山东微山县近年出土的汉画像石》,《考古》2006 年第 2 期。
④ 徐州博物馆:《徐州汉画像石》图 11。

方又有一鸟一狐,均口衔一物。画中有一大树(扶桑树),树上有数鸟,树下二人,一人张弓射鸟。画右有二人击建鼓,另有比武和斗鸡的场面(图5-3)。

图 5-3

笔者认为,以上所列举画像中的马头神,即我国古代民间传说中的蚕神——马头娘的艺术形象。具体理由如下。

其一,在民间流传范围最广、传说内容最具有原始朴野特征的蚕神传说,非"马头娘"莫属。此故事最早见于据说是三国时吴国张俨所作的《太古蚕马记》①中,晋干宝的《搜神记》对此故事更有十分详尽的描述。《事物纪原》卷九引《搜神记》略记为:"上古时,有人远征,家惟一女与马。女思父,戏马曰:'汝能迎得吾父,吾将嫁汝。'马乃绝缰去,得父还。后马见女辄怒,父怪之,女具以答,父大怒,杀马曝其皮。女至皮所,忽蹶然卷女而行。后于大树枝得女及皮,尽化为蚕。既死,因名其树曰桑。桑,丧也。此蚕桑之始也。"汉画中马头神正与传说中"马头娘"的形象相吻合。虽然文献记录的马头娘传说略晚于汉代,但笔者认为,不能因为文字记载晚于汉代就否认汉代已有类似的民间传说,因为文字记载的神话往往要滞后于民间口耳相传的神话。所以,"马头蚕神"的神话传说很可能早在汉代之前就已在民间流传了。虽然我们无从稽考此神话的最早起源时间,但可以推测出,至迟在殷商时代就有"马头蚕神"的形象。我们知道,作为今日四川省的简称,"蜀"字早已在商代甲骨文中就已存在,甲骨文中蜀字写作"🜨"或"⊕",汉许慎《说文》对"蜀"字的解说如下:"蜀,葵中蚕也。从虫,上目象蜀头形,中象其身蜎蜎。《诗》曰:蜎蜎者蜀。"《诗经·东山》云:"蜎蜎者蠋,烝在桑野。"由此便知,"蜀"之古义即蚕之形。但笔者以为,《说文》中说"上目象蜀头

---

① 宗力、刘群:《中国民间诸神》,第452页。

形"之"蜀"字很可能是"马"字之误。因为甲骨文中也有"马"字,马字最原始的文字写法为一匹马的简笔画"馬",它属于古代造字法"六书"中最古老的象形字。此字收录于罗振玉的《殷书契菁华》一书中。另外,甲骨文中还有将马字写为"馬"(见林泰辅《龟甲兽骨文字》)和"馬"(见郭沫若《殷契粹编》)①。《说文》云:"马,怒也,武也,象马头髦尾四足之形。"许慎对古"马"字的释读极为准确。另外,我们还可从这三个不同的"马"字写法中清晰地看出其演变过程,即最原始的象形马头后来被简化为一个"目"字。甲骨文中"马"与"蜀"二字的上部均为一"目"字,而"目"又是从最原始的"马头形"演变而来的。由是便知,作为蚕形的"蜀"字与"马"长有相同的"头"。因此,从"蜀"字的造字结构来看,不难推测出这样的结论:商代已有可能出现了马头蚕神之像。商代不仅蚕业发达,而且养马业也具有相当的规模,对此,可从商代贵族墓中随葬活马的事实中略见一斑。只有当"蚕"与"马"这两种动物同为人们所熟识的家养之物时,人们在长期细致的观察、比较之中才会意识到蚕头与马头有相似之处。再者,采桑养蚕在我国古代一直是女子们的专职生产劳动,而蚕体柔嫩纤细又与女性体态相似。因此,原始朴野的蚕神便在古人的想象中被塑造成了一个"马头女子身"的独特形象。鉴于此,笔者认为,甲骨文中的"蜀"字是由商代的"蚕马"神话形象简化而成的文字符号。

据专家考证,甲骨文中的"蜀"字是一个方国名,至于它相当于现在什么地方,目前尚有不同的说法,但其中有学者认为它大约就在山东泰安一带。若此观点可信的话,那就表明山东一带早在商代就是一个桑蚕业发达的地区之一,同时也是一个普遍信仰蚕马神话的地区,由此才会以蚕马之像作为方国之名号。

《荀子·赋篇·蚕赋》云:"有物于此,儽儽兮其状,屡化如神,功被天下,为万世文……臣愚而不识,请占之五泰。五泰占之曰:此夫身女好而头马首者与?"荀子为战国时期著名的思想家,他虽出生于赵国,但后来曾游学于齐国。晚年由春申君用为兰陵令,并著书终老其地。②

---

① 郑州大学考古教研室:《古文字学讲义》,第191页。
② 辞海编辑委员会:《辞海·历史分册·中国古代史》,上海辞书出版社1981年版,第238页。

兰陵即今山东苍山兰陵镇,荀子曾在齐地(今山东一带)游学并著书立说,其《蚕赋》一文中描写的蚕形为"马首女子身"所依据的素材应源于当地的民间传说。由此可以确信,战国时代,山东一带民间曾流传有"马头蚕女"神的传说。

从以上的分析中可以得知,山东一带至迟在商代就可能存在有"蚕马"神话,降及战国时代,蚕马神话在民间更是广为流传。虽然古文献中不曾言及汉代民间的蚕马神话,但汉代相去战国不远,且稍晚于汉代的三国魏晋时期,马头娘的神话传说就在民间广为流传。那么,从民俗信仰的传承性而言,作为承上启下的汉代,民间应该仍有蚕马神话在流传。因此,笔者认为,山东、徐州等地汉画石中的马头神就是汉代的蚕马神话形象。此类画像弥补了有关汉代蚕马神话文字记载的缺失。

其二,汉画所见马头神形象,其中有三位马头神出现在西王母身旁,一位出现在东王公身旁。而东王公其实就是西王母的变"性"。因此,笔者仍将上文中列举的东王公画像作为"西王母"来看待。很显然,汉画中马头神仅是西王母身旁的随从神祇之一,其神位远低于西王母。汉代人为何将马头神配置于西王母身旁呢?当我们将马头神认定为蚕神之后,这一问题就迎刃而解了。

首先,西王母本身就很可能是远古传说中的一位纺织女神。不论是半人半兽的原始形态,还是已被完全人神化的女仙形象,"胜"都是西王母图像的极其显著的标志物。作为西王母头饰的"胜",则是由古代纺织机上的一个构件——卷经线的轴演变而来的。对此,我们可从四川成都曾家包汉墓出土的一块"纺织机"画像石中得到印证:纺织机上的卷经轴之形与西王母头戴之"胜"完全一样。[①] 织机上的卷经轴古代也叫"胜"(见《淮南子·氾论训》)或"滕"(见《说文·木部》),"胜"实际上就是纺织机的代名词。西王母为何要以纺织机上的一个构件"胜"作为她头上的装饰物呢?因为西王母作为传说中的一位女性神祇,其原型恐怕就是一位母系氏族社会的女酋长(女祖先)。当最原始的桑蚕纺织业出现之后,女性一直垄断着这一行业的技术,而作为女性首领的西王母自然就是桑蚕纺织业的管理者。由教民养蚕纺织的女酋长进一步被神化成了一位"先蚕之神",而西王母头戴"胜"饰就暗示出了她曾是一位

---

① 中国画像石全集编辑委员会:《中国画像石全集·四川汉画像石》图43。

与养蚕和纺织有关的女性氏族神。另外,在河南南阳、郑州等地出土的汉代画像砖中,常见一种西王母手持"Ⅹ"形物的画像,有学者认为西王母手中持的"Ⅹ"形物也是与"胜"相同性质的纺织工具——绕线架(板)。[1] 若如此,那么西王母手执纺织工具,更进一步提高了西王母为纺织女神的可信程度。

其次,西王母又与"先蚕"嫘祖有一定的渊源关系。《山海经·西次二经》云:"昆仑之丘,是实惟帝(即黄帝)之下都。"《穆天子传》又云:"吉日辛酉,天子升于昆仑之丘,以观黄帝之宫。"黄帝之宫位处昆仑山,而西王母也是居于此处,足以显示二者之间的亲密关系。因此,有学者推测出"一个男神与一个女神住在一起,岂有不成夫妻之理"的结论来。[2] 此一推论并非毫无道理。果若如此,那么,西王母与黄帝妻西陵氏(即嫘祖)很可能就是同一神的异名罢了。何新认为:"西陵氏就是在《山海经》和汉代传说中赫赫有名的那位女神——西王母的原形。""西王母与嫘祖应是同一个神的异名分化。"[3]《史记·五帝本纪》云:"黄帝居轩辕之丘,而娶于西陵之女,是为嫘祖。"西陵氏是黄帝的妻子,又名嫘祖。而嫘祖的"嫘"字在古籍中有多种写法,如纝、纍、雷、傫等,而最原始的写法应是"纝"(或"絫"),此字从"系",即"丝"字。由是便知,西陵氏之所以被尊称为嫘祖,当因其发明养蚕缫丝之故,也正因此,后世皆以嫘祖为"先蚕"神。如宋罗泌《路史·后纪五》云:"黄帝元妃西陵氏曰傫祖,以其始蚕,故又祀先蚕。"由先蚕神嫘祖亦可间接证明西王母与桑蚕纺织之间的密切关系。

总之,西王母与桑蚕纺织之间有着千丝万缕的联系,或者可以说,西王母也是一位先蚕神或纺织女神。但是,作为先蚕神,即教民养蚕之神,显然是祖先崇拜的产物,是古人对养蚕女祖先的神化,它并非最早的、原始意义的蚕神。真正意义上的蚕神是古人对自然界中动物蚕本身实体的崇拜与神化,蚕能吐丝,古人自然认为蚕是一种神奇的动物。蚕丝可用来御寒饰体,又因蚕有功于人类,故而,人类对蚕的崇敬之情油然而生。由崇拜进而神化,蚕神便应运而出现。而远古人类心中最

---

[1] 李淞:《论汉代艺术中的西王母图像》,第265页。
[2] 王景林:《西王母的演变》,《文史知识》1990年第1期。
[3] 何新:《诸神的起源》,第51、53页。

初始的蚕神形像也就是蚕之本身。甲骨文中有"蚕"字写为"𧉧",显然是一条蚕的象形。然而,蚕虽然有功于人类而被奉为神,但实体的蚕,体形弱小纤细,若作为神像来供奉和拜祭,显然不太合适。于是,人们便借用与蚕有相似之处、又具有高大威猛形像的马来作为蚕神的替代物。因为蚕头似马头,所以,"马头蚕神"的形象便被塑造出来了。鉴此,笔者认为,从神话形象形成和演变的一般规律来看,"马头蚕神"要比"先蚕神"更为原始、古老。清马骕《绎史》卷五引《黄帝内传》云:"黄帝斩蚩尤,蚕神献丝,乃称织维之功。"也就是说,当黄帝打败蚩尤之后,黄帝与其妻西陵氏会同众大臣庆功之时,蚕神手捧蚕丝从天而降,也来为黄帝助兴。黄帝妻西陵氏从蚕神那里得到启发,从此以后便带领民众种桑养蚕,缫丝织衣。由是,西陵氏才被尊称为嫘祖,进而奉之为"先蚕神"。可以看出,向黄帝妻献丝的蚕神才是真正意义上的蚕神——马头娘。[①]至今,在四川盐亭县金鸡镇仍有嫘祖石像,高十余米,依山凿成,就在神像的左右两边还分别塑有一硕大的蚕子和一高大马头。[②] 这一塑像也证明了"先蚕嫘祖"与"马头蚕神"之间既有联系,又有区别。左边那高大的马头实际上就是"马头蚕神"的象征物,右边的蚕子即蚕神敬献给先蚕嫘祖的"蚕种"。鉴于以上的分析便可认为,汉代画像石将马头蚕神刻于西王母身旁也是有所依据的,因为西王母也曾被奉为先蚕神或纺织女神。

两汉时代,历史前进的步伐早已进入文明时期,虽然民间仍然顽强地保留着原始的蚕神传说,但文明社会形成的先蚕崇拜因被统治阶级极力推崇和宣传逐渐深入人心。而具有朴野怪异形象的原始蚕神因有悖于封建社会的伦理道德思想而被排挤在正史典籍之外,只能流落民间而成为俗文化。也正因如此,汉代典籍中不曾见到"马头蚕神"的形象,而只有完全人性化的蚕神。但汉代画像石刻非官方文化之范畴,它是民间石匠的创作品,自然会依地方的民间传说为蓝本去雕刻。这就是汉代画像石中为何会保留下原始的蚕马神形象的重要原因。同时,我们也应该看到,由于两汉统治阶级乃至民间都十分崇拜西王母,所以在汉代尤其是东汉,西王母(与东王公)已成为高高在上的众神仙之首。

---

① 袁珂:《中国古代神话》,中华书局出版社1960年版,第127页。
② 向熹:《嫘祖杂说》,《文史杂志》2001年第1期。

就连伏羲、女娲也常被刻画在西王母身旁,由此足见西王母在汉代人心目中的至尊地位。在高大的西王母形象面前,小小的蚕神也只能无可奈何地屈居为西王母的随从神祇了。

汉代人刻画蚕马神形象于墓葬之中,首先应是汉代民间祭拜蚕神风俗的反映。其次,也可能是取蚕神吐丝的象征寓意。因为我们可以看到,汉代画像石(砖)中,西王母画像旁常刻画有与西王母故事原本毫无关联的玉兔、蟾蜍、九尾狐等神兽,而这些神兽之所以被附会在西王母神话中,就是因为它们均具有长生(再生)或子孙繁昌的象征涵义。而借用"蚕丝"来象征长寿或子孙连绵不断,那是再恰切不过了。因此,汉代人便将蚕神刻在西王母身旁,以此来烘托和渲染西王母的"长生"神性。从这一点来看,西王母身边的马头神即"马头蚕神"形象的推定也是合乎常理的。

其三,从马头神画像出现的区域来看,均在黄河下游的山东及与之相毗邻的苏北徐州地区,而此一地区正是我国汉代桑蚕业最发达的地方。山东位于黄河下游,土地肥沃,气候温和,适宜发展桑蚕,所以,自古以来就是黄河流域重要的桑蚕基地。周代时,山东为齐鲁两国的封地,春秋战国时,这一地区的桑蚕业就已很发达。据《榖梁传》记载:齐桓公十四年,"王后亲蚕,以供祭服"。《管子》亦载:齐相管仲曾向齐王建议,要对熟悉蚕桑林木和能治蚕病者给予奖赏和特殊优待政策。由此可知,齐统治者是极重视桑蚕生产的。"齐纨鲁缟"则是当时最为名贵的丝织品,《战国策》中就有"强弩之末势而不能穿鲁缟"的著名句子,而齐国更有"冠带衣履天下"的美誉。秦朝时宫廷所用的丝织品也是产于山东的"阿缟"。两汉时代,这一带的桑蚕纺织业更得了迅猛的发展。《史记·货殖列传》云:"齐带山海,膏壤千里,宜桑麻,人民多文彩布帛鱼盐。"《汉书·货殖传》也云:"齐、鲁千亩桑麻。"山东嘉祥县武氏祠画像石"秋胡戏妻"画像中就有秋胡妻采桑的场景[①]:右一桑树枝叶繁茂,桑树上挂一采桑叶所用的筐,秋胡妻左手执勾具采桑的同时又回首左顾身后的秋胡。画中的桑树与秋胡的身体等高,显然是人工精心栽培的地桑,这种桑因产于鲁地,所以史书中称"鲁桑"。晋《古今注》云:"汉元帝永光四年,东莱郡东牟山有野蚕为茧,收得万余石,民人以为丝

---

① 朱锡禄:《武氏祠汉画像石》图8。

絮。"这表明,除了饲养的家蚕外,山东一带还发展了利用柞树等饲养的柞蚕。也正是因为蚕业生产的普及,为纺织业提供了充足的原料,从而促使山东一带纺织业的迅速发展。临淄、定陶、亢父(今济宁市郊区)等地均是山东重要的纺织手工业基地。其产品远销全国,甚至国外。据《汉书·地理志》记载,汉代在全国设置专门监制官廷使用丝织品的"服官"两处,而齐郡的临淄就是其中之一。《汉书·贡禹传》载:"方今齐三服官作工各数千人,一岁费数巨万。"可以想见,当时齐地官营丝织业的规模之大。除此而外,山东一带的私营纺织业的发展更是盛况空前,我们仅从目前发现的"纺织"画像石中就可略见一斑。据不完全统计,全国目前共发现有纺织图像的画像石近二十块,而以山东发现的数量为最多,主要集中在山东西南部的嘉祥、长清、济宁等地,约占总数的一半以上。而与山东西南部相接壤的苏北徐州地区因两地同属一个自然区域,地理、气候条件相似,所以徐州也是我国古代重要的桑蚕纺织产地。早在春秋战国时期,徐州产的玄纤和缟等丝织品就已闻名全国。在这一带发现的纺织画像石的数量之多仅次于山东,在徐州的铜山、沛县、泗洪等地均有发现。由此亦不难想见,这里在两汉时代仍然是我国重要的纺织手工业中心。

总之,山东及南邻的苏北徐州地区自东周至两汉一直是我国黄河流域最重要的桑蚕纺织生产中心之一。不仅有史料记载,更有出土于此地区的纺织画像石可以作为有力的证据。这一历史实事也是我们认为山东、徐州汉画中马头神即蚕马神话形象的重要理由之一。当我们了解了这一历史事实之后,便不难理解为什么山东、徐州汉画中会刻画蚕神的形象了,因为愈是蚕业发达之地区,其民信仰蚕神的风俗就愈彰显。汉画中刻画蚕神之像,正是当地民间祭拜蚕神习俗的反映。

四川成都平原是我国古代长江上游地区最发达的桑蚕纺织业基地。成都百花潭出土的嵌错宴乐水陆攻战纹铜壶上就有女子采桑的图像,它表明春秋战国时期成都平原一带就已是重要的桑蚕产地。降至两汉魏晋时期,四川的桑蚕丝织业更得到了长足的发展,西汉文学家扬雄的《蜀都赋》赞美成都产的蜀锦为:"自造奇锦,纰、缣、缍、绚(均为蜀锦的名称)……绵茧成衽,阿丽纤靡。"成都产的蜀锦闻名全国,所以古时成都又被人们美誉为"锦官城"。《盐铁论·本议》篇有"齐陶之缣,蜀汉之布"之说,由此可知,当时四川的纺织品可与山东齐名。晋左思的《蜀都赋》仍描写成都是"机杼之声彼此相闻"。另外,在四川还出土过"桑园野合"画像砖及纺织画像石。所有这些文字和画像均表明,四川成都平原也是我国古代桑蚕纺织业的产地之一。

也正是因为四川很早就是我国古代蚕织业的发达地区之一,所以巴蜀的早期历史、神话等诸多方面均与蚕桑有关。四川古代被称为巴蜀之地,今日四川省的简称仍为"蜀"。上文我们已经分析了"蜀"字的结构,认为它是古代马头蚕神的形象。更有学者认为,甲骨文中提到的"蜀"方国就在今四川成都平原一带。《说文》云:"巴,虫也,或曰食象蛇,象形。""巴"字的小篆写作"巴"。有学者认为"巴"字也即"蚕(虫)"之象形。不仅巴蜀之名与蚕有关,另外,据古籍记载,古蜀国也是以蚕桑立国的,传说第一代蜀王蚕丛氏最早教民种桑养蚕,所以四川古代人民奉蚕丛氏为蚕神,又称"青衣神"。《集说诠真》引《重增搜神记》云"青衣神即蚕丛氏也。按传,蚕丛氏初为蜀侯,后称蜀王,尝服青衣巡行郊野,教民蚕事。乡人感其德,因为立祠祀之,罔不灵验。俗皆呼之曰青衣神。"蚕丛氏是蜀人的祖先,被蜀人奉为先蚕,仅为蜀的地方性蚕神。同时,古代蜀人还尊奉黄帝妻嫘祖为先蚕。至今四川盐亭县境内还有不少与嫘祖相关的地名,如嫘村山、嫘祖坪、嫘祖穴、嫘轩宫、西陵寺等。因此,有学者认为,嫘祖的出生地似乎就是四川。① 盐亭至今尚保存着一座嫘祖巨型石雕像。种种史迹表明,四川一带不仅桑蚕业发达,而且蚕神信仰也极为盛行。

除了以上提及的蚕丛氏和嫘祖两位先蚕神外,四川民间更流行祭拜"马头娘"的风俗,并且据传说马头娘的祖籍就在四川。如《古今图书集成·神异典》卷三四云:"唐《乘异集》载:蜀中寺观多塑女人披马皮,谓之马头娘,以祈蚕事。"《太平广记》卷四七九"蚕女"条引《原化传拾遗》云:"蚕女旧迹,今在广汉……今家[冢]在什邡、绵竹、德阳三县界。每岁祈蚕者,四方云集,皆获灵应。宫观诸化,塑女子之像,披马皮,谓之马头娘,以祈蚕桑焉。"又据四川德阳县志记载,清朝同治年间,当地尚保存有蚕女庙及墓祠。② 由此可知,魏晋、隋唐乃至明清,四川一直保留着祭拜"马头娘"的风俗。那么,马头娘这一神话传说是否也会在四川

---

① 向熹:《嫘祖杂说》,《文史杂志》2001 年第 1 期。
② 袁珂:《中国神话传说词典》"蚕女庙"条,第 318 页。

出土的汉晋画像石（砖）中有所反映呢？目前尚未在四川发现类似山东和徐州画像石上的那种马头人身像的蚕神形象。但笔者认为，在四川出土的魏晋南北朝时期的画像砖中，却有完全人形化的蚕女马头娘的神话形象。在高文、王锦生编著的《中国巴蜀汉代画像砖大全》一书中有这样一幅画像①：画中有一匹马从高处飞奔而下，马上乘一人裸体，身材瘦弱纤细，头梳双髻，脑后长发随风飘飞，臂生羽毛，应为一女性神仙，她右手握住马疆绳，左手前伸，手中持一束丝线之物（图5-4）。原书作者释此神人为神荼或郁垒（门神）。笔者认为欠妥，因为从画像特征来看，它与门神毫无相干之处。只有将此

图 5-4

画像中骑马者认定为"蚕女神马头娘"才解释得通，画中的马即蚕马之形。因蚕头似马头，所以古代的蚕神往往与马神同形，如《三才图会》云："蚕神，天驷也。天文辰为龙，蚕辰生，又与马同气，谓天驷即蚕神也。"《月令广义·春令》则云："春祭马祖。"《周礼》注："天驷星。"由此便知，在古代典籍中，蚕神、马神之名往往是混同的。"天驷星"即东方苍龙七宿中的房星，它有时指马神，有时又指蚕神。另外，古人同时称马神和蚕神为"马明王"。所以，笔者认为，画中之"马"非马，而是蚕神的形象。乘马者即蚕女神马头娘，她手中所持之物应是一束蚕丝，是其蚕女神身份的标识物。虽然汉画像石上的马头娘是半人半马的形象，但自魏晋以后，民间传说中的马头娘已不再是这种原始朴野的形象。从史料记载来看，四川一带的蚕女庙中所塑之蚕神已演变为完全的人神形象，人与马相分离，仅保留了一张马皮作为蚕神的披饰物以此来标明马头娘的身世来历。我们也可从魏晋时期流传的关于"马头娘"的传说中看到，其中已掺入了文明时代人类的思想意识和伦理道德观念。人与马（实指蚕）异类，根本不可能婚配。但在人兽不分的原始时代，"人兽合体"的现象在人类低级的思维中是普遍存在的客观事实，他们不仅不以与兽结合为耻，反而为荣。汉画中的"马头人身"像就是这种产生于人类原始时代的蚕神形象的遗存。后世民间流传的马头娘传说虽然不是原始的神话面貌，但其内核却是相当古老的。仅从保留的"马

---

① 高文、王锦生：《中国巴蜀汉代画像砖大全》图217。

头娘"之名就足以显示出此神话产生时代的原始性。

四川是我国道教的一支——五斗米道的发源地,道教曾利用当地关于马头娘的民间传说,将神话传说中的蚕神改造为道教神女之一,并称蚕神女是受太上之命担任了九宫仙嫔之职。如《太平广记》卷四七九"蚕女"条引《原化传拾遗》云:"忽见蚕女,乘流云,驾此马(即蚕马),侍卫数十人,自天而下,谓父母曰:'太上以我孝,能致身,心不忘义,授以九宫仙嫔之任,长生于天矣,无复忆念也。'"鉴于此,各地道观中也常塑蚕女之像,道教对蚕女神信仰在民间的广泛传播和世俗化,起到了推波助澜的作用。随着道教的兴盛和印度佛教的传入,民间信仰中的马头娘更加人神化和仙人化,原来朴野的马头娘之名称也被篡改为"马明王"或"马明菩萨"。与此种事实正相符合,四川魏晋画像砖上的蚕女神也由原始的马头人身演变为乘蚕马驰骋于天际的女仙人。自魏晋之后,马头娘那原始怪异的马头人身形象便被历史的尘埃所湮没了,代之而出的则是马头娘的新形象——乘马或披马皮的年轻女子。于此便不难看出,马原来是马头娘身体的一个有机组成部分,后来演化为她的随身附属物——座骑或衣披饰物。于是,一年轻女子和一匹马相组合的画像便成为后世马头娘的特定艺术形象(图5-5)。

图 5-5

从以上的分析可以看出,虽然四川汉画像石(砖)中不曾见到马首人身的原始马头娘形象,但稍晚于东汉的魏晋南北朝时期的画像砖上却发现有完全人神化的马头娘形象。二者的承袭、演变关系一目了然。起源甚古的"马头娘"神话形象由怪异朴野的"人马合体形",随着人类社会文明的不断进步而最后衍变成了"人马相属形"。

通过以上的考证和论述,我们完全有理由确信汉晋画像石(砖)中有蚕神的形象。山东和江苏徐州汉画像石中的马头神画像再现了原始的蚕马神形象,这是极其难得的,它让今人得以目睹马头娘的古老神话面貌。四川魏晋画像砖中的"蚕女神乘马"画像,则让我们更加直观清晰地看到了马头娘神话形象的演变轨迹。这些蚕神画像对研究我国古代桑蚕生产史和蚕神崇拜习俗具有弥足珍贵的图像史料价值。

第二节 牛神图像

　　牛被奉为神灵,当源于原始社会万物有灵信仰时期的图腾崇拜。《说文》云:"物,万物也,牛为大物,天地之数起于牵牛,故从牛,勿声。"仅从"物"字的造字本义便不难看出,当野牛被驯化为家畜之后,因其在人类生活、生产中的作用日渐重要,社会地位也随之被极大地提高,人类对牛的崇拜意识更加强化。相应地,牛的神性也随之日益复杂,牛已由原初单纯的一种图腾动物渐次衍变为身兼农神、战神、水神及财神等众多职司的神祇。在人类对牛的崇拜与神化的过程中,与牛相关的神话传说与神话形象便不断地被演绎和塑造出来。牛最终由自然界中一种极普通的动物演变为具有超自然力、集诸多神性于一身的神灵,并受到人类世代的膜拜。本节仅选取汉画中一些与牛相关的画像略作论述,以探讨我国古代的牛崇拜习俗。

　　人类对牛的神化最早源于原始社会的牛图腾崇拜。自然界中的野牛体大身壮、性情狂燥暴烈,就是一些大型的食肉动物如狮、虎等想捕食到它,也不是一件轻而易举的事情。而牛身上最奇特且最具威慑力的东西,就是那头上的一对坚固而又犀利的犄角,它好似两把锋利的宝剑,是牛抵御其他动物甚至人类的有力武器,与牛为敌的动物或人类时常会被牛角抵伤乃至刺死。因此,在原始人类的心目中,牛角是最令人恐慌和敬畏之物,古人崇拜牛,最重要的就是对牛头上的双角的崇拜。甲骨文中的"牛"字写为"Ψ",正是一个突出双角的牛头之像。面对比自己强悍得多的野牛,原始人类心目中自然会产生敬畏与崇拜之情。为了能猎获到更多的野牛,同时又不至于被野牛伤害,人类便奉野牛为本氏族的保护神并拜祭之,于是便产生了最早的牛图腾神。在对牛图腾的祭拜活动中,人们会装扮成牛的形象和模仿其动作,牛头面具自然便成了图腾舞蹈中的典型道具。这种源于图腾舞蹈的牛头面具后来被巫师们代代传承下来。牛角的神力也随之被日益强化和夸大。在河南、湖南等地出土的战国铜匜上就刻画有巫师头戴牛角面具祭天的画像。① 后代巫师头戴牛角的形象,除了残留有图腾的痕迹外,更重要的是古人普遍认为牛或牛角具有沟通人神的巫术功用。早在商周时代,统治阶级在祭天祀神的礼仪活动中,所使用的祭品称"牺牲",此二字皆从"牛",祭礼又分为"太牢"和"少牢"。按《周礼》,天子祭祀时才能用牛、猪、羊三牲齐全的"太牢"之礼,而诸侯只能用"猪"、"羊"二牲的"少牢"。在专用于祭祀的青铜礼器上,还常铸刻有犄角双突的牛头纹饰,同时还用牛骨作为占卜吉凶的工具。凡此种种,均证明了牛在古人心目中具有协助巫觋沟通人神和天地的奇异神性。在陕北、山东等地的汉代画像石中,我们可以看到头戴牛头面具的巫师之像。如陕北一画像:画中一人双手合抱于胸前,赤足站立,头戴牛头面具,其上刻有伏羲,手持矩;其下刻一人拱手端坐(图5-6)。② 山东汉画中亦有类似的画像:上格刻伏羲执矩,下格为一头戴牛角之人,牛角之间画有一日轮,戴牛角之人双手于胸前抱一月轮,月内刻蟾蜍(图5-7)。此画像上边还刻着极有价值的榜题铭文,虽然有些字已漫漶不可尽识,但其中可辨认者有"戴日抱月,此上下……圣人也……"③。画像与铭文相互印证,不难看出画中头戴牛角之人是一位能交通上下、协调阴阳的神圣之人。由此可见,只有当巫师头上戴了牛头面具(或牛角)这种法器之后,才会从一位凡人摇身一变成为具有沟通神人的"圣人"。也就是说,巫师的神秘法力源于牛身的阴阳合体神性。

图 5-6

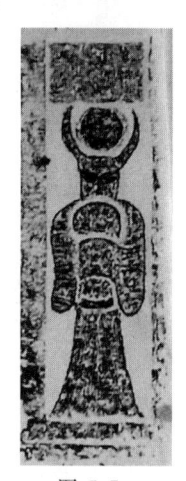

图 5-7

《淮南子·时则训》注:"角,木也。位在东方也。"角在古代天文星象中属于东方苍龙七宿中的第一宿,它是苍龙七宿的代表,角宿为龙

---

① 陶思炎:《牙角文化探幽》一文插图七《战国铜匜残片》,《民间文学论坛》1991年第6期。

② 绥德汉画像石展览馆编:《绥德汉代画像石》图4,陕西人民美术出版社2001年版,第18页。

③ 山东省博物馆等:《山东汉画像石选集》图426。

头,主春,属阳性。《经籍纂诂》卷九二引《白虎通·礼乐》云:"角者,跃也。阳气动跃。"牛角质地坚硬,又能再生,自然也是阳性之物。然而,古人又认为牛为土属,是大地的象征或大地的载体。牛属阴性,是土地与下方的象征。《周礼·地官·大司徒》"奉牛牲"注云:"牛,能任载地类也。"《后汉书·礼仪中》云:"是月也,立土牛六头于国都郡县城外丑地,以送大寒。"《月令章句》曰:"是月之建丑,丑为牛。寒将极,是故出其物类形象,以示送达之,且以升阳也。"由此可知,汉代人仍以牛为阴性动物。在陕北、晋西北出土的汉画像石中,就常见到牛首人神像与鸡首人神像相对应的画像(图5-8)。① 鸡为鸟类,又是东方太阳神之象(扶桑树上的天鸡),因此,鸡神自然为阳性之物,很显然,与鸡神相对应的牛神理应是阴性之物象。况且还有东王公与鸡神相配,西王母与牛神相配的画像作为

图 5-8

旁证。正是因为牛角呈阳性,而牛身具有阴性,从而使牛成为一种阴阳合体的奇异动物。《汉书·郊祀志》云:"后人复有言:'古天子常以春解祠,祠黄帝用一枭……泰一、皋山山君用牛;武夷君用干鱼;阴阳使者以一牛。'"孟康注:"阴阳使者"为"阴阳之神也"。正是因为在古人心目中牛具有阴阳合体的神性,所以巫师要头戴牛头面具,以此借用牛的神性来增强自身的巫术法力。巫师不仅要装扮成牛神,有时还会使用牛角作为法器,因为角属阳性,自然可以退避一切阴气之属的鬼祟,所以牛角便具有了辟邪之神力。在南阳汉代画像石中,"逐疫升仙"画像极为常见。就在这些画像中,往往会出现一位手持牛角狂呼奔走的"方士"之像。巫师用牛角作为法器,在我国南方最为常见。法器牛角号多为水牛角,一尺来长,角口镶牛皮,是巫师发号施令的工具,它不仅可以招鬼送魅,更能吹开天门地户,招使天兵下降。② 因此,汉画中"方士"手中

---

① 中国画像石全集编辑委员会:《中国画像石全集·陕西、山西汉画像石》。
② 张紫晨:《中国巫术》,上海三联书店1990年版,第44页。

所持的牛角，也应是巫师使用的一种法器（图5-9）。将牛角作为巫术的工具，也是古人崇拜牛角的一种具体表现。

图 5-9

牛也具有辟鬼的功用。《山海经·西次四经》云："邽山，其上有兽焉，其状如牛，蝟毛，名曰穷奇。音如獆狗，是食人。"《后汉书·礼仪中》云："穷奇、腾根共食蛊。"驱逐邪祟恶凶的神兽穷奇状如牛形，即是牛能避邪这种宗教信仰的一种神话意像。河南新野画像砖上有一幅画像①：上刻一神人牵一虎站立，此神人当为门神之象，所牵神虎用以食鬼；下刻一牛形动物，浑身长满长毛，疑即汉代大傩仪礼中用以驱鬼的十二神兽之一的穷奇。再如另一幅画像：画中刻一熊，作人立状，当为打鬼头目方相氏；画右刻一神虎；画左是一头牛。牛与方相氏（熊）、虎（能食鬼的神虎）共处一画中，其所具有的避鬼神性更是不言而喻了。② 在南阳汉代画像石墓的墓门上亦可见到刻有牛的形象。③ 这种作为"守门神"而出现的牛同样具有辟鬼的巫术意义。牛能辟鬼的宗教习俗至今仍在河南南阳一带的民间广为流传。据说，当人们在夜间独自行路时，若随身牵上一头牛，就不怕鬼怪的袭扰了，因为鬼惧怕牛。这种民间信仰正是汉代牛崇拜观念的一种遗绪。在山东汉画像石中，常见有一种奇特的车骑出行图（图5-10）：领队的车辆不是速度最快、最能显示身份与地位的马车，而是等级较低的牛车。④ 另外，跟随牛车之后的，除了马车外，还有鹿车或羊车，而现实生活中，鹿车或羊车作为交通工具的现象是极其罕见的。在汉代，鹿与羊一般都被认为是一种充满灵性的吉祥动物。这样的车辆编队很显然不是现实生活的再现。再看这种车骑出行图几乎都与西王母共处一块画像石上，画像的最上格往往是西王母

---

① 赵成甫主编：《南阳汉代画像砖》图166。
② 赵成甫主编：《南阳汉代画像砖》图174。
③ 刘兴怀、闪修山：《南阳汉代墓门画艺术》扉页插图《白虎·铺首衔环·牛》。
④ 山东省博物馆等：《山东汉画像石选集》图281、图336等。

图 5-10

为主神的昆仑仙境内容。鉴于此,笔者认为,这类以牛车为领队的车骑出行队伍应是墓主人灵魂升仙、朝见西王母的虚构图像。升仙车队的前边之所以要用牛车,是因为牛具有辟鬼驱邪的神性。时至今日,山东的民间仍遗存有神牛食鬼的风俗观念。如在山东长岛县一带的端午节俗中,人们把牛形的剪纸贴在门户上,并写上如下文字:"我是天上老黄牛,到人间来不吃草,但吃五鬼子头。"①

在长生不死、得道升仙思想泛滥成灾的秦汉时代,牛与许多动物一样,因其具有神秘的宗教属性而被看做祥瑞之兽,甚至被尊奉为仙界之神。在南阳汉画像砖中,可见到牛与熊、虎及蟾蜍等神异灵兽于"天门"、"金阙"中共舞(图 5-11)。② 又可见到山东汉画像中的神牛呈现出人首牛身的怪异之像,且与人首虎身的神虎及象征吉祥的羊头共处一

图 5-11

画中。③ 山东汉画像中不仅有人骑牛、羊及鹿等瑞兽升仙的画像,④亦有肩生羽翼的仙牛与羽人一起在祥云上飞奔的图像。据传说,牛曾是道家仙人的坐骑。《古小说钩沉》辑《王浮神异记》云:"丹丘出大茗(仙茶),服之生羽翼。""余姚人虞洪,入山采茗,遇一道士,牵三青牛,引洪

---

① 范芝铃:《长岛县端午节俗调查》,《民俗研究》1998 年第 3 期。
② 赵成甫主编:《南阳汉代画像砖》图 187。
③④ 山东省博物馆等:《山东汉画像石选集》图 573、图 14。

至瀑布山,曰:'吾丹丘之子也……'"同书又辑《列异传》云:"老子西游,关令尹喜望见其有紫气浮关,而老子果乘青牛而过。"晋葛洪《神仙传》卷十云:"封君达,陇西人,幼学道,入鸟兽山采药,百余年还乡里,如二十许人。常驾一青牛,人莫知其名号,因号青牛道士。"山西离石出土的汉画像石中还可见到神人乘仙牛漫游仙境的形象。①

在牛被看做瑞物仙兽的同时,牛在被神化的过程中也逐渐呈现出人格化的特征。汉画中的神牛不仅有纯动物的形象,亦有半人半兽的组合形体,而最常见的就是牛首人身之像,如山西离石汉画中有守护天梯神树的牛首人身像。②陕北汉画中有端坐于天梯神树之顶端的牛首人身像,③山东、苏北(徐州)等地汉画中有牛首人身像侍立于西王母或东王公身旁的画像。④诸如此类人性化特征甚为鲜明的牛神画像,充分表明了汉代人对牛的神化日趋人格化。随着牛神人性的强化,其所呈现出的社会属性与职能也渐趋复杂。

牛是我国传统农业生产中的重要耕畜。早在春秋战国时代,我国就已开始使用牛作为耕地的畜力。《国语》云:"宗庙之牺为畎亩之勤。"原来牛仅作为宗庙祭祀的牺牲,现在可以用在田间耕地了。又据出土文物证明,战国初期,铁制犁具已开始在农业生产中使用。因此,可以肯定,春秋战国时期我国的农业就已开始由原来的以耒耜为主要农具的手耕阶段,进入到以铁制工具为主要农具的犁耕时期。至两汉时代,铁制工具及牛耕方式在全国更得到了普遍的推广。先进的犁耕农业技术的发明与应用,是我国古代农业发展史上的一次飞跃,具有划时代的伟大意义,并在我国传统农业中产生了深远的影响。至今,在我国许多农村牛耕仍然是主要的耕作方式。

正是因为牛被广泛地应用于农耕生产之后,农业经济得到了前所未有的发展,所以,人们更加崇拜牛,并奉牛为农耕之神。据神话传说,神农氏就是"牛首人身"之形。《艺文类聚》引《帝王世纪》曰:"炎帝神农

---

①② 山西省考古研究所等:《山西离石马茂庄东汉画像石墓》,《文物》1992年第4期。

③ 中国画像石全集编辑委员会:《中国画像石全集·山东汉画像石》图107。

④ 山东画像石中的牛首人身像见《山东汉画像石选集》图217、图228。苏北汉画中的牛首人身像见李淞《论汉代艺术中的西王母图像》第126页59和第171页图90(局部)。

氏，姜姓也，人身牛首，长于姜水，有圣德，都陈，作五弦之琴，始教天下种谷，故号神农氏。"炎帝之所以被尊为"神农"，是因为他首先发明了农业，而古代传统农业生产的发展是以牛耕为基础的，因此可以说，牛是创造古代农业文明的伟大功臣。鉴于此，古人便塑造了一位"牛首人身"的农神炎帝形象。两汉时代，统治阶级对农神的祭祀极为重视。《后汉书·祭祀下》云："县邑常以乙未日祠先农于乙地。"《后汉书·礼仪上》云："正月始耕。昼漏上水初纳，执事告祠先农，已享。"注引《汉旧仪》曰："春始东耕于藉田，官祠先农。先农即神农炎帝也。祠以一太牢，百官皆从，大赐三辅二百里孝悌、力田、三老帛。"

那么，在汉代人的心目中，神农炎帝又是一个什么样的形象呢？山东武氏祠汉画中就有神农之像：人形，手持农具耒，低首作翻土状。画像左边有榜题文字为："神农氏因宜教田，辟土种谷，以振万民。"① 传说耒耜农具就是炎帝发明的。如《周易集解·原序》曰："神农氏作，斫木为耜，揉木为耒，耒耨之利，以教天下。"徐州汉画像石中亦有一幅炎帝之像：画像左上方一农夫装扮之人，头戴斗笠，身披蓑衣，赤足，一手持耒耜，一手牵凤凰（图5-12）。② 《淮南子·时则训》云："南方之极……赤帝、祝融之所司者万二千里。"高诱注："赤帝、炎帝，少典之子，号为神农，南方火德之帝也。"凤凰即朱雀，南方之神鸟，火

图 5-12

德之象。作为炎帝的后裔，楚人仍崇拜凤凰为"火凤凰"。因此，徐州汉画中那持耒耜、手牵凤凰之人应是炎帝神农之像。此炎帝虽然仍是人形，但在炎帝下方却刻画了一头牛，牛肩生羽翼，口衔仙草，显然是一头神牛。此画像多少显示出了炎帝与牛之间的一种密切关系。以上列举的两幅炎帝像均是完全人格化之后的炎帝形象。那么，更为古老的、"牛首人身"形的炎帝像在汉画中是否可以见到呢？

在陕北、晋西北、山东、苏北及安徽等地的汉画中均有一种"牛首人身"的神怪形象，这种形象常与鸡首人身像呈相互对应的关系。另外，

---

① 朱锡禄：《武氏祠汉画像石》图1。
② 徐州博物馆：《徐州汉画像石》图90。

在甘肃河西地区的晋墓中也常见有此类画像被刻画在墓门入口处照墙的壁砖上。陕北汉画中的牛首人身和鸡首人身像与西王母、东王公一样端坐于一种神树（或为神山）之巅（图5-13）。也正因此,有人曾将这类形象误释为"鸡首西王母、牛首东王公"①。但这种说法显然是错误的,因为晋西北的同类形象分别被安排在西王母与东王公图像下方（图5-14）。而山东、苏北区的同类形象拱手面向西王母（或东王公）。还有人认为,鸡首人身与牛首人身可能是"天门"神的形象,②但古代传说中的天门神从未见有类似的形象。所以,这种观点也是一种没有根据的推测而已。笔者认为,汉画中的鸡首与牛首二神像的出现当与秦文公时发生在秦国的两件带有神秘色彩的"重大历史"事件有着密切的渊源关系,这两件大事即"得陈宝"和"伐南山大梓,丰大特"。《史记·秦本纪》云："十六年,文公以兵伐戎,戎败走。于是文公遂收周余民有之,地至岐,岐以东献之周。十九年,得陈宝。二十年,法初有三族之罪。二十七年,伐南山大梓,丰大特。"

图 5-13

关于"得陈宝"之事,《正义》引《晋太康地志》云："秦文公时,陈仓人猎得兽,若彘,不知名,牵以献之。逢二童子,童子曰：'此名为媦,常在地中,食死人脑。'即欲杀之,拍捶其首。媦亦语曰：'二童子名陈宝,得雄者王,得雌者霸。'陈仓人乃逐二童子,化

图 5-14

---

① 中国画像石全集编辑委员会：《中国画像石全集·陕西山西汉画像石》。
② 赵吴成：《河西墓室壁画中"伏羲、女娲"和"牛首人身、鸡首人身"图像浅析》,《考古与文物》2005年第4期。

为雉，雌上陈仓北阪，为石，秦祠之。"《正义》又引《括地志》云："宝鸡在岐州陈仓县东二十里故陈仓城中。"《史记·封禅书》云："（秦）文公获若石云，于陈仓北阪城祠之……命曰陈宝。"《汉书·郊礼志》也云："文公获若石云，于陈仓北阪城祠之……以一牢祠之，号曰陈宝。"陈仓即秦时的陈仓县，在今陕西宝鸡市东。宝鸡市这一地名就是因这一传奇事件而得名的。那么，秦人在陈宝祠（又称"宝夫人祠"）中所祭祀的宝鸡神肯定有一种具体的形象。从以上所引文献来分析，最初的宝鸡神可能就是一块外形略像母鸡的石头而已。但到了汉晋时，可能人们又进一步把宝鸡神塑造成了一个鸡头人身的形象。如扬雄《校猎赋》云："罼车飞扬，武骑聿皇，蹈飞豹，追天宝。"颜师古曰："罼车，毕罼之车也"。应劭注曰："天宝，陈宝也。"晋灼曰："天宝，鸡头而人身。"据《汉书·郊祀志》记载，至西汉后期，官方仍沿袭着秦人的祭"陈宝"之礼。鉴于此，笔者认为，汉画中的鸡头人身像即秦汉人所奉祀的"宝鸡神"。

关于"伐南山大梓，丰大特"事件，《史记·秦本纪》之《正义》引《录异传》云："秦文公时，雍南山有大梓树，文公伐之，辄有大风雨，树生合不断。时有一人病，夜往山中，闻有鬼语树神曰：'秦若使人被发，以硃丝绕树伐汝，汝得不困耶？'树神无言。明日，病人语闻，公如其言伐树，断，中有一青牛出，走入丰水中。其后牛出丰水中，使骑击之，不胜。有骑坠地复上，发解，牛畏之，入不出，故置髦头。汉、魏、晋因之。其都郡立怒特祠，是大梓牛神也。"《正义》引《括地志》云："大梓树在岐州陈仓县南十里仓山上。""特"即公牛，秦人在怒特祠中所供祭的大梓树神应是一头愤怒的公牛形象。《史记·秦本纪》"索隐述赞"云："襄公救周，始命列国。金祠白帝，龙祚水德。祥应陈宝，妖除丰特。里奚致霸，卫鞅任刻。"也就是说，秦宝鸡是祥瑞之物，而走入丰水中的公牛则是妖怪的化身。秦人所谓的除妖牛得宝鸡应是称霸西戎的祥瑞之兆。那么，大梓树神幻化出的妖牛理所当然是戎羌人所崇拜的图腾祖先神。秦人建怒特祠的目的主要是惧怕大梓牛神出来捣乱，同时也是为了缓和民族矛盾即笼络西羌人。至汉晋时代，怒特祠中的大梓树神与陈宝祠中的宝鸡神一样也由牛形变成了牛头人身的形象。

另外，从牛首人身像分布的范围来看，可以划分为陕北、晋西北和山东、苏北两大东西对应区，两大区域的牛首人身像从数量与地位上分析，明显呈不平衡状态。西区的牛首人身像数量多且地位高，尤其是陕北汉画。而东区的数量相对较少,且地位低(为西王母的侍从神之一)。总之,牛神信仰最早应出现在西北的戎羌地区。汉画牛首人身像正是基于戎羌人的牛图腾崇拜观念而产生的图画艺术,山东、苏北区的崇牛习俗,显然是随着古代西羌人部分东迁而传入的。由于古代东夷各民族中普遍流行鸟崇拜,所以,山东、苏北汉画中的鸟身人首、鸟首人身或鸡首人身画像的数量远远多于牛首人身像(嬴姓秦人为西迁的东夷族后裔,故以鸡为祥瑞之物而祭之)。

众所周知,传说中的神农氏炎帝曾是一种牛首人身的怪异形象,而这种人牛合体的形体特征无疑表明了炎帝族曾经是一个崇拜牛的氏族。同时,炎帝又以姜字为姓,而甲骨文中的"姜"字写为"🐑","羊"字甲骨文又写为"🐑",似一羊头的象形,"女"字写为"🐑",像一位跪坐的人形。很显然,"姜"字就是羊头与女人身结合在一起的一个象形文字符号。据此不难看出,炎帝族又是一支崇拜羊的游牧民族。《帝王世纪》云:"炎帝神农氏,姜姓也。母曰任姒。有乔氏之女,名女登,为少典妃,游于华阳(华山之南),有神龙首,感女登于常羊,生炎帝。人身牛首,长于姜水,因以姓焉。"《国语·晋语》云:"昔少典氏娶于有蟜氏,生黄帝、炎帝。黄帝以姬水成,炎帝以姜水成。成而异德,故黄帝为姬,炎帝为姜。"古代的姜水就是今日陕西南部渭水流域的一支流。姜水发源于岐山,西周先妣姜嫄与炎帝同姓,周人的发祥地——周原就在岐山下的姜水畔。《左传》哀公十九年:"炎帝为火师,姜姓其后也。"姜嫄自然也就是炎帝的后裔。《史记·周本纪》云:"周后稷,名弃。其母有邰氏女,曰姜原。姜原为帝喾元妃。姜原出野,见巨人迹……践之而身动如孕者。居期而生子,以为不祥,弃之……姜原以为神,遂收养长之。初欲弃之,因名曰弃。"这种具有神话色彩的历史传说故事源于"只知其母,不知其父"的母系氏族社会。周人只知道他们最古老的女始祖是姜嫄,周人的男姓始祖弃无父而生,周弃实际上只能从母姓,所以,周弃应为"姜弃"。《史记·周本纪》云:"(弃)及为成人,遂好耕农……帝尧闻之,举弃为农师,天下得其利,有功。帝舜……封弃于邰,号曰后稷,别姓姬氏。"从弃成人后好农耕、五谷的传说中,也可以看出他继承了祖先神炎帝神农氏的血统与神职。至于周人由姜姓改为姬姓的原因,传说是帝舜赐给周人的姓,为了与母族的姜姓相区别,但实际上应是到了父系社会,周人改随母姓为随父姓(姬姓)之故。于是,姜弃便成了姬弃。毫无疑问,周人实际上是炎帝族的后裔,而姜姓的炎帝族也就是我国古代西北地区的游牧民族——羌族的一支。

甲骨文中的"羌"字写为"𦫿",即羊头人身之象形,此亦表明羌族曾经以羊为图腾崇拜物。《说文》云:"羌,西戎牧羊人也。"从字形分析可知,"羌"、"姜"二字同源,或认为羌是族徽,姜是羌族女子的姓号。羌族在我国西北是一个较强大的民族,它主要分布于今日的甘肃、青海、陕西、西藏及新疆等广大的西北地区。东汉时,居住在陕北一带的全无羌、沈氐羌、牢姐羌及虔人羌等羌人的数支曾反叛汉王朝举行起义,后被汉军所镇压。① 由此可知,陕西一直是羌族人的主要活动区域。尽管我国不少民族中都存在过牛崇拜习俗,但牛神信仰最早应出现在西北的羌族地区。而牛首人身的炎帝最初是传说中的羌人祖先神,后来因姜姓炎帝族与姬姓黄帝族之间的通婚与战争而相互融合后,与黄帝一起才成为华夏各民族共同的始祖。鉴于此,笔者认为,陕北汉画中的牛首人身像当源于古羌人所崇拜的祖先神炎帝。羌族以饲养牛、羊等动物的游牧业为主要的生产方式,因而,他们所崇拜的图腾动物主要是牛和羊。相应地,他们的祖先神炎帝也便具有了牛头人身的形象和"羊头女人身"的"姜姓"。另外,在近现代的羌族民间习俗中,每年的十一月一日要在牛王庙内祭拜牛王菩萨以保护耕牛平安。当牛耕农业逐渐发展起来之后,牛在农业生产中的作用日益显著,原为羌族始祖神的牛神炎帝也随之增添了另外一种新神职——农神。

古人将农神炎帝塑造成一位半人半牛的人兽合体形象,正体现了牛在农耕生产中的重要性,汉画中的牛首人身像实际上就是羌人的早期牛图腾祖先信仰与后期的耕牛崇拜意识相互融合的产物。

牛体壮彪悍,犄角坚硬犀利,尤其是充满野性的成年公牛,常常以角相抵而戏斗。汉画中不仅有二牛相斗的画像,更有牛与虎、熊、狮等大型食肉动物相搏斗的壮观场景。由此,牛的好斗习性不言而喻。当古人目睹牛那"初生牛犊不怕虎"的勇武壮举之后,自然会对牛产生一种敬慕之情,进而便会把牛作为一种好斗的战神加以崇拜。秦汉间流行的那种名为"角抵戏"的游戏就是基于古人对角抵之牛的摹拟而编排

---

① 郭沫若主编:《中国史稿地图集》(上册)"东汉时期羌族人民起义",地图出版社 1979 年版。

的。抵,古代写为"牴"或"觝",《说文》云:"牴,触也。""牴"从牛从角,牛以角相触为之"牴"(或"觝")。而这种角抵戏据说又是源于古老的"蚩尤戏"。《述异记》卷上云:"秦汉间说,蚩尤氏耳鬓如剑戟,头有角,与轩辕斗,以角觝人,人不能向。今冀州有乐名蚩尤戏,其民两两三三,头戴牛角以相觝,汉造角觝戏,盖其遗制也。"关于蚩尤的传说,宋罗泌《路史·后纪四》曰:"《蚩尤传》云:'蚩尤姜姓,炎帝之裔也。'"炎帝族是一个崇拜牛的氏族,炎帝为牛首人身之像,那么,作为炎帝之裔蚩尤也应该具有牛的某些特性或体貌特征。《述异记》云:蚩尤"人身牛蹄,四目六手,耳鬓如剑戟,头有角"。蚩尤的"牛蹄"、"头有角"的相貌已具有牛的重要特征。另外,《皇览·冢墓记》云:"蚩尤冢……民常十月祀之。"《述异记》卷上云:"太原村落间祭蚩尤神,不用牛头。"此风俗亦间接表明牛是蚩尤族的祖先神,因蚩尤为牛神之后,所以后人祭蚩尤时因避讳之故而"不用牛头"。正是因为牛所具有的好斗习性,所以崇拜牛的蚩尤族人会将图腾神牛奉为所向无敌的战神来供祭。在与黄帝族的作战中,蚩尤族为获得图腾牛所具有的"好战"神性,以增强自身战斗力,自然会头戴牛角,模仿牛的角抵之形。久之,后人便逐渐将牛的战神之职转嫁给了蚩尤族人。由是,蚩尤成了神话传说中的战神。

牛用来搏斗的唯一武器就是它头上那一对犀利的犄角。牛角坚硬、锐利,且能再生,好似取之不尽的一把把锋利无比的青铜剑戟。与之相应,蚩尤作为战神的最大功绩就是发明了青铜兵器。《史记》《索隐》注引《管子》曰:"蚩尤受庐山之金而作五兵。"宋罗泌《路史·后纪四》注引《世本》曰:"蚩尤作五兵:戈、矛、戟、酋矛、夷矛。"汉代铜带钩上可见执五兵的牛头神怪像,其特征与蚩尤的传说相吻合(具体图像见第六章"'兵神'蚩尤图像"图6-5)。《东观汉记》云:"诏令赐邓遵金蚩尤辟兵钩一。"由此可知,汉代人将战神蚩尤之像铸于带钩之上,其意即服之可以"辟兵"。又据史料记载,秦汉时代,上至朝廷,下到民间,皆盛行拜祭战神蚩尤之俗。《汉书·郊祀志》:"今祝立蚩尤之祠于长安。"《史记·高祖本记》和《汉书·高帝纪》均记载有刘邦起兵"祠黄帝,祭蚩尤于沛庭"之事。《史记·封禅书》中还记载有齐地"祀八神"的风俗,其中的第三位神即"三曰兵主,祀蚩尤"。《后汉书·马援传》中马援也曾经"过武库,祭蚩尤"。另外,山东汉画像石中还发现数幅"神怪执五兵"的画像,尽管没有鲜明的牛形特征,但笔者认为它们均应是兵神蚩尤的艺术形象（详论见第六章"兵神蚩尤图像"）。

总之，古人奉牛首人身之形的蚩尤为战神，源于角牴之牛的好斗习性，蚩尤发明青铜兵器的传说基于牛角之形如兵器及其御敌的功用。一句话，古人崇拜蚩尤，实则是对角抵之牛的崇拜。

牛作为耕畜，又可分为北方用以旱田耕作的黄牛和南方用以水田耕作的水牛两大种类。北方奉黄牛为农神，相应地，南方则以水牛为水神（或水怪）。而水牛之所以能成为水神，主要是因为它的水陆"两栖"习性引起了初民的惊讶、惧惑和崇拜。据神话传说，不少水中神兽为牛形，如《山海经·大荒东经》云："东海中有流波山，入海七千里。其上有兽，状如牛，苍身而无角，一足，出入水则必风雨。其光如日月，其声如雷，其名曰夔。"《山海经·东次二经》云："空桑之山，有兽焉，其状如牛而虎文……其名曰軨，其鸣自叫，见则天下大水。"晋张华《博物志》卷十云："东海有牛鱼，其状如牛，引其皮悬之，潮水至则毛起，潮退则毛伏。"《山海经·东山经》中的鱅鱅鱼，其状如犁牛等等。这些传说中的水中怪兽均为牛形，显然是古人将现实生活中的水牛神化之后所呈现出的诸种变异形态。也就是说，这些传说中的怪异水兽的原型动物应该是水牛。

除了以上所述呈牛形的怪异水兽外，江神也曾幻化为牛形。如《太平广记》卷二九一引《成都记·李冰》云："李冰为蜀郡守，有蛟岁暴……冰乃入水戮蛟，已为牛形。江神龙跃，冰不胜……约曰：'吾前者为牛，今江神必亦为牛矣。'"江神先变为孽龙（蛟），后又变为牛形，这更表明牛与江神（蛟）之间的神密关系。在河南商丘出土的汉画像石中，曾发现有《李冰斗蛟》的画像：画中一人手持器械当为李冰，李冰正与一龙首牛身之兽相搏斗。[①] 这里的龙首牛身之兽当为江神之像，江神所呈现给人们的形象正是蛟龙与牛互变的过程之中，头已变为蛟龙，但身体尚为牛形。《说文》云："蛟，龙之属也。"《山海经·中次十一经》郭璞注："（蛟）似蛇而四脚，小头细颈。"虽然牛与蛟龙在外形上迥然有别，但二者均为水兽这一点上可以趋同并相互转化变形。《论衡·龙虚》篇云："龙，牛之类也。"古人奉牛为水神之俗，至今仍可在不少地方找到这种

[①] 阎根齐等：《商丘汉画像石》第53页上图和第97页图局部，河南美术出版社1992年版。

传承下来的遗存。如江苏洪泽湖畔的大堤上保存有清康熙四十年铸造的五头与真牛同大的铁牛，人们相信这五头铁牛具有镇压水患的神力。铁牛镇水妖的神力即源于水牛的神性。

另外，因牛被奉为水神，所以古代又有杀牛祈雨之俗。宋王象之《舆地纪胜》卷一二一引《顾微广州记》云："郁林郡山东南有池，池有石牛。岁旱，百姓杀牛祈雨，以牛血和泥泥石牛背。祠毕而大雨洪注，洗牛背，泥尽乃晴。"此风俗也证明了牛神与雨水之间的巫术联系。

在牛被奉为水神（或雨神）的同时，牛也理所当然地被赋予了雷神之职。传说中的夔不仅有牛的形体，同时，"其光如日月（即闪电之光），其声如雷"，"出入则必风雨"，亦显示出它的雷雨之神性。又传说黄帝曾得夔兽，"以其皮为鼓，橛以雷兽之骨，声闻五百里，以威天下"。黄帝以夔牛皮蒙鼓面，以其骨为鼓桴。牛皮柔韧、结实、耐磨，最适宜蒙鼓，所以牛又与鼓发生了联系，而古人认为雷声即源于雷神敲击天鼓之声。雷神又是主宰雨水之神，牛神既为雨水之神，同样可视为雷神。《云南古佚书钞》辑《南中八郡志》云：移风故县有摇牛，生壑里。时共斗，则海沸，或出岸上，家牛见则恐怖。人或遮捕，则霹雳随至。俗号曰"神女牛"。在我国广西、云南等地的少数民族地区用以祈雷神求雨的铜鼓上常铸刻有牛形的纹饰，也表明在古人的心目中，牛与雷雨之间存在着密切的关系。

山东汉画像石中有这样几幅画像[①]：其一，肥城县北大留村出土画像石，画中刻一巨大的羊头图案，羊头右边有凤、虎等，左边为龙、牛、凤。此画中之牛甚为特殊，它肩生羽翼，头生长角，低首张口，口中正吐出三枚方孔圆钱（图5-15）。其二，诸城市前凉台汉墓门额画像石，画左右共分四格，最右一格刻一牛，头生双角，肩生羽翼，伸颈张口，有方孔圆钱数枚正从口中不断地掉下来，地上置一器皿盛接牛口吐出的圆钱。与之相对应，画像最左格刻一神兽蹲坐，手捧盛满圆钱

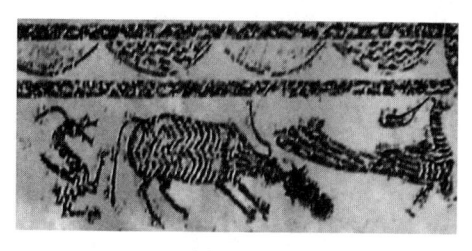

图 5-15

---

① 山东省博物馆等：《山东汉画像石选集》图474、图560；中国画像石全集编辑委员会：《中国画像石全集·3·山东汉画像石》图219。

的器皿。画像中间两格分别站立一凤和一麒麟。其三,新泰市西柳村出土八角石柱的柱础上刻有羊、鳖、牛等画像,原书将其中的牛画像误释为"一人牵牛",实为一人跪地双手前伸,承接从牛口中吐出的圆钱。首先,可以肯定画中之牛肩部有羽翼当为神牛,牛与其他神禽瑞兽相处一画中,又显示出牛所具有的吉祥之意。其次,牛口中能吐出钱币来,则可能是因为古代曾视牛为财神之故。除山东汉画外,在河南商丘汉画像石中亦发现有类似的画像①:画中一神牛,牛身而龙首,肩生羽翼,口中正吐出四枚方孔圆钱。徐州汉画像石中亦可见神牛吐钱的画像:画中为西王母端坐,右有三只凤鸟,其中之一口衔串珠;左有羽人执仙草和一头身似牛、头如龙的怪兽,怪兽口中吐出数枚圆珠或圆钱之物。②由此可以推测,古代奉牛为财神的风俗当具有一定的普遍性。在今日的山东、浙江等地颇盛行以青龙为财神的风俗。③后世这种以青龙为财神之俗很可能是从汉代的牛为财神之俗逐渐嬗变而来的。因为上文我们已经说过,在古代的神话传说中,牛与龙在一定条件下可以互相转化。商丘汉画中吐钱的神牛为龙头牛身之形,正显示出由财神牛向财神龙的转化演变过程。山东汉画像石中就有龙吐钱、兔以嘴承接的画像。④在古代文献记载中,虽然不曾见到有牛吐钱的传说,但有关牛吐宝珠、牛粪金的传说亦可见到。如《水经注·沔水》引《来敏本蜀论》云:"秦惠王欲伐蜀而不知道,作五石牛,以金置尾下,言能屎金。蜀王负力,令五丁引之成道。秦使张仪,司马错寻路灭蜀,因曰石牛道。"《旧小说·乙集五·原仙记》"采药民"条云:蜀地一采药人在青城山下失足坠入一石洞中,误入仙境,见一城池,门外一头大牛,赤色,有仙人让采药人叩拜神牛,神牛便从口中吐出宝珠。此神牛据说是驮龙的化身,它所吐出的珠子人若食之便可寿与天齐。⑤宋王象之《舆地纪胜》卷三云:"金牛山,在海盐县西南五十里。《吴地志》云,昔有金牛粪金,村民皋伯与弟随之,牛穴此山而入。二人凿山以取之,入不止,山颓,兄弟皆死,遂以名之。亦曰'金牛洞'。"《古今图书集成·禽虫典》卷一一〇引《湘

---

① 阎根齐等:《商丘汉画像石》第53页下图和第99页下图(局部)。
② 徐州博物馆:《徐州汉画像石》图154。
③ 宗力、刘群:《中国民间诸神》。
④ 中国画像石全集编辑委员会:《中国画像石全集·3·山东汉画像石》图6。
⑤ 袁珂:《中国神话传说词典》,第484页。

中记》记载：汉武帝时，一农父牵一牛过河渡船时，牛粪于渡船之上，船夫视之，乃金子也。由是，也便证明了古代我国民俗中曾视牛为能招财进宝的神异动物。而古人之所以将牛奉为财神，主要是因为牛在饲养经济中属于最值钱的大型牲畜，人们可以靠发展养牛业迅速发家致富。在某种意义上说，牛就代表了财富。因此，古代奉牛为财神的观念的产生当基于畜牧饲养业中牛的巨大经济价值。

在古代传说中，木神或木精亦具有牛的形态，也就是说，牛又兼司木神之职。《史记·秦本记》《正义》引《录异记》云："秦文公时，雍南山有大梓树。文公伐之……树断，中有一青牛出，走入丰水中。"《古小说钩沉》辑《玄中记》云："汉桓帝时，出游河上，忽有一青牛从河中出……此青牛是万年木精也。"《太平御览》卷八八六引《玄中记》云："千岁树精为青羊，万岁树精为青牛，多出游人间。"同书卷九〇〇引《嵩高记》云："山有大松，或千岁，其精为青牛。"《史记·秦本纪》云："（秦文公）二十七年，伐南山大梓，丰大特。"陕北汉画像石中常见有牛耕画像，有的牛耕画像中，在牛的背部长出一棵巨树，另外还有神牛攀树的画像（图5-16）。① 这种牛与巨树相组合的画像亦可能表明在古人的心目中，牛不仅是农耕之神，同时又兼梓树神（木神）。

图 5-16

在我国古代的神话思维中，不少神祇往往同时具有善神和恶鬼双重身份，也就是说，神与鬼怪之间经常会出现相互转化的现象。古人对牛的崇拜也不例外。当牛有功于人类时，就被奉为神灵并受到虔诚的祭拜，至今我国南方的一些少数民族中仍保留有"祭牛神（王）节"的传统习俗。② 但牛在某些时候也会变为魔鬼使人生疾病，让耕牛得瘟疫，这时，牛则成为被驱逐追杀的妖怪。除了上文提到的李冰所斗的牛形水

---

① 李贵龙等：《绥德汉代画像石》图397、图15，陕西人民美术出版社2001年版。

② 郑传寅、张健主编：《中国民俗辞典》，湖北辞书出版社1987年版，第438页。

怪(蛟)外,湘西和贵州苗族的还愿"椎牛"仪式及瑶族"倒稿节"中,均有用梭镖或棍棒斗牛的巫术活动。① 这种"斗牛"活动中的牛即是某种妖怪的化身。再如云南壮族认为,牛魔是耕牛发瘟病的祸首,所以每年春节要戴牛头面具跳"棒棒灯舞",舞毕便将牛头面具烧掉,以示除掉了牛魔。② 南阳画像石中有一些斗牛画像就具有类似的驱魔逐疫的巫术性质。如有一幅画像③:画左一人,执斧用绳索牵一虎,虎张口瞪目向前奔走;画右一人,一手执牛角号,一手伸掌,与一牛格斗,此画中之牛应该就是妖魔的化身,与牛怪相搏斗者手持牛角法器当即降妖的巫师。而另一人所牵之虎则是能食鬼魅的神虎(图5-17)。这种视牛为某种妖怪的变形或替身的观念,同样也是我国古代牛崇拜习俗的一种反映,由此也显示出了古人关于牛崇拜意识的两面性。

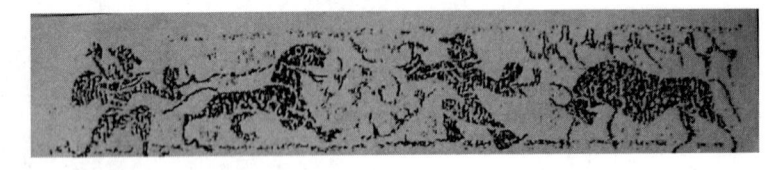

图 5-17

综上所述,汉画中不仅有头戴牛头面具或手执牛角的巫师形象,也可见到用以守卫门户的神牛、朝拜西王母的车队中用于辟鬼开道的牛车,更有乘之可以畅游仙境与天齐寿的仙牛。在牛被神化的过程中,基于牛的某种自然习性及其功用而塑造出的牛形之农神、战神、水神(怪)、财神及木神等诸多神祇形象,均生动地再现于汉画之中。通过考察这些与牛相关的画像,我们便可约略窥见到我国汉代的牛崇拜习俗。

---

①② 郑传寅、张健主编:《中国民俗辞典》,湖北辞书出版社1987年版,第431、275页。

③ 南阳汉代画像石编辑委员会:《南阳汉代画像石》图501。

第六章 兵神蚩尤图像

在汉代祠堂、墓室画像石及汉墓出土的铜带钩上均发现有一种神怪执五种兵器（其中包括执六兵和四兵）的画像，对这类神怪形象的认定，目前是众说纷纭，莫衷一是。或认为是傩神方相氏，或谓之天帝使者，或说是蚩尤，更有将其笼统地称做"怪"或"神怪"的。笔者认为，它应是兵神蚩尤的形象。

为了便于对比分析，首先将目前笔者所见到的"神怪执五兵"的画像罗列如下。

（1）山东武氏祠后石室第三石第三层画像右部刻神怪执五兵形象（图6-1）：神怪正面站立，兽身似熊，方脸，巨口，竖目，短尾，头戴双耳帽。一手执短戟，一手持剑，双足分别夹持钩镶与短矛（矛头），头顶弩弓。有学者认为是方相氏。①《中国画像石全集·1·山东汉画像石》将其

图6-1

---

① 朱锡禄：《武氏祠汉画像石》图32。

释读为"持五兵的神怪"①。日本学者小林太市郎认为是傩神方相氏②，日本的另一位学者林巳奈夫则认为是"天帝使者"③，信立祥也认为是"方相氏"。李立认为，"蒙熊皮"和"执戈扬盾"是两汉时期傩祭中"方相氏"的最基本形象特征。只有这幅画像中手执戈剑的熊兽才是方相氏的形象。④

（2）山东沂南北寨村汉画像石墓前室北壁中柱刻神怪执六兵画像（图6-2）：画中一神怪，正面站立，人身人手鸟足，下肢生毛，两肩生羽，身裹网状铠甲，头似虎，张口瞠目。一手执短矛（矛头），另一手握短戟（戟首），两足分别夹持刀和剑，头顶插有三支箭的弩，胯下立一盾牌。神怪上方又刻正面而立的朱雀，下为龟蛇交体的玄武。《中国画像石全集·1·山东汉画像石》释文说是"虎首神怪"⑤。张从军依据蚩尤"好五兵"的文献记载，猜测此怪神"可能是蚩尤的形象"⑥。

图6-2

（3）山东临沂县城南白庄汉墓出土画像石上的神怪持五兵画像（图6-3）：兽身鸟足，小耳短尾，张口露齿，二目圆瞠，正面蹲踞。头顶弩，一手持斧，一手握歧头锤，左右腰间分别佩挂着一剑一刀。神怪下方又刻有鸟啄兔、凤衔绶带等画像。《山东汉画像石选集》释文说是"一怪"⑦，《中国画像石全集·3·山东汉画像石》释文认为是"方相氏"⑧。

---

① 中国画像石全集编辑委员会：《中国画像石全集·1·山东汉画像石》图88、图194。
② （日）小林太市郎：《汉唐古俗と明器泥像》，第119—120页。转引自信立祥：《汉代画像石综合研究》，第172页。
③ （日）小林太市郎：《汉唐古俗と明器泥像》，第119—120页。转引自信立祥：《汉代画像石综合研究》，第172页。
④ 李立：《汉墓神画研究》，第140页。
⑤ 中国画像石全集编辑委员会：《中国画像石全集·1·山东汉画像石》图88、图194。
⑥ 张从军：《黄河下游的汉画像石艺术》（下），第246页。
⑦ 山东省博物馆等：《山东汉画像石选集》图383。
⑧ 中国画像石全集编辑委员会：《中国画像石全集·3·山东汉画像石》图30、图18。

（4）山东临沂市白庄出土画像石上的神怪执四兵画像（图6-4）：神怪正面蹲立，兽身短尾，瞪目乍须，头生双牛角，口衔匕首，头顶弩，一手持斧，一手握锤。神怪上方刻二凤共啄一物，其下又有鹰啄兔及飞鸟、人物等画像。《中国画像石全集·3·山东汉画像石》释文为"方相氏"①。

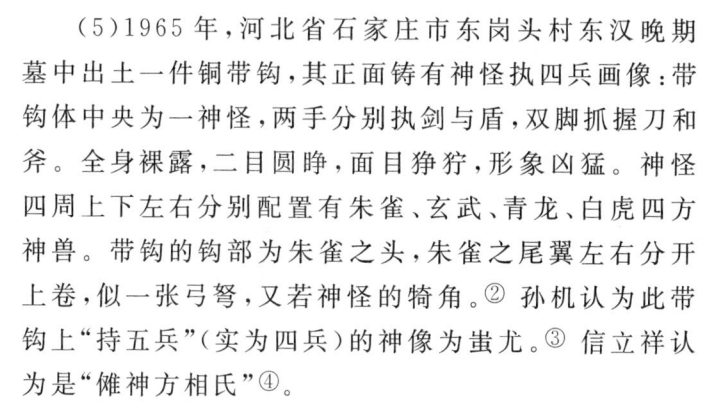

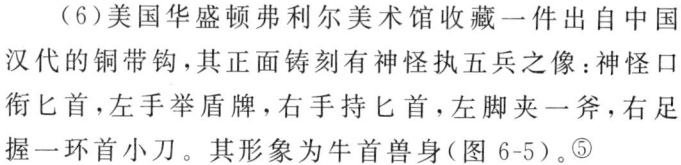

（5）1965年，河北省石家庄市东岗头村东汉晚期墓中出土一件铜带钩，其正面铸有神怪执四兵画像：带钩体中央为一神怪，两手分别执剑与盾，双脚抓握刀和斧。全身裸露，二目圆睁，面目狰狞，形象凶猛。神怪四周上下左右分别配置有朱雀、玄武、青龙、白虎四方神兽。带钩的钩部为朱雀之头，朱雀之尾翼左右分开上卷，似一张弓弩，又若神怪的犄角。②孙机认为此带钩上"持五兵"（实为四兵）的神像为蚩尤。③信立祥认为是"傩神方相氏"④。

图6-3

图6-4

（6）美国华盛顿弗利尔美术馆收藏一件出自中国汉代的铜带钩，其正面铸刻有神怪执五兵之像：神怪口衔匕首，左手举盾牌，右手持匕首，左脚夹一斧，右足握一环首小刀。其形象为牛首兽身（图6-5）。⑤

（7）林巳奈夫采用了一件出土地点不明的汉代铜带钩，其正面所铸图像与石家庄东岗头村汉墓出土的铜带钩相同。此外，在带钩背面，偏上位置刻有"大吉"二字，又在连接革带的钩钮上刻有"天帝使者"四字。林巳奈夫认为"天帝使者"的铭文，是指带钩正面中部的怪神。⑥而信立祥认为，"天帝使者"是指带钩的所有者或使用者，带钩正面中央之神怪

---

① 中国画像石全集编辑委员会：《中国画像石全集·3·山东汉画像石》图30、图18。
② 王海航：《石家庄东岗头村发现汉墓》，《考古》1965年第12期。
③ 孙机：《汉代物质文化资料图说》，文物出版社1981年版，第252页。
④ 信立祥：《汉代画像石综合研究》，第172—173页。
⑤ 孙机：《汉代物质文化资料图说》图版63-7，第253页。
⑥ 林巳奈夫：《汉代の诸神》第五章图一，临川书局1989年版。

仍是"傩神方相氏"。①

下面我们将针对上面所列举的画像分别从其形象特征、使用的兵器以及出土地域等方面进行分析。

一、执五兵神怪的形象特征与传说中蚩尤族所崇拜的诸图腾相吻合

图 6-5

从形象特征上来看，此类神怪多是兽身、短尾，尤其是武氏祠汉画中的执五兵怪神的体形更与相处一画中的四只熊体别无二致。正是因为这种怪神的体形像熊，且手足均执有兵器，所以，一些人便认为它可能就是方相氏的形象。持"方相氏"说的典型代表是信立祥，他根据执五兵怪神的形体似熊、手足执武器以及"头生四目"这三大特征与方相氏"黄金四目"、"蒙熊皮"及"执戈扬盾"相吻合，而将这类画像考释为傩神方相氏。笔者认为，执五兵怪神不是方相氏，而应是兵器神蚩尤的形象。因为传说中的蚩尤也可能是熊体，也有"四目"，手中也执兵器，我们不能仅以形体似熊的局部特点便认定其为方相氏。因为执五兵神怪除了具有熊的形体外，尚有牛头、鸟足等鲜明的特征。由此表明，执五兵神怪的形象特征具有综合性和不确定性。

首先，笔者认为，执五兵神怪的"牛头"特征与蚩尤族的原初图腾神像相吻合。武氏祠汉画中的执五兵神怪尽管体形如熊，但头部却与熊头截然不同，画像中熊的头很小，而执五兵者的头却很大，方脸大耳，而且二目竖立在面颊两侧，再加上它头顶那宛如犄角的弩，看起来更像牛头。又有临沂白庄画像石中的执五兵神怪头生牛角，而美国华盛顿弗利尔美术馆所藏铜带钩上的执五兵神怪的牛头特征更为典型。《路史·后纪四》云："蚩尤姜姓，炎帝之裔也。"《帝王世纪》云："神农氏（炎帝）……人身牛首，长于姜水。"蚩尤是炎帝的后代，炎帝的远古神话形象为人身牛首，那么，根据遗传学原理，蚩尤也应具有牛的某些特征。《述异记》记载蚩尤："兽身人语，铜头铁额"，"人身牛蹄，四目六手，耳须如剑

---

① 信立祥：《汉代画像石综合研究》，第 172—173 页。

戟,头有角"。"今冀州有乐名蚩尤戏,其民两两三三,头戴牛角以相觝。"同书又记载"太原村落间祭蚩尤神,不用牛头"。凡此,均证明蚩尤族是以牛为图腾神的氏族,"头有角","牛蹄或头戴牛角"显示出蚩尤是一位与炎帝差不多形象的半人半牛之神。"铜头铁额"则是强调牛头的坚固,牛头具有强大的抗撞击和抵触能力。而"牛蹄"和"头有角","以角抵人"更表明蚩尤具有牛的典型特征。徐宗元《帝王世纪辑存》云:"黄帝杀蚩尤,以其皮为鼓,声闻百里。"吴任臣《山海经广注·大荒北经》引《广成子传》云:"以夔牛皮为鼓,九击止之,尤不以飞走,遂杀之。"由此亦显示出蚩尤与夔牛的重叠关系。另外,"牛尤二字古韵同部,互可通转",今山东南部一带许多地方的口语中仍称牛为"尤"。① 总之,文献记载中的蚩尤形象与执五兵神怪的牛头特征相一致。

其次,汉画中执五兵怪神的"鸟足"特征与古东夷族人的鸟图腾有密切关系。

《尸子》云:"少昊金天氏邑于穷桑……"《左传》昭公廿九年:"少皞氏有四叔……世不失职,遂济穷桑。"杜预注:"地在鲁北。"《帝王世纪》云:"少昊……邑于空桑,以登帝位,都曲阜。"《淮南子·本经训》又云:"舜之时,共工振滔洪水,以薄空桑。"高诱注:"空桑,地名,在鲁也。"《史记·孔子世家》《正义》引《括地志》云:"女陵山在曲阜县南二十八里,徵在生孔子空桑之地,今名空窦,在鲁南山之空窦中。"凡此均表明少昊建都立国于穷桑,又名空桑,地在今山东曲阜一带。《归藏·启筮》云:"蚩尤出自羊水,八肱八趾疏首,登九淖以伐空桑,黄帝杀之于青丘。"《逸周书·尝麦》篇也云:"昔天之初,诞作二后。乃设建典,命赤帝分正二卿,命蚩尤于宇少昊,以临四方。"由此又证明蚩尤后来又攻占了少昊国的地盘。也就是说,山东一带后来成为蚩尤族团的势力范围中心。而原属东夷族的少昊之国以鸟为其图腾神,《左传》昭公十七年:"少皞挚(鸷)之立也,凤鸟适至,故纪于鸟,为鸟师而鸟名。"《山海经·海外东经》云:"东方句芒,鸟身人面,乘两龙。"《吕氏春秋·孟春》云:"其帝太皞,其神句芒。"高诱注:"太皞,伏羲氏,以木德王天下之号,死祀于东方,为木德之帝……句芒,少皞氏之裔子曰重,佐木德之帝,死为木官之神。"正是因为蚩尤占领了少昊之国的领地,并逐渐成为黄河下游的一

---

① 王树明等:《蚩尤辨证》,《中原文物》1994年第1期。

个强大氏族,因此,不少学者曾将蚩尤氏族也归入东夷集团之属,如《盐铁论·结和》篇云:"黄帝战涿鹿,杀两曎(皥)、蚩尤而为帝。"徐旭生认为两"曎"即太皥与少皥两氏,由此表明蚩尤与二氏同属东夷集团。① 既然蚩尤已融入到了东夷集团之内,必然会受到东夷固有文化、习俗的影响。同时也是为了笼络东夷族人的人心和便于对东夷人的统治,蚩尤族除了继续保留原生的牛图腾神外,自然会将东夷人所崇拜的鸟作为次生图腾神。在两种文化的相互交融过程中,牛头鸟足形象的蚩尤神便诞生了。

最后,汉画执五兵神怪之所以出现熊的形体特征,当与黄帝族以熊为图腾有关系。

《后汉书·郡国志》云:"新郑县,古有熊国,黄帝之所都。"《括地志》云:"黄帝征战蚩尤,初都涿鹿,即位乃都有熊。"《通志·都邑略》云:"黄帝都有熊,又迁涿鹿。"《路史》云:"黄帝开国于有熊,今郑之新郑。"汉晋、北魏乃至唐宋各代史地权威学者,一致认为黄帝曾在有熊(今河南新郑县)立国建都。《艺文类聚》引《帝王世纪》曰:"黄帝有熊氏,少典之子,姬姓也……受国于有熊,居轩辕之丘,因以为号。"《列子·黄帝》云:"黄帝与炎帝战于阪泉之野,帅熊、罴、狼、豹、貙、虎为前驱……"黄帝都有熊,号有熊氏,又率熊罴等兽与炎帝作战。这些现象均表明黄帝族曾以熊为其图腾神。那么,黄帝的原始神话形象也应是半熊半人的样子。

《史记·五帝本纪》云:"蚩尤作乱,不用帝命。于是黄帝乃征师诸侯,与蚩尤战于涿鹿之野,遂禽杀蚩尤。"黄帝联合了各路诸侯最终在涿鹿之战中打败了蚩尤族的军队并擒杀了首领蚩尤。蚩尤族战败后被迫归入了黄帝族团。那么,蚩尤族人也就不得不把黄帝族的熊图腾神作为自己又一个新的图腾神,于是,熊便成为蚩尤族图腾神像的一个重要组成部分。那么,牛头熊身便成为蚩尤的一种新形象。因此,笔者认为,汉画中执五兵神怪之所以具有熊的形体,其原因即缘于此。

总之,笔者认为,执五兵神怪的牛头、鸟足、熊身等典型形象特征,与蚩尤族的图腾神像基本一致。

---

① 徐旭生:《中国古史的传说时代》,第52—53页。

二、神怪执五兵与蚩尤"作五兵"和"好五兵"的传说相契合

《世本·作篇》云:"蚩尤以金作兵器。"《山海经·大荒北经》云:"蚩尤作兵伐黄帝。"《龙鱼河图》云:"蚩尤……造立并杖刀戟大弩,威震天下……"《史记·五帝本纪》《索隐》引《管子》云:"蚩尤受庐山(即葛卢山)之金而作五兵。"《管子·地数》云:"修教十年,而葛卢之山发而出水,金从之,蚩尤受而制之以为剑铠矛戟……雍狐之山发而出水,金从之,蚩尤受而制以为雍狐之戟、芮戈。"葛卢山、雍狐山均在今山东境内。《太平御览》卷三九九引《兵书》云:"蚩尤之时,烁金为兵,割革为甲,始制五兵。"《后汉书·马援传》云:"敕严(马援兄子马严)过武库,祭蚩尤。"李贤注曰:"武库,掌兵器,令一人,秩六百石。《前书音义》曰:'蚩尤,古天子,好五兵,故今祭之。'"由以上记载可知,蚩尤在山东大量开采铜矿,铸造出了各种精良的武器,正是拥有了这些先进的武器,再加上英勇善战的军队,蚩尤才敢于同黄帝抗衡,大规模地对外用兵,扩张领土。在先后两年内就兼并了周边的 21 个小诸侯国(部落),威名大振,并最终与强大的黄帝族团在涿鹿一带展开了大决战。虽然最后还是被黄帝打败了,但作为失败的英雄,以其善于用兵和发明精良兵器而受到黄帝和世人的尊敬。自黄帝时代起就封蚩尤为主兵之神,秦汉时代的统治者更将其奉为战神兼兵器神来祭祀。如《史记·封禅书》云:"于是始皇遂东游海上,行礼祠名山大川及八神……八神:一曰天主,祠天齐……二曰地主,祠泰山梁父……三曰兵主,祠蚩尤。蚩尤在东平陆监(阚)乡,齐之西境也。"《索隐》引《皇览》云:"蚩尤冢在东平郡寿张县阚乡城中。"《史记·高祖本纪》记载:刘邦起兵反秦时,"祠黄帝,祭蚩尤于沛庭"。《集解》引应劭曰:"《左传》曰:黄帝战于阪泉,以定天下。蚩尤好五兵,故祠祭之求福祥也。"《汉书·郊祀志》云:"令祝立蚩尤之祠于长安。"《史记·封禅书》云:"天下已定……令祝官立蚩尤之祠于长安。"《汉书·地理志》记载汉宣帝在蚩尤冢附近建有蚩尤祠。凡此表明,蚩尤虽然是一位战败的英雄,但作为战神兼兵器神,其在秦汉统治阶级心目中的地位是相当崇高的。同时,蚩尤在民间百姓中也有很高的威信,在山东、河北以及山西等地蚩尤活动的地方,其后人不仅为其造冢、立祠,且每年还自发地前去祭祀。

从目前发现的七幅神怪执五兵汉画像来看,其中有三幅是执五兵,一幅是执六兵,其他三幅为执四兵。执五兵者,与文献记载的蚩尤"好五兵"和"执五兵"正相吻合。但笔者认为,所谓的"五兵",并非确指具体的五种兵器,而是对多种兵器的泛称。"五兵"的"五"字与五彩缤纷、五谷丰登、五光十色等成语中的"五"字具有相同的含义。因此,除了五兵外,汉画中还出现了神怪执"六兵"和"四兵"的形象。有人认为执五兵神怪与方相氏"执戈扬盾"相吻合,不确。因为方相氏只用两种兵器,与画像不相符合,而且方相氏驱鬼所用兵器不在数量的多少,而在兵器的巫术力量。方相氏是使用兵器以驱鬼,重在"使用",而汉画中执五兵神怪画像突出的是神怪手中兵器的数量,重在"展示"。与其说神怪是在使用多种兵器,倒不如说是在炫耀各种兵器,因为一个人不可能同时使用这么多兵器,既使手脚并用至多也只能使用四种兵器,而神怪头顶的弩、胯下的盾、口中的匕首及腰间佩挂的剑和刀,这些兵器只能是一种摆设而已。实际上,汉代人刻画这种画像,意在颂扬怪神发明各种兵器的伟大功绩,也就是说,执五兵怪神怪是汉代人心目中的兵器神形象。显而易见,画像中神怪执兵器的特征与蚩尤的"兵器神"身份相吻合。

三、执五兵神怪画像的出土地与蚩尤族属所处的地望相一致

从目前所发现的汉画像石资料来看,执五兵神怪画像石皆出自山东境内的汉代墓祠之中,且集中于山东西南部的的嘉祥、沂南和临沂等地,这一地区正是文献记载和民间传说中蚩尤族的活动中心区域。除了上面已经提到的蚩尤"宇于少昊"和"伐空桑"的文字记载之外,汉代人关于蚩尤祠和冢的传说主要也集中在今天的山东西部。如《汉书·地理志》"东郡"条云:"寿良,蚩尤祠在西北涑(沛)上。""涑"与"沛"均为"济"字的古文。"涑上"就是说在济水上。《史记·五帝本纪》《集解》引《皇览》云:"蚩尤冢在东平郡寿张县阚乡城中,高七丈,民常十月祀之。有赤气出,如匹绛帛,民名为蚩尤旗。"寿张即寿良,在山东东平县(现已划归河南台前县),蚩尤冢今尚存,东汉光武帝时因避叔父赵王良之讳而改为寿张。于此可见,蚩尤冢祠的所在地与神怪执五兵画像石的出土地完全一致。

山东的西南部是蚩尤族统治的中心区域,但随着国力的日益强大,蚩尤族的势力范围也在不断扩大。《史记·五帝本纪》《正义》引孔安国曰:"九黎君号蚩尤。"也就是说,九黎之地也是蚩尤的势力范围。徐旭生认为,古代的九黎之地当在今山东、河北、河南三省交界处。① 种种迹象表明:蚩尤族最强盛时的势力范围应是以山东为中心,向南、西、北三方面扩张的领域包括苏北、皖北、豫东、冀中南、晋东南,最北边甚至可达到冀北地区。

《史记·五帝本纪》《集解》引《皇览》云:"蚩尤冢在东平郡寿张县阚乡城中……肩髀冢在山阳郡钜野县重聚,大小与阚冢等。传言黄帝与蚩尤战于涿鹿之野,黄帝杀之,身体异处,故别葬之。"山阳郡为汉景帝时设置,治所在昌邑(今山东金乡县西北)。钜野即今河北省南部的巨鹿县(或说在河北平乡县西南。平乡与巨鹿相邻,均在冀南)。《路史·蚩尤传》云:"阪泉氏蚩尤。"《逸周书·尝麦》篇云:"蚩尤乃逐帝,争于涿鹿之阿,九隅无遗。赤帝大慑。乃说于黄帝,执蚩尤,杀之于中冀。"《艺文类聚》卷六引《帝王世纪》云:"炎帝戮蚩尤于中冀,名其地曰绝辔之野。"所谓的"中冀"当即冀中一带。《史记·五帝本纪》云:"黄帝乃征师诸侯,与蚩尤战于涿鹿之野。"由此可知,涿鹿和阪泉是蚩尤在北方扩张势力的战略要地。关于涿鹿与阪泉的地望,《史记·五帝本纪》《集解》引服虔曰:"涿鹿,山名,在涿郡。"又引张晏曰:"涿鹿在上谷。"《魏土地记》云:"下洛城东南六十里有涿鹿城,城东一里有阪泉。"《太平寰宇记》云:"涿鹿山下有涿鹿城,城东二百步有阪泉。"由此可知,涿鹿山和阪泉实为一地,均在今河北省北部的涿鹿县东南(矾山镇)。据说矾山镇至今还残存有黄帝城与蚩尤寨遗址,黄帝城在镇西,蚩尤寨在镇南,二者相距不过几公里。另外,《述异记》云:"涿鹿在今冀州,有蚩尤神";"今冀州有乐名蚩尤戏";"今冀州有蚩尤川,即涿鹿之野"。《魏土地记》还说:"涿鹿城东南六里有蚩尤城,蚩尤泉出蚩尤城入涿水,为黄帝战蚩尤古遗址之一。"有人曾对蚩尤城遗址进行过调查,据说清末尚可见城墙基,近世平整农田时被毁,现在尚存蚩尤泉和蚩尤寨部分寨墙,寨中有

---

① 徐旭生:《中国古史的传说时代》,第52—53页。

蚩尤祠。① 不仅河北涿鹿有蚩尤城,而且山西也有蚩尤城及祭蚩尤的风俗。如《太平寰宇记》云:"蚩尤城在(安邑)县南十八里,其城今摧毁。"安邑县在今山西夏县(晋南)西北一带。《述异记》云:"汉武时,太原有蚩尤神昼见,龟足蛇首,首疫,其俗遂为立祠。""太原村落间祭蚩尤神,不用牛头。"关于蚩尤的故事在河北涿鹿、巨鹿,山西太原、夏县等地的民间广为流传。河北民间还用舞台艺术的手段把蚩尤的故事编成"蚩尤戏"进行娱乐性表演。《史记·高祖本纪》记载刘邦起兵时"祭蚩尤于沛(今沛县)庭"。沛县位于江苏北部,与山东西南边境相接壤,也属蚩尤统治的中心地区。而刘邦起兵时祭蚩尤的行为显然应是受当地的民间风俗影响之故。

总之,从文献记载与民间传说来看,古代的蚩尤族团发迹并建国于鲁西南,国力壮大后,在鲁起兵向周边地区扩张,最后在向北进军河北涿鹿一带时被黄帝打败。从我们所列举的三枚铜带钩来看,其中能知晓确切出土地点的铜带钩就是在河北省石家庄附近的一座汉墓中被发现的。而这一地区正是传说中蚩尤被杀的地方(冀中)。《太平御览》卷三五四引《东观汉记》云:"诏令赐邓遵金蚩尤辟兵钩一。"由此则知,汉代人有铸蚩尤形象于带钩的做法。笔者认为,石家庄东岗头村汉墓出土的神怪执五兵铜带钩应该就是"金蚩尤辟兵钩"。另外一件不知出土地点的带钩背面还刻有"天帝使者"和"大吉"铭文。信立祥认为,出土蚩尤铜带钩的墓葬主人应是一位太平教的上层成员。"天帝使者"是指带钩的持有者——太平教道士,其立论的根据是,在东汉晚期墓中常常发现有书写"镇墓文"的随葬陶罐,其内容毫无例外地都是"天帝"或"天帝使者",对地下鬼魂世界的官吏们下达的命令。所谓的"镇墓文",就是道教术士在"祭墓"仪式上宣读的祭文。所谓的"天帝使者"实际上就是担任主祭活动的道教术士,他们假借"天帝"的名义,拉大旗作虎皮,对地下世界的官吏狐假虎威地发号施令,自称"天帝使者"的道教术士便充当了天帝的代言人。② 信立祥的这种推测是有一定道理的。但笔者对他把带钩正面铸刻的执五兵神怪释读为"方相氏"的观点却不敢苟

---

① 许顺湛:《蚩尤:威震北方的一代英雄》,《许顺湛考古论集》,中州古籍出版社 2001 年版。

② 信立祥:《汉代画像石综合研究》,第 87—88 页。

同。尽管河北巨鹿一带是东汉末年以张角为首的太平教的发源地和黄巾起义的爆发地,但同时这一带又是传说中蚩尤族活动的重要地区,那里有蚩尤肩髀冢遗迹和祭祀蚩尤的风俗。受当地民间崇拜蚩尤风俗的影响,那里的道教徒们为了推翻东汉政权,也许会效仿西汉开国皇帝刘邦起兵反秦时祭战神蚩尤的做法,以佩带"金蚩尤辟兵钩"的方式确保起义的最终胜利。因此,假使墓葬主人是一位太平教上层成员这一推断能够成立的话,那么,墓中随葬的神怪执五兵铜带钩的作用应该是"辟兵",带钩上的神怪应是蚩尤,而不可能是用以辟鬼的方相氏。因为汉代有佩带蚩尤辟兵钩以"辟兵"的习俗。作为太平教上层的成员,同时更是黄巾起义的领导者之一。传教只是一个收买人心的幌子,而真实的目的则是发动群众用武力推翻东汉政权。虽然带钩出土于墓葬中,但它却不是专用冥器(与镇墓文陶罐不同),而是死者生前的实用生活用品。因此,笔者认为,黄巾起义者佩饰蚩尤形带钩的意义在于"辟兵"求吉,而不在于辟鬼。至于将蚩尤形象刻画于墓祠之中的宗教意义则与带钩上蚩尤像的作用有所不同,它是借用兵器神兼战神的威力去恐吓妄图入侵墓祠的鬼魅。在古代天文学中,彗星又被称为蚩尤旗。《史记·天官书》云:"蚩尤之旗,类彗而后曲,象旗。见则王者征伐四方。"古人为何把彗星又叫蚩尤旗呢?又为何把蚩尤旗的出现与"兵乱"联系在一起呢?这是因为蚩尤曾发动对黄帝的"叛乱"战争。尽管在蚩尤的故土东夷一带,蚩尤的后人传颂蚩尤是一位英雄,并奉其为战神和兵器神,但同时,在西方华夏部族的故土一带,民间却流传着种种诋毁蚩尤的故事,说他是一个凶恶、残暴的"战争狂",是一个犯上作乱的叛臣贼子。因此,蚩尤被黄帝擒杀后,升到天上,变为星宿,也只能是不吉利之物、兵乱之兆,只能成为彗星一类的妖星。[①]

总而言之,从执五兵神怪画像的形象特征、所使用的兵器以及出土的地域等方面来考察与分析,均与蚩尤的传说相一致。因此,笔者认为,它就是汉代人刻画的"主兵"之神(即兵器神和战神)——蚩尤的形象。

[①] 张维华:《南阳汉画像石中的"蚩尤旗"》,《中原文物》1981年特刊。

第七章　祥禽瑞兽图像

第一节　熊形神兽图像

　　动物熊的形象大量存在于汉画像之中,其造形大多为两后肢着地的直立行走状,几乎看不到四肢着地的爬行状态。这种均呈"人立"姿势的共性造型"有利于在构图上充分表现'熊'的形象本质和形象所内含的象征意义"①。除了少数是真实再现现实生活中的驯兽、斗兽或狩猎活动外,大多数的熊形象被汉代人赋予了神话学的内涵,即熊被视为一种祥瑞动物而受到人们的青睐与膜拜。对此,学术界已基本达成了共识。然而,关于汉画像中熊所蕴含的象征意义的研究,目前仍十分欠缺,并且出现了不同的观点。鉴于此,本节将以出土熊画像最多的山东、陕北和河南南阳三地为代表,通过对一些具有地域典型性的个案画像的分析与考察,探究各地画像中熊所蕴含的不同象征意义,并初步对熊形方相氏进行考源,以期较为准确地阐释熊所体现出的神话学思想和宗教理念。

---

　　①　参阅李立:《汉墓神画研究》第五章和第六章。

一、熊的象征意义

首先,我们可以肯定,汉画像中的熊作为一种瑞兽,大多具有吉祥的象征意义,如山东东安汉里石椁东西壁分别雕刻着穿璧和龙虎图像,其中还穿插点缀着蟾蜍、飞鸟、羽人、兔、狐、熊等祥禽瑞兽。① 再如山东邹城金斗山出土的东王公画像:东王公正面扶几端坐,其左右共有四人跪拜,其下有龙、象、熊、鹿、虎、凤鸟、双首人面兽等神禽异兽。② 这些画像中的熊正如李立所认为的那样,均蕴含着一种缘于古代传统文化积淀的"旺生"与"吉祥"的象征意义。③ 但笔者认为,还有许多熊画像彰显着更加具体而个性化的意义。如山东微山县西城镇出土的舞乐百戏画像石④:在击建鼓、倒立、跳丸、抚琴、舞蹈等百戏表演活动中却出现一熊作人立状,其旁有一小人与熊相戏。又如邹城黄路屯的建鼓舞图⑤:二人击建鼓,旁又有武打、跳丸、舞蹈、奏乐及一人戏熊表演。再如陕西米脂官庄墓门楣"狩猎图"中有人乘马举弓射一熊,熊在逃遁之中回首观望。⑥ 南阳市中建七局机械厂墓门楣刻画一人执长矛向熊刺击的画像。这些画像中的熊显然是被人"戏弄"或"猎取"的对象,不应具有吉祥之意义。当然,这类画像所占比例甚少,同时也不在我们所要研究的范畴之列。下面着重就熊画像最具有典型性的力量、生殖、辟邪这三个方面的象征意义进行考察与分析。

(一)力量的象征

在山东嘉祥宋山等地的汉画像中,建筑物如楼阁、双阙的第二层承重柱常刻画成力士、熊、蟾蜍等形状,这种用以承托屋顶或阙顶的熊形象显然是一种力量的象征。古代人喜爱熊,首先是因为熊是一种体重力大的动物,是对熊体所蕴含的"力"的崇拜。也正是因为熊是力量的象征,所以熊往往被汉代人塑造成一位负重能手,汉墓中出土的众多"熊足器"便是其典型例证,如南阳杨官寺汉代画像石墓中就随葬有熊

---

①②④⑤ 中国画像石全集编辑委员会:《中国画像石全集·2·山东汉画像石》图1、图83。

③ 参阅李立:《汉墓神画研究》第五章和第六章。

⑥ 中国画像石全集编辑委员会:《中国画像石全集·陕西山西汉画像石》图40。

足鼎、熊足仓、熊足磨盘以及熊足灶等陶器。① 蟾蜍虽然是一种相貌丑陋的弱小动物,但汉代人也曾将其奉为负重能手,如山东嘉祥宋山和南武山等地的汉画像石中都出现过蟾蜍双臂托举药臼、玉兔持杵捣药的画像。以蟾蜍承举屋顶与蟾蜍举臼具有相同的功能。宋山汉画中部为二层楼阁,第二层的左右立柱分别被刻画成力士的造型,力士单手托举屋顶。而楼阁左右的双阙顶则分别由一熊和一蟾蜍来承托。② 对于这种承托阙顶的熊所具有的文化内涵,有学者认为是"熊"与楼阁顶上的羽人、凤凰等共同构成了一个吉祥而旺生的形象群体。③ 笔者认为,承托之"熊"与楼阁顶上的羽人、凤凰所承载的神话学意义是不完全相同的。羽人与凤凰是升仙思想的反映,具有引领升仙的功用,而负重则是熊的职能所在,熊在这里主要是力量的象征。

陕北汉画像中,熊也是一种较为常见的动物,在与熊相关的画像中,最常见的构图形式是这样的:墓门左右以西王母、东王公等仙界场景为主体画像,其两边框往往附属有一种装饰意味极强的草叶纹,这种草叶纹的最下端常常雕刻成一只熊的模样,熊侧身斜立,一足着地,一足腾起,一手捺地,一臂上举,草叶纹从熊上举的手中盘绕弯曲而上,其间还点缀着一些奇禽异兽④(图7-1)。很显然,这种草叶纹并非单纯的装饰图案,而是一种具有通天接地功能的神性植物,它与东王公、西王母画像具有密切的关联性。神性植物根部的熊显然承担着托举与卫护神性植物的职能。有

图7-1

---

① 河南省文化局文物工作队:《南阳杨官寺汉画像石墓发掘报告》,《考古学报》1963年第1期。

② 中国画像石全集编辑委员会:《中国画像石全集·2·山东汉画像石》图103。

③ 参阅李立:《汉墓神画研究》第五章和第六章。

④ 中国画像石全集编辑委员会:《中国画像石全集·5·陕西、山西汉画像石》图42、图72、图73、图142、图201、图202。

时，熊的位置还会被转换成两个长发裸体仙人、虎、玄武等形象。

总之，从汉画中熊托举阙顶、仙树的图像到汉墓出土的"熊足"陶器，都证明了在汉代人的心目中熊是一种力量的象征，而这种观念又具有十分悠久的传统文化意义。《诗经·小雅·斯干》云："维熊维罴，男子之祥，维虺维蛇，女子之祥。"古人认为梦见熊便是生男的征兆，而梦见蛇则是生女的征兆。这种民俗信仰显然是基于自然界中熊与蛇这两种形体迥异的动物特性而生成的人文观念。体壮力大的熊具有与男性一样的阳刚之气，而纤细柔软的蛇类动物则有着与女性一般的阴柔娇小之体。于是"熊腰"与"蛇腰"便成为男女典型体态的代名词。人们至今仍以"虎背熊腰"的成语来形容男子体格的魁梧强壮。

（二）生殖力的象征

熊是力量的象征，缘于熊的体重力强，而旺盛的生殖能力又依赖于强壮的体魄。于是，熊便由力量之象征进一步衍生出了生殖力的象征。四川彭山县双江镇三号崖墓墓门楣中层正中位置，有一高浮雕的正面蹲熊形象，其雄性生殖器官极度夸张而突出。这种画像所承载的生殖神性是显而易见的。其功能自然是保佑墓主家族子嗣繁盛。山东安丘董家庄汉画像石墓中人像立柱上雕满了人物形象，其中有不少裸体人物两两相拥抱、牵引，或两腿环绕交媾者，还有母亲哺乳者，其间还夹杂着大腹便便或雄性生殖器显露的熊。对于这一较为典型的个案，其中熊所承载的生殖崇拜意义是鲜明的，因此，目前学术界并无歧义。然而，笔者在仔细检索已公布的山东汉画像石图像资料后发现，熊画像在山东也是较为常见的，而且多呈现出生殖崇拜的寓意。这种具有典型地域特征的熊画像具有一致的构图形式，即两只熊呈对偶关系，作人立状，单臂相互击掌对舞。对于这类画像中的熊所蕴含的象征意义，李立认为是具有保护拱卫乃至引领俗世生命走向彼岸世界的吉祥作用和象征意义。① 但笔者通过对比分析多幅类似画像后认为，那种呈对偶舞蹈形式的熊画像突出强调的是旺盛生殖力的象征寓意。如山东微山画像石中有一幅二龙穿璧画像：画像主题为二龙交体且穿三璧。交龙躯体正中下方刻二熊单臂击掌对舞，熊掌下立一小人。交龙左右两侧有瑞鸟或鸟衔鱼画像填充空白处作为主题画像的陪衬（图7-2）。先看主体

---

① 参阅李立：《汉墓神画研究》第五章和第六章。

图 7-2

画像,二龙交体是一种祥瑞物像,刘邦母曾因梦二龙交体而怀孕生了一位西汉开国皇帝。这一传奇故事不仅表明刘邦是"真龙天子",同时也暗示了"交龙"征兆的生殖意义。汉画中经常出现二龙交尾画像正是汉代人这一神学观念的艺术再现。再看附属画像中的"鸟啄鱼",陶思炎在《鱼考》一文中认为:"鸟鱼的相接正是阴阳男女的相合,其象征作用服务于生殖的目的。"① 李立认为水鸟衔鱼形象的象征意义是与墓主人于冥间"卧室"中的生活联系在一起的,即有生命欢愉与生命和合繁盛的寓意。② 总之,鸟啄鱼画像作为一种祥瑞图像,其中主要蕴含的应是阴阳交合与生殖繁衍的象征意义。既然主体画像的"交龙"和陪衬画像中的鸟啄鱼具有相互一致的"生殖"主题,那么,另一种附属画像"双熊对舞"的主旨也自然不会背离主体画像,即呈对偶形式的舞蹈之熊同样具有阴阳和合的生殖意义。

通过对双熊对舞画像的考察,我们发现有如下的现象,即"双熊"常常与另外一些交合动物或偶化动物相组合。例一,山东济宁市城南张出土的石柱画像③:自上而下依次为二鸟交颈且各衔一鱼、二鸟共衔一鱼、二鸟交颈衔鱼、二翼兽相吻、二熊牵手接吻对舞。二羽人共乘一麒麟,大小二兽相戏耍等。例二,山东济宁城南张出土立柱画像④:自上而下为:三头连体兽、二熊接吻合掌对舞、四鸟交尾、二兽戏鱼、二羊交颈接吻等。例三,腾州市岗头镇西古村出土画像⑤:二龙交体穿三璧为主体画像,画左一凤鸟,画右一虎。交龙躯体之下二熊相嬉逐。例四,腾州西户口村出土画像⑥:二龙相交与二熊对舞相组合。例五,梁山后集

---

① 《民间文学论坛》1985 年第 6 期。
② 参阅李立:《汉墓神画研究》第五章和第六章。
③④⑤⑥ 中国画像石全集编辑委员会:《中国画像石全集·2·山东汉画像石》图 13、图 15、图 189、图 224、图 36。

村出土画像:二熊共舞①,其下有二怪兽身体相交缠在一起。

从以上所列举的多幅画像我们不难看出,诸类动物或交合或衔啄或对舞或戏逐等,各种具体动作均彰显了一个共同的主题思想——生殖崇拜观念。而其中双熊的象征意义自然要服从于总体画像的宗旨。

(三)熊是一种具有辟邪功能的神兽

众所周知,在汉代的大傩礼仪和丧葬习俗中,打鬼头目方相氏在驱鬼逐疫时往往要身披熊皮。那么,方相氏为何要装扮成熊的模样呢?这是因为在汉代人的观念中,熊这种祥瑞动物还具有辟邪驱鬼的功能。也正是基于此因,不少人将汉画像中的一些熊命名为"方相氏"。如吕品认为:"南阳汉画中的熊除了一部分为斗兽或兽斗之类的动物外,一些似熊而又怪异的画像大都是装扮为熊的方相氏,作为打鬼头目出现在墓室之中。"②笔者认为,这种观点颇有道理。因为我们通过大量的个案分析,发现南阳汉画像石中绝大多数的熊均具有辟邪驱鬼的神性特征。首先,我们来考察经过科学发掘的南阳画像石墓(不包括三国魏晋时期二次利用汉画像石重建的墓葬)。据目前已公开发表的田野发掘报告资料,有1/2的墓葬内都刻画有数量不等的熊画像。最少的一幅,最多的五幅(详情可参阅本节所附"南阳汉画像石墓中的'熊'一览表")。从表格中可以看出,除了唐河针织厂、郁平大尹及铺山二号墓中的熊画像刻在墓室内之外,其他的熊均刻画于墓门或内室门的门楣、门柱、门扉或门槛等这些门户出入口。墓门是鬼怪进入墓室的唯一通道。将熊刻在墓门部位的辟邪用意是显而易见的。其次,从熊与其他画像的组合关系上来看,熊的辟邪神性更加鲜明。如唐河针织厂墓中的熊位居画像中央,伸臂跃足,指挥二神虎去吞食躺倒在地上的旱鬼女魃。唐河郁平大尹墓中的熊呈人立状,与右边宗布神相呼应,其构图形式使具有辟邪功能的宗布与熊形成了密切的伙伴关系,从而揭示出了熊自身所蕴含的驱鬼神性。南阳草店、英庄、熊营等墓中的门吏人物画像上部均刻画一熊,尽管这些熊是作为主体画像的陪衬,但其与执戟、棒、钺或剑等兵器的门吏或武士相组合,也昭示了熊与门吏一样具有巫术意

---

① 中国画像石全集编辑委员会:《中国画像石全集·2·山东汉画像石》图13、图15、图189、图224、图36。

② 吕品:《河南汉画所见图腾遗俗考》,《中原文物》1991年第3期。

义的护卫功能。邓县长冢店墓,铺山一号、二号墓,十里铺二号墓,桑园路墓等墓中的熊与虎相组合的画像,过去因对构图用意理解方面的失误,多将其命名为"熊虎斗"(图7-3)。其实不然。笔者认为,汉代人之所以把熊与虎刻画在一起,其目的应是增强画像的驱鬼力量。虎在汉代人心目中是能食鬼魅的神兽,而熊是方相氏的化身,二者同为辟邪瑞兽,应为亲密的伙伴关系才是,焉能成为敌对关系而相互争斗呢?充其量只能理解为"戏耍",更确切地说是熊引领虎进行驱鬼活动。关于熊与虎的伙伴关系,唐河针织厂的"虎吃女魃"图就是最为典型的例证。熊与虎是指挥与被指挥的上下级关系。有学者认为,汉代大傩逐疫中方相氏率领的十二神兽不仅没有虎,而且虎还是被十二神兽驱逐的对象("肺胃食虎"),因此而否认汉画中的熊为方相氏。① 笔者认为此观点似有不妥。首先,十二神兽中是有神虎存在的,如身大类虎的穷奇。《后汉书·礼仪中》云:"穷奇、腾根共食蛊。"郭璞《山海经图赞》云:"穷奇之兽,厥形甚丑,驰逐妖邪,莫不奔走。"《山海经·海内经》云:"穷奇状如虎有翼。"南阳汉画中也常见方相氏熊与翼虎穷奇相组合的画像(图7-4)。从文献记载到汉画图像均证明汉代有神虎食鬼的观念,那么,驱鬼活动中理所当然少不了神虎。而被穷奇等十二神兽驱赶的虎应是妖怪化身的一种"恶"虎。其次,尽管我们可以认定南阳汉画像中大量的熊是方相氏的化身,受方相氏指挥的翼虎为穷奇,但却不能用官方典籍记载的大傩仪式去生搬硬套作为民间石匠所刻画的墓葬艺术形象,因为宫廷丧礼与民间

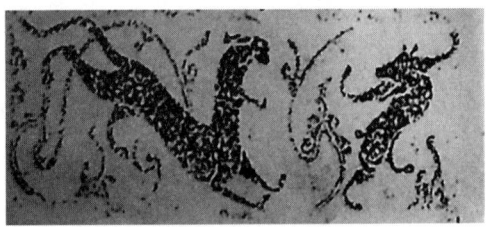

---

① 参阅李立:《汉墓神画研究》第五章和第六章。

葬俗之间存在着极大的差异性。

另外,与熊相组合的画像还有斗牛、虎食怪兽、兽斗、阉牛等。这些画像多被刻于门楣正面,若从图像的外在形式上来看,似乎是现实生活的真实反映,但若从其所在墓中的位置来看,应蕴涵着一种巫术观念,是驱魔驱疫的民间宗教仪式,其中被斗(阉)的牛、被驱食的怪兽均是妖魔的化身。

熊营墓门扉上的熊与柏树相组合(图7-5)。柏树是一种具有避鬼功能的神性植物,基于此,汉代流行墓地种植柏树的习俗。因此,以柏树来帮衬熊,更能增强熊的辟邪威力。长冢店墓门楣上刻"熊兕"画像。过去多理解为"熊斗二兕",但笔者认为这种理解同样是错误的,因为所谓的"兕"不是自然界中的犀兕类动物,而应是一种以独角犀为原型而塑造的神兽(獬豸)。它

图 7-5

似犀非犀,肩生羽翼,汉代人将其作为地府冥都的守卫者,常刻画于墓中以镇墓辟鬼。作为众鬼头领的独角兽,同样要听命于驱鬼头目方相氏,汉画中熊居中央,左右臂用力紧握住左右独角兽的长角,尽管熊的体形远不及独角兽大,但熊却凭借着它内在的神性职能足可以制服桀

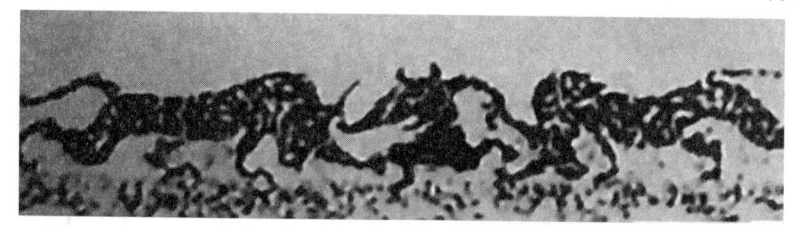

图 7-6

骜不驯的众鬼头领——独角兽(图7-6)。在这里,熊仍是以"领导者"的身份而独居于画像中央的,而独角兽是作为熊的左膀右臂协助熊(方相氏)来辨别出入于门户的善恶之鬼的,熊与独角兽不是相斗的"敌对"关系。蒲山一号墓门楣背面亦有熊与独角兽相组合的画像,即前边有熊领头开路,熊在奔走之中还回首顾盼紧跟其后而来的独角兽(图7-7)。此画像仍然显示出二者之间是领导与被领导的关系。

另外,从南阳一带征集的散存画像石来看,在辟邪升仙画像中常见有熊的形象。如图:画右部为辟邪驱鬼场景,画中一神虎张口翘尾向左

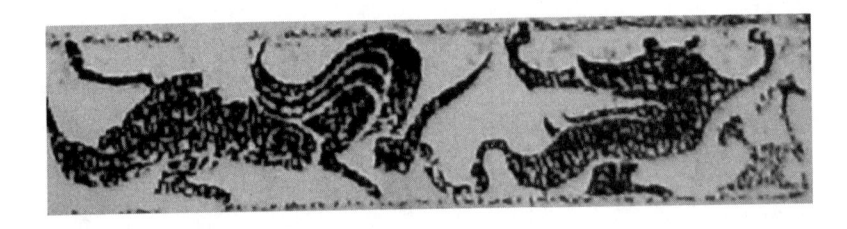

图 7-7

边之怪兽奔去,怪兽吓得蹲坐于地,垂首夹尾显示出一幅垂头丧气的形象,虎之右(后)一熊,张口舞臂跨步向虎的方向奔走,这里的熊同样是虎的指挥者。画左边为升仙场面,领头的是一龙,龙身上乘一仙人,龙向左奔走中回首与仙人相戏,随龙之后(右)是一仙人骑虎,虎同样是回首与仙人戏(图7-8)。① 要想升仙,必须先辟邪,升仙是目的,辟邪是手段,是为升仙清扫道路上的障碍。辟邪与升仙是密不可分的两个方面,所以,汉画中的升仙与辟邪往往是被刻画在同一块石头上组成一个画面。

图 7-8

总之,不论是从熊在墓中的位置,还是从熊与其他画像的组合关系来看,南阳汉画像石墓中的熊大多显示出辟邪的神性,而这种辟邪神性又是源于方相氏作为驱鬼头目的职能。也就是说,南阳汉画像石中的熊大多可以认定为方相氏的化身。

通过上述对各地画像的考察可以看出,各地汉画中熊的象征意义既具有相同的共性特征,又存在个性的差异,尽管都是一种吉祥意义的瑞兽,但山东的熊以生殖崇拜象征意义为最典型,陕北的熊以力量的象征为最普遍,而南阳的熊以辟邪驱鬼为其主要职能。从数量上来比较,南阳、山东、陕北三地区较常见,而徐州、四川两地较少见,其中尤以南阳发现的熊画像出现的频率最高。据1990年的粗略统计,南阳汉画像石

① 南阳汉代画像石编辑委员会:《南阳汉代画像石》图 363。

中约有四百余幅有熊的画像。除龙、虎外,数量位居第三位。而实际上,如今熊画像已远不止这么多了,南阳汉画像多熊的原因是什么呢?有人认为这与原始艺术及商周艺术的影响有关。① 原始的岩画艺术和商周青铜艺术固然以动物形象为主,汉画像继承前代艺术也出现了大量动物形象,但这并不能作为南阳汉画像多熊的主要原因。因为这是一个区域文化现象,我们仅从中国传统的大文化背景中去探寻地域性文化现象的成因是不可靠的,更不能得出一个令人满意的答案。因此,下面我们将以秦汉以前南阳的区域性文化——楚文化为契机和突破口,试探究熊形方相氏的起源问题。

南阳汉画像石墓中的"熊"一览表

序号	墓葬名称	画像位置	画像内容
1	唐河针织厂墓	南主室南壁右上方	画中一熊,两臂平伸,人立状,左右二虎,共食下方躺于地上的女魃
2	郁平大尹墓	南侧室南壁	左一熊人立,右视。右一蹶张(宗布),正面踏弓,引弦
3	草店墓	南、北两门柱正面	熊、执戟门吏
4	邓县长冢店墓	中南柱正面	熊、二执棒门吏,并肩站立
		墓门楣正面	熊、二独角兽
		主室左门楣	中一怪兽仰面跌倒于地,左一龙奔走回首,右一小熊人立双臂前伸推虎,虎扑食一怪兽
5	方城东关墓	右墓门上门楣正面	中一熊张牙舞爪,左应龙,右一胡人执刀阉牛
6	方城城关镇墓	西墓门西门扉正面	上为龙,中铺首衔环,下一熊人立舞爪
7	南阳县英庄墓	东主室西门柱东侧	熊、门吏
8	铺山一号墓	墓门楣背面东部	右一熊奔走回首顾盼,左一虎奋爪尾随其后
		墓门楣背面西部	左一熊奔走回顾,右一独角兽低首狂奔相随
		主室中门柱正面	一熊作人立状,张牙舞爪

---

① 王玉金:《试析南阳汉画中熊的形象》,《南都学坛》1990年第4期。

续前表

9	新店熊营墓	东门楣正面	左一熊奔走,中二兽相斗,右一人斗牛
		西门东扉正面	上为白虎,中铺首衔环,下为一熊人立状,熊左右各一树
		东门西扉正面	上为仙人戏猴、白虎,中为铺首衔环,下为立熊,左右各一树
		主室中门柱东侧	熊、扛钺武士
		主室中柱西侧	熊、举钺执剑武士
10	铺山二号墓	主室过梁西面	左一虎作奔走状,右一熊作直立回顾状
		主室过梁下方北立柱南面	一熊作人立状
11	南阳县王寨墓	墓门两侧柱	上为熊,下为执笏门吏
		墓门南门楣背面	画中一熊,奔走回顾,左一牛曲颈奋角狂奔相随,右一龙奔走回首
12	市安居新村墓	南前室门楣正面	右一熊作人立奔走状,左二兽相斗
		北前室门楣正面	左一熊作奔走状,右一应龙相随追逐。
13	市桑园路墓	西主室门槛石正面	中一熊张牙舞爪,左一人面虎,头戴山形冠,面向熊奔走,右一虎张口翘尾奋爪扑向熊。
14	中建七局机械厂墓	北门楣正面	中间一人执长矛向左边之熊刺去,右一兽纵身向中间之人扑去(斗兽)
15	十里铺二号墓	中室门楣正面	中一熊正面人立,左一虎奔走,右一兽似鹿

二、熊形方相氏考源

方相氏是我国古代传说中用以逐疫驱鬼的一位神祇,后世又俗称"开路神"。汉画中的方相氏常以熊的面目出现,而方相氏之所以为熊的形象,当与楚人的熊崇拜有着密切的关系。

熊形象的方相氏在我国河南等地的汉代画像石(砖)和壁画墓中都

曾发现过。如河南洛阳烧沟西汉壁画墓①：画中有一"怪物"，位居中央，体态庞大，熊耳，露齿，两眼圆瞪，遍体生毛，手足皆作兽形，盘腿跪坐，左手执一长柄武器似戈，横置膝上，右手执角杯欲饮酒。另外，在此墓隔梁上壁仍有一幅类似的画像：画中一体态庞大的兽面怪人，面似熊，着橙黄衣，束红裙，作推拿状。可以看出，这种形象应是由人装扮的熊。据《周礼·夏官》云："方相氏，掌蒙熊皮，黄金四目，玄衣朱裳，执戈扬盾，帅百隶而时难（傩），以索室驱疫。"《后汉书·礼仪志》中也有类似的记载。因此，笔者认为，画像中那"熊"形象应是一位"蒙熊皮"的方相氏形象。除此之外，还有辽宁省旅大市营城子汉壁画墓及山东沂南画像石墓中都曾发现类似的画像。而熊形象的方相氏在南阳汉画中最为典型，且数量最多。

南阳汉画像石中的熊随处可见，据不完全统计，有熊的画像约占画像总数的1/4。这众多的熊形象是否都是方相氏的形象呢？通过前面的分析我们已经得知，南阳汉画像中的熊大多具有辟鬼驱邪的神性特征，而方相氏蒙熊皮的主要形象特征及驱鬼职能与汉画像中熊的形象与神性相一致。在南阳汉画像中，逐疫升仙的画像不少，而在这类画像中更常见到"熊"的形象。如图：画中部为一戴假面具的人物，头似熊，瞠目张口，赤身裸体，两臂平伸，双腿作弓步状。其左依次为仙人骑白虎射怪兽、朱雀展翅曲颈后伸、龙、羽人。其右依次为龙、朱雀等（图7-9）。② 汉代统治阶级在升仙之前，为了给升仙活动扫清道路，必然要举行打鬼仪式。因此，打鬼与升仙是相辅相成的，两种内容经常交织在一起。逐疫升仙画像中的熊当是打鬼头目方相氏的形象。再如"虎吃女魃画像"（具体图像见第三章之"女魃图像"节图3-31）画像中的熊，显然具有指挥者的姿态，它位居画像中央，不是直接吞食鬼魅，而是在那里指手划脚地指挥着神虎穷奇去吞食旱鬼女魃，此画像鲜明地昭示了熊作为驱鬼头目方相氏的身份。

方相氏作为驱鬼头目不仅出现在汉代大傩仪式中，同时也更广泛地应用到丧礼之中。如《后汉书·礼仪中》云："大驾，太仆御。方相氏黄

---

① 孙作云：《洛阳西汉壁画墓考释》，《洛阳古墓博物馆》，《中原文物》1987年特刊。

② 南阳汉画像石编辑委员会：《南阳汉代画像石》图354。

图 7-9

金四目,蒙熊皮,玄衣朱裳,执戈扬盾,立乘四马先驱。"《太平御览》卷五五二引蔡质《汉官仪》也云:"阴太后崩,前有方相及凤皇车。"南阳等地的汉画像中出现不少具有辟鬼神性的熊,均应是方相氏的形象。民间在墓中刻画熊形方相氏的习俗,应是受汉代宫廷丧葬礼仪的影响而产生的。但也有学者否定汉画像石墓中的熊为方相氏的形象。其理由如下:第一,从《周礼》到《后汉书》均说方相氏是"蒙熊皮"和"执戈扬盾",因此,方相氏形象所具备的上述形象特征,是衡量汉墓神画方相氏和大傩图中方相氏的基本依据。而汉墓画像中被称为方相氏的熊大多不用武器,不符合判定方相氏的两个基本依据之一。[1] 第二,门楣画像与墓内画像在题材与内容上存在差异。当方相氏入墓圹驱方良之后,"驱疫"活动便告结束,逝者便可安稳入殓,而墓室封闭之后,"实无再图绘'方相氏'于墓内之必要"。再者,因方相氏是由人装扮的,所以不可能让方相氏永远守候在墓旁,于是便出现了"墓上树柏,路头石虎"的丧葬习俗,即以"虎"、"柏"来代替方相氏守护墓园。"故而,墓前立虎植柏而不是方相氏。"另外,汉人还常将驱魔逐疫的"神兽"画于门楣上,进一步保证了鬼怪不会进入墓室内危害墓主人。在方相氏入圹驱方良,墓上植柏置石虎、墓门绘神兽以辟邪这三重防线的保护下,"而此时再置方相氏于墓室或再绘方相氏于墓中,似乎都是多此一举的,正如现实生活中人们不会置方相氏于室内一样"。[2]

笔者认为,这两个否定理由都是靠不住的。第一,"执戈扬盾"并不是断定方相氏形象的必要条件。方相氏之所以具有辟鬼神性,关键在于它身上蒙的那张熊皮。至于它手中武器可以随意更换,甚至不用武

---

[1] 李立:《汉墓神话研究》,第 140 页。
[2] 李立:《汉墓神话研究》,第 141 页。

器,武器对于方相氏来说仅起辅助作用,而熊皮对于方相氏来说是不可缺少的法宝。汉代大傩逐疫的头领只有当他披上熊皮之后,才能成为真正的"方相氏"。因此,"蒙熊皮"是方相氏最为典型的特征,甚至是唯一的特征。第二,方相氏既然可以用在送葬队伍前列以驱鬼,同样也可以刻画于墓中。首先是因为当人们把死者埋入墓中之后,仍然会担心地下的恶鬼侵扰死者,这正如要在墓上植柏、立石虎以及在墓门上画辟鬼神兽一样,在墓室内再画上方相氏仍然是十分必要的。多设一道防线,安全系数就会增大一点。况且,从南阳汉墓画像资料来看,熊的形象不仅出现于墓内,而更多的则是被刻画在墓门位置上(图7-10)。其次是《周礼》和《后汉书》中记载的方相氏开道和入墓圹击方良的做法是宫廷中仪式极为正规和隆重的丧葬礼俗,而汉画像石(砖)墓的主人大多为地方官吏、贵族或富商,他们的地位与财力是不可能与皇帝及皇室成员相比的,因此,他们在有限的条件下去效仿宫廷的礼仪时,往往会采取简化程序或用替代物以象征的手法。也就是说,文献记载中的宫廷丧葬礼俗与民间的丧事之间存在着很大的差异。从这个层面来分析,墓内刻画熊形方相氏形象的做法也是合乎情理的。

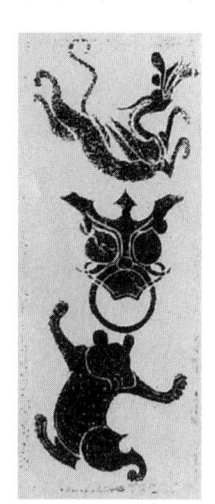

图 7-10

南阳汉画像中大多数的熊都具有辟鬼驱邪的神性,这些具有辟鬼神性的"熊"都应是方相氏的形象。那么,方相氏为何要装扮成熊的样子呢?方相氏之所以具有熊的形象,当与我国古老的熊图腾崇拜有着渊源关系。

人类在原始社会普遍存在着一种图腾崇拜,它是最古老的宗教形式之一。原始人认为,自己的氏族与氏族用来命名的动物之间存在着一定的血缘关系,这一动物就被认为是本氏族的图腾。熊就属于远古时代的动物图腾之一。对熊图腾动物的崇拜虽然属于原始社会的事情,但在近现代的一些民族中仍残留有关熊崇拜的遗迹,如我国东北地区的鄂温克族和鄂伦春族都认为自己同熊有着血缘关系。鄂伦春族中还流行一种由人表演的黑熊搏斗舞,这种熊舞实际上也是原始社会图腾舞之遗俗。

除了我国东北少数民族中仍保留着古老的熊崇拜意识之外,从一些文献记载来看,我国南方的楚族人也曾经以熊作为图腾崇拜物。据《史记·楚世家》记载,楚族季连之前的世系与中国北部祖系相重叠,都属于传说或先史时代,只有芈姓季连才是真正的楚祖。季连后裔传到周文王之时,就是一连串的熊王:穴熊……鬻熊—熊丽—熊狂—熊绎—熊艾……熊通(楚武王)—熊赀(楚文王)—熊囏(庄敖)—熊恽(楚成王)等等。成王之后,楚王不再以熊名,而楚平王即位后又改名为熊居。其后代,断续称"熊王"。① "荆楚自穴熊至考烈王熊元止,共四十六主,以熊为名的有二十九主,前后绵延千余年,这决不是偶然的。"②楚国诸王以熊为号,多在即位称王后才改为熊名,且往往在原名之上加一"熊"字。姜亮夫认为:"为王而后冠以熊,则熊显然为吉祥或尊称无疑.除释为图腾外,实无以解此密。"③在远古时代.图腾姓名号或职称作为一个具有巫术功能或灵性的符号或象征是世袭的,可以子孙继承和延续。由此可见,楚王历代皆可称"熊",这种现象应是原始社会图腾崇拜遗俗的反映。

又据《左传》记载,楚成王熊恽曾被楚穆王围困,不得已才"请食熊蹯而死",结果未得允许。按图腾禁忌,以某物为图腾.其族人不得食某物,食之以犯罪论。因此,有人认为,很可能是楚成王不愿受被篡弑之恶名,而愿负自己侵犯图腾之罪,被族人致死。另外,在远古时代,虽然一般氏族成员不得食其图腾物,但酋长是例外的,他有资格代表图腾,甚至可以食用图腾,这样便可获得图腾的"灵性"。所以,楚王可以食熊蹯。总之,无论如何解释,楚王"食熊蹯"的历史故事应该是熊图腾崇拜意识在文明时代的残留。

《楚辞·天问》中有"焉有虬龙,负熊以游"之句。这是屈原被放逐时见到楚国先王宗庙和公卿祠堂壁上所画的壁画而发出的疑问。由于时代的久远,就连楚人屈原也无法理解为何熊要骑在神龙身上这一画像的原始意义。但若与楚王号"熊"及"食熊蹯"等历史迹象联系起来看就不难理解了。画中之熊有资格驾御神龙,很显然不是一般的动物熊,

---

① 萧兵:《楚辞文化》,中国社会科学出版社1990年版。
② 何光岳:《荆楚的来源及其迁移》,《求索》1981年第4期。
③ 姜亮夫:《楚文化与文明点滴钩沉》,《楚辞学论文集》,上海古籍出版社1984年版。

而应该是楚族中熊图腾神的形象。

以"熊"称的楚王最古老的就是"穴熊"。许多民族常有将自己居住的处所以图腾来命名的习惯,何光岳在《荆楚的来源及其迁移》中认为:"凡以熊为图腾的有熊氏部族,常以熊来命名其所居之地。"而较多保存楚神话风俗的《山海经》一书中就有一座"熊山"。书中说在楚的西北有一座山,山上有一熊穴,穴中常有神人出入。有学者认为,这熊穴中所居之神人很可能就是楚族的先王"穴熊",即出自熊穴的"熊祖"。①

从以上列举的诸种史迹来看,楚王族中的熊支或加入荆楚部落联盟的熊氏族历史极其古老,熊图腾崇拜意识对楚文化产生过深远影响。那么,楚属熊氏族的早期活动区域在何处呢?

从考古界来看,多数学者都认为屈家岭文化与楚文化之间可能存在着密切的渊源关系。也就是说,屈家岭文化可以被视为先楚文化。② 而此文化的分布范围北至豫西南南阳盆地的唐河、白河流域,在淅川黄楝树和下王岗遗址中就发现有屈家岭文化层,从而证明了南阳地区也在先楚文化分布范围之内。《世本·居篇》曰:"鬻熊居丹阳。"目前,史学界及考古界有许多学者认为最早的丹阳在河南淅川一带。楚都丹阳当是今淅川南的龙城;龙城距下寺不远,两地均发现有春秋时的楚墓群,有许多属于楚国贵族墓葬,其中便有令尹子庚之墓。他们由郢都迁葬于此,无非是怀念故都丹阳而已。

又《史记·楚世家》言:"楚之先祖出自颛顼高阳。"屈原在《离骚》中也自称"帝高阳之苗裔"。由此可知楚族与夏族同源。高阳后人有季连氏芈姓。《楚世家》称楚先祖鬻熊为季连之苗裔,说明楚族源于羊图腾的一支。"芈",为羊鸣声。熊图腾的楚人与羊图腾的羌人通婚,因而以"芈"为母姓,也就是说,先楚人以熊为父系图腾,而以羊为母系氏族图腾,"芈"后来仅为楚国公族女子姓亦可证。③《史记·六国年表序》云:"故禹兴于西羌。"陆贾《新语·术事》云:"大禹出于西羌。"又有学者考证,夏族的姒姓与羌人的姜姓是同族同源。由此可知,夏人的始祖禹出自

---

① 萧兵:《楚辞文化》。
② 马世之:《试论楚文化的形成及其相关问题》,《楚文化觅踪》,中州古籍出版社 1986 年版。
③ 萧兵:《楚辞文化》。

我国西北的羌族,但夏族又是羌人中发展最快的一支,它进入中原的时间较早。据考古与文献资料互为印证,禹都阳城的地望在学术界已基本取得了共识,即嵩山一带是夏族人生活的中心区域,从嵩山南下必经之路就是南阳盆地。夏代,先楚人就到达了汉水流域,因之,汉水古名夏水。南阳盆地自古就是南北交通要道,并有汉水的两大支流丹江及白河流过。当先楚人到达这里之后,又不断兼并和融合了象、熊、黑、犬、豕、丹朱等图腾部落。这期间,熊部落图腾在先楚人中占了主要位置,穴熊氏便成为先楚人的首领,熊逐渐升格为先楚人部落联盟的图腾。①《山海经》中说楚的西北方有一熊山,山中有一熊穴,穴中常出入神熊——穴熊。而南阳盆地正好在楚的西北方,因此,笔者认为,楚属的熊山就在南阳地区,楚始祖穴熊的活动区域就在南阳一带。南阳汉画中那众多栩栩如生的熊形象也有力地证明了远古时代南阳盆地的气候比现在更温暖湿润,为大型动物熊的生存提供了适宜环境,大量的熊成为那时人们的主要猎获对象。也正是熊与原始人的生存息息相关,所以熊便上升为被崇拜的图腾物。另外,楚国自公元前688年伐申,相继灭了申、吕之国之后,南阳盆地便成了楚人在河南境内的有效控制区,其时间长达四百多年。南阳在汉以前曾受楚人统治那么多年,因而,南阳汉画中不免会留下楚文化的痕迹,而汉画像中熊形象的大量出现正是楚国熊崇拜遗俗的生动反映。

虽然可以肯定楚文化中的确存在有熊图腾崇拜现象,但是,一个民族由于种种原因,可能会有许多不同的图腾崇拜,楚民族亦如此。除熊图腾之外,楚人还存在过其他图腾信仰,如龙、凤、羊、犬、虎、荆楚等图腾。可见,楚民族是由诸多不同图腾崇拜的加盟氏族而组成的。然而,不同氏族在加入荆楚部落联盟时,即以其特长担任了某种重要职务,于是便以神圣的图腾名称命名其职务,而担任此职者也逐渐以此为名,以纪念其原属图腾,并标明其职务身份。以熊为图腾的氏族成员可能以其特长——善于巫术,担任了楚族的巫师,巫师具有巫术本领,便有条件以更多的精力从事氏族或部落的文化创造和积累,许多原始历史、神话、传说、历法、天文等知识及歌舞、祭祀等技能便逐渐集中到一人身

---

① 王光镐:《试论楚国国家的形成》,《楚文化觅踪》,中州古籍出版社1986年版。

上,使巫师成为知识与技能的拥有者。由于这种特殊的条件和全能的素质,进一步获得全氏族的拥戴,往往会走上氏族或部落首领与部落联盟酋长的地位。而后来以熊为图腾的成员很可能由巫师进一步当上了楚部落联盟的酋长。当熊氏族成员当上了楚部落联盟酋长之后,可能在很长一段时间内仍兼任巫师。后来历代楚王皆好巫信鬼恐怕与这一酋长兼巫师的传统有直接的承袭关系。如楚王在政治上称"王",而在宗教祭祀上则称"灵修","灵修"实际上就是"巫师"。《汉书·郊祀志》云:"楚怀王隆祭祀,事鬼神,欲以获福助,却秦师。"又桓谭《新论》云:"昔楚灵王骄逸轻下,信巫祝之道,躬舞坛前。吴人来攻,其国人告急,而灵王鼓舞自若。"

楚民族相对北方中原一带来说,是一个后起的民族,它在夏、商、周三代之时仍处于相对稳定的原始社会阶段之中,朱狄在《艺术的起源》中说:"词本身就可能被认为具有某种巫术力量。对于原始人来说,去占有词也就是去占有词所代表的事物。词就像一个人的灵气那样。"由此可见,原始初民将姓名看成是一种必要而且具有特殊意义的东西,是人格的重要部分。巫师或酋长在一定条件下以图腾的名称为姓,可以获得图腾的灵性。同样,楚王以"熊"称,便能与祖先对话,预测吉凶,更好地兼任"灵修"之类的巫师之职。另外,在图腾崇拜松弛和衰退之后,可能导致图腾向"巫酋"统治转移,酋长和王仍可借用图腾名称以加强自身作为世俗统治者的力量。因此,楚王历代称熊,也有借用图腾名称来巩固其统治地位的意图。不仅楚王历代沿用先祖的"熊"名而不变,就连楚国迁都之后的新都仍然要沿用旧都之名称而不改,由此可见楚人追念自己的先祖及其历史功绩的观念是极其强烈而持久的,从这一点来讲,最有利于保留远古的历史及其风俗习惯。

远古人类不仅要占有图腾名称,同时还认为佩带或模仿自己氏族的图腾物是一种荣耀,且相信这样就能获得图腾的神性或得到图腾的庇护。因此,楚国巫师在进行巫术活动时很可能要佩带自己氏族的熊图腾物。另外,原始巫术活动与后代的巫术有所不同,原始巫术具有浓重的动物色彩,因为原始人认为自然界中某些动物能够帮助巫觋沟通天地和人神。张光直就认为,商代青铜器上之所以会出现众多的动物纹样,就是因为当时人们有这样的观念。古人用动物作为牺牲来祭天神就是"使用动物协助巫觋来通民神、通天地、通上下的一种具体方式"①。若从民族学资料来看,近代一些民族的巫术活动中仍然遗留有借用某些动物精灵充当巫师助手的现象。动物在原始巫术中是不可缺少的角色,有的巫师还可以将自己变成某种动物。如北美洲奥日贝人就有三种不同层次的巫觋,其中最高等的叫"瓦宾脑",这种巫师具有奇幻之术,能幻化脱身为动(植)物。②南阳汉画中不仅有人装扮成的"熊",同时更多的则是完全的动物熊形象。前者即巫师佩饰图腾物的形象,而后者自然是方相氏幻化为熊的形象。汉代的大傩驱疫活动实际上就是从原始的巫术活动演变而来的。大傩仪式中,方相氏就是巫师的角色,它装扮成熊的模样,同时又率领由人装扮的"十二神兽",其中的动物色彩仍然十分鲜明。汉代的大傩属于驱鬼巫术,驱鬼巫术是巫术与宗教活动中最有活力的一部分。在各种巫术活动中,巫师是人类与鬼神相通的唯一中介人。因此,巫师很可能会逐渐变为某一神。这正如英国宗教学家罗伯逊在《基督教的起源》中所说的那样,"巫师或术士本身便是最早的神"。由此可认为,后世的驱鬼神祇方相氏就是由楚族中熊图腾氏族的巫师演变而来的。

我们完全有理由相信汉画中的方相氏形象来源于楚文化中熊图腾崇拜。不过,也有学者认为周族也曾存在过崇熊的习俗。③ 即便如此,方相氏也不可能是由周人的熊图腾演变而来的。因为早在西周之时,我国北方就已进入文明时代,原始社会的图腾观念已消失殆尽。另外,周人又盛行"子讳父名"的礼俗,周人后代不得直呼其祖先的名字,这种避讳之俗更加速了图腾意识的消亡。而楚人则正好相反,西周初年,楚国尚处在父权制原始社会阶段,直到西周晚期才出现阶级,原始社会结构才逐渐解体。楚族在武王熊通时期才开始进入真正的国家文明时代(相当于春秋早期)。④

据史料记载,早在先周时代及西周初年,楚人就与周人来往较密。

---

① 张光直:《美术·神话与祭祀》,辽宁教育出版社1988年版。
② 张光直:《中国青铜时代》,三联书店1983年版。
③ 邵伯人:《鲧禹变形臆说》,《神话·仙话·佛话》,河北人民出版社1986年版。
④ 余莹:《楚文化研究的系统总结与创新——评〈楚文化源流新正〉》,《中原文物》1991年第4期。

《左传》及《史记》等古籍文献中均有这方面的资料。1977年陕西岐山周原遗址还发现甲骨上刻有"曰今秋，楚子来告"之字。楚人不仅臣服于周，且楚人祖先鬻熊还曾担任过周王之"师"。周朝的文王、武王及成王三代国君都曾向楚鬻熊询问过国事。而三代及其以前的传说时代，国之大事在祀与戎。西周初年，楚尚处在原始社会，自然要落后于周人，但楚国的原始巫文化则是周人无法相比的。而楚王（实际为酋长）又是巫文化的集大成者（巫酋）。因此，笔者认为，远比楚国先进得多的周天子向楚王询问的"大事"，无非就是有关"祀"方面的事，而祭祀正是巫文化的重要组成部分。由此可知，当西周先进的政治制度、文化典章被楚人接受之时，楚人的巫文化也同时对周文化产生了一定的影响。在周楚之间的相互交往之中，楚人的巫师驱鬼逐疫风俗随之传入周朝宫廷也是自然之中的事情。

西周前期，据文献记载，楚人对周朝还有朝贡的义务：其一是贡包茅以缩酒；其二是献桃弧棘矢以除祟。① "包茅"为祭祀时所用之物；而"桃弧"和"棘矢"皆是汉代仍然用于大傩仪式之中的不可缺少的驱鬼之物。《后汉书·礼仪中》云："……师讫，设桃梗、郁櫑、苇茭。"东汉卫宏的《汉旧仪》又曰："方相氏率百隶及童（子），以桃弧、棘矢、土鼓，鼓且射之，以赤丸、五谷播洒之。"张衡《东京赋》也云："尔乃卒岁大傩，驱除群厉；方相秉钺，巫觋操苑……桃弧棘矢，所发无臬。"汉代的大傩仪礼是直接从《周礼》中的方相氏驱鬼承传下来的，《周礼》一书约成书于战国时代，因此，其中的大傩逐疫仪式最迟在春秋战国时代已经存在了。汉代以前的大傩活动中自然也少不了桃弧、棘矢之类的辟邪驱鬼之物。西周时楚人就向周王"献桃弧棘矢以除祟"，这也说明了早在西周时方相氏大傩逐疫之类的巫术活动就已从楚地传入到了中原及北方。再者，从前面对山东和苏北、陕北、四川、河南南阳这四大区域汉画像石的考察中我们已经得出如下结论：南阳汉画中的熊图像具有鲜明的地域特色，不仅出现的频率最高，且大多呈现出辟鬼驱邪的神性与功能。笔者认为，南阳民间尊熊的习俗显然是楚人早期熊图腾崇拜观念的孑遗，也是我们认为熊形方相氏源于南方楚文化之中的重要证据之一。

---

① 《左传》昭公十二年载楚臣右尹子革曰："昔我先王熊绎，辟在荆山，筚路蓝缕以处草莽，跋涉山林，以事天子，唯是桃弧棘矢，以共御王事。"

类似南阳汉画像中那戴有熊面具的方相氏形象在战国时代的楚墓中也曾发现过。如在湖北随县擂鼓墩战国早期的曾侯乙墓中出土的内棺,左右侧板上及户牖纹两旁,各画有八位兽面人身,手执双戈,双臂曲举,状若起舞的怪物。其中上层四位,头大身小,头戴似熊头的四目假面具,足踩火焰纹;下层四位,头上有角,两腮有长须,颇似羊首。有学者认为,前者即为方相氏,后者是由百隶装扮的神兽。这是目前发现时代最早的方相氏画像。①

《荆楚岁时记》中记载有楚地腊月逐疫之俗,在这种逐疫巫术活动中巫师仍戴假面具,但假面具已不再是熊的形象了。② 有关"傩"的活动,至今在湖南、湖北一带依然可见,③而这一带原为战国时代楚文化的中心地区。这种现象也说明了楚文化中方相氏大傩逐疫风俗的影响至为深远。

除了先秦至魏晋历史文献中记载有统治阶级的丧礼中使用方相氏驱鬼之外,近现代的民间丧俗中仍然可见方相氏的踪迹。只是方相氏由宫廷逐渐走向民间,其名称和形象也逐渐被世俗化了。如江南一带当人死之后出殡时,多以布蒙木架,制二巨人,高丈余,身披铠甲,头戴盔,作金刚怒目状,为送殡行列之先导。此二巨人即驱鬼之神"方相"和"方弼"。由此可见,远古时代的方相氏熊形象被进一步人神化,且由原来的一神裂变分化为二神。其名称也多有变化,如"险道神"、"阡陌将军"或"开路神(君)"等。④ 这种近现代仍然沿用方相氏开道驱鬼的丧俗,可以说是古代楚文化中方相氏驱鬼风俗的遗绪。

总之,汉画像中方相氏的熊形象当渊源于原始楚文化的熊图腾崇拜。这一图腾形象在巫风炽盛的楚文化中一度成为原始巫术中特定的巫师形象。这种楚文化中的巫师形象大约在西周时通过南北方文化的交流逐渐传入到北方,并被北方统治者所接受和利用,从而使熊的形象成为西周至汉晋历代统治阶级普遍认可的驱鬼巫术中方相氏的固定形象。

---

① 祝建华、汤池:《曾侯墓漆画初探》,《楚艺术研究》,湖北美术出版社1991年版。
② 宗懔原著,谭麟译注:《荆楚岁时记译注》,湖北人民出版社1985年版。
③ 张紫晨:《中国巫术》,上海三联书店1990年版。
④ 宗力、刘群:《中国民间诸神》。

附:与笔者观点略同的有李溪的《傩之起源新探》一文,现将其主要论据摘录如下:楚文化巫风色彩浓郁是傩形成的文化背景;傩中的方相氏蒙熊皮是楚人熊图腾崇拜的反映;夏季无傩与楚人先祖祝融为火神有关;傩仪中驱鬼的法宝为火,与楚人的火崇拜有关;傩为鸟,是楚人驱鬼逐疫的重要对象,而鸟是百越民族崇拜的图腾;楚越相邻之地——萍乡,自古至今傩仪不衰。因此,作者认为傩之发源地并非中原,而应是南方楚地。(《民间文学论坛》1992年第3期)

第二节　神　虎　图　像

虎是自然界中的一种大型猛兽,素有"兽中之王"的美称。原始人类面对猛虎的袭击,只能是束手待毙,虎给人类的生命造成了极大的威胁,因此,人类便对虎产生了恐惧感。但在人类之初的心理意念中,人们会由最初对虎的惧怕进而转化为对虎所具有的强大力量而萌生敬慕之情,并希望人类能借助虎的力量来保护人类,或者人类自身也能拥有像虎一样的威力。于是,便产生了原始的虎图腾崇拜观念。我国的考古工作者曾在河南濮阳西水坡仰韶文化遗址中发现了用蚌壳堆塑的"神虎"形象。这一重大发现,有力证明了早在六千多年前的原始社会我国就已出现了虎崇拜观念。虽然虎作为一种图腾崇拜物主要盛行于原始社会,但由此而生发的诸多虎崇拜习俗却自古代一直流传到近现代。如今,在我国西南的土家族和彝族等少数民族的风俗中,仍可寻觅到有关虎崇拜的遗迹。而在全国各地的汉画中,有关虎的画像更是比比皆是,除了斗兽或狩猎画像中的虎外,许多虎都具有显著的"神性"特征,诸如"四神"之一的白虎、肩生羽翼的穷奇、人面虎身的陆吾(或梼杌)以及九头虎身的开明兽等。《汉书·郊祀志下》云:"时,南郡获白虎,献其皮牙爪,上为立祠。"汉画中出现众多"神虎"画像也正是我国汉代崇虎习俗的图像化反映。

一、虎的食鬼神性

虎食人这一自然现象是人类崇虎心理所产生的根源所在,古人认为,虎既然能食人,人死皆为鬼,那么虎也自然能食鬼。汉代人认为,天

下大旱就是旱鬼女魃作祟造成的,而虎又能"噬食鬼魅",故画虎以食之

图 7-11

(图7-11)。在虎吃女魃画像中,不仅有自然状态下的虎,更有肩生羽翼的虚幻之虎,这种翼虎是一种神话形象。《山海经·海内北经》云:"穷奇,状如虎,有翼,食人,从首始。"《神异经·西北荒经》也云:"西北有兽焉,状似虎,有翼能飞,便剿食人……名曰穷奇。"由此便知,画中之羽虎即穷奇之像。穷奇之形的出现应是古人对虎的崇拜和神化所致,穷奇作为一种神虎,"如虎添翼",其食鬼之神性有增无减。郭璞《山海经图赞》云:"穷奇之兽,厥形甚丑,驰逐妖邪,莫不奔走。"又因穷奇有翼,所以古人又进而奉其为天神,职位再得擢升,《淮南子·坠形训》高诱注云:"穷奇,天神也。"因穷奇具有食鬼之性,所以汉代人又利用它帮助人类驱鬼。在汉代盛行的大傩驱鬼逐疫宗教仪式上,穷奇被列入"十二神兽"之属。《后汉书·礼仪中》云:"先腊一日,大傩,谓之逐疫……十二兽有衣毛角……穷奇、腾根共食蛊。凡使十二神追恶凶。"但有趣的是,汉代大傩中不仅有神虎食恶兽的场面,同时还出现了神兽"狒胃"驱食"恶虎"的情景,由此又显示出汉人对虎的崇拜具有两面性和矛盾性的特点。在中国古代有"四凶"的传说,所谓的四凶即浑敦(或骦兜)、饕餮、梼杌、穷奇。除浑敦之外,其他三凶均是一种"神虎"。《神异经》云:"西方荒中有兽焉,其状如虎而大,毛长二尺,人面,虎足……名梼杌。"而常见于商周青铜器上的饕餮,其动物的原型也是猛虎。① 汉画像中常见的铺首,一般都认为它源于饕餮之形,其实,毋宁说它是一个"虎头"更准确些。作为四凶之一的穷奇又传说是少暤的不才子,它和梼杌、饕餮均被视为凶神,这与汉代大傩中将"虎"作为被驱逐的恶兽是相一致的。虎在古人的心目中和其他许多神灵一样有两面性,一方面被奉为神兽,用以驱鬼镇邪,而另一方面又作为妖兽的化身。在汉代,视虎为

---

① 萧兵:《楚辞文化》,第366页。

神兽是虎崇拜习俗的主流,汉画中虎在逐疫辟邪画像里均以"正义"和"胜者"的姿态出现,神虎驱食怪兽的画像随处可见。虎食怪兽画像大量出现在汉画像中(图7-12),这种现象足以表明,在汉代人的心目中,虎已由食人的凶兽演变成了专食鬼魅的"善神",虎的人文属性已经替代了它的自然属性。

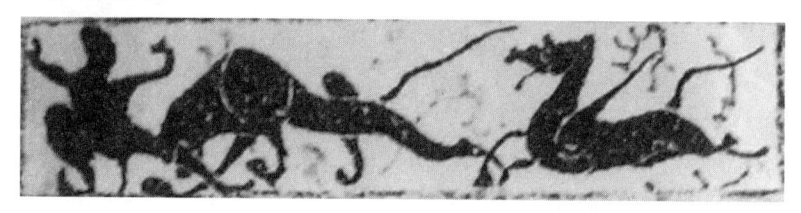

图 7-12

二、虎的守门功能

虎具有了食鬼神性之后,随之便出现了画虎于门以除凶辟鬼的古老风俗(具体论述详见第四章之"神荼郁垒图像"节)。王充《论衡·乱龙》篇云:"画虎之形,著于门阑。"尽管地面上的汉代民房建筑早已荡然无存,但是,我们可以从墓门画虎这一常见的丧葬观念中推知,汉代画虎于门户之俗是相当普及的。

陕北汉画像石墓门及四川汉阙等又多见将白虎与青龙二像相对应分别刻画在两扇门扉或双阙上的现象(图7-14)。这应是汉代门神画的另一种形式。《论衡·解除》篇云:"宅中主神有十二焉,青龙白虎列十二位,龙虎猛神,天之正鬼也。"而"左龙右虎辟不祥",又是汉代文物中常见的吉祥语句。南阳汉画中有一幅双层门楼的画像,在下层大门两旁的立柱外侧分别雕画有青龙、白虎二像。① 画像与文献记载相互吻合,更进一步证明了汉代还存在将龙虎相配作为一对门神的风俗。汉之后历代道观上常将青龙、白虎二像刻于门上作为门神的风俗,应是从汉代沿袭下来的。如《岳阳风土记》云:"老子祠有二神像,所

图 7-13

---

① 南阳汉代画像石编辑委员会:《南阳汉代画像石》图209。

谓青龙、白虎也。"

在汉代葬俗上，不仅要仿效阳宅画虎于墓门以辟鬼（或画虎于墓阙上），而且在汉代一些大贵族、大官吏的墓园或祠庙前神道两边还常放置巨型圆雕石虎。《太平御览》卷九五四引《风俗通》云："墓上树柏，路头石虎。"（今本无）虽然这些石虎雕塑品早已荡然无存，但我们仍可在一些文献资料中寻觅到它们的踪迹，如《水经注·易水》云："中山简王焉之窆也，厚其葬，采涿郡山石以树坟茔。陵隧碑兽，并出此山，有所遗二石虎，后人因以名冈。"《水经注·阴沟水》也云："洨，泗水也。水径大扶城西。城之东北，悉诸袁旧墓，碑宇倾低，羊虎碎折。"《水经注·睢水》又云："城北五六里，便得汉太尉桥玄墓。冢东有庙，庙南列二柱……柱东有二石羊，羊北有二石虎。"

图 7-14

概而言之，在汉代，虎不仅被奉为阳宅的门神，同时也是阴宅门户的守护神。

三、虎的神化及其形象的变异

"天堂"是人类比照人间世界为蓝本而臆造出来的一个凌驾于人类之上的虚拟空间，它是上帝和众天神的居住之所，与凡人的住所一样，天堂也自然需要供神出入的门户——天门。《淮南子》云："天门，上帝所居紫微宫门也。"《汉书·礼乐志》云："游阊阖，观玉台。"应劭注曰："阊阖，天门。"由是可知，天界之门户名曰"天门"或"阊阖"。天门也是天堂与人间的唯一连接通道，是人类升仙的必经之路。湖南长沙马王堆汉墓出土的帛画上就有天门之象：在天堂与人间的交接处有左右对称的"⊥"形天门，就在这天门两边分别爬着一只虎豹之形的神兽。《楚辞·招魂》云："魂兮归来，君无上天些，虎豹九关，啄害下人些。"王逸注："言天门凡有九重，使神虎豹执其关闭。"帛画上的虎豹正是守护天堂的天门神。另外，《神异经·西北荒经》又云："西北荒中有二金阙，高百丈……名曰天门。"可知汉代人又称天门为"金阙"，而汉画像中亦可见这种汉阙形状的天门,四川巫山县东汉墓中曾出土一些鎏金铜牌饰件,就在这些铜牌上,有用阴线绘出的双阙图案,双阙中间的上方隶书有"天门"二字。四川出土的一些汉代石棺上也曾发现有双阙之间刻"天门"二字的画像。① 所有这些文物都确证了这些汉阙为汉代人心目中的天门之象,而就在这些"天门"的侧傍多饰有虎或龙、虎二像。虎为汉代人心目中的"天门"神再次得以印证。

《论衡·道虚》篇云:"如天之门在西北,升天之人,宜从昆仑上。淮南之国,在地东南。如审升天,宜举家先从昆仑,乃得其阶。如鼓翼邪飞,趋西北之隅,是则淮南王有羽翼也。今不言其从之昆仑,亦不言其身生羽翼,空言升天,竟虚非实也。"由此可知,汉代人认为登昆仑和生翼飞升是世间通行的两种经天门而升仙的途径。在我国古代的神话传说中,昆仑山是天帝之"下都",它高耸在天庭之下、人间之上的空间中,它是天神下凡和人类升天成仙的一种"天梯",凡人登之可以升仙。而护卫昆仑山的神兽也是一位神奇怪异的虎神,《山海经·西次三经》云:"昆仑之丘,是实惟帝之下都,神陆吾司之。其神状虎身而九尾,人面而虎爪。是神也,司天之九部,及帝之囿时。"《大荒西经》又云:"西海之南,有大山。名曰昆仑之丘。有神,人面虎身。"在南阳、徐州等地的汉画像中均有人面虎身的神兽形象(图7-15),可能就是昆仑山的守护神陆吾。另外,据文献记载,人面虎身的神话形

图 7-15

象还有梼杌、马腹等,如《史记·五帝本纪》注引《神异经》云:"西方荒中有兽焉,其状如虎而大,毛长二尺,人面,虎足……名梼杌。"《山海经·中次二经》云:"蔓渠之山……有兽焉,其名曰马腹,其状人面虎身,其音如婴儿,是食人。"这类人面虎形象(图7-16)是人类对虎的进一步神化,它是比纯动物型的翼虎更高级的神虎,是兽形神向人形神演进的过渡形态,属于人兽合体形的神祇范畴。

传说"天门"有九重,如《晋书·陶侃传》云:"(侃)梦生八翼,飞而上

---

① 赵殿增、袁曙光:《"天门"考》,《四川文物》1990年第6期。

天，见天门九重，已登其八，惟一门不得入。"而昆仑山作为登天之梯，与天门相对应，传说也有"九门"。守昆仑山"九门"的神兽名叫"开明"，是一只九头神虎。《山海经·海内西经》云："海内昆仑之虚，在西北，帝之下都。昆仑之虚，方八百里，高万仞……面有九门，门有开明兽守之，百神之所在……开明兽身大类虎而九首，皆人面，东向立昆仑上。"《楚辞·招魂》中有"一夫九首，拔木九千些"之句，其中的九首神应指开明神。在山东、江苏徐州及河南南阳等地的汉画像中常可见到这种九头人面虎身兽的形象，且大多与各种神禽瑞兽或仙人相处一画中（图 7-17）。它应是文献记载的九头开明兽。① 著名的神话学家袁珂认为，开明与陆吾为同一种神兽。② 此说甚是。《山海经图赞》云："开明天兽，禀兹乾精，虎身人面，表此桀形，瞪视昆仑，威慑百灵。"由此可知开明又与陆吾之形相一致，而且二者守护昆仑的神职也完全一样。基于此，可以认为陆吾和开明为同一神的不同传说形象而已。开明的九头之形应是人面虎陆吾形象进一步神化的特殊变体，

图 7-16

图 7-17

陆吾只长有一个人头，若让它去守护昆仑山的"九部"或"九门"实属不易，为了能让其更好地胜任这一神职，最好的办法就是将陆吾的一头裂变为九头，这样一来，九头便可分工看守九门。在这种合乎"情理"的想象中，人们便进一步塑造出了一个怪异的神虎形象——九头开明兽。另外，南阳汉画中还有一人面虎的尾巴又生出三颗人头（图 7-18），这又是神虎的一种异形。③《大荒北经》云："大荒之中……有神……其状虎首人身，四蹄长肘，名曰强良。"在汉代大傩活动中，强梁（即强良）就是"十

---

① 李发林：《山东汉画像石研究》，齐鲁书社 1982 年版，第 78 页。
② 袁珂：《中国神话传说词典》。
③ 南阳汉代画像石编辑委员会：《南阳汉代画像石》图 85。

二神兽"之一。在山东安丘画像石墓中,亦可见到虎首人身之形的神怪在山林中穿行的画像。① 这种虎首人身之形的虎神更具有人神化的特征。

概而言之,古文献中记载的羽虎、人面虎、九头虎和人身虎头之虎神均是古代虎崇拜的产物。这些古老传说中的神虎形象均在汉画中得以再现,而从这些怪异多变的神虎画像中,我们可以清晰地看到人类由最初对动物图腾虎的崇拜逐渐发展到对人形神虎的宗教崇拜这一历史演变轨迹。

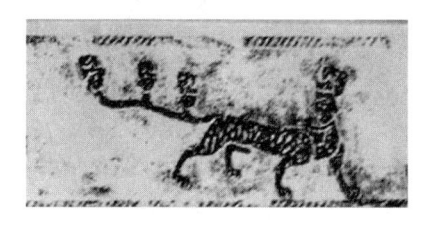

图 7-18

四、四神(灵)之一的白虎

青龙、白虎、朱雀、玄武为古代神话中的四方之神。《三辅黄图》云:"苍龙、白虎、朱雀、玄武,天之四灵,以正四方。"在汉代的画像石(砖)、壁画、画像镜、瓦当、博山炉盖等许多品类的出土文物上刻画有四神的形象(图 7-19)。可见,汉代对四神的崇拜是极其炽盛的。四神画像有的刻画于墓顶,应是我国古代天文学中四宫二十八宿的形象化,白虎作为西宫七宿的象征,也可能是借用了太白金星的白虎之形。②《史记·天官书》《索隐》云:"太白,晨出东方为启明,昏见西方为长庚。"启明,汉代人因避汉景帝之讳而改名为"开明",而实际上,启明与长庚星为同一星。《淮南子·天文训》云:"西方金也,其帝少昊,其佐蓐收……其神为太白,其兽白虎。"太白星即长庚,由此可知汉代将虎作为西方太白金星之象。因此,太白星在民间又俗称"白虎星"。另外,《山海经·西次三经》云:"泑山,神蓐收居之。"郭璞注:"亦金神也,人面,虎爪,白尾(毛),执钺。"《国语·晋语二》云:"虢公梦在

图 7-19

---

① 安丘县文化局、安丘县博物馆:《安丘董家庄汉画像石墓》。
② 萧兵:《楚辞文化》,第 353 页。

庙,有神,人面白毛虎爪,执钺,立于西阿。公惧而走。神曰:'无走,帝命曰,使晋袭于尔门。'公拜稽首。觉,召史嚚占之。对曰:'如君之言,则蓐收也,天之刑神也。'"可知西方金神蓐收也是一位虎神之形。西方神蓐收与西方星宿太白均为神虎之形,所以古人便将二十八宿中的西宫也称为"白虎"星座。南阳汉画像中就有白虎星座画像:在一块盖顶石上刻画一只猛虎,张口昂首而立,虎前及下方共刻有九颗星宿,画间云气缭绕。白虎被奉为一种星神,是古人崇虎习俗的一种反映。汉代人不仅视白虎为西方的天神和星神,同时,又将白虎作为人类灵魂的守护神之一。汉画像中不仅将四神之像刻于墓顶,有的还将四神之像刻于石棺四周,很显然,这里的白虎不再是高高在上的西方天神,而是被世俗化为墓主灵魂的四方守护神之一。

另外,白虎与青龙常相组合而构成一幅独立的画像,这种组合画像又是汉代"阴阳合一"思想的一种物化形式。青龙为东方之神,属阳;白虎是西方之神,为阴。东汉人魏伯阳著《周易参同契》在描述道家丹经——"龙虎经"的理论和功法时说:"龙阳数奇,虎阴数偶。""龙呼于虎,虎吸龙精,两相饮食,俱相贪便,遂相衔咽,咀嚼相吞。"很显然,这正是道家借用龙虎之形来表现阴阳交感的。与此段文字极为吻合的画像在南阳汉画像中也曾发现过,在一座夫妻合葬墓中,门楣石上刻有一龙一虎,龙虎的长舌相交接。① 这一龙虎相吸的画像应具有阴阳相交之意,它被刻于墓中当隐喻男女墓主人在阴间仍相亲相爱。山东汉画像石中还有龙虎交颈的画像,也当具有同样的含义。

五、虎的图腾意义及其嬗变

通过对与虎相关的神话资料的分析,可以看出,虎与西方有着千丝万缕的联系,这种现象可能与远古时代西方的虎图腾氏族有关,如地处我国西南部的巴蜀文化中就发现有相当丰富的与虎有关的文物遗迹和神话传说。《后汉书·南蛮西南夷列传》云:"廪君(巴人祖先)死,魂魄世为白虎。巴氏以虎饮人血,遂以人祠焉。"这表明巴人的祖先是图腾神白虎的化身。扬雄《蜀王本记》说,蜀人的祖先鳖灵又号"开明帝"。

---

① 南阳汉代画像石编辑委员会编:《南阳汉代画像石》,第 191 页。

而昆仑山的守门神虎也叫"开明",显然,蜀人祖先开明帝也就是昆仑山神虎开明的人间替身。后来楚人吞并了巴蜀之地,凤鸟虎座鼓便成为楚文化中的一种典型文物,楚人崇凤,巴人崇虎,所以凤立于虎背之上的这种文物造型就是楚人征服巴人的艺术象征。①

　　汉画中亦常见有虎座建鼓,这可能是汉代继承了楚文化乐舞艺术中的传统形式,但因时代的变迁,这种以"虎"为鼓座的民俗涵义却发生了巨大的变化。从山东汉画像中的建鼓图可以看出,不少虎座建鼓的上方刻画着以西王母为中心的天国仙境,其中有幅画像中那建鼓鼓柱实在是高得不成比例、不合常理;②鼓柱自下而上几乎贯通了整幅画面,柱顶上方居中端坐着西王母,西王母两侧有人头蛇身、兽头人身和鸟头人身形的仙人及执便面的侍者、九尾狐等。画像极力宣染和夸大鼓柱的"居中"和"高耸入天"的象征性意义,建鼓两边有众多人物在活动,或乐舞、六博,或庖厨、宴饮等。这一奇特的画像所描绘的应是一种祭祀西王母以求升仙的宗教仪式,那顶天立地的鼓柱即"天柱"的象征,柱顶端的华盖饰物象征"天穹",华盖上端坐一男一女当是墓主人,墓主人之间立一凤鸟,即西王母派往人间迎接墓主人的使者,而那支撑鼓柱的虎形鼓座就是象征守护"天柱"的神虎。因此,笔者认为,汉代常以虎形作为建鼓的基座装饰,并非一种单纯的雕塑艺术形式,其中也应蕴含着虎崇拜民俗的文化意义。

六、虎所体现的祥瑞思想

　　古人普遍视白虎为一种祥瑞之兽,如《艺文类聚》引《瑞应图》云:"白虎者,仁而不害,王者不暴虐,思及竹苇则见。"又引《孝经援神契》云:"德至鸟兽,白虎见。"各地的汉画像中有大量的虎与其他神禽瑞兽相处一画中,如山东汉画像中有一画像③:画中为一巨型羊头,左右有凤、虎、龙等神兽。汉代,在统治阶级的大力推崇和宣传下,谶纬迷信思想泛滥成灾,汉画像中以祥瑞为母题的画像俯拾皆是,而虎在汉代作为

---

① 萧兵:《楚辞文化》,第 374 页。
② 山东省博物馆等:《山东汉画像石选集》,第 228 页。
③ 山东省博物馆等:《山东汉画像石选集》图 475。

一种祥瑞之物而出现,更是古人崇虎观念的一种生动体现。

从全国各地的汉画像来看,有翼之虎所占比例甚大,而且还有大量仙人乘(戏)虎的画像。这些画像十分明白地告诉我们,虎在汉代不单是一种兆示祥瑞的神兽,更是人类升仙的向导和乘载工具。在南阳、徐州等地的汉画像中还有翼虎牵引雷公车的画像,这里的虎又成了雷公的驾车之兽。羽虎能载人升天,那么,由虎牵引的雷公车更是汉人理想的升仙交通工具。这种现象表明,源于远古图腾物的神虎,在汉代呈现出显著的仙化特征,虎崇拜观念也就在汉代这种特殊的"羽化升仙"氛围中更得到了进一步的扩展与延伸。

综上所述,汉画像中的神虎形态各异,既有自然状态下的虎,又有虚拟的翼虎、人面虎、九头虎、人形神虎等众多神话形象。这些虎不仅神性鲜明,而且职能繁多,它既能吞食鬼魅,威慑敌害,守卫天门地户,又能庇佑人神,赐福示瑞,更可以乘载以升仙。如此形形色色的神虎画像生动地再现了汉代民间有关虎崇拜的习俗。

第三节　凤凰图像

龙凤呈祥,龙飞凤舞,自古迄今,我们华夏民族最为崇拜的神圣动物就是龙与凤这两种神兽瑞禽。正因如此,历代遗留下来的诗文歌赋及美术作品中赞美和描绘龙凤的优雅言辞和生动图画比比皆是。

《说文》云:"凤,神鸟也。"凤即凤凰的简称。《瑞应图》曰:"凤凰者,仁鸟也,雄曰凤,雌曰皇。"凤凰是我国古代众多神禽瑞兽中最为常见的一种瑞鸟。《礼记》曰:"麟、凤、龟、龙,谓之四灵。"凤凰又被尊奉为鸟类之王。《白虎通》曰:"凤凰者,禽之长也。"《大戴礼记》记亦曰:"羽虫三百六十而凤皇为之长。"凤凰不仅仅是一般意义上的瑞禽,而且是有灵性、通晓人伦的"仁义"之鸟,它的出现是天下太平、圣王出世的吉兆。《周书·王会》云:"凤鸟戴仁抱义。"《白虎通义》云:"凤凰者……上有明王,太平乃来。"班固在《汉书》中记载有这样一则故事:战国时,齐桓公欲封禅而管仲反对曰:"今凤凰、麒麟不至,嘉禾不生……而欲封禅,无乃不可乎?"于是桓公便放弃了封禅的念头。由此可见,凤凰作为祥瑞,对古代政治生活的影响是非同一般的。凤凰不是自然界中的实有动物,所以古代文献中有关凤凰的属类和异名甚为纷繁,如鸾鸟、鹓雏、鸑鷟、鹔、鷖、鸥、长离、德牧等等。① 与之相应,其形象也甚为怪异和变幻无常,或似鸡,又如鹤,既像天鹅,亦类燕雀。总之,它是集诸多鸟兽特征于一身的神异禽王。《说文》云:"天老曰:凤之象也,鸿前鳞后,蛇颈鱼尾,鹳颡鸳思,龙文龟背,燕颔鸡喙,五色备举。"许慎对凤形象的描述更显夸饰之辞,真可谓集汉代之前古人关于凤形象之大成。若仅据这些纷繁离奇的文字记载,今人是很难描绘出凤凰的具体形象的。然而,值得庆幸的是,汉代画像石(砖)及壁画、帛画等汉代艺术品类中为我们遗留下了大量凤凰画像,且有一些画像还附有榜题文字。如内蒙古和林格尔壁画墓和河南荥阳苌村东汉晚期壁画墓等汉墓中均发现有带榜题"凤凰"的画像。② 汉画像中的凤凰形象大多是华冠高耸,曲颈修腿,尾羽硕大美丽,英姿伟岸,气宇非凡,展现给人们的是一种鸟中之王的高贵气质。若仅从汉画像中的凤凰形象来看,它与现实生活中的孔雀最为接近。检索古文献,古人也曾视孔雀为凤凰的动物原型。如魏钟会的《孔雀赋》曰:"有炎方之伟鸟,感灵和而来仪。禀丽精以挺质,生丹穴之南垂……裁修尾之翘翘,若顺风而扬麾。五色点注,华羽参差。"魏杨修的《孔雀赋》云:"有南夏之孔雀,同号称于火精。"《春秋元命苞》云:"火离为孔雀。"孔雀的这些形象及其特性基本与凤凰相吻合,传说凤凰也是生于南方的丹穴,身着五彩羽毛,为火精之象。由于神话传说中的凤凰形象怪诞难辨,世间绝难见到如此的鸟类,为了迎合统治阶级粉饰太平的政治需要,人们便将凤凰世俗化为现实生活中可以见到的、形象倩丽的孔雀、丹顶鹤、鸿雁、天鹅等鸟类。因此,自西汉至晚明,有关发现凤凰的记载便不绝于史书。据统计史料的数字显示,历代共发现凤凰43次,两汉时代就占了19次之多,居于各朝代首位。③ 汉画像中凤凰的形象更是琳琅满目,难计其数。据此不难看出,两汉是我国古代凤凰崇拜最盛行的时代。

---

① 何新:《诸神的起源》,第75页。
② 内蒙古自治区博物馆文物工作队:《和林格尔汉墓壁画》彩色照片,文物出版社1978年版,第68页;《河南荥阳苌村汉代壁画墓调查》,《文物》1996年第3期。
③ 何新:《诸神的起源》,第78—79页。

一、"凤凰衔珠"画像的神话依据及其意义

在山东、河南南阳、江苏徐州及陕北汉画像石（砖）中都可见到许多凤凰衔珠的画像（图 7-20）。这种画像的大量出现，与"凤食琅玕果"的古老神话传说密切相关。《艺文类聚》卷九〇引《庄子》云："南方有鸟，其名为凤，所居积石千里。天为生食，其树名琼枝，高百仞，以璆琅玕为实。"（今本无）《说文》云："琅玕，似珠者。"由此可知，在古代传说中，凤凰是以琼枝树上的果实——琅玕果为食物的，而琅玕果的形状似珠子。《山海经·海外南经》又云："三珠树在厌火北，生赤水上，其为树如柏，叶皆为珠，一曰，其为树若彗。"据此推知，三珠树与琼枝为同一种神树，而三珠果与琅玕果为同一种果实。《庄子·天地》云："黄帝游乎赤水之北，登乎昆仑之丘而南望。还归，遗其玄珠。使知索之而不得，使离朱索之而不得……乃使象罔，象罔得之。"这里所说的黄帝丢失的"玄珠"，很可能就是琼枝（或三珠树）上的琅玕果（或珠果）。基于以上流传于民间的神话传说，

图 7-20

汉代的石匠们便在汉代官僚贵族的墓葬或祠堂上刻画出了许多栩栩如生的"仙人以珠果饲凤"的画像。如山东汉画像石有一幅画像[①]：画右上角刻一枝干弯曲的巨树，树上一羽人和一凤凰相向而立，羽人手持一串三珠果伸向凤口（图7-21）。再如徐州汉画像石中的一幅画像[②]：上格左边，一巨大的凤凰站立，其前一羽人，单腿跪地，面向凤凰，一手握一琼枝，另一手拿着从琼枝上摘下的琅玕果伸向凤凰嘴边，除了以上例举的仙人饲凤凰画像外，亦可见凤凰衔琼枝的画像。如山东汉画像石一画像[③]：上格刻一巨凤凰开屏，口中衔一琼枝，枝上结满了琅玕果。再如山东的另一幅画像[④]：画像上下共分四格：第一格中有一棵大树，应

[①③④] 山东省博物馆等：《山东汉画像石选集》图 285、图 308、图 381。
[②] 徐州博物馆：《徐州汉画像石》图 265。

图 7-21

为琼枝树,树下一人头鸟身之神,手执勾具正在勾采琼枝树上的琅玕果。第二格中有一大凤凰站立,伸头张口,其前一仙人正用刚从琼枝树上采摘下来的新鲜果实——琅玕饲凤,凤凰口中已吞入一果。在大凤凰身下还依偎着一只可爱的雏凤,雏凤伸颈仰首,似预与母凤争食琅玕果。这两层画像甚是生动有趣,它以连环画的艺术形式描绘出了凤凰以琅玕果为食的神话传说。

以上我们所列举的均是仙人饲凤的画像,但汉画像中更常见的则是"凤凰衔珠"类的画像。河南南阳及陕北汉画像中多见凤凰口含一珠的形象,而山东和江苏徐州汉画像中除了凤凰口衔一珠的形象外,还有不少凤衔串珠或联珠的画像(图7-22)。诸如此类的画像均是凤"以琅玕果(或三珠果)为食"这一神话传说的简化形式。

图 7-22

在古代神话中,凤凰为神鸟,琼枝为神树,凤凰以琼枝之果——琅玕为食物,古人相信,凤凰就是因为以仙果琅玕为食才得以长生不死的。基于此种理念,汉代人们希冀凤凰能将口中的琅玕果吐出来赐给那些虔诚企盼升仙的凡夫俗子们。当这种长生不死的理想与"凤食琅玕果"这一古老神话相互融合之后,便逐渐衍生出了大量"凤凰吐珠"的画像。

如山东汉画像石中的一幅画像①：画中一大树，树根部为三虎共一头，树冠之上立一大凤，从凤凰口中吐出的珠子正向下滚落，凤凰前二羽人作伸手承接状（图7-23）。再如另一画像②：画中有三羽人同时争着用手承接从凤凰口中吐出的珠子。而最为生动的是徐州画像石上的一幅凤凰吐珠画像③：画左刻一巨凤凰站立，凤凰伸颈昂首，口中吐珠，珠子不断地从口中落下，凤凰下边一羽人双手捧一器皿盛接珠子。器皿中已落入一珠（图7-24）。

图 7-23

在古代文献资料中，亦可见到飞禽衔珠或吐珠的传说。如《搜神记》云："曾有玄鹤，为弋人所射，穷而归[哙]参。参收养，疗治其疮，愈而放之。后鹤夜到门外，参执烛视之，鹤雌雄双至，各衔明珠以报参焉。"另外，《焦氏易林》中亦有"白鹤衔珠"之说。鹤也是凤凰的原型动物之一，鹤能吐珠，人们自然会

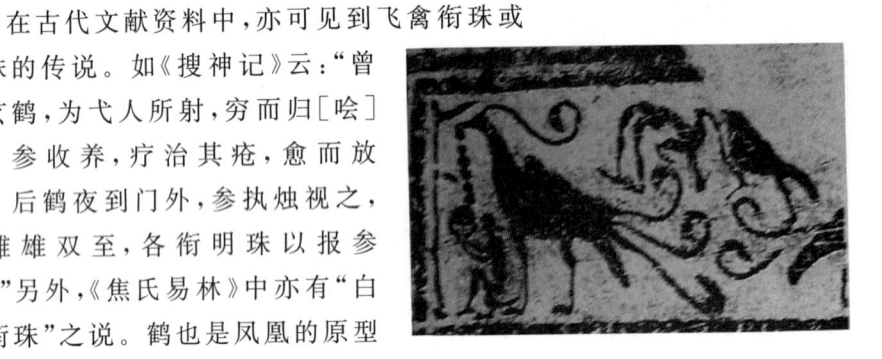

图 7-24

认为凤凰亦能吐珠。王嘉《拾遗记》卷十云："瀛洲……有鸟如凤，身绀翼丹，名曰藏珠，每鸣翔则吐珠累斛。仙人常以其珠饰仙裳，盖轻而耀于日月也。"这里所谓的"藏珠"鸟实即凤凰之属。汉画中那"凤凰吐珠、仙人承接"的画像不正是这一神话传说的生动图示吗？

笔者认为，"凤凰吐珠"的神话故事与图像，很可能是古人将"鸟生卵"这一自然现象进行神化的结果。因为鸟卵的外形大都圆滑洁白，宛若玉石宝珠。再者，鸟卵又可用来裹腹充饥，且具有较高的营养价值。基于此，古人便凭借丰富的想象力，臆造出了这些美丽的"凤凰吐珠"神话图像。

凤鸟虽为神鸟，但它是古人依照自然界中某些实有鸟类为原型而塑造的，因此，它同样需要充饥的食物和供休息的居所。只不过它的食物

---

① 山东省博物馆等：《山东汉画像石选集》图95。

与居所与一般的凡鸟不同罢了。上文我们已经提到,传说凤凰以琼枝树上的琅玕果为食物,那么,它又会选择什么样的树木为栖息之地呢?

《庄子·秋水》篇云:"鹓鶵(即凤凰)发南海而飞到北海,非梧桐不止。"《白虎通》云:"黄帝之时,凤凰蔽日而至。"《韩诗外传》云:黄帝之时,"凤乃止帝东园,集帝梧桐,食帝竹实,没身不去"。《诗经·大雅·卷阿》云:"凤凰鸣矣,于彼高岗。梧桐生矣,于彼朝阳。"于此便知,凤凰以梧桐为居所。那么,凤凰为何以梧桐树为栖身之地呢?良鸟亦要择木而栖,更何况神鸟凤凰呢?在古代,梧桐树被奉为一种神树。《王逸子》云:"木有状,桑、梧桐、松柏,皆受气淳矣,异于群类者。"《艺文类聚》卷八十八引《礼斗威仪》云:"君乘火而王,其政平,梧桐为常生。"正是因为梧桐树是凤凰的居所,因此,古代亦有植桐引凤之俗。《秦记》:"初长安谣云,凤皇止阿房。符坚遂于阿房城植桐数万株。"另外,汉代还有在墓地栽梧桐的习俗,如《汉代婚丧礼俗考》辑古诗《孔雀东南飞》云:"两家求合葬,合葬华山傍,东西种松柏,左右种梧桐。"[①]梧桐能引凤,凤又是西王母的使者(后文将论及),所以汉人将梧桐植于墓地,以求得凤凰导引墓主人升仙。山东沂南汉画像石墓中就刻画有梧桐引凤的画像[②]:在一幅宏大的百戏场景之中,有龙戏、马戏、鱼戏、豹戏和凤戏等假形表演节目,其中的凤戏为:左一人以手扶一树,树干笔直,枝叶繁密,当为人工制作之树,观树之形,应是一株梧桐。右刻巨大的凤凰,据凤凰身体下面露出的人腿可以断定,凤凰是由人装扮的假形(图7-25)。此凤戏节目当取材于在民间广为流传的凤栖梧桐的神话传说。至今尚有"不栽梧桐树,哪能引来金凤凰"的俗语。由此也可知,这一崇凤信仰在我国民间的影响至为深远和持久。

图 7-25

---

① 杨树达:《汉代婚丧礼俗考》,上海文艺出版社1988年版,第155页。
② 张万夫:《汉画选》,第83页。

二、"凤阙"画像的"天门"

在河南南阳、江苏徐州及山东等地的汉画像中,不少门阙建筑物顶端装饰有凤凰的形象(图7-26)。与此类画像相应,古文献中同样有"凤阙"的记载,如《艺文类聚》卷六三引《幽明录》曰:"邺城凤阳门五层楼,去地二十丈,长四十丈,广二十丈,安金凤凰二头于上。"《三辅黄图》卷二引繁钦《建章序》云:"秦汉规模,廓然泯毁,惟建章凤阙,耸然独存……古歌云:'长安城西有双阙,上有双铜雀,一鸣五谷成,再鸣五谷熟。'"建章即汉武帝时建造的建章宫,凤阙即建章宫北阙门,高七十丈五尺,所谓的"铜雀"即阙项部安装的凤凰。由此便知,先秦两汉时代确实流行以凤凰装饰门阙的时尚。而这种时尚当源于我国古代神话传说中的"天门"凤阙之像。

图7-26

《吴越春秋》云:"范蠡为勾践立飞翼楼以象天门。"这里所谓的"楼",即楼阁式的门阙。以阙象征"天门"的意识和行为在汉代更是常见。如四川简阳三号石棺①上刻有双阙图(图7-27),双阙之间的上方刻榜题"天门"二字,双阙顶端各立一凤凰。再如四川东汉墓②出土的鎏金铜牌饰件上亦有"天门"之像(图7-28),天门均为高耸对峙的双阙,双阙间以"人"字形屋顶相连,屋顶端均立有凤凰。由此便知,"天门"在汉代人心目中具有双阙的形体特征。所谓的"天门",应是昆仑山的仙界之门。凡人要想升仙拜见西王母,必

图7-27

---

① 中国画像石全集编辑委员会:《中国画像石全集·四川汉画像石》图96。
② 赵殿增、袁曙光:《"天门"考》,《四川文物》1990年第6期。

先经过昆仑山的天门金阙,如《尚书帝验期》云:"王母之国在西荒,凡得道受书者,皆朝王母于昆仑之阙。"从汉画像中的天门金阙图像来看,凤凰又是天门上常见的标志性物像。汉代人之所以将凤凰刻于天门之上,是因为凤凰是昆仑山仙界的一种神禽。《山海经·大荒西经》云:"西有王母之山,壑山,海山。有沃之国,沃民是处,沃之野,凤鸟之卵是食,甘露是饮……鸾鸟自歌,凤鸟自舞,

图 7-28

爰有百兽相群是处。"《说文》云:"凤,神鸟也……出于东方君子之国,翱翔四海之外,过昆仑,饮砥柱,濯羽弱水,莫宿风穴,见则天下安宁。"《拾遗记》云:"昆仑山有昆陵之地……四面有风,群仙常驾龙乘鹤游戏其间。"正因凤是昆仑山的神鸟,所以汉画像中西王母身旁常有凤凰形象。如河南密县汉画像砖①:西王母坐于昆仑山,其前不仅有玉兔捣药,更有一只巨大的凤凰曲颈展翅而舞。凤前置一高足盘,盘内置有凤鸟献给西王母的丹珠。又如山东画像石②:画中为西王母凭几端坐,其左有玉兔捣药和凤鸟,凤口中吐出串珠五颗。西王母右边也有两凤,其中一凤为人头,二凤均展翅而舞,还有虎、龙等神兽为凤伴舞。再如南阳汉画像石中一画像③:西王母与东王公二人相向侧身坐于形似豆盘的高台之上,其下为玉兔捣药,其上有仙人骑鹿和一只凤凰。由此可证,凤凰是昆仑仙界之主神西王母的役使神鸟。更让人信服的是那种将西王母、阙(门)、凤凰三者相组合的画像,如四川荥经石棺④:画中一门,一扇门扉被打开,一女童一手扶门而立,门左右各立一凤鸟。门左二人相拥而坐,作接吻状,当为墓主夫妻归天升仙前那依依不舍的吻别场景;门右是西王母凭几正面端坐,显然是昆仑仙境之像。可以确定画中之门为凡间与仙界的通道——天门。门内站立的女子当为掌管天门的门童,门

---

① 密县文管会等:《密县汉画像砖》,中州书画社1983年版,第98页。
② 山东省博物馆等:《山东汉画像石选集》图 295。
③ 南阳汉代画像石编辑委员会:《南阳汉代画像石》图 332。
④ 中国画像石全集编辑委员会:《中国画像石全集·四川汉画像石》图 111。

左之凤即西王母派遣到人间迎接墓主人的使者。与此画像相类、且更为生动的,是南阳汉画像砖中的一幅画像①:画左上部西王母侧身而坐,其后有玉兔捣药,其前一凤鸟面向西王母,伸颈俯首听命,凤后一人跪地求见。画下部刻一列车马出行队伍从一双阙中穿过,正向西王母所居的仙境进发。画中双阙即"天门",当墓主人的车队进入天门后,凤鸟

图 7-29

作为西王母的使者正在向西王母禀报(图 7-29)。正因凤凰是西王母的使者,是凡人升仙的导引者,所以凤鸟常常要伫立在高耸云端的天门金阙顶上,这样就可远远观察到从凡间而来的求仙者。鉴于此,汉代的官僚贵族们为了追求长生不死,极尽财力将自己的居所或墓地营造成仙界的格局。于是,凤阙建筑便大行其道。人们相信,摹拟天门、在阙上饰以凤凰之像,便可招引来真的凤凰,以达到升仙之理想。

在汉代铜镜铭文中常有凤凰与仙人相关联的文字,如洛阳东汉早期墓出土的四神规矩纹铜镜上就有"凤凰舞兮见神仙","凤鸟下,见神人"等铭文。② 双阙天门是仙界的象征,凤凰乃仙界的使者,又是凡人升仙的向导,亦为古人理想的升仙交通工具。洛阳西汉卜千秋壁画墓③中就有女墓主人乘三头凤升仙朝见西王母的画像。山东等地的汉画像石中亦可见仙人骑凤或乘坐凤鸟仙车的画像。因此,汉代统治阶级便痴情于建阙饰凤以像"天门"。"凤阙"画像常在汉画像中出现,正是汉代人升仙思想的流露。

---

① 赵成甫主编:《南阳汉代画像砖》图 148。
② 孔祥星、刘一曼:《中国铜镜图典》,文物出版社 1992 年版,第 293、273 页。
③ 洛阳博物馆:《洛阳西汉卜千秋壁画墓发掘简报》,《文物》1977 年 6 期。

三、"凤将九子"故事画像的生殖寓意

山东安丘董家庄汉画像石墓中有一幅画像①：画像下格最左边刻一硕大的凤凰，其周围散布有九只小凤鸟，小鸟或低空飞翔，或依偎在大

图 7-30

凤身旁，或立于大凤身上，其嬉戏玩皮之像甚为可爱，大小凤鸟之间的那种母子之情跃然石上（图 7-30）。笔者认为，此画像描绘的是神话传说"凤将九子"的故事。《汉唐地理书钞》辑《郭仲产荆州记》云：安陆县东四十里，南有凤凰冈，昔有凤凰产乳其上。又晋穆帝永和四年，凤凰将九子，栖集其上。宋周密《癸辛杂识别集》卷下"凤凰见"条云："金泰和四年六月，磁州武安县南鼓山北石圣台凤凰见……凤凰高丈余……九子差小，翼其傍。""凤将九子"的画像在山东武氏祠汉画像石中亦有发现，如在西阙顶柱北面刻一画像②：画中刻一大鸟，当为凤母，头颈已残，仅存后半身。其周围环绕六只小鸟，原来应刻有九只，现已残缺三只。据文献记载，南北朝时，仍有将"凤将九子"的画像刻画于墓阙之上的习俗。如《汉唐地理书钞》辑《盛弘之荆州记》云："郦县北三十里有一墓甚崇伟，前有石楼，高一丈五尺，上作石凤将九子。"这里所谓的"石楼"当为石墓阙。

汉代人将"凤将九子"的神话传说刻于墓室或墓阙之上，当是取其生

---

① 安丘县文化局、安丘县博物馆：《安丘董家庄汉画像石墓》图版 54。
② 朱锡禄：《武氏祠汉画像石》，第 93 页。

殖寓意而用之。如山东汉画像石中的另一幅"凤将九子"画像①：上部中间刻一大凤鸟，其四周共有九只小凤鸟环绕其旁（画像残缺一只小鸟）；下部刻一神人端坐中央，神人左右两边刻伏羲、女娲，伏羲、女娲的蛇尾在神人之下相交缠在一起（图7-31）。可以看出，生殖崇拜显然是此画像的唯一主题。另外，古代传说中还有一种名为"姑获鸟"的神异之鸟，如《古小说钩沉》辑《玄中记》云："姑获鸟夜飞昼藏，盖鬼神类。衣毛为飞鸟，脱毛为女人。一名天帝少女，一名夜行游女。"《水经注·江水》云："阳新县地多产女鸟。"女鸟也即姑获鸟。古人认为，燕子也是天女的化身，如《太平御览》引《古今注》云："燕，一名天女，一名鸷鸟。"燕子是凤凰的原型动物之一。《史记·殷本纪》云："殷契母曰简狄……见玄鸟坠其卵，简狄取吞之，因孕生契。"屈原《离骚》云："凤皇既受诒兮，恐高辛（即帝喾）之先我。"《天问》中又云："简狄在台，喾何宜？

图7-31

玄鸟致贻，女何喜？"由此可见，在古人眼中凤凰即玄鸟。而玄鸟也即燕子，《说文·燕部》："燕，玄鸟也。"因此，所谓的姑获鸟也即凤凰之属类。姑获鸟在后来又进一步人格化为"女岐"。《楚辞·天问》云："女岐无合，夫焉取九子？"王逸注："女岐，神女，无夫而生九子。"丁晏笺："女岐，或称九子母。"《汉书·成帝纪》云："元帝在太子宫，生甲观画堂。"颜注引汉应劭曰："画堂画九子母。"九子母即女岐。汉帝后宫画"女岐"亦是取多子之意。这与汉墓或汉阙上刻"凤将九子"画像的寓意是完全一致的。因此，笔者认为，所谓的"九子母女岐"，实则是"凤将九子"神话的衍生形态。

传说中的姑获鸟又有鬼车或鬼鸟之别称。宋周密《齐东野语》卷八十云："鬼车，俗称九头鸟。"九头鸟即九头凤，九头凤的传说恐怕也是"凤将九子"神话的变异形态。因为凤母身旁常有九小雏凤依偎，若在远处观之，宛若凤母身上又多长出了"九个小头"。由此，而逐渐讹传为

---

① 山东省博物馆等：《山东汉画像石选集》图144。

"九头凤"。至今,在民间尚流传着"天上九头鸟,地上湖北佬"的俗语。湖北在春秋战国时代属楚国的统治中心区域,楚人盛行崇凤之俗世人皆知。后世九头鸟的传说即楚人凤崇拜的孑遗。但今人心目中的"九头鸟",早已丧失了古代生殖崇拜的寓意。

四、四神(灵)之一的凤凰(朱雀)

古人认为,凤凰的祖籍在南方,因此,凤凰又被视为阳之精,火之象。《初学记》卷三十引《孔寅图》云:"凤,火精。"《鹖冠子》亦云:"凤,鹑火之禽,阳之精也。"顾恺之的《凤赋》又曰:"禀鹑火之灵曜。"凤凰的"凰",本字写为"皇","皇"、"光"古者相通,皇鸟即光鸟,也即太阳鸟。[①] 由此亦可证明凤凰与日之间的神秘联系。徐州汉画像石中就有南方之神炎帝手牵一凤凰的画像。[②] 在此画像中,凤凰成了炎帝的役使之神鸟。明陈仁锡《潜确类书》卷十七引《事迹记》云:"凤皇山在潞城……相传神农时凤皇栖于此山。"晋王嘉《拾遗记》卷一云:"炎帝时有丹雀衔九穗禾,其坠地者,帝乃拾之,以植于田,食者老而不死。"此丹雀者也是凤凰之属。从凤与炎帝之间的关系中亦可看出凤凰确实是一只南方的火神之鸟。四川新津崖墓[③]出土的画像石函上有一幅画像:画刻一巨大的连理树,树枝间散布着十二只小鸟,或飞或立,树下左侧一人弯弓仰射树上的小鸟。此树应该就是神话传说中的扶桑树,树下射鸟者为神射手羿。另外,在扶桑树的两侧树枝上分别站立着一凤一凰。由此亦表明凤凰也是扶桑树上的神鸟。徐州汉画像石[④]中又有与太阳鸟三足鸟之形相类似的三足凤凰。诸如以上的文献资料与汉画像互为印证,足以让人确信凤凰是一只太阳鸟或火神鸟。

也许正因为古人视凤凰为南方火德之象,凤凰又成为我国古代天文学中二十八宿"四象"之一的南方七宿之"象"——朱雀。《梦溪笔谈》卷七云:"四方取象,苍龙、白虎、朱雀、龟蛇。唯朱雀莫知何物,但谓鸟而朱者,羽族赤而翔上,集必附木,此火之象也。或谓之长离……或云,鸟

---

① 何新:《诸神的起源》,第70页。
② 徐州博物馆:《徐州汉画像石》图90。
③ 中国画像石全集编委会:《中国画像石全集·四川汉画像石》图197。
④ 徐州博物馆:《徐州汉画像石》图133。

即凤也。"作为古代天文学二十八宿体系中的"四象",苍龙、白虎、朱雀、玄武又被称为"四灵"或"四神",具有"正四方"的功能。而作为天之"四灵"之一的凤凰,一般被称为"朱雀"或"朱鸟"。《尚书·尧典》云:"日中星鸟。"传:"鸟,南方朱鸟七宿。"疏:"南方朱鸟七宿者,在天成象,星作鸟形。"在一些汉代画像石墓的盖顶石上常刻有四神图像。此类画像显然是古天文学中二十八宿的具象化。除了墓顶天象图外,在汉代画像石(砖)、汉代铜镜、博山炉陶器盖等文物上常刻有四神之像。由此可知,"四神"观念在汉代已深入人心。汉代四神铜镜上可见到"青龙白虎辟不祥"、"朱雀玄武顺阴阳"的铭文。四神在汉代又具有了"辟邪降瑞"的普遍意义。

凤凰又名朱雀(或朱鸟),表明雀类也是凤凰的原型动物之一。《楚辞·惜誓》:"飞朱鸟使先驱兮。"王逸注:"朱雀神鸟,为我先导。"徐州汉画像石中就有朱鸟之象,且有"朱鸟"榜题二字,其形象与汉画中常见的朱雀迥然有别,观其形貌,与自然界中的雀类相似。① 古人把其貌不扬的雀鸟神化为凤凰是有其特殊原因的。在古代,雀本身就被视为一种祥瑞之鸟。如《尚书》曰:"赤雀衔丹书入丰,止于昌前。"《孝经援神契》曰:"王者奉己约俭,台榭不侈,尊事耆老,则白雀见。"《汉武内传》曰:"西王母曰:仙次药,有昆丘神雀。"《礼稽命征》曰:"祭五岳四渎,得其宜,则黄雀见。"古代的"雀"与"爵"二字同音。《说文》云:"雀,依人小鸟也,从隹,读与爵同。"所以古人常将"雀"写为"爵"。如山东苍山县城前村元嘉元年画像石墓②题记中就将朱雀写为"朱爵"。正因如此,古人将雀的出现看做一种"升官封爵"的吉祥之兆。如《艺文类聚》引《陈留耆旧传》曰:"圉人魏尚,高帝时为大史,有罪系诏狱,有万头雀,集狱棘树上,拊翼而鸣,尚占曰:雀者爵命之祥,其鸣即复也,我其复官也。有顷,诏还故官。"又引《异苑》云:"任城魏肇之初生,有雀飞入其手,占者以为封爵之祥。"也正是因为雀是"封爵"吉兆之物象,所以汉代也曾视凤凰为一种能给人带来"官运"的瑞鸟。

绶带是汉代官服上用于区别官阶高下的最显著的标志。绶是用以系官印的一种丝带,古时印绶一体,有印必有绶,官职愈大,地位愈高,

---

① 徐州博物馆:《徐州汉画像石》图 150。
② 山东省博物馆第:《山东汉画像石选集》图 403。

绶就愈长。但因官印是藏于衣内,而绶带则露于衣外,因此,在某种意义上来说,绶就代表官阶的大小和地位的高低。就汉代的社会观念而言,绶几乎成了权力和地位的象征。新莽末年,商人杜吴在渐台杀死王莽后,仅解去绶带,而未割其头,由此足见绶的象征意义之大。汉画中常见有凤凰衔绶带的画像,如南阳汉画像砖中有一幅画像①:上刻一凤凰,口衔绶带,凤凰之下正面站立一官吏,体态肥硕,执笏佩剑,且腰间也系着一条长长的印绶。再如山东汉画像石②:画中一大树,树干弯曲呈 S 形,树顶立一凤,凤口中衔绶带,颈部亦缠有绶带。树间还有鸟兽、仙人等。又如山东汉画像石③:画中一树,树下卧一巨大的凤凰,凤凰口中衔一绶带,抬头仰望,树上又有大小数只凤鸟。这些凤凰衔绶的画像足以表明,在汉代人心目中凤凰也是一种能给人带来官运的吉祥神鸟。而这种民俗意象又是由雀为"爵"兆的文化心理观念生发演化而来的。

五、凤凰的歌舞天赋及其祥瑞价值

《山海经·南次三经》云:"丹穴之山……有鸟焉。其状如鸡,五采而文,名曰凤皇……是鸟也,饮食自然,自歌自舞,见则天下安宁。"汉画像中的凤凰大多也是引颈长鸣、展翅飞翔的歌舞形象。如南阳汉画像砖④:上刻一凤凰引吭高歌,翩翩起舞;下刻舞乐百戏画像,一女伎舒长袖而舞,一女子樽上倒立,一男伎赤裸上身作稽戏。此画像表明凤的出现是天下安宁、歌舞升平的吉兆。在我国古代传说中,凤凰与音乐有着不解之缘。如《尚书》曰:"箫韶九成,凤皇来仪。"《孙氏瑞应图》曰:"鸾鸟凤皇之佐,鸣中五音。"《世本·作篇》载:"舜造箫,象凤翼。""随作笙,象凤之身。"凤凰为鸟中之王,凤鸣声自然是众多鸟鸣声之集大成者,而许多鸟鸣声悦耳动听,因而凤鸟便成为古人心目中的音乐之神。传说古人就是摹仿凤鸣之声而发明了音乐和乐器。《吕氏春秋·古乐》篇云:"昔黄帝令伶伦作律……取竹于山溪之谷……而吹之……听凤凰之鸣,以别十二律。"长沙砂子塘一号汉墓⑤漆绘外棺的头部挡板上画有

---

① 赵成甫主编:《南阳汉代画像砖》图 23。
②③ 山东省博物馆等:《山东汉画像石选集》图 374、图 385。
④ 赵成甫主编:《南阳汉代画像砖》图 23。
⑤ 湖南省博物馆:《长沙砂子塘西汉墓发掘简报》,《文物》1963 年第 2 期。

双凤穿璧图,双凤口中还衔有用线串起来的玉磬,玉磬下垂流苏。此画像中的凤凰口衔乐器磬当表明,凤鸣声像敲击玉磬发出的清脆悠扬的声音一样好听。也就是说,古人认为凤凰是一种音乐鸟。《列仙传》卷上云:"箫史者,秦穆公时人也。善吹箫,能致孔雀白鹤于庭。穆公有女字弄玉,好之。公遂以妻焉。日教弄玉作凤鸣。居数年,吹似凤声,凤凰来止其屋。公为作凤台,夫妇止其上不下数年。一旦,皆随凤凰飞去。故秦人为作凤女祠于雍宫中,时有箫声而已。"凤鸣声不仅是音乐的源泉,而且以乐器学凤鸣还可能引来凤凰而随凤升仙。

当体形硕大的鸟起飞时,双翅鼓动空气就会产生强大的气流。所以,古人认为鸟能致风气。基于这一自然现象,古代神话传说中又有鸟形风神之像。《楚辞·离骚》云:"前望舒使先驱兮,后飞廉使奔属。"王逸注:"飞廉,风伯也。"洪兴祖补注:"应劭曰:飞廉神禽,能致风气。"不仅飞廉鸟是一种风神,凤鸟也曾被人们视为风神。在商代甲骨文中,"风"与"凤"二字同音、同义,可以通用。也就是说,凤鸟亦可写为风鸟,即风神鸟。另外,《说文》中说凤鸟"莫(即暮)宿风穴"。而清王士禛《皇华纪闻》卷一云:"桐城南三十里撩风山,山中有风穴。穴中有物如苍鹅,鼓翅则大风自穴中出,卷茅拔木,如海飓然。"《禽经》云:"凤禽,鸾类。越人谓之风伯。飞翔,则天大风。"古人又认为自然界中的风声是音乐的鼻祖。《吕览·古乐》篇云:"惟天之合,正风乃行。其音若熙熙,凄凄,锵锵。帝颛顼好其音,乃令飞龙作效八风之音,命之曰《承云》,以祭上帝。"也就是说,古人仿效风声而发明出了音乐,音乐起源于风鸣之声。自然界中的风才是天然的音乐创作者,但风是无形无像之物,风又源于何处?但闻风声,不见风影。当人们感觉到大鸟起飞时会产生强大的风浪,就会误认为风的源头在于大鸟的双翅之中,进而奉这种鸟为"风鸟"(风神),后来进一步演化为"凤鸟"。而凤鸟在振翼生风的同时,也会因空气的振动,而发出巨大的响声。于是凤鸟也就同时具备了风神和音乐之神的双重神性。

古人眼中的孔雀、天鹅、丹顶鹤等鸟类都是世俗化的凤凰形象。这些鸟类大都是长颈修腿,体态健美,优雅高贵。这种大自然的恩赐,造就了它们"舞蹈王子"的形体。《艺文类聚》引《孝经援神契》云:"德至鸟兽则鸾鸟舞。"又引《抱朴子》(今本无此文)云:"昆仑图曰:鸾鸟似凤而白缨,闻乐则蹈节而舞,至则国安宁。"汉画像中那昂首曲颈、跃足展翅的凤凰形象多不胜数,凤凰翔舞的美妙形体融入了汉代工匠们的无限情感,从而雕凿出了巧夺天工的艺术作品。

汉画像中的凤凰,或吐珠衔绶以示祯祥;或伫立阙顶,导引升仙;或为"四神"之一,以正南方;或"将九子",福祐人丁兴旺;或高歌翔舞,兆示天下太平。以上仅是选取部分典型画像略加论述,其实,汉画像中的凤凰形象远不止于此,诸多凤凰姿态各异,美不胜收。我们仅从这些林林总总的凤凰画像中便可深深感受到:汉代人对神禽凤凰的崇拜与偏爱真可谓登峰造极、空前绝后。

第四节 麒麟图像

搜索全国各地出土的汉画像石资料,目前在陕西、山西、四川、江苏徐州以及山东等地都发现有鹿身、独角戴肉、长尾的神兽形象。笔者认为,此类画像当为汉代人心目中的独角神兽麒麟。

发现麒麟数量最多的是陕北、晋西地区的汉画像石,据不完全统计,约有二三十幅画像中有之,如陕西榆林陈兴墓、南梁墓,米脂官庄墓、当家沟墓,绥德王得元墓、四十里铺墓,子洲苗家坪墓、神木大保当墓、靖边寨山墓,山西离石马茂庄三号墓、马茂庄左表墓等墓出土的画像石中均可见到。这些麒麟形体特征基本相同,即鹿身、独角戴肉、长尾。唯有独角顶端所戴之"肉"的形状略有差异,或为椭圆形,或为圆团形,或为倒三角形,或为正三角形,其中尤以椭圆形者居多(图7-32)。如榆林南梁墓门左立柱画像和山西离石马茂庄三号墓前室西壁左侧画像中的麒麟,独角所戴之肉团均呈倒三角形状;绥德王得元墓门楣内框和马茂庄左表墓门侧画像中的麒麟,独角所戴之肉均呈圆形状;绥德四十里铺墓门右立柱上端画像中的麒麟,独角所戴之肉呈正三角形状。陕北汉画像中的麒麟大多被当做一种瑞兽与其他诸多祥禽瑞兽并列刻于墓门横额上,亦有少数麒麟形象出现在西王母画像之中,还有一些麒麟与羽人相组合（图 7-33），羽人手执仙草戏之。①

四川汉画像石中也发现许多麒麟画像，择要叙述如下。

（1）四川昭觉好谷乡出土（图 7-34）：鹿身，马足，长尾拽地，背生长翼，额头生一独角直立，角端长有圆形"肉团"。奋足作行走状。②

（2）四川泸州驿坝出土（七号石棺）：左为神兽，身似鹿，肩生羽翼，长尾拖地，头顶生独角直立，角端长一圆团状肉。右一仙人手执仙草戏之。③

（3）四川彭山江口乡双河崖墓出土（一号石棺）：兽身似鹿，长尾，肩生长羽，昂首而立，头顶生一独角，角端长一肉团。肉团略似倒三角形。④

（4）四川新津县出土四号画像石棺后挡头画像（图 7-35）：在一高足盘状的物体之上（原文释为"神山"）有二神兽相向而立，身似鹿，肩部有长羽毛，长尾上翘，头顶均有一独角，角端都有略似倒三角的肉团。⑤

（5）四川新津出土六号画像石棺后挡头画像：画中二兽与（4）略同，相向立于高足盘状物体上，鹿身，长尾，肩生羽毛，头顶生独角，角端均

图 7-32

图 7-33

---

①　陕西、山西汉画像石中的麒麟画像见《中国画像石全集·陕西、山西汉画像石》图 7、图 12、图 39、图 42、图 46、图 74、图 86、图 182、图 227、图 233、图 265、图 283 等。

②　《四川文物》1999 年第 4 期封面图。

③　中国画像石全集编辑委员会：《中国画像石全集·四川汉画像石》图 189，原书误释为"天禄"。

④　中国画像石全集编辑委员会：《中国画像石全集·四川汉画像石》图 152—155，原书误释为"仙鹿"。

⑤　高文、王锦生：《四川新津县汉代画像石棺上之新发现》一文插图六，原文误释为"天禄"和"辟邪"。

有圆团状肉。①

（6）四川新津出土六号石棺画像（图7-36）：画中一株神树，树端左右树枝上各有一只小猴在攀援嬉戏，树下左右各刻一神兽，相向而立，身似鹿，肩生翼，长尾上翘。头生独角，角端均有圆团状肉。②

江苏徐州汉画像石中的麒麟画像择要如下。

（1）徐州邳县燕子埠汉画像石墓出土（后室门柱）（图7-37）：画像为阴线刻，上下共分四格，其中第三格左刻一羊，羊左上角有榜题"福德羊"三字。右边一兽，鹿身，马足，长尾，头顶长一独角，角端有一正三角形（箭簇形）肉团，兽右上角有榜题"骐骥"二字。"骐骥"即"麒麟"二字的别写。③

图 7-34

图 7-35

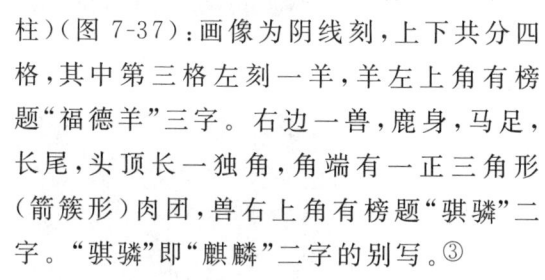

（2）睢宁县九女墩汉画像石墓出土（图7-38）：画左有薰莆、九枝灯及两位羽人等；画右一兽站立，身似鹿，肩生双翼，长尾，鹿足，头生独角，角端有椭圆形肉。兽前地上长一株盛开鲜花的仙草。④ 原书释此兽为"麒麟"，甚是。

（3）同上墓。画像分上下两格，上格右端上方刻有一飞奔的麒麟，鹿身，有翼，头上独角，角端有略呈正三角形的肉团。⑤

（4）铜山县茅村汉画像石墓出土（前室北壁）：画中刻有引颈相对的双凤、飞舞的朱鸟、羽人、翼兽、九头兽、驭象者和骑驼者。其中位于画右端的翼兽，原书认为"可能即是早期的麒麟形象"。观此翼兽，身似鹿，肩生翼，长尾，头生独角，角端有圆形肉团。兽前有一羽人与兽相戏。⑥

---

① 高文、王锦生：《四川新津县汉代画像石棺上之新发现》一文插图七，原文误释为"天鹿、辟邪"。

② 高文、王锦生：《四川新津县汉代画像石棺上之新发现》一文插图八，原文将二兽均释为"天禄"。

③ 徐州博物馆：《徐州汉画像石》图150。

④⑤⑥ 徐州博物馆：《徐州汉画像石》图129，图130、图131，图56。

(5) 徐州铜山县贾汪征集。画中部刻一仙人，仙人左右各立一兽，均似鹿身，长尾，头生独角，角端有箭簇状肉团。仙人左右手分别抚摸二兽之嘴部。①

山东汉画像石中的麒麟画像择要如下：

(1) 济宁县城南张汉墓出土：画像皆刻神禽异兽。其中有一兽身似鹿，头生独角，角端有圆形肉团，兽背上乘坐二羽人。②

图 7-36

(2) 临沂县白庄汉墓出土：画像最下部刻一兽，身似马，头似鹿，马足，长尾，头生独角，角端有扁圆形肉团。兽背上乘坐一人，因兽身似马，故原书释为"骑马人"。③

(3) 地点同上：画上下共分四格，其中第二格刻二兽并列站立，右兽背上乘一人。二兽均为马身、马头。头顶生一独角，角端有圆形肉团。④

(4) 费县潘家疃汉墓出土：画中部刻一兽，鹿身，马足，头生一角，角端有蘑菇状肉团。兽背上站立一大鸟。⑤

另外，河南荥阳苌村汉代壁画墓前室西壁上部绘有凤凰、麒麟画像：南为凤凰，且

图 7-37

图 7-38

有榜题"凤皇"二字；北绘瑞兽，身似马，长尾，肩生双翼，头部不清，旁有

---

① 徐州博物馆：《徐州汉画像石》图 163、图 164。
②③④ 山东省博物馆等：《山东汉画像石选集》图 148、图 373、图 384。
⑤ 山东省博物馆等：《山东汉画像石选集》图 424，原书释为"鹿"。

隶体墨书"骐驎"二字。①

对于以上列举的独角神兽之名称,世人多有歧义,或释读为麒麟,或名之为天禄、辟邪,更有直接称呼为"仙鹿"者。笔者认为,它们均应是汉代人刻画的麒麟形象。

麒麟,简称麟,雄曰麒,雌曰麟,合称麒麟。《礼记·礼运》云:"麟、凤、龟、龙,谓之四灵。"麒麟神兽在古人心目中的显赫地位由此可见一斑。古籍文献中关于麒麟的文字更是随处可见。如《说文》云:"麒,仁兽也,麕身,牛尾,一角。""麕,鹿属也。""麚,牝麒也。""麟,大牝也。"《尔雅·释兽》云:"麟,麕身,牛尾,一角。"郭璞注:"角头有肉。"《说文》云:"麕,麞也。""麞,麕属也。"麞即"獐"。《初学记》卷二九引《孝经古契》云:"如麕,羊头,头上有角,其末有肉。"《毛诗疏义》云:"瑞兽也,麕身牛尾,马足圆蹄,一角,角端有肉。"《说苑》云:"麒麟,麕身牛尾,圆顶一角。"《毛诗疏义》云:"麟,麕身,马足牛尾,黄色,圆蹄。一角,角端有肉,音中钟吕,王者至仁则出。"《太平御览》卷八八九引《晋中兴征祥说》云:"獐身牛尾,狼头一角,马足,黄色。"《牟子·理惑论》云:"麕身牛尾,鹿蹄马背。"《说文》云:"仁兽也,马身牛尾,肉角。"段玉裁注《说文》云:"状如麕,一角戴肉,设武备而不为害,所以为仁也。"《逸周书·王会解》云:"麟者,仁兽也。"孔晁注:"似鹿,牛尾,一角,马蹄也。"从这些文字资料来看,古人心目中的麒麟,因是自然界中不存在的神异动物,所以,便呈现出不尽相同的形貌特征。但若对这些资料进行梳理之后,我们不难发现,认为麒麟为鹿科动物形体者占绝大多数。再者,"麒麟"二字也皆从鹿。鉴于此,笔者认为,古人是以鹿科动物的基本形体特征来塑造麒麟形象的,也就是说,麒麟是鹿在神话领域的异化形态。另外,麒麟那"设武备而不为害"的戴肉之角也就是古人依据鹿的"有角不能触"的肉角(鹿茸)特性而附会出来的。再看麒麟的"仁兽"神性。《说苑》云:"含信怀义,音中律吕,步中规矩,择土而践,彬彬然动则有容仪。"这种温文尔雅的圣人君子之象也是鹿科动物自然属性的人性化表现特征。凡此,均表明麒麟神兽的诞生主要源于古人对鹿科动物的崇拜。

古人认为鹿是一种能长寿的神兽,而且乘之可以升仙。《后汉书·

---

① 郑州市文物考古研究所等:《河南荥阳苌村汉代壁画墓调查》,《文物》1996年3期。

南蛮西南夷列传》曰:"云南县有神鹿两头,能食毒草。"《抱朴子·玉篇》曰:"鹿寿千岁,满五百岁则色白。"《神仙传》卷九曰:"鲁女生者,饵术绝谷,入华山,后故人逢女生,乘白鹿,从玉女数十人。"汉画像石中不仅有肩生羽翼的仙鹿,更有许多仙人骑鹿或乘鹿车者。古人崇拜鹿主要是对其头上那一对具有神奇再生能力的肉角的崇拜,因此,在塑造麒麟形象时,也就格外注重其犄角的神异特性。虽然麒麟是以鹿科动物为范本而创造出来的,但它又与鹿有着本质的区别,它是一种虚拟的神兽,自然要显示出与"母体"鹿不同的神异特征。在古人看来,写实主义的表现是庸俗的,要表现出麒麟的神圣性,就必须把鹿的角加以改造变形,于是,麒麟头顶上便出现了"一角戴肉"那世间不存的怪异之角。这种角应是古人将犀牛的独角形态与鹿的肉角性质相融合的产物。也有人认为麒麟是古人对鹿科动物獐的神化。① 獐为鹿科动物中体形较小的种类,雌雄均无角。早在东汉时,著名的无神论者王充就认为,所谓的麒麟,实际上就是自然界中的动物獐。如《论衡·讲瑞》云:"鲁人得戴角之獐,谓之麒麟,亦或时生于獐,非有麒麟之类也。"在古人心目中,獐本身就是一种瑞兽,如《论衡》曰:"都尉王子凤时,麇(即獐)入府中,其后迁为丹阳太守。"《晋中兴书》曰:"中兴所在献白麇。"《符瑞志》也云:"有银獐白色,云王者刑罚中理则出。"

　　文献记载中所描述的麒麟形貌特征与汉画像中的麒麟形象基本相吻合。汉画像中的麒麟绝大多数是身似鹿,头生独角,角端有肉,长尾(牛尾),有的还肩生羽翼。但也有少数具有马足,甚至马身的特征,这又表明麒麟的动物形象不唯鹿这一种动物。由于鹿类动物体小力弱,又性情温顺,缺乏阳刚之气,于是人们又想到了雄壮、威猛、高大的马类动物。这样一来,麒麟身体上便出现了马的局部特征,甚至出现了马身形的麒麟(如山东汉画)。与此相应,麒麟二字也就有了从"鹿"和"从"马"两种写法。

　　总而言之,不论是常见的鹿身麒麟,还是少数的马足、马身麒麟,均具有"一角戴肉"的恒定典型特征,这就是我们判定汉画中麒麟形象的关键所在。一些学者误将麒麟说成是"天禄",就是仅依据天禄也是独角鹿身的传说而忽略了二者之间的这种显著差异。《汉书·西域传上

---

① 王永波:《试论麒麟崇拜的性质及其渊源》,《四川文物》1992年第5期。

·乌弋山离国》云:"乌弋地……有桃拔、师子、犀牛。"唐颜师古注引孟康曰:"桃拔,一名符拔,似鹿,长尾,一角者或为天鹿,两角者或为辟邪。"《后汉书·西域传》云:"安息国,章帝章和元年,遣史献师子、符拔,符拔形似麟而无角。"由此可知,天鹿也可能是形似鹿的独角兽(或者是似麟而无角),但天鹿与麒麟之间有着明显的区别,天禄或有独角但不戴肉,或者就没有角。在古人的心目中,天禄与辟邪是桃拔或符拔这种神兽的两种衍生形态,均具有辟邪驱鬼的神性。明周祈《名义考》卷十"天禄辟邪"条云:"桃拔、符拔当作桃被、符被,以是兽能被除不祥也;被误作拔。曰桃曰符者,犹度朔山桃梗之意。被除不祥,故谓之辟邪;永绥百禄,故谓之天禄。汉立天禄于阁门,古人置辟邪于步摇上,皆取被除永绥之意。"虽然古文献中记载天禄、辟邪也为鹿形神兽,但现存于南阳汉画馆的汉代大型石雕天禄、辟邪却并非鹿体,而明显呈现出大型食肉动物虎的身躯,与汉画像中的麒麟形象有着天壤之别。南阳汉画馆保存的天禄、辟邪是东汉汝南太守宗资墓前的一对石兽,对此,文献早有记载。《后汉书·孝灵帝纪》:"复修玉堂殿,铸铜人四,黄钟四,及天禄、蛤蟆,又铸四出文钱。"唐李贤注:"天禄,兽名……今邓州南阳县北有宗资碑,旁有两石兽,镌其膊一曰天禄,一曰辟邪。据此,即天禄、辟邪并兽名也。汉有天禄阁,亦因兽以立名。"山东临淄一东汉墓中出土的铜牌饰件上铸有天禄形象:独角、竖耳、尖嘴张口、肩生鬃毛,作倦伏之状,头顶上部有"天禄"二字,观此"天禄"亦无鹿的特征。[1] 另外,保存至今的南北朝时西魏文帝元宝炬的永陵墓前石雕中就有天禄,其身如牛,四足为马蹄形,头如兽,方额小耳,阔唇露齿,长尾,双翼,头部上方有人工雕凿的长方形深槽,这可能是当初安装独角的地方。这种天禄尚具有汉代石雕的气势和遗韵,也看不出有一丝鹿科动物的特征。再看位于江苏境内的南朝帝王陵墓前的石雕天禄、辟邪,多呈虎身、利爪、阔唇,张口露齿、具凶恶状,双翼、长尾拖地,明显具有食肉动物的特征。从造型风格看,更接近南阳东汉宗资墓前的天禄、辟邪风格,二者之间有着明显的承袭关系。而唐顺陵墓前也有天禄石雕,身如牛,头似

---

[1] 山东省文物考古研究所:《山东临淄金岭镇一号东汉墓》,《考古学报》1999年第1期。

鹿,独角,有双翅,足为马蹄,长尾。① 于此便知,唐时的天禄才在头部出现了鹿的局部特征,但不是主要特征。因此,笔者推测,汉代的天禄、辟邪可能不是鹿的形体。再者,天禄与辟邪常被汉代人置于陵墓前,作为"被除不祥"的一对神兽,其宗教性功能也与"设武备而不为害"、"含仁怀义"的麒麟迥然有异。不论是天禄的独角,或是辟邪的两角,它们都是作为辟邪神兽攻击和威慑敌害的锐利武器,与麒麟那仅作为装饰而毫无攻击能力的"肉角"有着本质的区别。因此,不能把二者混为一谈。

虽然古代的麒麟神兽最早源于对鹿科动物的崇拜,但在汉代人心目中,麒麟那尊贵崇高的社会地位是鹿所望尘莫及的。两汉时代,随着统一集权制的进一步强化和以仁义道德为主体的儒家思想在意识形态领域独尊地位的确立,作为"设武备而不为害"的仁兽麒麟更加受到统治阶层的青睐,其社会属性也显著升华,一度成为仁政盛德的象征。如《艺文类聚》引《春秋繁露》曰:"恩及羽虫,则麒麟至。"引《毛诗疏义》曰:"王者至仁则出。"引《孙氏瑞应图》曰:"一角兽者,六合同归则至,一本曰天下太平则至。"也正是因为统治阶级对麒麟属性的社会化和神圣化,从而使麒麟的出现顺理成章地作为严肃而又重要的"政治"事件被载入正史之中。如《史记·孝武本纪》云:"其明年,郊雍,获一角兽,若麃然。有司曰:'陛下肃祗郊祀,上帝报享,锡一角兽,盖麟云。'于是以荐五畤,畤加一牛以燎。"《集解》引韦昭曰:"楚人谓麋为麃。"《汉书·武帝纪》云:"元狩元年,冬十月,行幸雍,祠五畤。获白麟,作白麟之歌。"应劭曰:"获白麟,因改元曰元狩也。"《艺文类聚》引《东观汉记》又曰:"章帝时麟五十一见。又安帝三年,颍川上言麟见。"另外,司马相如在《上林赋》中描写汉代天子苑囿中的动物时,也把自然界中不存在的麒麟、角端②等神兽列入其中,显然是为了彰显帝王的仁政而作的虚妄之词。汉代统治阶层之所以大肆渲染和极力夸饰麒麟的人文属性,其政治目的无非就是借此来粉饰、标榜所谓的明王、仁德、太平盛世。

---

① 赵克礼:《天禄、麒麟考辨》,《文博》2003年第4期。
② 角端也是古代的一种独角神兽。《文选·司马相如〈上林赋〉》:"其兽则麒麟角端。"郭璞注:"角端似貊,角在鼻上,中作弓。"《宋书·符瑞志》云:"角端,日行万八千里,又晓四夷之语,明达方外幽远之事。"至今在河南省巩义市的北宋帝陵前仍保存有石雕角端像。

第八章　天体星象神灵图像

第一节　日月图像

太阳与月亮是天空中最引人注目的两种物体,并且对人类的生活和生产影响也最大,所以,日月便成为人类最早崇拜的天体星象。太阳的东升西坠,月亮的藏露盈亏,让人困惑,发人深思,诱人幻想,进而创造出了无数美丽动人的日月神话。世界上大多数民族都曾崇拜过日月,我国人民与世界各民族一样,不仅创造过五光十色的日月神话,更塑造了千奇百怪的日月神形象。全国各地出土的汉代画像石(砖)中刻画的各类日月或日月神画像正是古代日月神话和日月崇拜习俗的艺术再现,更是我们研究日月神话弥足珍贵的图像资料。本节着重介绍汉画像中常见的日月画像,并初步探讨日月神形象的演变规律。

汉画像中最简单的日月画像就是刻画一圆轮。日轮中常有一飞鸟或三足乌;月轮中常有蟾蜍或玉兔(图8-1)。人类对日月的崇拜最初只是向晴空中的太阳和夜空中的月亮叩头或跪拜而已,所以,古人最初所描绘的太阳神形象基本上仍是自然状态下的日月之形。如内蒙古阴山及广西宁明花山岩画中刻绘的太阳即是一个圆圈或圆中有一黑点罢了。若仅从外形轮廓来看,汉画中的圆轮状太阳与原始岩画中最简单的太阳画像同属一种类型。但是,汉画毕竟是高度文明的两汉时代所创作的艺术作品,其中必然渗透着当代的观念和意识。因此,汉画中的圆轮形日月又呈现出诸种形态和包涵着丰富的民俗、宗教寓意。

图 8-1

关于日中有阳乌或三足乌的画像,从全国来看,日中有飞鸟(阳乌)的最为普及,日中有三足乌的相对数量较少。《春秋元命包》云:"日中有三足乌。"《淮南子·精神训》云:"日中有踆乌。"高诱注:"踆犹蹲也,谓之三足乌。"张衡《灵宪》云:"日者,阳精之宗,积而成乌,像乌而三趾。阳之类,其数奇。"有学者认为,古人肉眼观察到太阳上有黑色的东西,形状很像一只乌鸦,由此便产生了日中有乌(或三足乌)的神话传说。其实,"日中那像乌的黑东西,是古人发现了太阳黑子,尚不能用科学的道理进行解释"[1]。以上是从古人天象观测的角度对日中阳乌神话始源的考察,此外,更有不少学者从民俗学的角度来阐释这一神话的文化内涵。其观点大致如下:太阳神话的起源与鸟崇拜密切相关,或者说,日乌合二为一的神话现象是鸟图腾崇拜与太阳崇拜相互整合的结果。[2]在民间流传的俗语中,"鸟"与"日"分别是男根和男子性行为的隐语,而日中三足乌身下多余的那第三只足更是男根的象征物,"三足乌"即雄鸟神和男性太阳神的象征。[3] "鸟"与"日"因同为阳性类物象而神奇般地融合在了一起。也有人认为三足乌是由"三青鸟"讹变而来的。但笔者认为,三足乌是阳乌在阴阳思想规范下的变异。日为阳之宗,但日中阳乌只有两足,其足的数量呈现出阴性特征(偶数为阴),显然与太阳的阳性不相一致,于是汉代人便"无中生有"地把阳乌足平添了一只。这

---

[1] 吴曾德、周到:《南阳汉画像石中的神话与天文》,《郑州大学学报》1978年第4期。

[2] 何星亮:《中国自然神与自然崇拜》,第165页。

[3] 吴天明:《中国神话研究》,第198页。

样一来,阳乌三足便与月中神兽蟾蜍(或玉兔)的四足在数的层面上形成了阴阳的对应关系,从而使日月的阴阳属性更趋完善。

无论如何解释日中有鸟这一神话,但鸟与太阳之间的"神秘"关系,的确是一种客观存在的自然现象。当东方刚刚露出鱼肚白,太阳尚未升出地平线时,各种鸟类便飞出巢穴、寻觅食物去了;每当凌晨,太阳将要从东方喷薄而出时,也正是鸡醒打鸣之时。基于这种令远古先民无法理解的自然现象,太阳神便在人类的幻想意念中与鸟类发生了神秘的联系,而日中有鸟画像正是古人视鸟为太阳象征物观念的神话意象。

关于月中有蟾蜍或玉兔,张衡在《灵宪》中云:"羿请不死之药于西王母,羿妻姮娥窃之以奔月,托身于月,是为蟾蜍。"傅咸《拟天问》云:"月中何有?白兔捣药,兴福降祉。"有学者认为,传说月中有蟾蜍或玉兔,"实际上是古人用目测发现了月球上的(高山和枯海所映现的)一片阴影,从地球上看它的形象千奇百怪,有的说像一只蛤蟆,有的说像一只兔子,或者兼而有之,于是就同其他神话附会起来变成了有趣的神话"。最早记述月中有蟾蜍(或玉兔)的应是屈原的《楚辞·天问》,其文曰:"夜光何德,死则又育?厥利维何,而顾菟在腹?"学术界关于"顾菟"的解释有所不同。闻一多认为"顾菟"即蟾蜍的古音。萧兵则认为顾菟分别指蟾蜍和兔子两种动物。① 西汉刘安等人所撰《淮南子·精神训》只说"月中有蟾蜍"。东汉王充《论衡·说日》则称"月中有兔、蟾蜍"两种动物。考察汉画中的月轮,有蟾蜍者最为普遍,其次为蟾、兔并列者(图8-2)。而在后者之中,又可见少量的兔于月中捣药形式(图8-3),这类画像主要有山东滕州市官桥镇大康留庄、山东泰安市大汶口、山东安丘董家庄汉画像石墓以及安徽淮北等地出土的月轮画像石。类似的画像在其他地区罕见,呈现出明显的地域性特征。从全国范围来看,山东、江苏徐州、安徽、陕西、河南洛阳和南阳以及湖南长沙等地的画像石、壁画和帛画中均发现有蟾兔并列月中的画像,其分布的区域是相当广泛的。另外,从流行的时间来看也是比较持久的,自西汉初期的长沙马王堆汉墓帛画

图 8-2

---

① 萧兵:《楚辞与神话》,第124—125页。

到西汉晚期的洛阳壁画墓、乃至东汉晚期的山东安丘董家庄画像石墓,绵延不绝。尽管如此,从区域布分来看,各地所发现的数量却极不均衡。众所周知,南阳是出土天文画像最为丰富的地区,日月画像极为常见,然而,蟾、兔并列于月中的画像,目前仅见一例。蟾、兔并列于月中的画像相对集中流行于东汉时代的山东、苏北及皖北地区。虽然月中有兔的画像在全国许多地方都曾见到,但是,单独刻画兔子于月中的现象极为罕见。由汉

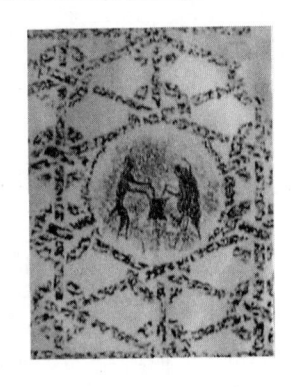

图 8-3

画像与文献记载相互印证,似可得出如下结论:在先秦以前传统的月崇拜观念中,月精唯有蟾蜍,至战国末或西汉初,人们又在月中附加了一只兔子。于是,蟾、兔并列于月中的传说便在汉代流行开来。

从民俗学的角度来考察月与蟾蜍之间的联系,学者们大多认为,蟾蜍为蛙的一种,对于蛙的崇拜当起源于原始社会母系氏族时期。蛙是女性的象征,原因如下:蛙腹与孕妇之腹一样浑圆膨大;蛙的繁殖力极强,令初民羡慕不已。同样,月亮也有与女人生殖特性惊人的相似之处,如月亮的朔望周期正与女人月经的周期相吻合;月亮的时圆时缺又与女人肚腹的时瘪时圆(怀孕)的变化十分相似。月亮与蛙(蟾蜍)共同具备了在女性生殖意义上的契合点。另外,蛙有冬眠的习性,秋冬踪迹全无,春夏又复出地面。原始先民误认为蛙的冬眠现象是一种"死而复生"。而月亮的时没时现,在先民的心中,同样是一种"死而再生"现象。总之,基于月神与蛙(蟾蜍)神共同具有类似女性的"生殖力"和"死而再生"的生命力。物以"类"聚,同"类"相比,在先民原始的类比联想中,月中有蟾蜍的神话便随之而诞生了。也就是说,这一神话的产生是月崇拜与蛙崇拜相互整合的结果。

关于月与兔的关系,也是因两者具有某种相似性而被联想在了一起,如洁白的月光与白兔的颜色相似;月亮上的斑纹形似兔子;[①]或认为兔子有豁子嘴,月亦有亏相,兔子与月又以"残缺"的表征相通。兔子的生殖特性与月亮的盈亏规律具有相似性。同时,古人又把兔子作为阴性动物,视为女性的象征,如《尔雅·释兽》云:"兔子曰娩。"《说文·兔

---

① 何星亮:《中国自然神与自然崇拜》,第 189 页。

部》曰："娩,兔子也。"古人将兔子解释为女人生孩子的"娩"字,由此可知兔子象征女性的观念由来已久,而兔子又被奉为月中神兽。这种月、兔、女人三者之间的相互转化,显然是受原始思维相似律作用的结果。东汉张衡则用阴阳思想来解释月中有兔的现象,如《灵宪》云："月者,阴精之宗。积而成兽,象兔。阴之类,其数偶。"再者,有人认为月中之兔是由月中蟾蜍分化演变出来的。如闻一多曾在《天问·释天》一文中认为,汉代以前,月神为蟾蜍,汉代开始,蟾蜍的"蜍"字演化为当时尚同音的"兔"。赵国华进一步认为,蟾蜍的"蟾"字演化为古今均同义的"嫦"（娥）,又将"蜍"演化为上古同义的"兔",此后月中便有了嫦娥和玉兔。① 另外,有人认为,月中蟾、兔合一的现象可能是阴阳观念影响的结果,如《太平御览》卷四引《五经通义》云："月中有兔与蟾蜍何？月,阴也；蟾蜍,阳也,而与玉兔并,明阴系于阳也。"民间还有月中之兔是嫦娥奔月时从人间带到月宫的世俗性传说。尽管人们对月中有兔的原因存在着分歧,但有一点是可以肯定的,那就是兔子的阴性特征决定了它成为月中神兽的可能性。

除了常见的日中阳乌（三足乌）和月中蟾蜍（玉兔）外,汉画中还可见到日中有狐、月中有树的画像。

关于日中有九尾狐的画像常见于山东出土的画像石中,亦具有典型的地域性特征（图8-4）。如临沂白庄出土画像石②中的日轮：上刻一乌,下刻一狐。安丘董家庄汉画像石墓中室封顶石的日轮：上为三足乌,下为九尾狐。山东曲阜出土的日轮画像石：日轮仅刻半圆,圆内有一乌一狐。③ 滕州市官桥镇大康留庄及泰安市大汶口出土的阳乌或日轮中均可见九尾狐的形象。④ 另外,安徽淮北宿县曹村画像石上亦见有一幅日中刻三足乌与九尾狐的形象。汉代纬书《河图》云："黄帝出,先致白狐。"《通帝验》又云："白狐,祥瑞兽也。"由此可知,汉代人曾视白狐为瑞兽。但笔者认为,日中之狐（或九尾狐）并非一般意义上的祥瑞之象,而应是秦汉神话中所谓的天神仆役之兽——天狐。《玄中记》云：

---

① 赵国华：《生殖崇拜文化论》第五章第二节,中国社会科学出版社1990年版。
②③ 山东省博物馆等：《山东汉画像石选集》图372、图158。
④ 中国画像石全集编辑委员会：《中国画像石全集·2·山东汉画像石》图165,《中国画像石全集·3·山东汉画像石》图210。

"狐五十岁能变化为妇人，百岁为美女，为神巫。或为丈夫与女人交接。能知千里外事。善蛊惑使人迷惑失智，千岁即与天通为天狐。"千岁之狐成为天上神兽之后，又常服役于日、月宫中。如《酉阳杂俎》云："术中有天狐别行法。言天狐九尾，金色。役于日、月宫，有醮有符，目可洞达阴阳。"《艺文类聚》引《瑞应图》云："九尾狐者，六合一同则见。文王时，东夷归之。"《宋书·符瑞志》云："九尾狐，文王得之，东夷归焉。"画像与文献互为印证，似可表明，古代东夷地区盛行崇拜九尾狐的习俗。笔者认为，汉代人将九尾狐刻绘于日中的原因亦与阴阳观念有关，九乃阳数之极，与日为阳之宗相一致。另外，洛阳汉墓壁画中还发现一幅日中绘飞鸟与树的独特画像，日中之树当为扶桑。①

图 8-4

关于月中有树的画像常见于四川汉画像石棺及画像砖上（图 8-5），树与蟾一般是同时出现在月中，且见有蟾系于树上之画像。另外，河南洛阳卜千秋、金谷园等地②的汉代壁画墓中亦可见类似的画像。月中之树应为桂树。《太平御览》卷九五七引《淮南子》云："月中有桂树。"由此推知，汉代民间当有月桂之传说。桂树具有"长

图 8-5

---

① 沈天鹰：《洛阳出土一批汉代壁画空心砖》，《文物》2005 年第 3 期。
② 洛阳博物馆：《洛阳西汉卜千秋壁画墓发掘简报》，《文物》1977 年第 6 期；洛阳博物馆：《洛阳金谷园新莽时期壁画墓》，《文物参考资料丛刊》（九），第 163—173 页。

生不死"的神性,它与月亮的特性相一致,所以才被古人从凡间搬至天上并成为月中神树。唐代"吴刚伐桂"的传说当是由此而衍生的。如唐段成式《酉阳杂俎·天咫》云:"月桂高五百丈,下有一人常斫之。"那么,古人为何将桂树附会到月中呢?恐与桂树为名贵药材有关,如《说文》云:"桂,江南木,百药之长。"《艺文类聚》云:"阊河之北,有紫桂成林,群仙饵焉,韩终采药诗曰:阊河之桂,实大如粟,得而实之,后天而老。"正是因为桂树作为仙药具有与月相一致的不死神性,所以才被奉为月中神树。

汉画像中还有一种飞鸟载日画像,或称其为"阳乌"(太阳鸟),即指一飞鸟腹部刻一圆轮的形象,鸟身上的圆轮象征太阳,这也是太阳鸟与一般鸟相区别的标志性特征。从全国范围来看,此类鸟形日神主要集中在南阳一带出土的画像石中,其他地区较少见,[①]也具有一定的地域性特征。《楚辞·天问》云:"羿焉毕日,乌焉解羽。"由此可知,古人曾视太阳神为一种乌鸦。南阳汉画中的太阳鸟或被称为"阳乌载日",其文献依据是《广雅》,此书中说太阳的别名有"朱明,一名耀灵,一名东君,一名大明,亦名阳乌"。所谓的阳乌,即运载太阳的交通工具是一只乌鸦。《山海经·大荒东经》云:"汤谷上有扶木,一日方至,一日方出,皆载于乌。"专用以载日的乌鸦——阳乌也便成了太阳的代名词。这种日载于鸟的神话观念起源甚为古老,在庙底沟仰韶文化泉护村遗址中出土一彩陶上就有日鸟相组合的图案,即飞鸟背上有一日轮,这也许就是飞鸟载日神话的最早艺术形象。这种神话形象的出现应是古老的图腾崇拜与自然崇拜观念相互整合的结果。视日为鸟形的神话不仅我国有,国外一些民族中亦有,如古埃及和波斯曾以鹰作为太阳神的象征。中美洲的马雅印第安人的太阳神也是一只乌鸦。由此可见,鸟与太阳的结合具有十分广泛的普遍性,它表明:太阳鸟神话并不是古人凭空臆造的,而应是人类直观观察的相同结果。太阳每日自东而西反复运行,这种自然天象在原始先民的眼中是不可思议的"怪事",太阳没有羽翼安能运行?只有鸟类才可能在天空自由飞翔,因此,基于原始思维的相似律,在先民的想象中,太阳应该是在鸟的驮负下才能运行的。于是,

---

[①] 仅据笔者所见到的汉画资料,江苏徐州和山东滕州等地的汉画像石中亦有个别太阳鸟画像。

太阳鸟的神话便诞生了。这种日载于鸟的神话揭示了远古人类对太阳运行动力来源的一种难能可贵的探索精神。

关于南阳汉画中是否有月亮鸟,目前尚有争议,以前学术界大多认为南阳汉画中唯一的一幅(南阳市东关晋墓出土)飞鸟载月的画像为"日月合璧",即日月相重叠的

图 8-6

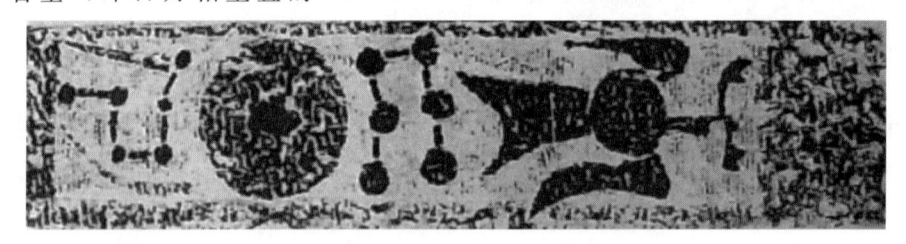

图 8-7

日食天象图(图 8-6)。① 检索南阳汉画中有关的太阳鸟画像,在同一幅画像中,大凡与太阳鸟相对应的月亮均被刻画成内有蟾蜍的圆轮形象(图 8-7)。这种不对称的构图形式表明南阳民间传说中只流传太阳鸟神话,而没有月亮鸟的传说。查古籍文献,也未见有关于月亮鸟的记载。笔者推测其因,可能是因月亮总是在夜间才会出现在天空,而飞鸟均是白天飞翔觅食,夜晚回巢休息,很少夜间活动。尽管月与日都在天空运行,但月的作息时间与鸟的活动规律刚好相反,飞鸟不能承担运载月亮的工作。因此,古人编造的神话中只有太阳鸟,而不见月亮鸟。南阳汉画中有日鸟无月鸟的现象正好印证了古代的神话传说。偶尔出现的一幅飞鸟载月图仅是一个孤例,不具有普遍性的意义,因此尚难以认定其为月亮鸟的形象,由此看来,将其释读为"日月合璧"也有一定的道理。然而,亦有学者否认了这幅"独一无二"的"日月合璧"画像,并认为它就是月亮鸟的形象。其立论的根据是四川出土的画像石(砖)上也有

---

① 吴曾德、周到:《南阳汉画像石中的神话与天文》,《郑州大学学报》1978 年第 4 期。

类似的"月亮鸟"画像。① 但从严格意义上来讲,四川的人首鸟身日月神画像具有很强的地域性特色,其他地区极为罕见,若将其视为南阳汉画"飞鸟载月"画像的同类,恐有不妥。四川汉画中的月亮鸟为人头鸟身,它与太阳鸟的构图形式完全一致,且二者往往是成对出现;而南阳汉画中的太阳鸟却常与月中蟾蜍相呼应,这种地域性的差异是显而易见的。因此,笔者认为,将南阳汉画中那幅"飞鸟载月"画像认定为月亮鸟的证据尚嫌不足。不过,令人欣喜的是,随着时间的推移,南阳汉画石又有新的发现。1991年6月,南阳汉画馆在南阳市郊段庄村又征集到四块珍贵的画像石,其中就有一块刻"飞鸟载月"的画像:画像正中为一鸟,鸟腹圆轮中有一蟾蜍,其前后又有星宿作为陪衬。② 这一重大发现表明了"飞鸟载月"在南阳汉画中并非孤例。虽然飞鸟载月画像发现的数量仍十分有限,还远不能与飞鸟载日画像相匹配,但至少又为"月亮鸟"说提供了又一个新证据。

四川汉画中有人鸟合体形日月神画像,即指常见于四川汉画像石(砖)中的那种人首鸟身、背负日轮或月轮的画像(图8-8)。这种画像具有强烈的地域性特征,目前全国其他地方尚不曾见到同类的画像。关于这种画像的定名,有人称它们为"羽人",笔者认

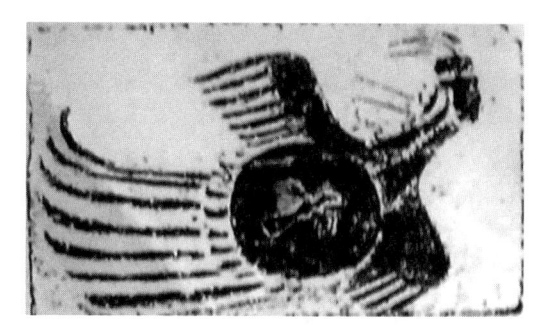

图 8-8

为不妥。这种人首鸟身之像与汉画中常见的"羽人"迥然不同。汉王充《论衡·雷虚》云:"飞者皆有翼,物无翼而飞,为仙人。画仙人之形为之作翼。"又云:"图仙人之形,体生毛,臂变为翼,行于云。"由此可知,羽人即体生羽毛或肩生羽翼的仙人形象,汉画升仙图中常见的那种身材瘦小、裸体、体生羽毛的"人形"画像正是《论衡》中所说的"仙人"。四川简阳三号石棺左侧画像中刻有一对人首鸟身、腹部刻日轮和月轮的画像

---

① 陈江风:《南阳天文画像石考释》,《汉代画像石研究》,文物出版社1987年版。

② 牛天伟:《南阳汉画石又有新发现》,《中国文物报》1991年9月22日。

(图 8-9)。日轮中有鸟,月轮中有桂树与蟾蜍,当是日月的象征。更为重要的是,此画像中刻有榜题"日月"二字。①由此更确证了它们是日月二神的形象。又有学者认为,四川出土的人首鸟身日月神应与南阳汉画中出现的日月鸟

图 8-9

同属一类,二者的区别唯有"绘画风格不同"而已,"内容实质完全相同"。② 笔者认为,此说似有不妥之处。从神话形象演变的一般规律来看,人类最初塑造的神灵形象并非人类自身,恰恰是按照动物(或植物、甚至是无机物)的模样去创造他们心目中关于神祇的种种观念。因此,纯动物形神祇应是最原始的,是图腾崇拜和自然崇拜时期的产物。南阳汉画中的鸟形日月神即是这一时期产生的神祇形象,这种纯动物的神灵身上丝毫没有人的因素。但随着历史的前进,人类思维观念的发展变化,动物神祇身上开始渗入"人的要素",即出现了人的局部体型,"人"已逐渐成为"神"的一个组成部分,也就是说,人类已开始用自己的形体来塑造各种神祇的形象。于是,半人半兽(人兽合体)的神祇便纷纷出现了。简而言之,即人类所创造的神最初是与自然同体,和兽同体,后来才与人同体。中国上古神话中有许多神祇具有鲜明的人兽同体之特征,如人首蛇身的伏羲及女娲、人面鱼身的河伯、人面虎身的陆吾等等。鉴于此,笔者认为,对南阳汉画日月鸟与四川汉画人首鸟身日月神之间所存在的差异现象,不能简单地理解为绘画风格的区别,而应是基于不同的地域性神话观念。南阳汉画中的飞鸟载日月图像是古人对日月运动力来源问题的神话性解释;而四川汉画中的人首鸟身形日月形象则是古人对日月的刻意神化与偶像塑造,是鸟形日月神向人形日月神演变的一种过渡形态。

---

① 中国画像石全集编辑委员会:《中国画像石全集·四川汉画像石》图 97—99。

② 陈江风:《南阳天文画像石考释》,《汉代画像石研究》,文物出版社 1987 年版。

第八章　天体星象神灵图像　263

在河南南阳、四川、山东及苏北等地的汉画像中常见有人蛇合体形日月神画像。所谓的人蛇合体形日月神，即指第一章所论述的伏羲、女娲手举日月的形象。这类日月神形象虽然与人首鸟身的日月神同属于半人半兽形的神祇范畴，即是动物崇拜与人类崇拜相结合的产物，但二者又有所区别，人首鸟身日月神形体中呈现出"人的因素"是指一般意义上的"人"；而人首蛇身举日月形象中的"人"则是特指伏羲、女娲，它是日月崇拜与人类始祖神崇拜相互糅合的产物，其中蕴含的文化意义更为丰富。关于人蛇合体形的日月神，笔者已在第一章中进行过详细论述，在此从略，唯一需要补充说明的是四川画像石中的一幅较为特殊的画像。四川壁山一号石棺的后挡头刻画有一幅"日月神"画像（图8-10）：画中二神相向并立，两神的一只手臂相互连接在一起，另一只手则分别托举日月于各自的身后。二神为全人形的对偶神，均上身穿紧身衣，下身裸双腿、赤足，胯下各有一蛇，蛇头上伸至两大腿之间，蛇身下垂并向中间弯曲相交。① 粗略观之，此图与其他的"日月神伏羲、女娲画像"基本相同，因此，可以归入"人蛇合体形日月神"画像之

图 8-10

列，但仔细考究，它又有极为特殊的地方。与一般的伏羲、女娲画像相比较，伏羲、女娲均是人蛇合体形，人与蛇是一个有机的整体；而唯独此画像则呈现出"人蛇相分离"的现象。蛇已由伏羲、女娲身躯的一个不可分割的组成部分，变成了游离于伏羲、女娲身体之外的一个独立存在的物体。而且伏羲、女娲身上常见的那双兽爪也不见了，代之以人的两腿与两脚。也就是说，伏羲、女娲身上的兽形部分已完全消失了，由原来的半人半兽形神祇变成了彻头彻尾的人形神祇，唯剩下二神腿下那两蛇相交之物像与之相伴，并由此而显示出伏羲、女娲与蛇图腾之间曾经存在过的血缘关系。虽然此画像尚属于一个孤例，但它至少表明了

---

① 中国画像石全集编辑委员会：《中国画像石全集·四川汉画像石》图165。

日月神伏羲、女娲在汉代已出现了向全人形神演变的迹象。另据一份资料显示，2003年在四川新津县城东邓双乡龙岩村出土了一具三国时期的画像石棺，在棺的后挡头刻二人相向对立，双手分别高举日月于头顶，日轮中有阳乌，月轮中有蟾蜍与桂树。① 这种全人形的日月神画像尽管目前仅见一例，但对了解日月神形象的演变具有重要意义。

在四川、陕北汉画像石中还发现有一种人、鸟、蛇混合型日月神。这种日月神是由人的头身、鸟的羽毛或翅膀以及蛇的尾巴等要素混合杂糅在一起而组成的一种特殊形象。此类日月神画像数量较少。

四川新津县邓双乡龙岩村的一座岩墓中出土一具画像石棺，在该石棺的前挡头刻有日神和月神及人头鸟身的三头神鸟形象。② 此画像中的日月神虽然也是人首鸟身，有双翅和尾羽，却多出了一条类似伏羲、女娲的长蛇尾，尾上还生有羽毛，其画像造型显然与四川一带常见的人首鸟身日月神有所不同。笔者认为，这一日月神的新形象应是当地的石匠把民间同时流传的人首蛇身日月神与人首鸟身日月神相互融合而塑造的一种独特形象。而这类画像并非仅此一例，无独有偶，陕北汉画像石中亦发现有与此相类似的且更为生动的彩绘画像。

1996年陕西神木县大保当乡出土的一座彩绘汉画像石墓，该墓门左右立柱上分别有日神和月神画像（图8-11）。③ 右立柱画像内容为：上部是一座重檐式庑殿顶双层楼阁。下部刻绘一位人面、人身、鸟腿足的男性神祇形象，以墨线勾描五官，面部施粉彩，口唇点红彩，长须前飘。头戴羽冠，上着红色宽袖短衣，下穿鸟羽裙，羽毛以红墨彩相间绘出。神人右手持矩，左手被胸前日轮遮掩，日轮内施红彩，以墨彩绘三足乌于其中。在神人的胯下与腿前，绕有一条细长的蛇尾。神人右侧及足下各刻绘一龙，其右侧之龙的前爪还握一曲尺。左立柱画像内容为：上部残缺；下部刻绘一位人面、人身、鸟腿足的女性神形象；头梳双髻，五官以墨线勾绘，唇施红彩，面施粉彩；上身着宽袖短衣，内衬右衽

---

① 颜开明：《四川新津出土画像石棺》，《中国汉画学会第十届年会论文集》，湖北人民出版社2006年版。

② 郑卫、颜开明：《四川新津文管所馆藏石棺》插图15，《中国汉画研究》第1卷，广西师范大学出版社2004年版。

③ 中国画像石全集编辑委员会：《中国画像石全集·陕西山西汉画像石》图215、图216。

红衣，下穿羽毛裙，左手举规，右手被胸前的月轮遮挡，月轮为黑彩清绘，月内用白彩绘蟾蜍；一条细长的蛇尾自女神的腰背部经右腿绕至右足外侧。神像身后刻绘一白虎，长尾下垂，右后跟立于地，其余三足执戟。神像足下亦刻绘一小型白虎。两白虎全身皆涂白色，唇部涂红彩，以墨线勾绘身上的斑纹。或认为这两个形象，从其左右相对应的位置、日轮与月轮的配置上看，当是一对神祇，并且很容易让人联想到伏羲与女娲。但又与汉墓神画中通常所见的伏羲、女娲形象存在明显差异，尤其是鸟足、兽尾、羽毛裙这些形象特征。另外，在古代神话研究中，有女娲、西王母源出一人的观点。以此推断，这一对神像亦可能是两对"主神"各自符号体系的相互捏合体。① 笔者认为这一对神祇尽管具有伏羲、女娲的一些形象特征，但却看不出有丝毫的西王母形象元素。男女神像胸部的日月应是二神的身份象征，头戴羽冠，身穿鸟羽裙，鸟腿鸟足等形体特征显示出鸟因素的存在，而细长的蛇尾则透露出一丝蛇图腾的遗形。手中所执规矩更是伏羲、女娲的标志物。与这对神相组合作为陪衬物像的青龙白虎则分别代表了二神的东西方位和阴阳属性。因此，笔者认为此男女二神应是日月神形象的一种特殊变体，它亦是汉代石匠将日月鸟的传说与日月神伏羲、女娲的形象混合杂糅在一起而塑造出的人、鸟、蛇混合型日月神。

图 8-11

丰富多彩、形象各异的日月神同时出现在汉画之中，显示出了古代日月神在流传演变过程中的诸多变异特征，又表明诸种关于日月的神话在汉代的民间并行流传。"任何一种文化现象一旦产生，便不会轻易地退出历史舞台。"② 起源于远古时代的日月神以及重塑于封建社会文

---

① 李立：《汉墓神画研究》，第 186 页。
② 何星亮：《中国自然神与自然崇拜》，第 203 页。

明时代的日月神形象共同以汉画艺术为载体,在汉代民间艺术家的刀笔创作下,各自焕发出熠熠光辉。

诸多日月神形象在全国各地汉画中的出现,表明了汉代民间仍普遍流传着关于日月崇拜的古老习俗。

关于日月神崇拜和祭祀习俗,最早当起源于原始社会,原始社会遗留下来的岩画遗存以及出土陶器上刻绘的日月形象可资为证。而祭日月神习俗见诸文字记载的最早资料当属殷虚卜辞中的"东母"与"西母"之祭。陈梦家和丁山等人均认为此东母、西母应为日月神。① 殷商时代的日月神均为女性,这正与《山海经》所记载的日神羲和、月神常羲同为男性天帝的配偶(女性)相一致。殷墟卜辞中还有用牛作为牺牲祭太阳神的礼仪形式:如"出入日,岁三牛"、"寮东母三牛"、"寮于东母豕三犬三"②等不少记载。"寮"即"燎"字,古人把牛或犬、豕等作为牺牲,放于火中燃烧以祭天神的典礼称为"燎"。《礼记·祭义》中也有关于夏后氏、殷人、周人祭日月的记载:"郊之祭,大报天而主日,配以月。"统治者祭日月的典礼自殷商以来历代不绝,尽管祭日月的时间和所用的牺牲不尽相同,但祭日月的方位大都一样,一般是祭日于京都东郊,祭月于京都西郊,且多建有祭坛,称"日坛"和"月坛"。如《礼记·祭义》云:"祭日于坛,祭月于坎,以别幽明,以制上下。祭日于东,祭月于西,以别外内,以端其位。"其因是"大概在汉族形成之后,一般视日为男视月为女"③。汉代不仅传承了源于古代先民的日月自然神观念,还要用阴阳思想来规范日月信仰。日月被奉为阴阳之宗,日于东方为阳位,月居西方为阴位。至迟在春秋战国时代,原在殷商时代为女性的太阳神已演化为男性神。如《楚辞·九歌·东君》是屈原根据楚国民间祭祀太阳神的乐歌经过艺术加工而创作的抒情诗,其中所描写的日神"东君"(太阳神)就是一位男性神。

汉代的帝王也祭拜日月,他们将日月作为重要的天神纳入到庞大的祠神体制中,并于每年举行隆重的祭祀典礼。如《史记·封禅书》对汉

---

① 陈梦家:《殷虚卜辞综述》,中华书局1988年版,第574页;丁山:《中国古代宗教与神话考》,龙门联合书局1961年版,第72页。
② 陈梦家:《殷虚卜辞综述》,第573—574页。
③ 何星亮:《中国自然神与自然崇拜》,第203页。

代帝王祭祀日月神的记载为:"朝朝日,夕夕月,向则揖。""雍有日、月、参、辰、南北斗……之属,百有余庙。""祭日以牛,祭月以羊彘特。"唐司马贞《索隐》案:乐产云:"祭日以太牢,月以少牢。特,不用牝也。"《汉书·郊祀志》记载的有:"成山祠日,莱山祠月。""京师近县鄠,则有……日月、五帝、仙人、玉女祠。""其旦,东向再拜朝日;其夕,西向再拜夕月。""后莽又奏言:'书曰:中央帝黄灵后土畤及日庙、北辰、北斗、填星、中宿中宫于长安城之未墬兆;东方帝太昊青灵勾芒畤及雷公、风伯庙、岁星、东宿东宫于东郊兆……北方帝颛顼黑灵玄冥畤及月庙、雨师庙北宿北宫于北郊兆。奏可。于是长安旁诸庙兆畤甚盛矣。"《后汉书·祭祀志》记载:汉光武帝建武"二年正月,初制郊兆于洛阳城南七里,依鄗。采元始中故事。为圆坛八陛,中又为重坛,天地位其上,皆南向,西上。其外坛上为五帝位……日月在中营内南道,日在东,月在西,北斗在北道之西,皆别位,不在群神列中"。"陇、蜀平后,乃增广郊祀……日、月、北斗共用牛一头……凡乐奏青阳、朱明、西皓、玄冥及云翘、育命舞……日、月、北斗无陛郭醊。既送神,(燎)俎实于坛南已地。""安帝即位,元初六年……以元始中故事,谓六宗易六子之气,日、月、雷公、风伯、山泽者为非是。三月庚辰,初更立六宗,祀于洛阳西北戌亥之地,礼比太社也。"梁刘昭注引贾逵曰:"六宗谓日宗、月宗、星宗、岱宗、海宗、河宗也。""宗者,祀日月星辰山川之名;雩者,周人四月祭天求雨之称也。"由上引文献记载可知,汉代不仅为日月神建祠修庙来供奉其偶像,还要在京郊设日月坛,每年以牛或羊猪作祭品,以歌舞作为礼仪,对日月神进行隆重的祭拜。除了汉代朝廷要拜祭日月外,汉代民间同样存在着崇拜日月神的习俗。虽然我们今天难以从文献资料中去了解,但汉代民间石匠所雕刻的那栩栩如生的日月神形象,足以令我们确信汉代民间崇拜日月神之俗的存在。概而言之,那形象多样、姿态各异的日月神画像正是汉代民间日月神崇拜习俗的物化形态。

第二节　牛郎织女图像

在夏季天气晴朗的夜晚,当人们举头仰望那群星闪烁的天空时,会惊奇地发现在横亘天际的"银河"两岸，有一对名叫牛郎（又名河鼓、牵牛）与织女的一等亮星格外引人注目，它们宛若一对苦苦相恋的情侣，在面对滔滔"河水"无情阻断相会之路的无奈情景下，仍然夜夜遥望着对方。在古人丰富想象力的驰骋中，一则凄美动人的星神爱情故事——牛郎织女天文神话便由此诞生了。牛郎织女神话渊源久远，流传广泛，并成为历代文学和艺术作品所表现的重要题材，而目前发现最早的有关牛郎织女神话人物形象的艺术作品当属汉代的墓葬艺术。在河南南阳及洛阳、山东肥城长青孝堂山、四川郫县等地的汉代画像石墓、壁画墓、墓地石祠堂及画像石棺上均发现有牛郎织女星象或神话人物形象。现择要举例如下。

（1）河南南阳市出土画像石（征集）：画像左右分别刻月轮（内有蟾蜍）和阳乌，画中部刻星宿若干，其中的三星平连者为牛郎星象（或认为是参宿），三星相连成三角状者为织女星象（或认为是危宿）。①

（2）南阳县出土画像石（征集）：画像刻日轮、阳乌及众星宿，在画像右端上方刻三星相连成直线的是牛郎星（河鼓三星），下方与牛郎星相对又刻三星相连成三角形者为织女星。②

（3）洛阳西汉晚期壁画墓前室顶脊星象图：壁画绘有日月及众星象，星象之间均无连线，据专家考释认为其中三星呈一线者即牛郎星，三星成三角者为织女星。③

（4）江苏盱眙东阳西汉木椁墓两块天井木板上浮雕有日月、风伯、苍龙及星宿等内容的天文画像。有学者认为其中一块木板左端刻三星连成一线者为河鼓（牛郎），而另一块木板左端刻三星相连成三角形者为织女。④

（5）山东孝堂山石祠隔梁底面绘有日、月、北斗、河鼓（牛郎）、牵牛（牛宿）、织女星宿。其中织女星宿下配有一女子坐于织机上纺织的图像，当为织女神话人物形象（图 8-12）。⑤

---

① 韩玉祥主编：《南阳汉代天文画像石研究》图版 16，民族出版社 1995 年版。
② 韩玉祥主编：《南阳汉代天文画像石研究》图版 23，民族出版社 1995 年版。
③ 夏鼐：《洛阳西汉壁画墓中的星象图》，《考古》1965 年第 2 期。
④ （日）林巳奈夫：《关于盱眙东阳西汉木椁墓天文图》，《东南文化》1994 年第 5 期。
⑤ 罗哲文：《孝堂山郭氏墓石祠》，《文物》1961 年第 4、5 期合刊。

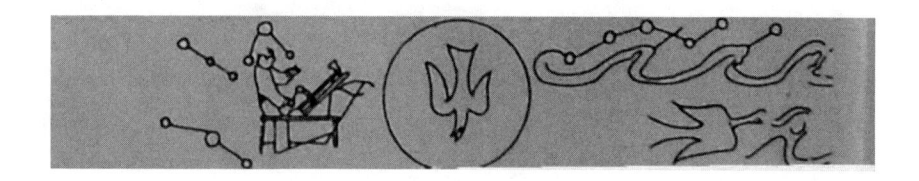

图 8-12

（6）洛阳尹屯新莽壁画墓中室墓顶西坡绘有西宫白虎、天门双阙、牛郎及织女等形象。其中的牛郎（或为牛宿）形象为"一男子牵一牛"，牛上方绘有横列的三星应是河鼓三星；织女的形象为"正面跽坐，两臂左右平伸的女子"，织女头顶有相连成斗笠状的三星即织女星座（图 8-13）。①

图 8-13

（7）河南南阳汉画馆收藏一块牛郎织女画像石（征集）：画中部刻一白虎昂首张口作奔走状，虎身上方横列三星相连当为西宫七宿中的参宿。白虎即西宫白虎之象。画左上端刻一兔，兔周围环绕相连七星即西宫七宿中的毕宿。画左下角四星相连成四边形，内有一女子侧面跽坐，应为织女（或为女宿）之象。画右端刻一男子牵牛之象，应为牛郎（或为牛宿），牛上方横列三星相连者即河鼓三星（图 8-14）。②

图 8-14

（8）四川郫县二号石棺棺盖石上刻青龙白虎戏壁图及牛郎织女画像。牛郎举鞭牵牛作狂奔状，织女执梭回首面向牛郎站立（图 8-15）。③

从以上所列举的画像来看，牛郎织女不仅是天体中令古人注目的星象，而且有关牛郎织女的天文神话传说已在汉代民间广为流传。又据史料记载，西汉武帝时，曾在长安昆明池畔树立了一对牛郎织女大型圆

---

① 洛阳市第二文物工作队：《洛阳尹屯新莽壁画墓》，《考古学报》2005 年第 1 期。
② 韩玉祥主编：《南阳汉代天文画像石研究》图版 12。
③ 中国画像石全集编辑委员会：《中国画像石全集·四川汉画像石》图 129。

雕石像,此石像现在仍存于陕西长安县斗门镇。① 班固、张衡等汉代文豪们都曾对这对石雕艺术品撰赋讴歌,如班固《西都赋》云:"集乎豫章之宇,临乎昆明之池。

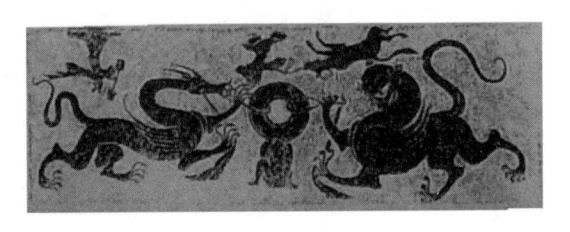

图 8-15

左牵牛而右织女,似云汉之无涯。"张衡《西京赋》也云:"乃有昆明灵沼,黑水玄阯……牵牛立其左,织女处其右,日月于是乎出入,象扶桑与濛汜。"《三辅黄图》卷四"汉昆明池"条引关辅古语云:"昆明池中有二石人。立牵牛织女池之东西,以象天河。"将牛郎织女石像立于昆明池两岸,很显然昆明池已成为"天河"之象征。

关于牛郎织女的传说,早在《诗经》中就已有记载了。《诗经·小雅·大东》云:"维天有汉,监亦有光。跂彼织女,终日七襄……睆彼牵牛,不以服箱。"此时的牛郎织女神话已略见雏形。《古诗十九首》进一步描述为:"迢迢牵牛星,皎皎河汉女,纤纤擢素手,札札弄机杼。终日不成章,泣涕零如雨。河汉清且浅,相去复几许。盈盈一水间,脉脉不得语。"此文中已将二星拟人化,人物形象呼之欲出,且织女"弄机杼"的故事情节已隐现其中。

早期的牛郎织女神话应该是关于银河两岸遥遥相对的两位星神之间的恋爱故事,至于牛郎织女每岁相会的神话传说形成的天文学原因,竺可桢认为它源于二星赤经的重合,根据岁差的计算,牛郎织女二星赤经的重合时间约为公元前三千年前。②"天鹰座的河鼓三星与天琴座的织女三星分别于赤道以北的天汉两际,遂有古人鹊桥相会的想象,这种想象是由同位于银河一侧的牛、女二宿所无法引发的。"③后来民间又将两位星神相恋的故事演绎为人神之间的爱情故事,从而使这一天文神话的故事情节更加生动,更加具有人情味,也因此才会家喻户晓而流传至今,并进一步衍生出七夕乞巧节俗。而这一故事的转型期可能就在秦汉之际。《三辅黄图》云:秦建都时,"引渭水贯都,以象天汉。横桥南

---

① 韩养民:《秦汉文化史》,陕西人民教育出版社 1986 年版,第 129 页。
② 竺可桢:《二十八宿起源之时代与地点》,《思想与时代》1944 年第 34 期。
③ 冯时:《洛阳尹屯西汉壁画墓星象图研究》,《考古》2005 年第 1 期。

渡,以法牵牛"。唐韩鄂《岁华纪丽》卷三引《风俗通》云:"织女七夕渡河,使鹊为桥。"宋陈元靓《岁时广记》卷二六引《淮南子》(今本无)云:"乌鹊填河成桥而渡织女。"由此可知,汉代民间已有七夕牛郎织女鹊桥相会的传说故事。而盛于南北朝且流传至今的七夕乞巧节俗也应滥觞于汉代。如《西京杂记》云:"汉彩女常以七月七日穿七孔针于开襟楼,俱以习之。"唐韩鄂《岁华纪丽》云:"(窦太后)观津人也。少小秃头,来为家人所齿,遇七夕夜人皆看织女,独不许后出。"《四民月令》云:(七月七日)"设酒脯时果,散香粉于筵上,祈请于河鼓、织女。"注曰:"言此二星神当会,守夜者咸怀私愿。或云,见天汉中有奕奕正白气,如地河之波,辉辉有光曜五色,以此为征应,见者便拜乞愿,三年乃得。"至南北朝时,七夕乞巧已成为民间盛行的节日风俗。《荆梦岁时记》云:"七月七日为牵牛织女聚会之夜。是夕,人家妇女结彩缕,穿七孔针……以乞巧。"

天河的传说与牛郎织女神话密切相关。古人认为黄河的源头是与天河相连接的,所以曾有人逆河而上,乘舟西行去寻找河源。如《太平御览》卷八引《集林》云:"昔有一人寻河源,见妇人浣纱,以问之。曰:'此天河也。'乃与一石。而归问严君平①。云:'此织女支机石也。'"关于这块"支机石"的遗迹历代多有附会之辞,如唐赵璘《因话录》卷五云:"今成都严真观有一石,俗呼为支机石,皆目云:当时君平留之。"明陆深《蜀都杂钞》云:"支机石,在蜀城西南隅石牛寺之侧,出土而立,高可五尺余,石色微紫。近土一窝,傍刻'支机石'三篆文,似是唐人书迹。"而寻河源之人为何时何许人呢?《荆楚岁时记》中有更为具体的描述,如《天中记》卷二引《荆楚岁时记》云:"汉武帝令张骞使大夏(在今阿富汗北部),寻河源,乘槎经月,而至一处,见城郭如州府,室内有一女织。又见一丈夫牵牛饮河。骞问曰:'此是何处?'答曰:'可问严君平。'织女取支机石与骞而还,后至蜀问君平,君平曰:'某年某月客星犯牛女。'支机石为东方朔所识。"唐代诗人宋之问《明河篇》云:"明河(即天河)可望不可亲,愿得乘槎一问津,更将织女支机石,还访成都卖卜人。"汉武帝令张骞寻河源时见到牛郎织女的故事尽管是虚构的,但是,这则天河与牛

---

① 严君平,西汉隐士,名遵,蜀人,曾于汉成帝时在四川成都从事卜筮职业,精通道家思想。

郎织女传说故事的文献史料与四川、山东、河南等地汉画中的牛郎织女画像相互印证,我们足以推定牛郎织女的神话故事在汉代民间广为流传的历史事实。

关于汉画中牛郎织女画像的认定,目前学术界尚有歧义。如南阳汉画像石中的"牛郎织女"画像,吴曾德在《汉代画像石》一书中认为:"左下角的四连星,从星的数字和形状都不像织女星,然而与牛郎星遥遥相对的理应是织女星。"①韩连武认为:"毕下四星相连者是女宿。右端三星相连者是牵牛。两宿均有物象示义。有人认为二者是牛郎、织女星,实误。""牛宿本六星,此省三暗星。傍一人左手牵牛,右手举策,正是所谓牵牛之状,故又称牵牛。""女宿内的女子,为跪坐手捧进物状,正是所谓婑女态,故又称须女。"②《南阳汉代画像石》一书释此图云:"右上相连三星为牵牛星,又名河鼓二,下刻相连四星,内有一女子,即女宿。"而同书在"概论"部分又认为图530四星连成门形,中间有一拱手跽坐的女子为女宿;三星连线下刻一童子执鞭牵一牛者为牛宿。该书将牵牛之像认定为牛宿,同时又把牵牛像上方的相连三星释读为河鼓(牵牛)。这种把星宿与物像割裂开来的做法显然是不妥的,因为汉画中的天文星象往往是以某种物像相配,即以物像图解星宿。该书还进一步认为这是汉代人将女宿画成织女图像,把牛宿画成牵牛图像。也就是说,形式上是牛郎织女,而图像所表达的意思则是牛宿、女宿;并解释"这是因为古代匠师受民间牛郎织女神话传说的影响,把河鼓三星误为牛宿,把女宿误为织女星的缘故"③。李立认为,南阳汉画像石"牛郎织女星宿图"中左下角不规则的门形四星即北宫玄武中的女宿,而其中跽坐的女子毫无疑问是须女星的人格化。而山东肥城孝堂山石祠中的织女星呈"∧"形,其下方坐于织布机之女无疑是织女的形象。由此表明:"在汉代流传的牛女传说中,与牛郎相配的,或为织女,或为须女。这一现象告诉我们,流传于汉代的牛女传说可能有两个在人物形象、情节内容等方面都存在着差异的版本。"究其原因,则是"由于河鼓与牵牛、织女与

---

① 吴曾德:《汉代画像石》,文物出版社1984年版,第58页。
② 韩连武:《星图探微》,《汉代画像石研究》,文物出版社1987年版。
③ 南阳汉代画像石编辑委员会:《南阳汉代画像石》图版530释文及概论文字。

婺女星位相近,所象征的意义相近,遂导致汉人在牛女传说中将上述四星两两相混"。① 冯时认为,南阳"东汉石刻画像的织女绘有四星,显为婺女",即以婺女取代织女。② 再如洛阳尹屯壁画墓天象图中的牛郎织女画像,冯时认为,西坡西宫星图中的"牵牛"形象为二十八宿的北宫牛宿,与牛宿相对应的跽坐女子为织女。同时,又认为北坡北宫星图中的跽坐男子为牛郎,而与牛郎相对应的跽坐女子为北宫的女宿。若按冯时的这种观点,那么就出现了牛宿与织女、牛郎与女宿相配的"错位"现象。至于造成这种现象的原因,冯时认为:"尹屯星象图拆散古今两组牛郎织女星官,而以织女与二十八宿的牛宿相配表现七夕之会,又以河鼓(牵牛)与二十八宿的婺女相配绘于墓室北坡星图。如果不是作图者将其中的织女与婺女误绘的话,那么为了同时表现河鼓(牵牛)与织女、牛宿与婺女宿,这种将河鼓三星与婺女相配而作为北宫星宿的做法就是唯一可行的选择。因为一件星图作品中不可能同时出现两个牵牛形象,而河鼓不仅可指牵牛,还同时具有其他含义,但牛宿却只具有牵牛一种本义,而七夕之会的主题又不可能接受河鼓作为牵牛之外的其他形象。所以时人唯以二十八宿的牛宿表现七夕之会的牵牛"。③ 这种解释显然过于隐晦曲折,实难令人信服。陈江风认为,南阳汉画牛郎织女图左下角四星相连成门形,中有一女子跽坐的星座为"南宫朱雀中的鬼宿",又认为画像左上角七星相连成环状且内居一兔的图像不是毕宿而是月亮的象征。因此说图左半部分表现的是月亮运行到鬼宿的天象。右上角三星直线相连并有牵牛男子形象的星座为河鼓三星,汉代人将河鼓当做牵牛理解,取"牵牛(牛宿)为牺牲"之意,牛是祭祀祖先神明的供品。通过分析,认为此图不是牛郎织女画像,而是以白虎为主体的"辟邪祈福图"。④ 这种观点更有值得商榷的地方。

总之,关于汉画天象图中的"牵牛男子"和"跽坐女子"之像,或认为是牛郎织女,或认为是牛女二宿,更有人认为是牛郎(河鼓)与女宿或织女与牛宿的错位相配。另外,还有将南阳汉画牛郎织女图全盘否定的

---

① 李立:《文化嬗变与汉代自然神话演变》,第89页。
② 冯时:《洛阳尹屯西汉壁画墓星象图研究》,《考古》2005年第1期。
③ 冯时:《洛阳尹屯西汉壁画墓星象图研究》。
④ 陈江风:《南阳天文画像石考释》,《汉代画像石研究》,文物出版社1987年版。

观点。目前学术界在对牛郎织女画像的认定方面之所以会出现如此混乱的现象,主要是因为我国古代天文学发展史上,牛郎、织女与牛宿、女宿(须女)这两对星宿之间存在着密切联系。首先是文献记载中二星名字的重叠,牛郎星为俗名,其天文学之名为"河鼓",而《尔雅·释天》又云:"河鼓谓之牵牛。"北宫七宿中的牛宿亦名牵牛。其次是因名字的相同而导致形象的相同。如西安交通大学西汉壁画墓二十八宿星象图中北宫的牛宿绘成一人牵一牛的形象。① 同样,四川汉代石棺上的牛郎也刻为牵牛形象。织女与须女不仅名字略同,而且职司也存在相同点。《史记·天官书》张守节《正义》云:"须女四星……须女,贱妾之称,妇职之卑者,主布帛裁制嫁娶。织女三星在河北天纪东,天女也。主果蓏丝帛珍宝。"所以洛阳尹屯新莽壁画墓中的织女(西坡)与女宿(北坡)均呈几乎完全相同的女子正面跽坐形象。西安交通大学壁画墓星象图中的女宿与南阳汉画石上的"织女"均为侧面跽坐的女子形象。另外,两对星宿又具有对应关系。《史记·天官书》云:"牵牛(牛宿)为牺牲,其北河鼓(牛郎)……婺女(女宿),其北织女。"以上所反映出的联系与重合只是表面现象,而更深层的原因是牛郎、织女二星是牛女二宿的本宿,也就是说,二十八宿中的牛女二宿之名、之形,甚至文化内涵,均是对牛郎织女的借用与传承。

二十八宿为我国古代天文学发展的产物,它不是一时形成的,而是在观象授时过程中不断完善、逐步发展起来的。"二十八宿形成之后,由于岁差的原因,引起了星象位置的变化。随着观测技术的不断提高,以及其他原因,星宿的选择,在春秋战国时代以至秦汉之际,也有过一些变化。"②虽然牛女二宿是沿黄道附近的星宿,但不是很显著的星象。所以,在当初创制二十八宿时,可能以较亮的河鼓(牛郎)及织女二星替代了牛女二宿。《夏小正》、《诗经》、《月令》等古代典籍均将二十八宿中的女宿称为织女,《史记》和《淮南子》才改称为婺女和须女。而北宫七宿中的牛宿,以上各书均称"牵牛"。③ 古籍文献中,牛郎(河鼓)也多名

---

① 陕西省考古所、西安交通大学:《西安交通大学西汉壁画墓》。
② 北京天文馆编:《中国古代天文学成就》,北京科学技术出版社1987年版,第54页。
③ 北京天文馆编:《中国古代天文学成就》第56页的"《史记》以前二十八宿表"。

为牵牛。由此,亦显示出牛郎织女被牛女二宿替代的演进迹象。冯时也认为,牛郎织女七夕故事的起源,"并不是指二十八宿中的牵牛和婺女两个星宿,尽管西安交通大学星象图中牛宿和女宿的绘制已经反映出两宿的宿名本义乃是承袭牵牛和织女的结果,但这种转变实际体现的则是为完善二十八宿体系而以赤道星官逐渐取代距赤道较远的星的事实。换句话说,早期的牛郎(牵牛)、织女指河鼓三星和织女三星,随着二十八宿体系的建立和发展,二十八宿的牛宿(牵牛)与女宿(婺女)不仅承袭了早期的牛郎织女二星官的名称,同时也承袭了它们所具有的人文内涵"①。

尽管牛郎与牛宿、织女与女宿在文献中有相同的名称,在汉画像中又有相同的形象,但笔者认为,南阳"牛郎织女"画像石中的"牵牛男子"与"跽坐女子"可以认定为牛郎、织女,而并非牛女二宿。因为牛女二宿是二十八宿北宫七宿中相邻的二星,而此画中牵牛男子与跽坐女子之间又有西宫白虎星象。北宫的牛女二宿焉能在西宫中出现?牵牛男子之上有河鼓三星象为牛郎的显著标示。跽坐女子周围有四星相连呈四边形状,虽然星数与女宿相同,但形状有别。可能是石匠将织女三星与女宿四星相混同,亦可能是以四星相连构成房子状,以此表示天帝将织女幽闭于房中思过。此画并非以牛郎织女为画像主体,因为占据画面正中位置的是西宫白虎之像。另外,画像左上角那七星相连呈环状,内卧一兔的星宿应为毕宿无疑,毕宿又是西宫七宿之一。因此,笔者认为,整个画像所表现的内容是"西宫"天象,其中还包括与西宫相关的神话形象——牛郎、织女。白虎与牛郎、织女相组合画像的例证,还见于洛阳尹屯新莽壁画墓中,在该墓中室西坡顶就绘有白虎星像及牛郎织女形象。若按照实际天象,牛郎织女是不可能出现在西宫星区的,那么,这种构图有何依据呢?冯时认为,南阳汉画与洛阳尹屯壁画中的牛郎织女"是几乎一致的作品,显然这是当时墓室壁画中流行的主题"。其构图的依据则是《诗经·小雅·大东》中的一段文字,其文曰:"维天有汉,监亦有光。跂彼织女,终日七襄。……睆彼牵牛,不以服箱。东有启明,西有长庚。有捄天毕,载施之行。"南阳汉画中织女、牛郎星与白虎星和毕宿被刻在同一块画像石上,画像内容与《大东》中的文字正相

---

① 冯时:《洛阳尹屯西汉壁画墓星象图研究》,《考古》2005 年第 1 期。

吻合。所以,冯时认为:"如果黎明时的中天星宿是牛郎和织女的话,那么,同一天黄昏时的中天星宿就是毕宿和觜。显然,《大东》的天喻源于民间的随意观象识星,而尹屯星象图及东汉石刻画像(指南阳的牛郎织女画像)中的同类内容则是对《大东》反映的这种固有题材的传承。"①但笔者认为,冯时的观点也有值得商榷的余地。

我们以洛阳尹屯新莽壁画墓中室墓顶整个天文画像来分析:藻井绘日月。藻井四周的坡面上按方位分别绘有二十八宿星象。很显然,汉代人将中室墓顶当成了整个苍穹的缩影。以日月为天之中心,以四宫二十八宿星象为天之四方来作为整个天象的示意图。同样的星象布局又见于西安交通大学壁画墓中,而南阳汉画像石墓中以日月辅以星宿象征天空的构图形式更为常见。从目前已发现的考古资料来看,汉代墓葬壁画中的天象图均以日月为中心,不见以北斗为中心的布局,显然与《史记·天官书》云"斗为帝车,运于中央"的说法有所不同。因此笔者认为,属于民间文化范畴的墓葬天象图是以象征性为原则的"众星捧月(或日)"式的构图,它与官方"群星拱北斗"式的天文学图像存在明显的差异性。由此推知,以日月为中心,辅以其他星象(或四宫星象)以示"天喻"的做法在汉代民间葬俗中是比较流行的。既然可以肯定洛阳壁画墓整个中室墓顶画像就是一个完整的天穹示意图,那么,若再以作为天象局部的西宫星象配以牛郎、织女等星象并为"天喻",这种重复性的做法显然是没有必要的,也是不合常理的。同样,南阳汉画中的牛郎、织女画像若用《大东》中的"天喻"来诠释画像内容也是不能成立的。因为南阳发现的牛郎、织女画像是从民间征集的散存画像石,尽管可以断定其为某一墓葬的盖顶石,但作为原墓葬,盖顶石决非仅此一块,牛郎、织女画像只能是整个墓顶天象图的局部。因此,也不能套用《大东》中的文字描述。那么,为何古人会将牛郎、织女神话形象绘在西宫天象之中呢?笔者认为,这是因为在民间信仰中,牛郎、织女神话发生地的空间定位在西方之故。

前面我们已经提到古人向西寻河源的传说,河源即天河,而牛郎、织女就居住在天河两岸。从天河的传说中可以获得一个重要的潜在信息,那就是牛郎、织女神话的空间方位与天河一样也在西方。那么,为

---

① 冯时:《洛阳尹屯西汉壁画墓星象图研究》,《考古》2005 年第 1 期。

何古人会将牛郎、织女的神话方位定在西方呢？

《神异经·西北荒经》云："西北荒有人焉，人面朱发蛇身人手足……名曰共工。"《淮南子·天文训》云："昔者共工与颛顼争帝，怒而触不周之山，天柱折，地维绝。天倾西北，故日月星辰移焉；地不满东南，故水潦尘埃归焉。"《本经训》又云："舜之时，共工振滔洪水，以薄空桑。"正是因为共工将西北的天柱触断后才引发了洪水灾害。《淮南子·览冥训》又云："往古之时，四极废，九州裂，天不兼覆，地不周载……水浩洋而不息……于是女娲炼五色石以补苍天，断鳌足以立四极，杀黑龙以济冀州，积芦灰以止淫水。"尽管女娲以鳌足代替天柱不周山撑起了天穹，以五色石补住了天上漏水的空洞，平息了水患，但从此以后，天仍然有点向西北倾斜。所以，我们看到所有的日月星辰均是自东向西运行，同样，根据地上的水是从高处向低处流这一现象，古人认为天河里的水自然也应是从东向西流的。而我国境内的地理形势是西高东低，因此，地上的河流多是自西向东汇入大海，如黄河、长江等大江大河的发源地均在西部高原上。同时，古人又对江河之水奔流不息、永不干涸这一自然现象的成因缺乏自然科学的理解，从而导致了天河在西方与地上河流相连接这一神话传说的产生。正是基于黄河的源头在西方与天河相连接的神话观念，又形成了牛郎、织女神话的地望也在西方的空间定位。据民间传云：织女为天帝孙女，王母娘娘外孙女，于织纴之暇，常与诸仙女于银河（天河）洗澡。牛郎则是人间一贫苦孤儿，常受兄嫂虐待，分予一老牛，令其自立门户。其时天地相去未远，银河与凡间相连。牛郎遵老牛嘱，去银河窃得织女天衣，织女不能去，遂为牛郎妻。① 此民间故事亦表明黄河与天河相连接，或织女顺天河而下来到黄河洗澡，或牛郎逆黄河溯源而上到天河（银河），只有当牛郎居住在黄河源头，织女则居于天河之尾，二者相距不远才有可能相见而成为夫妻。又鉴于此，才会出现古人逆河西上，在黄河源头——天河处得见牛郎、织女的传说。也正是依据这一民间传说，汉代人便将牛郎、织女的形象绘在了象征西方天穹的墓顶西坡或西宫白虎星区之内。

另外，洛阳尹屯壁画墓西坡天象图中还绘有双阙天门之象。《周礼·大司徒》疏引《河图括地象》云："天不足西北……西北为天门。"因天

---

① 袁珂：《中国神话传说词典》，第82页。

空向西倾斜,大地西高东低,在古人的意念中,我国西部高原地带就是天地间距离最近的地方,所以也把天门的空间方位安排在了西方。所谓的天门,就是神仙下凡或凡人上天的通道。关于天门的形象,《神异经·西北荒经》云:"西北荒中有二金阙……西北入两阙中,名曰天门。"文献记载中的天门方位及形象均与洛阳尹屯壁画墓西坡天门相吻合。天门即天地间唯一的通道,天河的水应是从这天门中流出后才与地上的黄河相连接的,而织女下凡或牛郎上天也必须要通过此天门。天门的方位在西方且与牛郎、织女神话密切相联。因此,汉代人又把天门之像与牛郎织女一同绘于墓顶西坡的西宫白虎星区。

总之,因牛郎、织女是北宫七宿中牛女二宿的本宿,牛、女二宿不仅沿用了牛郎、织女的星名,而且承袭了它的人文内涵。所以,汉画像中也便出现了牛郎、织女与牛、女二宿形象混同的现象。再加上汉画星图所呈现出的不准确性与示意性的特征,从而使人们对牛郎、织女画像的释读产生了歧义。笔者认为,若三星横列与相连呈三角状的三星对应出现在同一幅星象图中时,则可以将其考释为牛郎与织女星宿;若汉画天象图中出现"一男子牵牛"的形象与另一位女子相对应(出现在二十八宿体系中与牛、女星宿相配的情况除外),均可以将其认定为牛郎、织女的形象。当然,若有相连成直线的三星与牵牛者相配,相连呈三角状的三星与女子相配,则对图像的释读更具有准确性。至于牛郎、织女星象及其神话人物形象出现在西方白虎星区之内的现象,那是因为汉代人将牛郎、织女神话故事发生地的空间方位限定在西方之故。从全国汉画像来看,目前所见的牛郎神话形象均为"一男子牵一牛",其形象较为固定,而织女的形象则呈现出丰富多彩的表现手法,或踞坐,或举织梭而立,或坐在织机上作纺织状。牛郎、织女这则人神通婚的天象神话,因反映了先民对传统严谨的性道德的抗争,对浪漫爱情和自由婚姻生活的渴望与追求,从而使其在民间亘古迄今流传不衰。

第三节　天门悬璧图像

在重庆、四川及山东等地出土的汉代文物中,均可见到双阙中间饰玉璧的艺术造型,笔者将其命名为"天门悬璧"图像,并对其神话象征意义及宗教文化内涵进行初步的考证与论述。

根据笔者所掌握的资料,天门悬璧图在重庆巫山汉墓出土的鎏金铜牌饰件(图8-16)①、四川泸州一号石棺前挡(图8-17)②、四川成都的鎏金钱树(图8-18)③以及山东滕县马王村出土的汉画像石(图8-19)④中都有所发现。另外,洛阳西汉壁画墓中亦有门额并列饰五枚玉璧的图像,或认为此门亦是天门之像。⑤ 其中尤以巫山鎏金铜牌上的天门悬璧图最具有典型代表性,六件"双阙"铜牌上都饰有玉璧,不仅发现的数量多,而且有五件标示有"天门"铭文,从而使"双阙"以无可争辩的事实被认定为天门的形象。由此,也便为我们命名"天门悬璧"图提供了可靠的依据。赵殿增、袁曙光在《天门考》一文中对铜牌上的"双阙"画像进行过详尽的考证,认为:"这些鎏金铜牌画像,构成了'天门'双阙、西王母居中……玉璧高悬,灵草繁茂,祥云缭绕的一组完整的天国胜景。"⑥但笔者有这样一个疑问:天门为什么要高悬玉璧呢?作者在文中并未对天门之璧作任何解释。如果我们试图解读天门悬璧图的内涵,那么,最关键也是首要的问题就在于如何正确认识玉璧的宗教意义及其功能。

---

① 重庆巫山县文物管理所等:《重庆巫山县东汉鎏金铜牌饰的发现与研究》,《考古》1998年第12期。
② 中国画像石全集编辑委员会:《中国画像石全集·四川汉画像石》图186。
③ 赵殿增、袁曙光:《"天门"续考》图4,《中国汉画研究》(第1卷),广西师范大学出版社2004年版。
④ 山东省博物馆、山东省文物考古研究所:《山东汉画像石选集》图330。
⑤ 吕品:《"盖天说"与汉画中的悬璧图》,《中原文物》1993年第2期。
⑥ 赵殿增、袁曙光:《"天门"考——兼论四川汉画像砖(石)的组合与主题》,《四川文物》1990年第6期。

图 8-16 　　　　　　　　　图 8-17

图 8-18 　　　　　　　　　图 8-19

据赵殿增推测,重庆巫山汉墓出土的天门悬璧鎏金铜牌饰件是装饰在木棺前端正中位置的。若这一判断无误的话,那么,天门悬璧图的位置与四川汉代石棺前挡多刻画双阙的现象相一致。① 也就是说,汉代四川一带流行在棺前端刻饰双阙天门的丧葬习俗。但在天门上饰璧的现象并不普遍,且主要集中在重庆巫山一带。据此现象笔者初步推测,天门悬璧图很可能是在先秦楚地出现的玉璧饰棺丧葬习俗的基础上,融合了有关天门的神话传说发展演变而来的。根据考古资料显示,春秋战国时代的楚墓中常见有在木棺挡头装饰玉璧的现象。或认为"将璧加饰于棺上,无疑是仿生前居室的一种装饰。从其位置和功能看,极有可能就是供死者灵魂出入的门或窗"②。但问题是:楚人为何要以玉璧象征灵魂出入的门窗呢?直接绘出门窗之形岂不是更简单明了吗?笔者认为,楚人之所以用玉璧饰棺象征门窗,并不是简单地对生前建筑结构的摹拟,而是借用了玉璧外在的形象特征和内涵的巫术功能,在丧葬

① 罗二虎:《汉代画像石棺》,巴蜀书社 2002 年版。
② 黄凤春:《试论包山 2 号楚墓饰棺连璧制度》,《考古》2001 年第 11 期。

风俗中进行的一种宗教性的体验。从形象结构上考察,玉璧的圆形内孔很适合作为灵魂的出入通道;从宗教内涵上分析,玉璧应具有一种利于死者灵魂转生的神秘宗教功能。于是玉璧饰棺的习俗便自先秦一直流传到两汉时代。不过,到了两汉时代,更多的是以象征性的手法在棺椁或墓室壁上雕绘玉璧的图像以代替实用玉璧。一方面,随着社会经济的发展,玉璧自身潜在的经济价值日益增长,而宗教的神秘色彩相应地淡化了,原为祭神礼器的玉璧更多地被人们视为财富的象征。因此,棺上饰璧的数量逐渐增多,"连璧(环)"装饰图案风行一时(图8-20)。另一方面,玉璧原有的宗教性质却以另外一些艺术形式——天门悬璧或二龙穿璧(龙虎戏璧)(图8-21)等图像得以在丧葬风俗中保留与延续。毫无疑问,巫山铜牌饰件上的天门悬璧图正是在玉璧饰棺习俗上发展而来的,不论是直接将玉璧视为

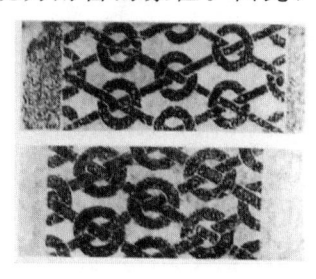

图 8-20

图 8-21

灵魂出入的通道,还是将玉璧高悬于灵魂升天的门户——天门之上,玉璧作为象征阴阳两界门户的标志则是一致的,这种共性应是由玉璧本身的宗教功能所决定的。笔者认为,玉璧的主要宗教功能就是和合阴阳和沟通人神,而这种功能又是源于玉璧的形象特征与文化寓意——"日月同体"与"阴阳合一"。

关于玉璧的文化象征意义,目前学术界似乎已经达成了一种共识,即认为是"天"的象征。例如,吕品认为:"一般情况下玉璧在汉画中的普遍意义都是'天'的象征。"[1]朱存明说:"天给人的直觉印象就是圆的……因此,作为十字穿环中的环或璧,抛开其具象,在原型上即是天圆

---

[1] 吕品:《"盖天说"与汉画中的悬璧图》,《中原文物》1993年第2期。

的象征。"①李立认为:"古代传统祭祀文化中以'苍璧礼天'的习俗,是人们情感中'璧天同构'思想的反映。"②冯时说:"璧是一种圆形而中央有孔的礼玉,这个形状显然可以视为天盖的象征。"③陈江风认为:"玉璧所具的神性,可以概括出多重象征意义。其最初、最主要的神秘意义,大体上来自其形状——'圆以象天',即从形状相似确立起它和天的最原始关系。"④又说:"在中国,灵石崇拜以玉石类崇拜为最突出。玉石滑腻如脂的质地,流动如云的纹彩,晶莹明丽的色泽,都可能使古人借助原始思维的直觉把握,把它和彩霞流动、变化无穷的天联系起来……"⑤总之,不少人认为:原始人是因为玉璧的形状与质地光泽与天相似,所以将其比附为天。若基于"璧圆象天"的观念,汉代人将玉璧饰于天门之上,也可谓理所当然的事情。但对于这种看似顺理成章的推论,笔者不敢苟同,因为"璧圆象天"的观念不可能是原始社会的产物。从原始人的具象思维特点方面来分析,直观视觉印象中的"天"无论如何也不可能被原始人想象成璧的形状。璧是一个近乎平面的中央有圆孔的圆轮形物体,而"天空给人们的印象是一个中部隆起、四周下垂的半球形,这就是天穹"⑥。"天穹"的视觉形象显然与玉璧的形状相去甚远。因此,我们完全有理由相信,玉璧最初不可能是"天"的摹拟物。那么,原始人制作的玉璧究竟是以自然界中何种物体为原型的呢?笔者认为,天空中高悬的日月才是玉璧的真正原型物。也就是说,玉璧是日月的象征体。首先是因为自然界中再也没有任何物体能像日月那样和璧有着完全一致的外形特征。其次是玉璧晶莹剔透的质地与日月的光泽相近似。当自然界中有一种神奇而又美丽的物像诉诸人类视觉的时候,往往会形成一种强烈的感官刺激,令人经久难忘并最终促成模仿的欲望与冲动,从而使某种自然物体通过人类的劳动过程转化为具有文化意义的产品。当原始人面对罕见的日食天象奇观时,在惊讶、困惑之时自

---

① 朱存明:《汉画像的象征世界》,人民文学出版社2005年版,第255页。
② 李立:《汉墓神画研究》,第28页。
③ 冯时:《中国天文考古学》,第114页。
④ 陈江风:《汉画玉璧图像的文化象征》,《中国汉画学会第10届年会论文集》,湖北人民出版社2006年版。
⑤ 陈江风:《汉画像中的玉璧与丧葬观念》,《中原文物》1994年第4期。
⑥ 朱存明:《汉画像的象征世界》,第83、254页。

然也会对映入眼帘的美丽光环(日环食)产生好奇的赞赏情感并进一步产生模仿心理,由是,人间的第一块玉璧也便诞生了。在我国古代,用玉器摹拟天象景观的现象并非孤例,除了玉璧之外,还有如以彩虹为原型制造的玉璜和以星辰为原型的玉珠等。《周礼·春官·大宗伯》云:"以玉作六器,以礼天地四方。以苍璧礼天,以黄琮礼地,以青圭礼东方,以赤璋礼南方,以白琥礼西方,以玄璜礼北方。"既然"璧圆不象天",那么古人为何要以"苍璧礼天"呢?有人认为:"'以苍璧礼天'表现了一种原始的灵感观,带有巫术仪式的色彩。原始人认为天是圆的,其色苍苍,故用苍色圆形之璧以通于天……这是运用了巫术中相似律的原理。"①但笔者认为,《周礼》中所谓的"六器"祭天地四方的用玉制度,显然不是原始社会的习俗,况且它重在强调六种玉器的色彩而非形状。如果说是因为"璧圆象天"的观念而产生了"以苍璧礼天"习俗的话,那么,根据原始巫术的相似律原理,实际情况应该是以圆璧祭日月更优于"以苍璧礼天"。因为由气体组成的"天"是无形无象和无边无际的,原则上讲它应是由文明人类创造的一种抽象概念,它只有在具象的日月星辰的衬托下才能被人的视觉所感知,高悬于天空的日月星辰以明亮夺目的光泽而使其成为人们心目中"天"的象征符号,而日月的外形和光泽恰与玉璧相一致。由此,笔者认为"以苍璧礼天"应是"以玉璧祭日月"这一原始习俗的衍生形态。

璧是日月的象征体,这种观念源于人类之初的原始社会,并被后世所传承。古代典籍中常见有将日月或日月交食天象譬喻为"连璧"、"悬璧"或"合璧"的词句。如《庄子·列御寇》云:"庄子将死,弟子欲厚葬之。庄子曰:'吾以天地为棺椁,以日月为连璧,星辰为珠玑,万物为赍送,吾葬具岂不备邪?何以加此?'"《后汉书·天文志》云:"三皇迈化,协神醇朴,谓五星如连珠,日月若合璧。"《开元占经》卷五引《尚书考灵曜》云:"天地开辟,七曜满舒光……日月若悬璧,五星若连珠。"《艺文类聚》引《易坤灵图》云:"至德之明,日月若连璧。"韦展《日月如合璧赋》云:"望乌兔之交集,瞻斗牛而既觏,璧惟圆制象其圆正之形……"在汉代盛行的谶纬语境中,人们将日食天象美其名曰"日月合璧",将其与

---

① 朱存明:《汉画像的象征世界》,第83、254页。

"五星连珠"相并列,共同表示"上元之始"和改朝换代的祥瑞征兆,①并进一步赋予其吉祥与美好的一般性象征意义——和谐与圆满。而这种观念的产生首先是基于古人对日食天象外在形态的赞誉与美化,其次是汉代人所信奉的阴阳和合思想的浸润。从日食天象被喻为"日月合璧"的客观史实来看,璧为日月合体之像的古老观念在汉代人的心目中是根深蒂固的。也正是因为玉璧含融了日月二像才由此而生发出了涵阴阳属性为一身的神秘特质以及沟通阴阳的宗教功能,从而使其具备了作为"天门"标志物的必要条件。天门悬璧图就是这种神话、宗教观念的物化形态。

天门即天的门户,其形状,《淮南子·天文训》云:"天阿(门)者,群神之阙也。"铜牌饰件上的天门双阙恰与文献记载相吻合。由此可知,汉代人心目中神圣的天门,原来也是以俗世的双阙建筑为原型而塑造的。至于天门所在的地理方位,《周礼·大司徒》疏引《河图括地象》云:"天不足西北……西北为天门。"《论衡·道虚篇》云:"如天之门在西北,升天之人,宜从昆仑上。"《山海经·大荒西经》云:"大荒之中,有山名曰日月山,天枢也。吴姖天门,日月所入。"缘于西(北)方是太阳与月亮没落的地方,所以在神话传说中,天门又成为日月的归宿地。《楚辞·天问》云:"日安不到? 烛龙何照?"王逸注:"言天之西北,有幽冥无日之国,有龙衔烛而照之也。"洪兴祖补注引《诗含神雾》云:"天不足西北,无阴阳消息,故有龙衔火精以照天门中者也。"由于天门是"日月所入"之地,所以天门中看不到日月,故而又进一步衍生出了"无阴阳消息"的神话观念。既然天门中没有了日月,那么,照明便成了一大困难。为了解决天门中的光源问题,人们又编造出了"烛龙衔火精以照天门"的神话。《淮南子·坠形训》云:"烛龙在雁门北,蔽于委羽之山,不见日。其神人面龙身而无足。"或认为烛龙是我国西北方的山神,与天门的方位相一致。天门之下有座高山(应为"日月山"),通过这座山可以直达天门。在从山到天门的这段路上,太阳的光芒照射不到,所以,只好让山神烛龙衔火精照亮通往天门的道路。② 而古人创造这种"太阳照不到天门"

---

① 施杰:《意义、解释与再解释——谶纬语境与汉画形相》,《中国汉画研究》(第2卷),广西师范大学出版社2006年版。

② 李立:《文化整合与先秦自然神话演变》,第245、235页。

的传说，又是缘于古人对我国西北方日照时间短、寒冷季节长的自然地理气候特点的认识。①

在这里，我们需要弄清楚的一个问题是：烛龙口中所衔的"火精"为何物？《神异经·西北荒经》云："东北荒中有二金阙，高百丈……二阙相去百丈，上有明月珠，径三丈，光照千里。中有金阶，西北入两阙中，名曰天门。"由此不难推知，所谓的"火精"应是与天门金阙上的"明月珠"一样的东西。顾名思义，"明月珠"即像月亮一样会在黑暗的夜晚发出光芒的巨型玉珠。民间神话中常有"夜明珠"的传说，如《艺文类聚》引《搜神记》云："随侯行，见大蛇伤，救而治之，其后蛇衔珠以报之，径盈寸，纯白而夜光，可以烛堂，故历世称随珠焉。"《艺文类聚》引《三辅故事》云："秦始皇葬骊山，起陵高五十丈，下以水银为泉，上以明月珠为日月。"由秦陵用"明月珠"象征日月作为阴宅光源的实例足以证明："明月珠"这种"人造光源"具有替代日

图 8-22

月照亮天门的功能。或认为巫山铜牌"双阙"顶端支架上的圆形物即文献中所谓的"明月珠"（图 8-22）②，但饰有"明月珠"的双阙仅见一例，不具有普遍意义，我们看到的现象是更多的天门悬有玉璧的图像。玉珠与玉璧均为玉器，唯有形状与体量的差异，既然玉珠（明月珠）可以替代日月，那么，玉璧更有条件成为日月的象征。从体量上看，玉璧比玉珠大得多，其光亮度远比玉珠强。古代典籍中常见有"夜光璧"的记载。如《艺文类聚》引《战国策》（今本无此文）云："张仪为秦破纵连横，说楚王，楚王遣使车百乘，献夜光之璧。"又引《续汉书》曰："大秦国有夜光璧。"这种"夜光璧"显然更适合作为月亮的象征物。古代也常有以玉珠比附星辰，以玉璧比喻日月的惯例。如"五星联珠"和"日月合璧"。因此，笔者认为，缘于璧的玉质所呈现出的光泽与日月的光辉有相似之处，使璧具有了替代日月的基本条件，同时，更为重要的是，从外观形象

---

① 李立：《文化整合与先秦自然神话演变》，第 245、235 页。
② 赵殿增、袁曙光：《"天门"考》，《四川文物》1990 年第 6 期。

上来考察。汉代人更会将含融日月二像于一身的玉璧作为天门的光源符号。这样一来,天门中缺失的"阴阳"便可以通过玉璧而得到弥补。

玉璧因内外同圆的结构形态与透明晶莹的质地光泽,而使其成为替代日月的人造光源体,具有了照耀天门的神话象征意义。同时,"璧又以其含融日月的形象而与阴阳哲学精神发生了联系"①。在中国古代哲学思想中,日为阳之宗,月为阴之精。而璧的日月同体之形使其具有了阴阳交合的特性。卢士开《日月合璧赋》云:"瞻仰合璧之为状也……和阴阳而二仪交泰……"韦展《日月如合璧赋》云:"阴阳卷舒,日月居诸……惟上元之岁,时和气茂,惟南至之辰,日月来就。"正是缘于阴阳和合的哲学意蕴,汉代人又进一步赋予了玉璧沟通阴阳、交接天地和连结人神的神秘宗教功能。而天门则是天地、人神之间的界标,它正处在阴阳两界的交接线上,若将玉璧饰于天门之上,便可以利用璧所内涵的"和合阴阳"的巫术功能促使天地、人神的交通。也就是说,天门之璧成为了人神交往的媒介体。

巫山铜牌上的天门双阙之间常有"人"字型或拱型建筑物将双阙连在一起。赵殿增认为它是古代建筑中的"罘罳"。② 但根据文献记载,罘罳应是阙与其所连接的主体建筑之间的屏墙,③因此,将其认定为"罘罳"是不恰当的。汉代人承袭中国传统的"盖天"说,认为天空如同斗笠或伞盖覆盖在大地之上。如贾谊《新书·容经》云:"古之为路舆也,盖圆以象天,二十八橑以象列宿,轸方以象地。"这里的"盖圆以象天"即认为天的形状像伞盖一样。由是,或将连接双阙的"人"字形或拱形的建筑推定为天穹的缩影,用来表示天穹,使之与双阙代表的天门相呼应,构成一幅完整的天域图。④ 笔者认为,这种解释令人信服。既然"人"字形或拱形建筑是"盖天"说宇宙论中天穹的象征符号,那么,"天穹"下悬挂的玉璧就不可能再是圆天的象征,而应该另有他意。如果把玉璧看做是构筑天宇的基本元素之一的话,从其所在的位置看,应该是日月之象。上有用来挡风避雨的斗笠状或穹窿状的"天盖";下有可以自由出

---

① 李立:《汉墓神画研究》,第 29 页。
② 赵殿增、袁曙光:《"天门"考》,《四川文物》1990 年第 6 期。
③ 孙机:《汉代物质文化资料图说》,文物出版社 1991 年版,第 179 页。
④ 重庆巫山县文物管理所等:《重庆巫山县东汉鎏金铜牌饰的发现与研究》,《考古》1998 年第 12 期。

入的双阙天门,中有光照千里的玉璧替代日月作为"天光"。这样,构建天宇的基本框架就显得更加完备。《黄帝内经·素问》云:"天体如车有盖,日月悬著。"以斗笠象征"天盖"和以玉璧象征日月的组合型构图形式不仅符合自然天象,而且亦有类似的出土文物为佐证。如河北满城一号汉墓出土的玉璧上方不仅附雕有云气动物纹,而且最上方还有"人"字形的天盖(图 8-23)。① 再如西汉南越王墓出土的玉衣头盖顶部正中位置就是一个玉璧的造型。② 有人认为这种将玉璧置诸死者头顶的做法,"显然与以日月比附玉璧的解释不甚相符"③。但笔者的观点则恰恰相反,从玉璧所在位置来看,毫无疑问是日月的象征。《说文》云:"天,颠也,至高无上"。头顶是人体的最高位置,且头盖骨的形状正象穹窿形的天穹,所以,我国古代有以头象天的观念。北欧神话中同样有以头代天的传说:当奥定杀死了冰巨人伊密尔之后,将其头盖骨造成了天,又使四个强壮的矮人站在地的四角来支撑住天。④ 另外,从玉衣头盖的形状看亦如斗笠状(图 8-24),恰与古人描述的天穹相一致。既然玉衣的头盖是天穹的象征,那么,头盖中央的玉璧自然是高悬于天穹的日月的象征体。四川柿子湾崖墓享堂顶部中央位置刻画有三个同心圆环,或认为它就是玉璧的造型。⑤ 享堂顶部是天穹的象征,那么,"天穹"中央的圆璧自然也就是代表日月的符号。

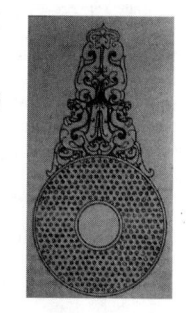

图 8-23

图 8-24

把"天盖"中央的玉璧视为日月的象征体,还可以从汉代丧葬习俗中找到旁证。学术界通常的观点认为,汉墓中的圆形穹窿顶是天穹的摹拟物,因为不仅形状相似,而且凡是表现日月星辰和与天象有关的神话形象都刻绘在穹窿的位置上。在一些砖石混合结构的汉墓中,有的砖

---

①② 冯时:《中国天文考古学》图 8-27,第 390-391 页。
③ 冯时:《中国天文考古学》,第 390 页。
④ 茅盾:《中国神话研究初探》,上海古籍出版社 2005 年版,第 9-10 页。
⑤ 陈江风:《汉画像中的玉璧与丧葬观念》,《中原文物》1994 年第 4 期。

券穹窿顶最高处的顶心石下面还雕绘着太阳或月亮的图像。如河南襄城县茨沟画像石墓,在后室穹窿顶的圆形结顶石下面刻有一圆轮,圆内雕蟾蜍一只。① 又如山东东阿县邓庙汉画像石墓的墓顶均用大石板以子母榫扣合成覆斗形,在 M1 的西耳室和 M2 的前室及西耳室顶部中央均雕刻有一圆轮(有的圆内还刻一鸟)。② 这些圆轮图像显然是日或月的象征。再如在陕北汉画像石墓中,可见到四角攒尖顶墓室的方形顶心石下面刻绘太阳或月亮的例子。往往以红色的圆轮代表太阳,以黑色的圆轮代表月亮。或称这种顶心石为"日月石"。③ 有的太阳或刻一圆轮(内涂红色)并向外伸出四条放射线(图 8-25);或绘一红色圆轮,内画黑色的乌鸦。④ 另外,南阳一带的汉墓中常出土有斗笠状的"四神"陶器盖,在盖顶的中央位置雕蟾蜍一只,象征月亮,围绕器盖四周分别雕有青龙、白虎、朱雀与玄武,即代表四宫二十八宿的"四神"形象("四象")。这种斗笠状的陶器盖显然与穹窿顶(或四角攒尖顶)结构的墓室一样均为天穹的象征物。重庆巫山汉墓出土有一件柿蒂形铜牌饰件,柿蒂形的中央为一圆璧,四瓣上分别为"四神"等图像(图 8-26)。此铜牌与四神陶器盖相比较,亦可看出璧与日月的替代关系。凡此,均证明在汉代的葬俗中,被构筑成穹窿顶、四角攒尖顶或覆斗形顶结构的墓室顶部往往被视为天的象征,为了更加强调天的内涵,有时还刻绘日月于墓

图 8-25

---

① 河南省文化局文物工作队:《河南襄城茨沟汉画像石墓》,《考古学报》1964 年第 1 期。
② 陈昆麟:《山东东阿县邓庙汉画像石墓》,《考古》2007 年第 3 期。
③ 李林、康兰英、赵力光:《陕北汉代画像石》图 76—77,陕西人民出版社 1995 年版。
④ 康兰英:《米脂官庄 2001 年出土的部分汉画像石简介》图版一,图 5,第 1 页;榆林市文管会、米脂县博物馆:《米脂县官庄村东汉画像石墓清理简报》,第 1—10 页;榆林市文管会、绥德县博物馆:《绥德县辛店乡郝家沟村汉画像石墓清理简报》,《中国汉画研究》(第 2 卷),广西师范大学出版社 2006 年版。

顶中央,而这一位置在某些场合又会被置换成日月的象征符号——玉璧。天穹摹拟物上雕绘玉璧或日月的现象恰又证明了天门悬璧图中璧的日月象征属性。四川大邑县董场乡三国墓出土的画像砖上有一"双阙"图像,若将其认定为天门是没有问题的,因为不仅双阙中间有日月星辰,双阙两旁还分别有人首蛇身的伏羲、女娲,天界双阙的标志物像十分明显。就在这一天门双阙中间上方的位置刻一巨型的太阳鸟,太阳鸟人头鸟身,腹部有代表太阳的圆轮(图8-27)。在太阳鸟的下方又一兔头人像,可能象征月亮。① 此画像正与"天门……日月所入"的文献记载相吻合,不仅如此,更有价值的是太阳鸟所处的位置恰恰是汉画像中玉璧的位置。这一太阳与玉璧置换的例子也可成为璧为日月之像的佐证。

图 8-26

图 8-27

《白虎通义》云:"方中圆外曰璧,璧之为言积也,内方象地,外圆象天。"鉴于此,不少人误解为玉璧蕴含着"天圆地方"的宇宙观,并认为"汉画中的玉璧就是天圆地方观念的具体反映"②。如张从军说:"特别是玉璧,更以其象征'天圆地方'的形制和造型纹饰的完美为社会所钟爱,其用途最为广泛。"③又如陈江风也认为"璧圆象天的观念,正是中国人把璧与天相连的文化心理基础,是天圆地方宇宙观在玉璧这一文物中的具体体现"④。再如李立认为:《白虎通义》说"方中圆外曰璧"的文字不知何指,但其将"璧"所含天地的象征意义揭示出来,则是有意义的。⑤ 我们都很清楚,在实际生活中,玉璧均为内外同圆结构,只有古代

---

① 高文、王锦生:《中国巴蜀汉代画像砖大全》图220。
② 吕品:《"盖天说"与汉画中的悬璧图》,《中原文物》1993年第2期。
③ 张从军:《黄河下游的汉画像石艺术》(上),齐鲁书社2004年版,第85页。
④ 陈江风:《汉画像中的玉璧与丧葬观念》,《中原文物》1994年第4期。
⑤ 李立:《汉墓神话研究》,第29页。

的铜币才是内方外圆的形状。既然璧不具有内方外圆的形制特点,那么"璧含天地象征意义"又从何谈起呢?《白虎通义》为什么要歪曲事实呢?从表象上来看,显然是为了迎合"天圆地方"宇宙观而作的附会之辞。但笔者认为,问题不应该是这么简单。《白虎通义》是东汉章帝时官方主持召开的一次重大经学会议("白虎观"会议)的总结性著作,它"具有官方经学和权威法典的性质"①,因此,不可能出现这么明显的纰漏。《白虎通义》之所以将玉璧的形状与钱币相混同,恐另有深层次的原因。检索汉画像资料,可以发现,将"璧"与"币"相互混淆的现象并非《白虎通义》一例。如重庆巫山鎏金铜牌上的玉璧就有一例刻有"五铢"二字(图8-28),②而"五铢"则是汉代流通的钱币铭文。又如四川彭山出土的"龙虎戏璧"和蓬溪县出土的"币·璧"画像砖上的玉璧均为内方外圆的钱币形状(图8-29)。③另外,在四川汉代画像砖上更常见玉璧与钱币相互置换位置的现象(如"双凤戏璧图"与"双凤戏钱图")。④ 笔者认为,汉代人之所以从观念形态和艺术造型上将璧与币混同或互换,究其原因应

图 8-28

图 8-29

① 金春峰:《汉代思想史》,第459页。
② 重庆巫山县文物管理所等:《重庆巫山县东汉鎏金铜牌饰的发现与研究》图二(1),《考古》1998年第12期。
③ 高文、王锦生:《中国巴蜀汉代画像砖大全》图173、图642。
④ 高文、王锦生:《中国巴蜀汉代画像砖大全》图509、图510、图511、图512、图514、图515等均为"双凤戏璧图",图508、图677、图681、图698、图706等均为"双凤戏钱图"。

是基于二者具有相同的文化内涵。其一是玉璧与钱币都是财富的象征符号,其二是两者均蕴含着阴阳合一的宗教哲学思想。自秦始皇统一货币铸造"半两"铜钱开始,到汉代流通的"五铢"钱,乃至清朝末年的最后一枚铜币,在中国两千多年的封建帝制时代,内方外圆的货币形制因其承载着"天圆地方"宇宙观而相沿不息。"内方象地,外圆象天",天地融于一币中。在中国古代传统文化中,天与地又呈现出阴与阳不同的属性特点。如《周易·系辞下传》云:"乾,阳物也;坤,阴物也。"在阴阳八卦理论中,乾坤即表示天地。正是因为内方外圆结构的钱币融合了天地之象,从而使其具有了阴阳交合的哲学内涵。这一点恰与玉璧的文化内涵相一致。如果从以上两个方面来考察"璧"与"币"的关系,那么,汉代出现将玉璧与钱币相混同的现象也是可以理解的。鉴于此,笔者认为,对《白虎通义》所谓的"方中圆外曰璧"不能在字面上作望文生义的理解,而应从深层次探究它的用意。透过现象看本质,璧与币的混同主要是因为二者具有相同的哲学内涵——阴阳合一。"内方象地,外圆象天",应是指璧所内涵的连通天地的宗教功能,而与"天圆地方"的宇宙观没有关系。

关于玉璧所呈现出的阴阳和合哲学内涵和沟通阴阳的宗教功能,还可以从"二龙穿璧"和"龙虎戏璧"等画像中得到进一步的印证。有人认为,二龙穿璧"从它的组成要素看,应当与宗教伦理有关。龙可以助人入天门,乘龙是升仙的方法。璧是品质上乘的玉器,玉是美好的象征,可以象征人的品德。若将这些要素联系在一起,是不是可以从宗教伦理上得到这样的解释:玉者,品德高尚之人、有德之人方可乘龙升仙"①。或认为"龙虎衔璧图以璧象征天国,而龙虎载之升天,其意图是祈求让墓主顺利升入天界仙境"②。但笔者认为,"龙虎衔(戏)璧"与"二龙穿璧"具有完全一致的象征意义——阴阳和合。璧作为其中的构图要素不仅与人的高尚品德没有任何关系,亦不可能是天国的象征,而应是阴阳交合的"媒介体"。代表阴阳两种神秘力量的双龙或龙虎在玉璧"和"的作用下使"交"的形式得以圆满融合;其图像的宗教功能则是祈求墓主

---

① 汪小洋:《汉画像石宗教思想研究》,天津人民美术出版社2004年版,第116—117页。

② 罗二虎:《长宁七个洞崖墓群汉画像研究》,《考古学报》2005年第3期。

夫妇在阴阳的碰撞与交合中,生命或灵魂最终得以永恒。汉画像中常见有二龙交尾和龙虎相戏的图像,有的二龙交尾还与伏羲、女娲交尾相组合构成一幅画像(图8-30),有的二龙交尾图中还点缀着鱼的形象(图8-31)。显而易见,这些龙虎"交"或"戏"的构图形式均蕴含着两性交合的生殖寓意。正是缘于共同的文化母题,玉璧才可能与"二龙交尾"或"龙虎相戏"完美地结合在一起而构成新的复合图案。二龙"交"于圆璧之中,龙虎"戏"于圆璧两旁,这种

图 8-30

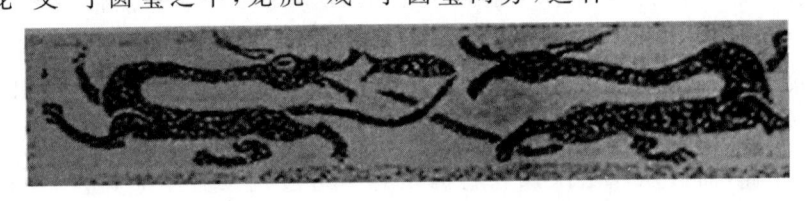

图 8-31

有"意味的形式"所表露出的阴阳和谐、夫妻相融、生活幸福、人生美满之理想色彩甚为鲜明。四川郫县汉代石棺上有龙虎戏璧与牛郎织女相组合的画像(见图8-15),①或认为其中的玉璧是天的象征,龙虎代表着东西方向。② 笔者认为这种观点欠妥。因为石棺的盖顶面常被凿制成圆弧形,这显然是对天穹形状的摹拟,那么,盖顶上刻画的玉璧也就不可能再具有圆天的象征意义了。大家知道,牛郎织女神话传说反映的是一个悲剧性的爱情与婚姻的故事,由于西王母的干涉,牛女夫妻每年只能相聚一次。为了弥补离多聚少的人生缺憾,雕刻者有意将龙虎戏璧图与牛郎织女画像安排在一起,其目的显然是希望牛郎织女包括墓主夫妻都能在龙虎戏璧图所呈现出的"和合阴阳"的宗教功能中,实现夫妻长团圆、生活永美满的愿望。

《史记·孝武本纪》云:"于是作建章宫,度为千门万户……其东则凤阙,高二十余丈……其北治大池,渐台高二十余丈,名曰泰液池,中有蓬莱、方丈、瀛州、壶梁,象海中神山龟鱼之属。其南有玉堂、璧门、大鸟之属。"《后汉书·班彪传》亦云:"混建章而外属,设璧门之凤阙,上枊棱

---

① 中国画像石全集编辑委员会:《中国画像石全集·四川汉画像石》图129。
② 朱存明:《汉画像的象征世界》,第191页。

而棲金雀。"注引《汉书》曰:"建章宫,其东则凤阙,(门)高二十余丈,其南有璧门之属。"《艺文类聚》卷六三引《汉书》(今本无此文)云:"太液池南有璧门。"这里所谓的璧门,应是指门上饰有玉璧的建筑物。那么,建章宫的南门为何要饰玉璧呢?据《三辅黄图》记载,建章宫的正门名阊阖,又称璧门,高二十五丈。另外,未央宫的正门亦名"阊阖",如《西京赋》云:"正紫宫于未央,表峣阙于阊阖。"而"阊阖"的原意即天门。如屈原《离骚》云:"吾令帝阍开关兮,倚阊阖而望予。"王逸注曰:"阊阖,天门也。"《淮南子·原道训》云:"排阊阖,沦天门。"高诱注:"阊阖,始升天之门也。"基于汉武帝希望长生不死的理想需求,建章宫作为"封禅求仙的副产物"[1],其建筑形式自然要摹拟天界仙境的格局。正如齐方土少翁对武帝所说的那样,"上即欲与神通,宫室被服不像神,神物不至"[2]。故此,便将建章宫的正门比附为天门"阊阖"。将建章宫的正门名为"阊阖"又号"璧门"的历史事实足以证明:在汉代人的神话观念中,玉璧是天门不可或缺的构成元素,甚至在某种意义上说,已成为天门的象征符号。之所以如此,正是因为玉璧具有含融日月二象的独特外形和由此而产生的和合阴阳、交通天人的宗教功能。天门悬璧图则是这种神话与宗教观念在汉代丧葬习俗中的形象化反映。将其装饰于棺椁之上或随葬于墓室中的目的是十分明确的,那就是希冀墓主人能在玉璧发出的日月之光的导引下,借助璧所内涵的阴阳交合的神秘巫术力量升入天门,从而实现生命永恒或再生的终极理想。

---

[1] 韩养民:《秦汉文化史》,第230页。
[2] 《史记·孝武本纪》。

参 考 书 目

1. 司马迁:《史记》,中华书局1982年版。
2. 班固:《汉书》,中华书局1982年版。
3. 范晔:《后汉书》,中华书局1965年版。
4. 袁珂:《山海经校注》,巴蜀书社1992年版。
5. 王利器:《风俗通义校注》,中华书局1981年版。
6. 陈立:《白虎通疏证》,中华书局1994年版。
7. 洪兴祖:《楚辞补注》,中华书局1983年版。
8. 刘文典:《淮南鸿烈集解》,中华书局1989年版。
9. 黄晖:《论衡校释》,中华书局1990年版。
10. 东方朔:《神异经》,文渊阁《四库全书》本。
11. 郭守敬:《水经注疏》,江苏古籍出版社1989年版。
12. 苏兴:《春秋繁露义证》,中华书局1992年版。
13. 干宝:《搜神记》,中华书局1979年版。
14. 王明:《抱朴子内篇校释》,中华书局1985年版。
15. 张华:《博物志》,增订汉魏丛书,大通书局石印本。
16. 王嘉:《拾遗记》,汉魏丛书本,吉林大学出版社1992年版。
17. 崔豹:《古今注》,增订汉魏丛书,大通书局石印本。
18. 陈履生:《神话主神研究》,紫禁城出版社1987年版。
19. 吴天明:《中国神话研究》,中央编译出版社2003年版。
20. 徐旭生:《中国古史的传说时代》,文物出版社1985年版。

21. 王小盾:《原始信仰和中国古神》,上海古籍出版社1989年版。
22. 何新:《诸神的起源》,北京三联书店1986年版。
23. 陆思贤:《神话考古》,文物出版社1995年版。
24. 冯时:《中国天文考古学》,社会科学文献出版社2001年版。
25. 张从军:《黄河下游的汉画像石艺术》,齐鲁书社2004年版。
26. 唐长寿:《乐山崖墓和彭山崖墓》,电子科技大学出版社1993年版。
27. 李淞:《论汉代艺术中的西王母图像》,湖南教育出版社2000年版。
28. 何新:《龙:神话与真相》,时事出版社2002年版。
29. 叶舒宪:《中国神话哲学》,中国社会科学出版社1992年版。
30. 金春峰:《汉代思想史》,中国社会科学出版社1987年版。
31. 李立:《汉墓神画研究》,上海古籍出版社2004年版。
32. 何星亮:《中国自然神与自然崇拜》,上海三联书店1992年版。
33. 陈江风:《天文与人文》,国际文化出版公司1988年版。
34. 宗力、刘群:《中国民间诸神》,河北人民出版社1986年版。
35. 信立祥:《汉代画像石综合研究》,文物出版社2000年版。
36. 李立:《文化嬗变与汉代自然神话演变》,汕头大学出版社2000年版。
37. 孙机:《汉代物质文化资料图说》,文物出版社1981年版。
38. (美)张光直:《美术·神话与祭祀》,辽宁教育出版社1988年版。
39. 张紫晨:《中国巫术》,上海三联书店1990年版。
40. 李发林:《山东汉画像石研究》,齐鲁书社1982年版。
41. 萧兵:《楚辞与神话》,江苏古籍出版社1986年版。
42. 罗二虎:《汉代画像石棺》,巴蜀书社2002年版。
43. 朱存明:《汉画像的象征世界》,人民文学出版社2005年版。
44. 茅盾:《中国神话研究初探》,上海古籍出版社2005年版。
45. 袁珂:《中国古代神话》,商务印书馆1950年版。
46. 吴曾德:《汉代画像石》,文物出版社1984年版。
47. 杨树达:《汉代婚丧礼俗考》,上海古籍出版社2000年版。
48. 中国画像石全集编辑委员会:《中国画像石全集》,河南美术出版社 2000 年版。

49．山东省博物馆等：《山东汉画像石选集》，齐鲁书社 1982 年版。

50．赵成甫等：《南阳汉代画像砖》，文物出版社 1990 年版。

51．高书林：《淮北汉画像石》，天津人民美术出版社 2002 年版。

52．徐州博物馆：《徐州汉画像石》，江苏美术出版社 1985 年版。

53．南阳汉画馆编：《南阳汉代画像石墓》，河南美术出版社 1998 年版。

54．高文、王锦生：《中国巴蜀汉代画像砖大全》，国际港澳出版社 2002 年版。

55．南阳汉代画像石编辑委员会：《南阳汉代画像石》，文物出版社 1985 年版。

56．安丘县文化局、安丘县博物馆：《安丘董家庄汉画像石墓》，济南出版社 1992 年版。

57．李贵龙等：《绥德汉代画像石》，陕西人民美术出版社 2001 年版。

58．阎根齐等：《商丘汉画像石》，河南美术出版社 1992 年版。

59．内蒙古自治区博物馆文物工作队：《和林格尔汉墓壁画》，文物出版社 1978 年版。

60．刘兴怀、闪修山：《南阳汉代墓门画艺术》，上海百家出版社 1989 年版。

61．常任侠：《常任侠艺术考古论文选集》，文物出版社 1984 年版。

后　　记

《汉代神灵图像考述》一书即将付梓出版了,本书是笔者多年来研究汉画神灵图像所获成果的一次集中展现,其中某些章节的内容曾以论文的形式发表过,但多经过加工修改,并增加了新的图像资料。回眸自怜,数年的书稿撰写历程,因天性的愚钝与客观条件的制约而备感艰辛。唯一可以炫耀的是,缘于对民族优秀传统文化的热爱,无论如何困难,笔者始终都像一头老黄牛一样,在博大的"汉画"田野上笔耕不辍。天道酬勤,一份耕耘,终于有了一份收获,由此,心灵上也得到了一些安慰。最令笔者自豪的是,在从事汉画研究的职业生涯中,先后结识了不少良师益友,正是得益于他们的热情帮助与支持,笔者在学术上才有了较大的进步。尤其值得庆幸的是,承蒙郑先兴教授的厚爱,笔者被南阳师范学院汉文化研究中心特聘为研究员,终于使拙著得以顺利出版,实现了笔者多年的心愿。在本书的编写过程中,笔者的师妹金爱秀女士做了大量具体的工作,书中所用图片全部由她拍摄制作完成,并完成修改了部分书稿。原南阳师院副院长陈江风教授曾在百忙中抽时间审阅了本书的草稿,并提出了宝贵的修改意见和建议。南阳师院图书馆的李秀娥老师为笔者查阅资料提供了极大的便利。另外,北京大学汉画研究所所长朱青生教授、中国社会科学院考古研究所研究员冯时先生、东北师范大学教授李立先生、山东工艺美术学院教授张从军先生、徐州师范大学教授朱存明先生、山东石刻艺术馆的杨爱国研究员、淮北市美协的高书林先生、上海大学艺术研究院的汪小洋教授等慷慨给予笔者图书资料方面的无私援助。在此谨向诸君表示诚恳的谢意。

牛天伟

2008年4月8日